新中国宪法发展70年

韩大元 主 编

1949—2019

XINZHONGGUO XIANFA
FAZHAN 70 NIAN

SPM
南方出版传媒
广东人民出版社
·广州·

图书在版编目（CIP）数据

新中国宪法发展 70 年 / 韩大元主编. —广州：广东人民出版社，
2020.10
ISBN 978 - 7 - 218 - 14242 - 5

Ⅰ．①新…　Ⅱ．①韩…　Ⅲ．①宪法—法制史—研究—中国—现代
Ⅳ．①D921.02

中国版本图书馆 CIP 数据核字（2020）第 062932 号

XINZHONGGUO XIANFA FAZHAN 70 NIAN
新中国宪法发展 70 年
韩大元　主编

版权所有　翻印必究

出　版　人：肖风华

选题策划：钟永宁
责任编辑：卢雪华　廖智聪
装帧设计：河马设计
责任技编：吴彦斌　周星奎

出版发行：广东人民出版社
地　　址：广州市海珠区新港西路 204 号 2 号楼（邮政编码：510300）
电　　话：（020）85716809（总编室）
传　　真：（020）85716872
网　　址：http://www.gdpph.com
印　　刷：广州市浩诚印刷有限公司
开　　本：787mm×1092mm　1/16
印　　张：28.25　字　　数：350 千
版　　次：2020 年 10 月第 1 版
印　　次：2020 年 10 月第 1 次印刷
定　　价：82.00 元

目 录 | Contents

引言：新中国社会变迁与宪法发展

在新中国 70 年的社会变迁中，宪法发展经历了建国、革命、建设与改革的不同历史时期，体现了具有鲜明中国特色的宪法发展逻辑与途径。以 1978 年改革开放为标志，也可以把 70 年的宪法发展分为改革开放以前的 30 年与改革开放以后的 40 年。

一、新中国成立与《中国人民政治协商会议共同纲领》

新中国的成立赋予宪法制定权以新的生命力，人民依靠其独立的制宪权与修宪权，在社会变迁中不断地寻求更为多样化的宪法发展途径。中华人民共和国 70 年的发展历程是不平凡的，其间有曲折、有挫折，甚至出现过倒退。这种发展的不平衡性与宪法在新中国成立以后的发展命运是息息相关的。宪法是特定社会环境的产物，它为社会的有序发展提供统一的价值体系与制度基础。

1949 年 9 月 29 日，中国人民政治协商会议第一届全体会议通过了起临时宪法作用的《中国人民政治协商会议共同纲领》（以下简称《共同纲领》），为新中国成立提供合法性与正当性基础。新中国成立前夕，中国共产党邀请各民主党派、各人民团体、人民解放军、各地区、各民族和国外华侨等各界人士，通过协商、推举方式产生代表 635 人，组成中国人民政治协商会议，临时行使国家最高权力。1949 年 9 月 29 日，中国人民政治协商会议第一届全体会议通过了《共同纲领》。

《共同纲领》除序言外共 7 章 60 条，确立了中国的国体与政体，规定了公民的基本权利以及国家在经济、文化、教育、军事、外交和民族等各方面的基本政策，发挥了临时宪法的作用。

二、新中国宪法体制奠基与 1954 年宪法

《共同纲领》颁布后，经过几年的发展，国家生活的各方面都发生了巨大变化，抗美援朝取得胜利，土地改革及"三反""五反"等一系列运动提高了人民群众的民主素质，为制定正式宪法提供了成熟条件。1954 年 9 月 20 日，第一届全国人民代表大会第一次会议通过新中国第一部宪法。1954 年宪法体现了民主原则和社会主义原则，为新中国宪法的发展提供历史基础，确立了新中国基本的政治、经济、社会与文化体制。1954 年宪法除序言外共 4 章 106 条。

1954 年宪法是新中国历史上人民第一次行使制宪权而制定的根本法，是"我国有史以来第一个人民自己制定的宪法"，为新中国宪法体制的建立发展提供了基本框架与基础。1954 年宪法的基本特色在于：确立了宪法体系、内容与程序上的"中国特色"，力求在宪法的民族特色与国际经验之间寻求平衡；在宪法观念的确立、宪法体制的安排、制宪技术等方面借鉴了国外宪法的经验；在宪法结构和规范方面，提供了具有中国风格的体系，确立了调整宪法关系的基本范畴与调整领域，即国家与公民之间的关系，国家、社会与国家机关之间的关系，国家机关之间的关系，国家机关与各个企事业单位等社会关系。可以说，以宪法关系的

五大板块理论与体制为基础的宪法体系源于 1954 年宪法。

自 1954 年制定新中国第一部社会主义宪法以来，我国根据国家政治、经济与文化发展的需要，先后进行了 1975 年、1978 年和 1982 年 3 次全面修改及 1979 年、1980 年、1988 年、1993 年、1999 年、2004 年和 2018 年 7 次局部修改。

三、宪法秩序的恢复与 1978 年宪法

1978 年 3 月 5 日，第五届全国人民代表大会第一次会议通过 1978 年宪法，它是对 1975 年宪法的全面修改。1975 年宪法是特殊历史时期通过的一部宪法，在指导思想、宪法内容等方面存在着严重的错误，肯定了"文化大革命"，否定了 1954 年宪法确立的基本体制。1978 年力求纠正 1975 年宪法的错误，宪法确定新时期的总任务是"……在本世纪内把我国建设成为农业、工业、国防和科学技术现代化的伟大的社会主义强国"，既体现国家价值观的转变，也表明规范体系的变化。这部宪法的序言正式宣布"我国社会主义革命和社会主义建设进入了新的发展时期"①。

1978 年宪法回应了民众对法律秩序建立的期待，通过恢复设立人民检察院等制度，使国家政权运行趋于正常化；在基本权利方面，恢复 1954 年宪法规定的一些基本权利，在一定程度上完

① 1978 年宪法序言第四自然段规定："第一次无产阶级文化大革命的胜利结束，使我国社会主义革命和社会主义建设进入了新的发展时期。根据中国共产党在整个社会主义历史阶段的基本路线，全国人民在新时期的总任务是：坚持无产阶级专政下的继续革命，开展阶级斗争、生产斗争和科学实验三大革命运动，在本世纪内把我国建设成为农业、工业、国防和科学技术现代化的伟大的社会主义强国。"

善了基本权利体系；在治国理念上，虽然在宪法上没有完成指导思想上的彻底拨乱反正，但宣布"文化大革命"结束，力求在宪法框架内为即将开始的改革开放提供宪法依据。当然，1978 年宪法的局限性是无法克服的，特别是仍将"无产阶级专政下的继续革命"作为宪法指导思想，这也成为 1980 年启动全面修改宪法的动因。

1978 年宪法存在着历史局限性，但发挥了宪法秩序转型的过渡性功能，为制定改革开放所需要的重要法律提供了宪法依据。党的十一届三中全会的召开奠定了改革开放理念与基本格局，没有党的十一届三中全会，就不会有 40 年改革开放的成就。

四、改革开放与 1982 年宪法

1982 年 12 月 4 日，第五届全国人民代表大会第五次会议通过了现行宪法——1982 年宪法。37 年来，在中国社会的改革开放进程中，1982 年宪法成为国家与社会生活的重要内容，奠定了国家治理体系的基础，确立了国家与社会的价值观与目标，推动了中国社会的发展与进步，凝聚了社会共识，维护了国家统一与社会稳定。

在凝聚社会共识方面，1982 年宪法回应民众的心声，使之成为社会共识的基础。通过修宪来确认共识，赋予国家发展以新的规范与正当性基础是此时社会成员的普遍诉求。10 年"文化大革命"最直接和沉痛的教训就是民众缺乏自由与尊严的保障，部分社会成员连人类生存基本前提——个体生命的人格尊严也得不到宪法与法律的有效保护，导致整个社会治理的扭曲与社会共识的缺失。1982 年宪法的颁布是全社会呼吁人性的一种制度性的回应与价值的诉求，构成了宪法正当性的意识基础，也是扩大社会共识的依据。

在国家与个人关系上，1982 年宪法凸显对人格尊严和人格价值的尊重。对人文精神的尊重首先体现为对人格尊严的保障。"文化大革命"使得个人的人格尊严遭到严重侵害。因此，对该时期的国家政治生活和法律生活进行反思，并在制度上保障个人的人格尊严成为现行宪法修改时的重要共识。1982 年宪法对人格尊严的保障给予了高度重视，第三十八条规定："中华人民共和国公民的人格尊严不受侵犯。禁止用任何方法对公民进行侮辱、诽谤和诬告陷害。"① 宪法还明确禁止非法拘禁和以其他方法非法剥夺或者限制公民的人身自由、禁止非法搜查公民的身体、禁止非法搜查或者非法侵入公民的住宅，这些规定都是在总结历史教训、出于对人的主体性尊重的基础上作出的。

在确立国家的主流价值观方面，1982 年宪法既为社会治理提供基础，同时通过宪法规范不断调整社会治理的方式。在宪法与社会的互动中，通过实施宪法体现问题意识和现实关怀，发挥宪法对执政行为的调整功能，使国家决策更好地体现宪法理念、宪法意识和宪法路径。

1982 年宪法把四项基本原则写进宪法，此后根据不同时期的历史发展要求，通过修宪的方式不断丰富和发展宪法的指导思想体系，使宪法的发展与时俱进。1999 年修改宪法，将邓小平理论写入宪法，2004 年将"三个代表"重要思想写进宪法，在 2018 年修宪中，将科学发展观与习近平新时代中国特色社会主义思想载入宪法。

在推进依宪治国方面，2012 年 12 月 4 日，习近平总书记在

① 1982 年宪法草案的报告特别强调"人格尊严不受侵犯"条款的意义，并为扩大"人的尊严"解释空间提供了基础。参见韩大元主编：《公法的制度变迁》，北京大学出版社，2009 年版，第 352 页以下。

纪念现行宪法公布施行 30 周年大会上的讲话中指出,"宪法的生命在于实施,宪法的权威也在于实施",并将宪法实施上升到了与国家前途、人民命运息息相关的高度。习近平总书记强调,"依法治国,首先是依宪治国;依法执政,关键是依宪执政",并要求"必须依据宪法治国理政",以"履行好执政兴国的重大职责"。2014 年,习近平总书记在庆祝全国人民代表大会成立 60 周年大会上的讲话中再次提出:"宪法是国家的根本法,坚持依法治国首先要坚持依宪治国,坚持依法执政首先要坚持依宪执政。"①

在改革开放进程中,中国共产党积极将法治的理念引入执政活动,高度重视并要求充分发挥宪法作为国家根本法的作用。不仅从政策和法律调整转向以法治为主导的社会治理,同时从法律调整逐步转向以宪法为主导的社会治理模式。这对于增强党执政的正当性基础、规范公共权力运行、保障公民权利无疑具有重要意义,同时标志着在宪法调整下中国社会治理模式进入第三阶段,即依宪治国的阶段。

五、新中国宪法发展的基本经验

新中国成立 70 年来,根据改革开放与国家发展的客观需要,宪法在总体上保持稳定性的同时与社会发展保持一致,形成了宪法发展的特色,积累了一定的经验。

---

① 习近平:《在庆祝全国人民代表大会成立 60 周年大会上的讲话》,《人民日报》2014 年 9 月 6 日,第 2 版。

（一）坚持党对宪法实施的领导

中国共产党的领导是中国特色社会主义的最本质的特征。在中国宪法发展中，始终坚持党的集中统一领导，把党的领导贯穿于宪法发展的全过程，确保宪法发展的正确政治方向。从 1954 年制宪开始，形成了中国共产党领导制宪、修宪的制度。如在制定 1954 年宪法时，先由中共中央成立宪法起草小组完成宪法草案初稿的起草工作，再由中共中央把通过的草案初稿提交中华人民共和国宪法起草委员会讨论，后形成《中华人民共和国宪法（草案）》，并提交中央人民政府委员会审议，经过广泛的民主讨论，最终提请第一届全国人大审议通过。在随后的历次修宪工作中，逐渐形成了在党的统一领导下，既符合宪法精神，又行之有效的修宪工作程序和机制。

（二）丰富国家指导思想

国家指导思想是宪法制定、宪法修改、宪法解释以及宪法实施的整个过程中的思想原则和行动指南，一般被称为"宪法的灵魂"。一部宪法是否科学，首先看指导思想是否正确。1954 年宪法确立了民主原则和社会主义原则，使它成为新中国第一部宪法的基本精神。1975 年宪法和 1978 年宪法的指导思想是"无产阶级专政下的继续革命"，使宪法存在着历史局限性。从 1982 年宪法确定把"四项基本原则"作为宪法指导思想以来，经过 1999 年、2004 年的修改，把邓小平理论、"三个代表"重要思想写入宪法，使之成为国家指导思想。在 2018 年修宪中，把科学发展观、习近平新时代中国特色社会主义载入宪法，在国家的指导思想上实现了又一次历史性的飞跃。特别是习近平新时代中国特色社会主义思想入宪，它将成为我们未来中国宪法发展的思想指导与理论指南。

（三）明确国家发展目标

新中国成立以来，特别是改革开放以来，宪法通过对国家发展目标的丰富与完善，明确了国家发展目标，丰富了国家治理体系。1988 年以来的 5 次修改宪法，注重对宪法序言第七自然段中有关国家指导思想、基本路线、根本目标等内容的修改。在历史阶段方面，1999 年宪法作出"我国正处于社会主义初级阶段"的判断，2004 年进一步明确"我国将长期处于社会主义初级阶段"。在国家目标方面，1993 年"高度文明、高度民主的社会主义国家"被改为"富强、民主、文明的社会主义国家"，2004 年则在此基础上增加了"物质文明、政治文明和精神文明协调发展"的要求。2018 年的宪法修改中，宪法修正案第三十二条将序言第七自然段中"推动物质文明、政治文明和精神文明协调发展，把我国建设成为富强、民主、文明的社会主义国家"，修改为"推动物质文明、政治文明、精神文明、社会文明、生态文明协调发展，把我国建设成为富强民主文明和谐美丽的社会主义现代化强国，实现中华民族伟大复兴"，从而将党的十九大提出的"五位一体"的总体布局与"两个一百年"的奋斗目标加以宪法化，使之成为清晰的宪法规范表述，从而在根本法中确立了国家发展的方向。

（四）树立依宪治国理念

1982 年宪法适应健全社会主义法制的要求，在宪法第五条规定"国家维护社会主义法制的统一和尊严"，明确"一切国家机关和武装力量、各政党和各社会团体、各企业事业组织都必须遵守宪法和法律。一切违反宪法和法律的行为，必须予以追究"，确立了宪法的最高法律地位。1999 年通过的宪法修正案第十三条提出"中华人民共和国实行依法治国，建设社会主义法治国家"，以动态的治理体系代替了静态的制度体系，深化了我们对法治的认识，明确了宪法规范国家形象的建构目标。在 2018 年修宪中，将"健全社会主义法制"修改为"健全社会主义法治"，在思想上进一步明确法治的重要地位。同时，本次修宪将"全国人大法律委员会"修改为"全国人大宪法和法律委员会"，赋予该专门委员会以合宪性审查的职能，有助于推动宪法监督，有利于在制度实践中推进法治国家建设。

（五）保持宪法的稳定性与适应性的良性互动

新中国宪法发展有自身的逻辑，保持长期稳定性是宪法作为根本法的基本属性与特征，任何情况下不能削弱或者否定宪法应有的稳定性，这是国家长期稳定的基础。

比如，在宪法修改与宪法稳定性关系上，历次修宪实践始终坚持宪法稳定性与适应性的辩证统一，在修宪原则上坚持对宪法作部分修改、不作大改，"可改可不改的不改"的原则，力求保持 1982 年宪法的稳定性。又如，在宪法修改中尽量保持条文序号的不变。2004 年宪法修改加入的"国家尊重和保障人权"，与原宪法第三十三条规定的公民资格、平等原则、权利义务相一致原则等内容彼此间有明显的差异性，但并没有单独设为一条，而是纳入第三十三条作为其第三款，从而避免了因为加入一项内容而可能导致从第三十四条直至最后一条都要改写序号。再如，本次宪法修改征求意见的过程中，不少方面提出在宪法序言中增加"市场经济在资源配置中起决定性作用"的表述。但有关部门研究后认为，在宪法已经规定了社会主义市场经济的情况下，市场经济的地位问题可以通过宪法解释完成，属于可改可不改的问题，因此决定不作修改。

六、新时代中国宪法发展的未来

中国特色社会主义进入新时代，对推进依宪治国、依宪执政提出了新的更高要求，宪法在新时代承载着人民实现美好生活的期待。

（一）宪法实施与国家发展

宪法实施是维护社会共同体价值的基础与过程，宪法实施状况决定了转型时期能否在根本价值层面上维护国家的稳定和社会的良好发展。只有认真贯彻实施宪法，坚持和完善宪法确立的各项基本制度和体制，才能保证改革开放和社会主义现代化建设不断向前发展，保证最广大人民的根本利益不断得到实现，保证国家统一、民族团结、经济发展、社会进步和长治久安。国家发展要以宪法为基础，将宪法精神体现在国家生活的各个领域，保障宪法作为国家根本法的地位。

（二）国家尊重和保障人权

70 年来的宪法发展经验表明，人们对宪法的功能、意义有了更为明确的认识，逐步形成立宪主义价值立场上的宪法理念。特别是改革开放以来的实践表明，法治是国家生活的最大共识，要逐步实现从人治向法治的转变，实现由依法治国到依宪治国的发展，其基础和方向都是围绕人的尊严和主体性而展开的。合理配置并有效约束国家公权力、切实维护和实现公民的基本权利已成为全社会的基本共识。要逐步提升个人面对国家的主体地位，凸现人权价值，使保障"以人为本"，保障人的尊严、自由与平等成为立法与制定国家政策的价值取向。

（三）强化公职人员的宪法意识

提高公职人员，特别是领导干部的宪法意识是宪法实施的重要环节。通过宪法宣传与宪法实施，改变以政策、具体办法或领导指示来变通执行法律、法规的倾向。在执行和遵守宪法方面，公职人员基本明确了两方面观念：一是人本观念，即尊重和保障人权、维护公民基本权利，在制定和执行政策、作出重要决策时必须考虑民众的权利诉求，尊重人的生命价值；二是规则观念，按照宪法和法律、法规规定的程序和标准处理问题，做到公平、公正、公开，经得起公众的质疑和批评。突出公权力行为的人本性与规范性是未来宪法发展的重点领域，也将成为国家和社会和谐发展的保障。

（四）落实"依宪治国、依宪执政"理念

新中国宪法发展史告诉我们，什么时候执政党确立了正确的政治路线，尊重宪法，那么宪法的实施就会取得良好的社会效果；什么时候执政党脱离了正确的政治路线，不重视宪法权威，其结果必然导致宪法与现实的冲突。

由依法执政到依宪执政的升华，是执政活动正当性的基础。执政党活动的根本依据是宪法，这一点已经成为执政党和全社会的共识。未来的宪法发展要从落实依宪执政着手，理顺宪法与执政党活动的关系，认真落实"党在宪法和法律范围内活动"的原则。要把宪法精神体现在执政活动之中，使依宪执政成为执政党的自觉行动，它将决定社会价值观的统一和执政基础的稳定。

（五）完善宪法实施保障制度

随着社会的变革，宪法需要确立完善的适应社会变化的应变机制，灵活地运用宪法修改、宪法解释等手段，进一步增强宪法

的社会适应性，强化宪法的社会调整功能。从宪法发展的经验看，并不是所有的问题都经过宪法修改才能弥合宪法规范与社会现实之间的缝隙，宪法解释是基本的途径之一。对于规范与现实生活的冲突，应当逐步实现从"修宪型"模式转向"解释型"模式，积极发挥宪法解释功能。

党的十八大以来，党中央从全面依法治国的战略高度，提出完善宪法监督体制机制的目标与理念。特别是党的十九大提出"推进合宪性审查工作，维护宪法权威"。2018 年 3 月 11 日，第十三届全国人民代表大会第一次会议通过了《中华人民共和国宪法修正案》，正式将"全国人大法律委员会"更名为"全国人大宪法和法律委员会"。宪法和法律委员会是全国人大的专门委员会，是合宪性审查与法律草案的审议功能有机结合的混合型与综合性的机构，主要承担宪法监督与实施的职能。宪法和法律委员会在继续承担统一审议法律草案功能外，应建立综合的功能体系，为积极开展合宪性审查提供制度与规范基础。

完善宪法和法律委员会运行机制，有助于加强宪法实施与监督，有助于建立立法与宪法监督职能综合协调、整体推进的新机制，提高合宪性审查的实效性，有效解决宪法争议和违宪问题。同时，通过合宪性审查机制，发挥公民以及其他社会组织提起违宪违法审查建议的积极性，强化法律规范体系的内在统一性，建立合法性与合宪性审查的互动机制，不断完善中国特色宪法监督制度。

（六）提炼宪法发展的中国经验

回顾宪法发展 70 年来的历程，我们认识到，宪法发展需要处理好稳定性与适应性、本土性与国际性的关系，把法律性作为认识与解释宪法现象的逻辑基础与出发点。宪法发展要维护宪法至上性与实效性，使宪法成为一切国家机关、社会团体与政党活动的最高准则与根本准则。落实依法治国、保障人权的国家价值观，就要认真实施宪法。

未来中国宪法发展的总体趋势是，立足中国、放眼国际，以中国问题的解决为使命，运用宪法原理解释宪法现象，探索宪法规范和制度的良性互动途径。同时，宪法发展需要将传统文化与宪法发展的普遍性相结合，使中国宪法发展成为关心人类发展命运、参与解决人类面临重大问题的制度体系。

七、研究新中国宪法发展史的意义

研究新中国宪法发展史的意义主要在于：

（1）有助于对历史事实的客观描述与再现。宪法是人类在社会共同体中寻求共识并建立共同体价值的最高规范。围绕宪法制定所发生的历史事实，无疑是构成共同体历史的重要组成部分。因此，任何一个国家的历史都与宪法制定和发展过程有着密切的关系。只有对制宪当时的历史背景、历史事实的准确把握，才能客观地认识历史，合理地解释历史发展过程中出现的各种事件，确立合理的历史方位。

（2）有助于让民众真实地感悟一个国家宪法历史的正当性。在法治国家建设中，人们生活在宪法治理下，而接受宪法统治的前提之一是认识自己国家的正当性，即体制的历史基础与渊源。没有对自己历史的认识与把握，不可能产生维护正当性的信心与责任。在宪法史的丰富知识体系中，我们可以发现历史的真实，能够自觉地确立共同体与自我的合理关系，从历史与价值中体验宪法作为共同体的意义，扩大宪法存在的社会基础。

（3）有助于以宪法史为基础建立不同学科和知识体系之间的对话与交流平台。历史发展中发生的各种事件的性质与功能的评价，往往借助于宪法史所提供的知识与经验。因为，在政治史、经济史、社会史等领域发生的事实与知识的变化，与当时宪法的发展状况有着密切的关系。很多专门史研究中遇到的难题可以在特定环境产生的宪法中得到答案。

（4）有助于我们建立具有本土性的宪法学知识体系，使宪法学知识成为能够解释和解决本国宪法问题的知识，有助于改变宪法学领域中长期存在的"西方中心主义宪法学"倾向，确立宪法学的主体性。同时，宪法史的研究有助于人们正确认识现实的宪法制度，培养人们的宪法历史观，以历史事实为基础思考宪法问题，寻求不断改进宪法体制，预测未来发展目标。

总之，新中国宪法发展史是新中国 70 年社会发展的一个缩影，给人们展现丰富而生动的宪法变迁史，使人们能够从宪法发展的客观事实中感受宪法价值。

本书的写作意图是通过对新中国宪法发展 70 年历史的客观描述，介绍宪法发展的客观进程，力求挖掘宪法发展的史料，为关注、研究新中国宪法发展的人们提供不同历史阶段的背景材料，便于读者了解宪法变迁的社会背景。在本书中，作者们关注宪法与社会生活的相互联系，力求客观地描述宪法存在与发展的特定环境。以宪法发展的具体背景材料为基础研究宪法，使人们在变革的社会中感受宪法，提高维护宪法权威的自觉性，推进依宪治国进程，加快建设社会主义法治国家。

微信扫码，加入【本书话题交流群】
与同读本书的读者，讨论本书相关话题，交流阅读心得

第一章　临时宪法：《共同纲领》

一、特定的历史条件

新中国的法律是在废除国民党政府"六法全书"的基础上建立起来的。这是中国人民根据马克思主义关于无产阶级领导革命必须废除旧法律、创建新法律的原理与中国革命具体实践相结合而得出的科学结论，是中国人民革命实践经验的总结。

在新中国成立前夕，国民党政权即将全面崩溃之时，蒋介石为了达到保持国民党残余势力以便东山再起的目的，曾于 1949年 1 月 1 日发出了元旦求和文告，提出了愿意与共产党进行和平谈判的建议，但必须以保存伪宪法、伪法统①和反动军队等项条

---

① 1949 年 2 月 16 日《人民日报》、新华社曾经发表《关于废除伪法统》一文，其中对"伪法统"的含义作了比较明确的界定。该文指出："国民党政府的所谓'法统'，是指国民党统治权力在法律上的来源而言。国民党反动派欺骗人民说：他们的反人民的统治是'合法'的'正统'。他们欺骗人民说：国民党的统治权力，是根据一九四七年元旦国民党政府颁布的'宪法'；这个'宪法'，是根据一九四六年十一月国民党政府召开的'国民大会'；这个'国民大会'，是根据一九三一年六月国民党政府公布施行的'训政时期约法'；如是等等，并向上追溯而一直至于国民党的成立。"参见中国人民大学法律系国家与法权理论教研室理论小组、资料室编：《国家与法的理论学习资料》，1982 年版，第 4 页。

件，作为和平谈判的基础。为了揭露蒋介石玩弄和谈、欺骗人民的反革命阴谋，1949 年 1 月 14 日，中共中央主席毛泽东代表中国共产党发表《关于时局的声明》。在该声明中，毛泽东揭露了蒋介石提出和谈建议的虚伪性，指出："这是因为蒋介石在他的建议中提出了保存伪宪法、伪法统和反动军队等项为全国人民所不能同意的条件，以为和平谈判的基础。这是继续战争的条件，不是和平的条件。"① 蒋介石之所以提出保存伪宪法、伪法统，实质上是企图继续维持地主、买办官僚资产阶级的反动统治。因此，在《关于时局的声明》中，中国共产党针锋相对地提出了废除伪宪法、废除伪法统等 8 项条件，作为和平谈判的基础。这个声明表达了全国人民决心彻底推翻国民党反动统治，将革命进行到底的要求和愿望，粉碎了国民党反动派妄图保留伪宪法、伪法统以维持其统治的阴谋。因此，废除国民党政府的法律，是中国人民革命的一项重要内容。

1949 年 1 月，根据中国革命实践的需要，总结革命斗争的经验，《中共中央关于接管平津司法机关之建议》明确指出："国民党政府一切法律无效，禁止在任何刑事民事案件中，援引任何国民党法律。法院一切审判，均依据军管会公布之法令及人民政府之政策处理。"1949 年 2 月，中共中央发布了《关于废除国民党的"六法全书"与确定解放区的司法原则的指示》，这个指示为革命战争在取得全国胜利后，废除旧法律，建立新法律，奠定了理论基础和政策依据。这个指示的基本内容是：

（1）深刻分析了国民党政府法律的反动本质，指出"国民党的'六法全书'和一般资产阶级法律一样，以掩盖阶级本质的形式出现，但是实际上既然没有超阶级的国家，当然也不能有超阶级的法律。'六法全书'和一般资产阶级法律一样，以所谓人人

---

① 《毛泽东选集》（第四卷），人民出版社，1991 年版，第 1388 页。

在法律方面一律平等的面貌出现，但是实际上在统治阶级与被统治阶级之间、剥削阶级与被剥削阶级之间、有产者与无产者之间、债权人与债务人之间，没有真正共同的利害，因而也不能有真正平等的法权"①。所以，国民党全部法律只能是保护地主与买办官僚资产阶级反动统治的工具，是镇压与束缚广大人民群众的武器。

（2）指出"在无产阶级领导的工农联盟为主体的人民民主专政政权下，国民党的'六法全书'应该废除。人民的司法工作，不能再以国民党的'六法全书'为依据，而应该以人民的新的法律作依据"。因此，"在人民新的法律还没有系统地发布以前，应该以共产党政策以及人民政府与人民解放军所已发布的各种纲领、法律、条例、决议作依据"②。在人民的法律还不完备的情况下，司法机关的办事原则应该是：有纲领、法律、命令、条例、决议者，从纲领、法律、命令、条例、决议之规定；无纲领、法律、命令、条例、决议者，从新民主主义政策。

（3）指出人民的司法机关应该经常以蔑视和批判"六法全书"以及国民党其他一切反动的法律、法令的精神，以学习和掌握马克思列宁主义、毛泽东思想的国家观、法律观以及新民主主义的政策、纲领、法律、命令、条例、决议的办法来教育和改造司法干部。"只有这样，他们才能够为人民服务，才能与我们的革命司法干部和衷共济，消除所谓新旧司法干部不团结和旧司法

---

① 中国人民大学法律系国家与法权理论教研室理论小组、资料室编：《国家与法的理论学习资料》，1982 年版，第 1 页。

② 中国人民大学法律系国家与法权理论教研室理论小组、资料室编：《国家与法的理论学习资料》，1982 年版，第 2 - 3 页。

人员炫耀国民党的'六法全书'和自高自大的恶劣现象"①。

关于即将成立的新中国的立法问题，1949 年 6 月 4 日和 10 日，中共中央法律委员会和华北人民政府司法部连续召集了两次立法问题座谈会。中共中央法律委员会、华北人民政府司法部、华北人民政府法院、北平市人民法院各负责人及沈钧儒、李达等专家共 40 余人参加了座谈会。会议由华北人民政府司法部部长谢觉哉主持。中共中央法律委员会负责人先概括说明了新民主主义的中华人民民主国家的立法需要、立法观点、立法方法及立法方式等问题。与会者在两次座谈会上广泛地交换了关于新中国立法的各种意见。经过热烈讨论，大家一致认为，新民主主义革命即将在全国范围内胜利，国民经济的恢复工作正在积极进行，国民党的反革命反人民的"六法全书"已经被废除，新民主主义国家必须有保护自己的政治制度、经济制度与文化制度的各种法律。当前司法机关和人民群众感到迫切需要的法律是：刑法、刑事诉讼法、民法、民事诉讼法、法院组织法、检察制度条例、新的监狱或犯人改造条例等；司法机关和工商界感到迫切需要的法律是：公司法、票据法、商业登记法、交易所法、商标法、海商法。此外，婚姻法、劳动法、土地法等也是人民所需要的法律。新法理学的研究、新宪法与行政法的研究、法学史和法制史的研究也很有必要。

在谈到如何以新的观点和方法来进行立法工作的问题时，与会者一致认为：首先，新立法应该从新中国的现实生活的实际出发，并使理论与实际相结合，因此，最完满、最集中反映中国现实和最正确指导中国革命的毛泽东思想，应成为立法工作的指导原则。具体说，第一，应该认清中国新民主主义革命和新民主主

① 中国人民大学法律系国家与法权理论教研室理论小组、资料室编：《国家与法的理论学习资料》，1982 年版，第 3 页。

义国家的性质，也就是说，认清这个革命的对象是帝国主义、封建主义和官僚资本主义；这个革命胜利建立起来的国家是工人阶级领导的、以工农联盟为基础的人民民主专政的国家。认清这些才能在立法工作中确切地反映出这个革命和这个国家的阶级本质和社会内容。第二，应该清楚地了解新民主主义的政策特点，是毛主席所指示的"四面八方"的政策，以便用法律形式恰当地反映出"公私兼顾、劳资两利、城乡互助、内外交流"政策的特点。第三，应该认清新民主主义中国发展的前途，认清新民主主义中国是社会主义中国的准备阶段和过渡阶段，以便在立法中把中国人民当前奋斗与将来目的有机地体现出来。第四，应该研究中国共产党、中国人民政权与中国人民解放军20余年立法工作和司法工作的经验，把这些经验总结起来和提高起来，成为较完备的立法内容。其次，与会者一致强调，要搞好立法工作，必须认真地了解中国人民的生活和需要，必须详细地研究中国革命的政策和经验，必须认真地和系统地去学习马克思列宁主义和毛泽东思想。同时，与会者还认为，新时期的立法工作必须一方面以苏联和各人民民主国家的法学理论和法律作为主要参考资料和借鉴对象，另一方面以中国过去各种旧法律与欧美资本主义国家各种法律作为附属参考资料和批判对象。所以，大家建议，应立即进行各种法学、法律图书资料的搜集、编译和整理工作。最后，与会者认为，在目前的条件下，立法形式应以各种大纲及简易条例形式为主，同时，各种法律的内容繁简与条文多少，应具体看需要和可能而定。随着人民民主国家各种建设进程的进展，各种法律的内容和形式也将逐渐补充和发展。今后法律文字方面也须力求科学化、大众化，使法律从所谓法律专家专有的工具，变成为人民服务和为人民所用的工具。

会议同意立即组织法理学、宪法（包括行政法）、民事法规、刑事法规、商事法规、法院组织法规、执行法规、检察条例、国际法与法制史等 10 个研究组，由各人自愿参加一个至两个组，负责进行研究工作。①

总体上来说，在新中国成立前夕，中国共产党在法律领域里所开展的工作主要是废除国民党反动政权的旧法律，并结合中国新民主主义革命的特点，以马克思列宁主义和毛泽东思想作为指针，在批判旧法和借鉴国外法制建设经验和教训的基础上，制定适应中国新民主主义革命需要的新法律。在一系列需要重新制定的新法律中，宪法作为根本法首先应当予以制定并应该在法制实践中得到遵循，成为当时立法工作者和司法工作者的共识。在着手新中国法制建设的过程中，《共同纲领》的起草和通过成为新中国成立前夕人民民主政权立法工作的中心环节。

二、制定《共同纲领》的过程

《共同纲领》于 1949 年 9 月 29 日由中国人民政治协商会议第一届全体会议通过。此时解放战争已至尾声，但国家统一尚未完成，在已经取得解放的地区，也仍有旧政权的残余势力蛰伏，将占中国人口最大多数的农民从被压迫、被剥削中解放出来的土地改革也还在继续，新中国尚不能广泛地组织普选的人民代表大会。因此，也还不具备条件发动全民讨论、制定正式宪法。在这种情况下召开的中国人民政治协商会议，其 600 多位与会代表代表着全中国所有的民主党派、人民团体、人民解放军、各地区、

---

① 《中共中央法律委员会、华北人民政府司法部召集会议　座谈新立法问题　一致认为：毛泽东思想指导应成为新中国的立法原则　组织十个组研究宪法民刑等法规　用新的观点方法进行立法工作》，《人民日报》1949 年 6 月 18 日，第 1 版。

各民族和国外华侨,彰显了全国人民大团结,获得了全国人民的信任和拥护,会议因此具有代表全国人民的性质。中国人民政治协商会议由此宣布其具有代行全国人民代表大会职权的资格,它制定的《共同纲领》因此也起到了临时宪法的作用。① 《共同纲领》是中国宪法史上第一个比较完备的新民主主义性质的宪法文件,它的制定对于确立新中国成立初期的大政方针,巩固新生的人民民主专政政权起到了非常重要的法律保障作用,是新中国宪法体制的基石和出发点。《共同纲领》从开始起草到经中国人民政治协商会议第一届全体会议通过,随着中国革命形势的发展变化,曾三次起草、三次命名。②

(一)第一次起草稿:《中国人民民主革命纲领草案》

中共中央和毛泽东主席在发起召开新的政治协商会议之时,就提出制定《共同纲领》的问题。1948 年"五一劳动节口号"发表之前,4 月 27 日,毛泽东主席在给中共北平市委书记刘仁的信中,即让他明确告诉北平的民主人士,中国共产党准备邀请他们来解放区参加各民主党派、各人民团体代表会议,讨论的事项包括:"(甲)关于召开人民代表大会成立民主联合政府问题;(乙)关于加强各民主党派各人民团体的合作及纲领政策问题。""会议的名称拟称为政治协商会议"。这里把加强与会各民主党派、各人民团体的合作及为加强这一合作而制定为各方所认同的"纲领政策",作为新的政治协商会议的两大任务之一。4 月 30日,中共中央发布"五一劳动节口号"共 23 条,其中经毛泽东主席改写的第五条,正式向全国各民主党派、各人民团体、各社

---

① 毛泽东:《中国人民站起来了》(1949 年 9 月 21 日)。

② 本书对《共同纲领》起草过程的描述参考了《胡乔木回忆毛泽东》一书,人民出版社,1994 年版,第 552 - 568 页。

会贤达发出"迅速召开政治协商会议，讨论并召集人民代表大会，成立民主联合政府"的口号，由此揭开了筹建新中国的序幕。

为了促进召开新政协主张的实现，毛泽东主席于 5 月 1 日致信民革主席李济深和民盟负责人沈钧儒，征求他们的意见。毛泽东主席在信中说："在目前形势下，召集人民代表大会，成立民主联合政府，加强各民主党派、各人民团体的相互合作，并拟订民主联合政府的施政纲领，业已成为必要，时机亦趋成熟。""但欲实现这一步骤，必须先邀请各民主党派、各人民团体的代表开一个会议。"毛泽东主席提议，由民革、民盟和中共"于本月内发表三党联合声明，以为号召"。他还亲自拟了一个联合声明的草案，由当时中共驻香港负责人潘汉年一并送达。

中共的号召，得到了各民主党派、无党派民主人士和海外华侨的热烈响应，一次规模巨大、推动新中国诞生的新政协运动在全国兴起。1948 年 9 月，中共中央决定，将中央城市工作部改为中央统一战线工作部，负责管理国民党统治区工作、国内少数民族工作、政权统战工作、华侨工作及东方兄弟党的联络工作。统战部在毛泽东、周恩来的领导下和李维汉的主持下，为筹备新政协和拟定《共同纲领》做了大量具体工作。

1948 年 8 月、9 月，已有部分民主党派代表及无党派民主人士陆续到达华北解放区河北平山县李家庄（中共中央统战部所在地）和东北解放区哈尔滨。为了更具体地与这些民主人士商谈召开新政协的各项事宜，毛泽东主席向周恩来同志提出："似宜将名单及其他各项组成一个文件，内容字句均需斟酌。"周恩来同志和中央统战部在同到达李家庄的民主人士商讨后，拟定了《关于召开新的政治协商会议诸问题草案》。这个草案经毛泽东主席审改后，于 10 月 8 日由中共中央电发东北局。中央指示高岗、李富春约集在哈尔滨的民主人士"会谈数次"，并告诉他们这是中共中央提出的"书面意见"，请各民主人士"过细加以斟酌"。其后，中共中央通过华南分局征求在香港的各民主党派负责人和著名无党派民主人士的意见。11 月 25 日，高岗、李富春代表中共中央与在哈尔滨的民主人士达成了《关于召开新的政治协商会议诸问题》的协议。该协议第二项第五款规定：新政协应讨论和决定两项重要问题："一为共同纲领问题，一为如何建立中华人民民主共和国临时中央政府问题。共同纲领由筹备会起草，中共中央已在起草一个草案。"这是正式使用"共同纲领"一词较早的文献。其中所说的"中共中央已在起草一个草案"，就是指中共中央第一次起草的《中国人民民主革命纲领草案》。

《中国人民民主革命纲领草案》第一稿是在李维汉主持下，于 1948 年 10 月 27 日写出初稿的。该稿除简短的序言外，分总则、政治、军事、土地改革、经济财政、文化教育、社会政策、少数民族、华侨、外交等 10 部分，共 46 条。该稿虽然比较简单，但它还是把即将诞生的新中国应实行的最基本的纲领、政策规定出来了，草稿的着重点是"人民民主革命"方面。例如，该稿规定，纲领的基本原则，即新政协各成员"共同奋斗的准则"，是"新民主主义亦即革命三民主义"；"人民为国家的主人，国家的一切权力出自人民大众，属于人民大众"；"中华人民民主共和国各级政权的构成，不采取资产阶级民主的三权鼎立制，而采取人民民主的民主集中制"；国家各级权力机关和行政机关，是各级人民代表大会及其选出的各级人民政府；实行耕者有其田的土地制度；没收官僚资本归国家所有，"国有经济为全部国民经济的领导成分"；"发展生产，繁荣经济，公私兼顾，劳资两利，应定为全部国民经济建设的总方针"；有计划、有步骤地发展工业，争取若干年内"使中国由农业国地位上升到工业国地位"；"发展民族的、科学的、大众的文化与教育"；各民族一律平等，建立民族自治区，等等。这些规定，反映了中国共产党长期以来形成的新民主主义的立国思想。因此，该稿大都为后来各个稿本所采纳。

1948 年 11 月，《中国人民民主革命纲领草案》形成第二稿。第二稿的结构不同于第一稿，它分为人民解放战争的历史任务、建立人民民主共和国的基本纲领、战时具体纲领三大部分。第一部分叙述人民解放战争的历程、主要经验及其要完成的推翻三大敌人和国民党反动统治的历史任务，号召全国人民"继续支持人民解放战争直至解放全中国的彻底胜利"；第二部分规定中华人民民主共和国的新民主主义的性质以及它的国家构成、政权构成、经济构成、文化教育、外交政策；第三部分就全力支援人民解放战争、巩固人民解放区、建立临时中央政府三个方面作了 34 条规定。这一稿对成立中华人民民主共和国临时中央政府的程序作了新的规定。该稿明确规定：由新政协直接选举临时中央政府。但此稿带有明显的宣言色彩，是宣言与纲领相结合的一个文件。1949 年 2 月 27 日，经周恩来作文字修改后，与《关于召开新的政治协商会议诸问题的协议》《新政治协商会议筹备会组织条例（草案）》《参加新政协筹备会各单位民主人士候选名单》《中华人民民主共和国政府组织大纲（草案）》一起编印成册，名为《新的政治协商会议有关文件》。

（二）第二次起草稿：《新民主主义的共同纲领草案》初稿

从 1948 年中共中央发布"五一劳动节口号"到 1949 年春，随着人民解放战争的进展，革命政权在全国迅速建立和发展起来，在人民即将取得全国政权的情况下，各民主党派和无党派民主人士中的绝大多数人，在彻底推翻国民党反动统治和建立新民主主义中国这两个基本问题上，与共产党取得了共识。这为《共同纲领》的正式制定创造了必要的条件。1949 年 3 月召开的中共中央七届二中全会和 6 月底毛泽东主席发表的《论人民民主专政》，进一步丰富了中国共产党有关革命和建国的理论，从而为《共同纲领》的制定奠定了坚实的理论基础和政策基础。

1949 年 6 月 15 日，新政治协商会议筹备会在北平成立。筹备会由 23 个单位、134 人组成，以毛泽东为常务委员会主任。常务委员会下设 6 个小组，分别进行各项筹备工作。每组人员均自愿报名参加。负责起草《共同纲领》的是第三小组，由周恩来、许德珩担任正、副组长。6 月 18 日，第三小组成立。周恩来在成立会上说明了起草《共同纲领》工作的重要性以及以往工作的情况。周恩来指出，起草《共同纲领》任务繁重。这个纲领决定联合政府的产生，也是各民主党派、各人民团体合作的基础。中共中央曾先后两次起草了草案，但由于革命形势的发展，这两个草案都已不能适应新的革命形势的要求，因此，必须重新起草。会议决定委托中共中央再次草拟初稿，而小组成员则按照自愿参加的原则分为政治法律、财政经济、国防外交、文化教育、其他（包括华侨、少数民族、群众团体、宗教等问题）5 个分组进行讨论和拟定具体条文，供起草人参考。参加新政协筹备会的各单位、各代表及第三小组各成员亦可提出自己的书面意见。至 7 月上旬，各分组均拟定了具体条文。中共中央在周恩来的领导下再次草拟初稿，并用两个月的时间，写出一个草案初稿。由于即将成立的新中国是一个新民主主义性质的国家，所以，把题目定为《新民主主义的共同纲领》。8 月 22 日，周恩来将初稿交毛泽东审议。毛泽东仔细审读了初稿，并对一些段落作了删改。

《新民主主义的共同纲领》初稿，除了简短的序言外，分一般纲领和具体纲领两个部分。同《中国人民民主革命纲领草案》相比，它删除了"人民解放战争的历史任务"部分，在具体条文的规定上，也增添了不少内容。一般纲领中规定：参加政治协商会议的各个单位，要以"奉行新民主主义"作为"长期合作的政治基础"，新民主主义是"统一战线的纲领"；"新民主主义的国家制度，是工人阶级领导的以工农联盟为基础的团结各民主阶级及中国境内各民族的人民民主专政的国家制度"；"新民主主义的政治制度，是民主集中制的人民代表大会的政治制度"，"在整个新民主主义制度期间，既不是一个阶级专政，也不是一党独占政府"，而应当是各民主党派及人民团体在新民主主义纲领之下的联合政府。此外，规定了"新民主主义的国防""新民主主义的经济""新民主主义的文化""新民主主义的国际关系"。具体纲领部分，按"解放全中国""政治法律""财政经济""文化教育""国防""外交侨务"六个方面共列 45 条。这份初稿即成为此后不久提出的《中国人民政治协商会议共同纲领》草案的基础。

（三）第三次起草稿：《中国人民政治协商会议共同纲领》

进入 1949 年 9 月以后，《共同纲领》的起草工作进入最后阶段。第三次起草稿纲领的名称随着政协名称的变动而改为《中国人民政治协商会议共同纲领》，其结构也作了改动，不再分一般纲领和具体纲领，而是在序言之后平列 7 章。在这个阶段，毛泽东代表中共中央直接参加了草稿的修改工作。从 9 月 3 日至 13 日，毛泽东至少对 4 次草案稿进行了细心修改，改动总计有 200 余处。不仅如此，他还亲自校对和督促印刷。

《共同纲领》最后阶段的修改，是同筹备会及所有出席代表的讨论结合在一起进行的，从中共中央提出草案初稿，到政协全体会议召开，共进行了 7 次讨论，即由到达北平的政协代表五六百人分组讨论 2 次，纲领起草小组讨论 3 次，筹备会常委会讨论 2 次，此外，政协各参加单位还组织各自成员进行了讨论，广泛吸收了各方面的意见。然后将草案提交筹备会第二次全体会议作了基本通过，提交政协全体会议讨论。① 在草案征求意见的过程中，代表们集思广益、畅所欲言，对草案提出了大量中肯意见。主要的修改意见有：

（1）关于国名及国名简称问题。本来，在发出召开新政协号召前后，在中共中央文件和中共领导人著作中，即多次有"中华人民共和国"的提法（《新民主主义论》中称"中华民主共和国"），如1948年1月19日毛泽东主席为中共中央起草的党内指示《关于目前党的政策中的几个重要问题》、2月15日完稿的《中共中央关于土地改革中各社会阶级的划分及其待遇的规定草案》、8月1日毛泽东主席复函香港各民主党派与民主人士电等，都把新中国定名为"中华人民共和国"。但是，在10月上旬提出、11月25日达成协议的《关于召开新的政治协商会议诸问题》及随之起草的《新政治协商会议筹备会组织条例（草案）》和《中华人民民主共和国政府组织大纲（草案）》中，又改用"中华人民民主共和国"的名称，直至新政协筹备会召开。筹备会期间，黄炎培、张志让等主张用"中华人民民主国"，张奚若等主张用"中华人民共和国"，最后决定采用后一种意见。关于国名的简称问题，引起了热烈的争论。最初起草的《中华人民民主共和国政府组织大纲（草案）》中有"中华人民民主共和国简称中华民国"一条。筹备会召开后，该大纲草案改称为《中华人民共和国中央人民政府组织法（草案）》，简称一说仍保留着。代表们对要不要保留这个简称以及是否把简称写入《共同纲领》展开了热烈的讨论。一些代表主张，不仅在政府组织法中应注明"简称中华民国"，而且要把这一简称写入《共同纲领》，因为

① 周恩来：《关于〈中国人民政治协商会议共同纲领〉草案起草的经过和纲领的特点在中国人民政协全体会议上的报告摘要》，1949年9月25日，见《新华月报》1949年第1卷第1期，第24-25页。

《共同纲领》要有照顾统一战线中各个组织的意义，应该沿用习惯了的称呼。更多的代表认为，不应简称"中华民国"，因为"中华民国"并不是一个简称，而是代表旧中国统治的一切，国民党政权标榜"中华民国"，而人民已经对它产生反感，人民的新中国是新民主主义性质的，不能与之混同，如果要用简称，就简称"中国"。还有的代表主张，既不应简称"中华民国"，也不必在纲领条文中注明简称"中国"，因"中国"是习惯用法，不是简称。最后，所有政协文件均未写简称。

（2）关于社会主义目标问题。一部分代表认为，既然我们将来的目标是实现社会主义，那就应该在纲领中把这一目标写出来，使全国人民了解未来社会的远景以及共同奋斗的最终目标。另一些代表则认为，在今天的政协中提出社会主义问题还为时过早，《共同纲领》是新民主主义性质的，以不写社会主义为好，而且新民主主义本身就预示着社会主义方向。中共中央和毛泽东主席支持了后一种意见。刘少奇、周恩来等都在大会上对这一问题作了说明。其中主要的原因是：第一，《共同纲领》是属于国家政权在现阶段的施政纲领，是从客观实际出发，为现阶段需要而制定的，它不应去描绘现阶段尚不能实现的理想。新中国成立以后，中国人民面临的任务就是建设新民主主义，如在《共同纲领》中过早地写进社会主义目标，就很容易混淆现阶段的实际步骤与将来的理想。第二，新民主主义的《共同纲领》是在各民主党派、各人民团体和无党派民主人士对新民主主义取得共识的基础上制定的，要把共产党的第二步奋斗目标——社会主义写进国家的基本文件中，也必须经过一个解释、宣传和实践的过程，只有全国人民通过实践认识到这是唯一的最好的前途，才会真正承认它，并愿为它而奋斗。所以，暂时不写上社会主义目标，并不是否定它，而是更加郑重地看待它。第三，纲领的经济部分已实际保证了向社会主义前途迈进。

（3）关于人民政协的性质和历史使命问题。在讨论中，曾经出现过两种想法：第一种，以为等到了人民代表大会召开之后，就不再需要人民政协这样的组织了；第二种，以为由于各党派这样团结一致，推动新民主主义很快地发展，党派的存在就不会很久了。后来大家在讨论中认为这两种想法是不恰当的，因为它们不合于中国革命的发展和建设的需要。首先，普选的全国人民代表大会的召开，固然还需要一个相当时间，就是在普选的全国人民代表大会召开以后，政协会议还将对中央政府的工作起协商、参谋和推动的作用。其次，新民主主义时代既然有各阶级的存在，就会有各党派的存在。旧民主主义国家的统治者是资产阶级，其所属党派必然是相互排挤，争权夺利。新民主主义的各阶级在工人阶级领导下，虽然各阶级的利益和意见仍有不同之处，但是在共同要求上、在主要政策上是能够求得一致的。人民民主统一战线内部的不同要求和矛盾，在反帝反封建残余的斗争面前，是可以而且应该得到调节的。

（4）关于"爱国民主分子"问题。有的代表提出，序言里"中国人民民主专政是中国工人阶级、农民阶级、小资产阶级、民族资产阶级及其他爱国民主分子的人民民主统一战线的政权"一句中的"爱国民主分子"应删去，因为这里讲的是阶级，爱国民主分子也属于四个阶级之内。刘少奇在参加小组讨论中对此作了解释：有些爱国民主分子不属于四个阶级，例如地主、官僚资产阶级中的开明分子，单独提出"爱国民主分子"，就是要让这些人加入进来。

（5）关于"人身自由"问题。《共同纲领》初稿规定："中华人民共和国人民有思想、言论、出版、集会、结社、通信、居住、迁徙、宗教信仰及示威游行的自由权。"其中未提"人身自由"。许多代表对此提出意见，认为人身自由是最根本的自由，如无人身自由，其他自由都将谈不上。因此，应该在各种自由权中加上"人身自由"这一项。这个意见在下一个印稿中即被采纳。

（6）在外交方面，有的产业界代表出于同外国做生意的考虑，认为关于外交政策的条文不必突出联合苏联的内容。这一意见未得到响应。中国国民党革命委员会、三民主义同志联合会、中国国民党民主促进会三个国民党民主派的政协代表就这个问题进行了专门讨论。他们的意思是："本党十三年改组时提出联合以平等待我之民族，就是指苏联，今天应该明确说出来。""联苏的口号非公开提出不可"。纲领草案保留了"首先联合苏联、各人民民主国家和各被压迫民族"的条文。

除上述重要的修改意见外，代表们还提出了其他一些有益的意见。如在第二章政权机构开头一条应加上"中华人民共和国主权属于全国人民"；政协组织成分中的"知识界"应改为"知识分子"；"反对贪污、浪费"的提法太轻，应改为肃清贪污、严禁浪费；调剂五种经济成分的关系，应加上金融政策、技术政策两个方面，等等。这些意见被后来的修改稿所采纳。另外还有一些建议，如文字改革、对日和约等，均属不是现在所能做到和不必立即准备去做的事项，故没有列入条文。

经各方反复讨论的《共同纲领（草案）》，于 1949 年 9 月 17 日经新政协筹备会第二次全体会议基本通过。9 月 21 日，中国人民政治协商会议第一届全体会议开幕。22 日，周恩来就《共同纲领（草案）》的起草经过向大会作报告。大会组成包括《共同纲领（草案）》整理委员会在内的 6 个分组委员会，以最后完成各项文件的起草工作。《共同纲领（草案）》整理委员会由出席政协的 45 个单位和特邀代表派人组成。中共方面为周恩来。45 个单位中，只有民盟派出两人：章伯钧、罗隆基，其他均为一人。28 日，政协各单位及《共同纲领（草案）》整理委员会分别举行会议，对《共同纲领（草案）》进行最后一次讨论。29 日，政协全体会议一致通过《共同纲领》。10月1日，刚刚当选为中华人民共和国中央人民政府主席的毛泽东发布公告，宣布中央人民政府"接受中国人民政治协商会议共同纲领为本政府的施政方针"。至此，具有临时宪法性质的《共同纲领》诞生了。

三、基本内容分析

《共同纲领》包含《序言》和《总纲》《政权机关》《军事制度》《经济政策》《文化教育政策》《民族政策》《外交政策》等七章，共8个部分，总计60条，7000余字。《共同纲领》是全国人民意志和利益的集中体现，是革命斗争经验的总结，也是中华人民共和国在相当长的时期内的施政准则。它规定中华人民共和国为新民主主义即人民民主主义的国家；政权是中国工人阶级、农民阶级、小资产阶级、民族资产阶级及其他爱国民主分子的人民民主统一战线政权，而以工农联盟为基础，以工人阶级为领导；目标是反对帝国主义、封建主义和官僚资本主义，为中国的独立、民主、和平、统一和富强而奋斗。它确立了新中国的政权机构、军事制度以及经济政策、文化教育政策、民族政策、外交政策的总原则。它规定人民享有广泛的民主权利和应尽的义务。《共同纲领》的制定和通过表明，中国共产党的最低纲领即新民主主义纲领，已被集中代表各民主党派、各人民团体、各民主阶级、各少数民族、海外华侨及其他爱国民主分子意志的中国人民政治协商会议所一致接受，成为新中国的建设蓝图。

（一）《共同纲领》保障了人民的权利

《共同纲领》序言和第一条明确规定，新民主主义即人民民主主义是中华人民共和国的政治基础，中华人民共和国实行工人阶级领导的、以工农联盟为基础的、团结各民主阶级和国内各民族的人民民主专政，反对帝国主义、封建主义和官僚资本主义，为中国的独立、民主、和平、统一和富强而奋斗。该规定明确了中华人民共和国人民民主专政的国体性质，为团结绝大多数人民群众共同反对帝国主义、封建主义和官僚资本主义，为建设新民主主义的中国创造了良好的政治条件。《共同纲领》以此为基础，在总纲中强调了人民作为国家主人所享有的基本权利，这样的文本安排体现了新中国加强人民民主、尊重人民权利的意旨，也符合现代宪法以"人"为中心的基本理念。在1982年的全面修宪中，这一理念得到继承，"公民的基本权利和义务"一改1954年宪法和此后两次全面修宪被置于"国家机构"之后的格局，被作为总纲的补充和继续，前提为紧接总纲的宪法章节。①

《共同纲领》中规定的基本权利包括三个方面：①中华人民共和国人民依法有选举权和被选举权。（第四条）②中华人民共和国人民有思想、言论、出版、集会、结社、通讯、人身、居住、迁徙、宗教信仰及示威游行的自由权。（第五条）③中华人民共和国废除束缚妇女的封建制度。妇女在政治的、经济的、文化教育的、社会的生活各方面，均有与男子平等的权利。实行男女婚姻自由。（第六条）

在保障人民权利的同时，《共同纲领》还强调了对人民的敌人实行专政的要求。如《共同纲领》第七条规定：中华人民共和国必须镇压一切反革命活动，严厉惩罚一切勾结帝国主义、背叛祖国、反对人民民主事业的国民党反革命战争罪犯和其他怙恶不悛的反革命首要分子。对于一般的反动分子、封建地主、官僚资

---

① 1982年全面修宪对宪法文本结构的讨论，可参见《我所知道的胡乔木》，当代中国出版社，1997年版，第6－7页；《邓小平年谱（1975—1997）》（下），中央文献出版社，2004年版，第799页。

本家，在解除其武装、消灭其特殊势力后，仍须依法在必要时期内剥夺他们的政治权利，但同时给以生活出路，并强迫他们在劳动中改造自己，成为新人。假如他们继续进行反革命活动，必须予以严厉的制裁。

《共同纲领》体现了权利与义务相一致的原则，在保障人民权利的同时，也确立了国民的基本法律义务，即第八条所规定的：中华人民共和国国民均有保卫祖国、遵守法律、遵守劳动纪律、爱护公共财产、应征公役兵役和缴纳赋税的义务。

此外，《共同纲领》第九条规定：中华人民共和国境内各民族，均有平等的权利和义务。

（二）《共同纲领》确立了国家政权组织形式

《共同纲领》确立了我国人民代表大会制度的三项最基本的原则，即国家权力属于人民原则、人民代表大会为国家权力机关原则和民主集中制原则。

《共同纲领》第十二条规定：中华人民共和国的国家政权属于人民。该规定实质上宣告了新中国为人民主权的国家，而不是像旧中国那样的国民党实行一党专政或者是以党代政。将国家权力建立在人民所有的基础之上，这就保障了中华人民共和国的合法性。关于人民通过何种组织形式组织国家政权，《共同纲领》第十二条还明确规定：人民行使国家政权的机关为各级人民代表大会和各级人民政府。各级人民代表大会由人民用普选方法产生之。各级人民代表大会选举各级人民政府。各级人民代表大会闭会期间，各级人民政府为行使各级政权的机关。国家最高政权机关为全国人民代表大会。全国人民代表大会闭会期间，中央人民政府为行使国家政权的最高机关。

《共同纲领》特别强调了国家政权机关开展工作的民主集中制原则。第十五条对这一原则的内涵作了详细的说明：人民代表大会向人民负责并报告工作。人民政府委员会向人民代表大会负责并报告工作。在人民代表大会和人民政府委员会内，实行少数服从多数的制度。各下级人民政府均由上级人民政府加委并服从上级人民政府。全国各地方人民政府均服从中央人民政府。民主集中制原则还适用于处理中央与地方之间的关系。第十六条规定：中央人民政府与地方人民政府间职权的划分，应按照各项事务的性质，由中央人民政府委员会以法令加以规定，使之既利于国家统一，又利于因地制宜。

考虑到新中国成立初期的具体情况，《共同纲领》第十三条规定：在普选的全国人民代表大会召开以前，由中国人民政治协商会议的全体会议执行全国人民代表大会的职权，制定中华人民共和国中央人民政府组织法，选举中华人民共和国中央人民政府委员会，并付之以行使国家权力的职权。在普选的全国人民代表大会召开以后，中国人民政治协商会议得就有关国家建设事业的根本大计及其他重要措施，向全国人民代表大会或中央人民政府提出建议案。为了保证中国人民政治协商会议的人民性，《共同纲领》第十三条还规定：中国人民政治协商会议为人民民主统一战线的组织形式。其组织成分，应包含有工人阶级、农民阶级、革命军人、知识分子、小资产阶级、民族资产阶级、少数民族、国外华侨及其他爱国民主分子的代表。

此外，《共同纲领》第十四条规定：凡人民解放军初解放的地方，应一律实行军事管制，取消国民党反动政权机关，由中央人民政府或前线军政机关委任人员组织军事管制委员会和地方人民政府，领导人民建立革命秩序，镇压反革命活动，并在条件许可时召集各界人民代表会议。在普选的地方人民代表大会召开以前，由地方各界人民代表会议逐步地代行人民代表大会的职权。

为了巩固人民民主革命的成果，《共同纲领》还对废除旧法律、制定新法律作出了明确规定。第十七条要求：废除国民党反动政府一切压迫人民的法律、法令和司法制度，制定保护人民的法律、法令，建立人民司法制度。

对国家政权机关的工作作风以及履行自身职责的监督，《共同纲领》也作了明确的规定。例如，第十八条规定：中华人民共和国的一切国家机关，必须厉行廉洁的、朴素的、为人民服务的革命工作作风，严惩贪污，禁止浪费，反对脱离人民群众的官僚主义作风。第十九条规定：在县市以上的各级人民政府内，设人民监察机关，以监督各级国家机关和各种公务人员是否履行其职责，并纠举其中之违法失职的机关和人员。人民和人民团体有权向人民监察机关或人民司法机关控告任何国家机关和任何公务人员的违法失职行为。

（三）《共同纲领》确立了国家的军事制度

《共同纲领》对中华人民共和国武装力量的性质、军队的构成、民兵制度和义务兵役制度、革命烈士与军人的家属以及人民军队的建军原则都作了明确规定，充分保证了武装力量和人民军队掌握在人民手中以及为人民服务的国防建设宗旨的实现。

关于武装力量的性质，《共同纲领》第十条规定：中华人民共和国的武装力量，即人民解放军、人民公安部队和人民警察，是属于人民的武力。其任务为保卫中国的独立和领土主权的完整，保卫中国人民的革命成果和一切合法权益。中华人民共和国中央人民政府应努力巩固和加强人民武装力量，使其能够有效地执行自己的任务。

《共同纲领》在第三章中对军事制度加以详细规定。其主要内容涉及中华人民共和国建立统一的军队，即人民解放军和人民公安部队，受中央人民政府人民革命军事委员会统率，实行统一的指挥、统一的制度、统一的编制、统一的纪律。（第二十条）人民解放军和人民公安部队根据官兵一致、军民一致的原则，建立政治工作制度，以革命精神和爱国精神教育部队的指挥员和战斗员。（第二十一条）中华人民共和国应加强现代化的陆军，并建设空军和海军，以巩固国防。（第二十二条）中华人民共和国实行民兵制度，保卫地方秩序，建立国家动员基础，并准备在适当时机实行义务兵役制。（第二十三条）中华人民共和国的军队在和平时期，在不妨碍军事任务的条件下，应有计划地参加农业和工业的生产，帮助国家的建设工作。（第二十四条）革命烈士和革命军人的家属，其生活困难者应受国家和社会的优待。参加革命战争的残废军人和退伍军人，应由人民政府给以适当安置，使能谋生立业。（第二十五条）

（四）《共同纲领》规定了国家的经济政策

毛泽东曾在中共七届二中全会的报告中，根据中国的经济状况阐述了中国共产党的经济政策，指出新中国的经济主要由五种成分构成，"国营经济是社会主义性质的，合作社经济是半社会主义性质的，加上私人资本主义，加上个体经济，加上国家和私人合作的国家资本主义经济，这些就是人民共和国的几种主要的经济成分，这些就构成新民主主义的经济形态"。七届二中全会以后，毛泽东主席提出"公私兼顾、劳资两利、城乡互助、内外交流"的经济方针，以此照顾四面八方的利益，达到"发展生产、繁荣经济"的目的。至此，"五种经济成分"理论和"四面八方"政策构成了《共同纲领》经济政策的基本内容。

为了贯彻中国共产党提出的新民主主义经济政策，《共同纲领》专设一章，对新民主主义中国的经济政策作了详细的规定。首先是"五种经济成分"理论和"四面八方"政策作为新中国经济政策的基础和前提被明确肯定在《共同纲领》之中。《共同纲领》第二十六条规定：中华人民共和国经济建设的根本方针，是以公私兼顾、劳资两利、城乡互助、内外交流的政策，达到发展生产、繁荣经济之目的。国家应在经营范围、原料供给、销售市场、劳动条件、技术设备、财政政策、金融政策等方面，调剂国营经济、合作社经济、农民和手工业者的个体经济、私人资本主义经济和国家资本主义经济，使各种社会经济成分在国营经济领导之下，分工合作，各得其所，以促进整个社会经济的发展。

为了确定新民主主义中国经济制度的基础，《共同纲领》对五种经济形式的性质作了明确规定。其中，国营经济为社会主义性质的经济。凡属有关国家经济命脉和足以操纵国民生计的事业，均应由国家统一经营。凡属国有的资源和企业，均为全体人民的公共财产，为人民共和国发展生产、繁荣经济的主要物质基础和整个社会经济的领导力量。（第二十八条）合作社经济为半社会主义性质的经济，为整个人民经济的一个重要组成部分。人民政府应该扶助其发展，并给以优待。（第二十九条）凡有利于国计民生的私营经济事业，人民政府应鼓励其经营的积极性，并扶助其发展。（第三十条）国家资本与私人资本合作的经济为国家资本主义性质的经济。在必要和可能的条件下，应鼓励私人资本向国家资本主义方向发展，例如为国家企业加工，或与国家合营，或用租借形式经营国家的企业，开发国家的富源等。（第三十一条）

针对新中国成立初期所面临的土地改革，《共同纲领》规定有关土地改革的一般政策。其中第二十七条明确提出：土地改革为发展生产力和国家工业化的必要条件。凡已实行土地改革的地区，必须保护农民已得土地的所有权。凡尚未实行土地改革的地区，必须发动农民群众，建立农民团体，经过清除土匪恶霸、减租减息和分配土地等项步骤，实现耕者有其田。

对于在企业中的劳动者的合法权利，《共同纲领》第三十二条明确规定：在国家经营的企业中，目前时期应实行工人参加生产管理的制度，即建立在厂长领导之下的工厂管理委员会。私人经营的企业，为实现劳资两利的原则，应由工会代表工人职员与资方订立集体合同。公私企业目前一般应实行八小时至十小时的工作制，特殊情况得斟酌办理。人民政府按照各地各业情况规定最低工资。逐步实行劳动保险制度，保护青工女工的特殊利益。实行工矿检查制度，以改进工矿的安全和卫生设备。

对于涉及国民经济根本的经济计划，《共同纲领》第三十三条规定：中央人民政府应争取早日制定恢复和发展全国公私经济各主要部门的总计划，规定中央和地方在经济建设上分工合作的范围，统一调剂中央各经济部门和地方各经济部门的相互联系。中央各经济部门和地方各经济部门在中央人民政府统一领导之下各自发挥其创造性和积极性。

此外，《共同纲领》对新民主主义中国有关财政、金融、工业、交通、商业、农林渔牧业以及合作社等方面的经济事项确定了具体和明确的经济任务。关于财政，《共同纲领》要求建立国家预算、决算制度，划分中央和地方的财政范围，厉行精简节约，逐步平衡财政收支，积累国家生产资金。国家的税收政策，应以保障革命战争的供给、照顾生产的恢复和发展及国家建设的需要为原则，简化税制，实行合理负担。（第四十条）关于金融，《共同纲领》规定，金融事业应受国家严格管理。货币发行权属于国家。禁止外币在国内流通。外汇、外币和金银的买卖，应由国家银行经理。依法营业的私人金融事业，应受国家的监督和指导。凡进行金融投机、破坏国家金融事业者，应受严厉制裁。（第三十九条）关于工业，《共同纲领》规定，应以有计划有步骤地恢复和发展重工业为重点，例如矿业、钢铁业、动力工业、机器制造业、电器工业和主要化学工业等，以创造国家工业化的基础。同时，应恢复和增加纺织业及其他有利于国计民生的轻工业的生产，以供应人民日常消费的需要。（第三十五条）关于交通，《共同纲领》规定，必须迅速恢复并逐步增建铁路和公路，疏浚河流，推广水运，改善并发展邮政和电信事业，有计划有步骤地建造各种交通工具和创办民用航空。（第三十六条）关于商业，《共同纲领》要求保护一切合法的公私贸易。实行对外贸易的管制，并采用保护贸易政策。在国家统一的经济计划内实行国内贸易的自由，但对于扰乱市场的投机商业必须严格取缔。国营贸易机关应负调剂供求、稳定物价和扶助人民合作事业的责任。人民政府应采取必要的办法，鼓励人民储蓄，便利侨汇，引导社会游资及无益于国计民生的商业资本投入工业及其他生产事业。（第三十七条）关于农林渔牧业，《共同纲领》规定，在一切已彻底实现土地改革的地区，人民政府应组织农民及一切可以从事农业的劳动力以发展农业生产及其副业为中心任务，并应引导农民逐步地按照自愿和互利的原则，组织各种形式的劳动互助和生产合作。在新解放区，土地改革工作的每一步骤均应与恢复和发展农业生产相结合。人民政府应根据国家计划和人民生活的需要，争取于短时期内恢复并超过战前粮食、工业原料和外销物资的生产水平，应注意兴修水利，防洪防旱，恢复和发展畜力，增加肥料，改良农具和种子，防止病害虫，救济灾荒，并有计划地移民开垦。保护森林，并有计划地发展林业。保护沿海渔场，发展水产业。保护和发展畜牧业，防止兽疫。（第三十四条）《共同纲领》还对合作社的组织原则作了规定，即鼓励和扶助广大劳动人民根据自愿原则，发展合作事业。在城镇中和乡村中组织供销合作社、消费合作社、信用合作社、生产合作社和运输合作社，在工厂、机关和学校中应尽先组织消费合作社。（第三十八条）

可以说，《共同纲领》对新中国的各项经济政策的规定，充分体现了新中国成立初期恢复和发展国民经济的要求。这些规定既考虑了新中国成立初期我国社会存在的各种经济成分，团结了绝大多数工商界人士，尤其是具有爱国主义传统的民族资产阶级，共同建设新民主主义中国；同时，也兼顾了新民主主义中国的发展社会主义经济制度的长远目标。《共同纲领》所规定的各项具体经济政策，尤其是土地改革、农林渔牧业、合作社等政策都带有强烈的过渡性色彩，也在一定程度上决定了《共同纲领》的临时宪法性质。总体而言，由于《共同纲领》对新民主主义中国的经济政策作了较为全面的阐述，为新中国成立初期经济的迅速恢复和发展奠定了政策基础，也为 1954 年宪法关于经济制度的规定提供了最直接的宪法依据。

（五）《共同纲领》确立了国家的文化教育和外交政策

《共同纲领》第五、第六和第七章对新民主主义中国的文化教育政策、民族政策和外交政策作了较为具体的规定。这一系列政策为新民主主义中国的文化教育事业的建立和发展，为保护各民族平等的法律权利以及为新中国拓展国际舞台提供了有力的法律依据。

关于文化教育政策，《共同纲领》首先明确了新中国文化教育的性质，即新民主主义的，也就是说，民族的、科学的、大众的文化教育。人民政府的文化教育工作，应以提高人民文化水平，培养国家建设人才，肃清封建的、买办的、法西斯主义的思想，发展为人民服务的思想为主要任务。《共同纲领》在规定文化教育政策时一个最显著的特点就是保障公民的各项文化教育权利，同时反对一切封建的和腐朽的、没落的文化思想和意识形态。第四十九条规定：保护报道真实新闻的自由。禁止利用新闻以进行诽谤，破坏国家人民的利益和煽动世界战争。发展人民广播事业。发展人民出版事业，并注重出版有益于人民的通俗书报。《共同纲领》崇尚科学精神，鼓励发展科学事业。如第四十三条规定：努力发展自然科学，以服务于工业、农业和国防的建设。奖励科学发现和发明，普及科学知识。第四十四条又规定：提倡用科学的历史观点，研究和解释历史、经济、政治、文化及国际事务。奖励优秀的社会科学著作。关于教育事业，《共同纲领》要求新中国的教育方法应当理论联系实际，人民政府应有计划、有步骤地改革旧的教育制度、教育内容和教学法；应当有计划有步骤地实行普及教育，加强中等教育和高等教育，注重技术教育，加强劳动者的业余教育和在职干部教育，给青年知识分子和旧知识分子以革命的政治教育，以应革命工作和国家建设工作的广泛需要。关于文学艺术事业，《共同纲领》提倡文学艺术为人民服务，启发人民的政治觉悟，鼓励人民的劳动热情。奖励优秀的文学艺术作品。发展人民的戏剧电影事业。《共同纲领》还提倡国民体育，推广卫生医药事业，并注意保护母亲、婴儿和儿童的健康。《共同纲领》对中华人民共和国全体国民的公德作了基本要求，即爱祖国、爱人民、爱劳动、爱科学和爱护公共财物等。

关于民族政策，《共同纲领》首先确立了各民族一律平等的原则。第九条规定：中华人民共和国境内各民族，均有平等的权利和义务。第五十条进一步对民族平等原则作了更为详细的规定：中华人民共和国境内各民族一律平等，实行团结互助，反对帝国主义和各民族内部的人民公敌，使中华人民共和国成为各民族友爱合作的大家庭。反对大民族主义和狭隘民族主义，禁止民族间的歧视、压迫和分裂各民族团结的行为。关于少数民族的发展政策问题，《共同纲领》确立了各少数民族聚居的地区，应实行民族区域自治，按照民族聚居的人口多少和区域大小，分别建立各种民族自治机关。凡各民族杂居的地方及民族自治区内，各民族在当地政权机关中均应有相当名额的代表。《共同纲领》还规定，中华人民共和国境内各少数民族，均有按照统一的国家军事制度，参加人民解放军及组织地方人民公安部队的权利。各少数民族均有发展其语言文字、保持或改革其风俗习惯及宗教信仰的自由。人民政府应帮助各少数民族的人民大众发展其政治、经济、文化、教育的建设事业。

关于外交政策，《共同纲领》首先表明联合以苏联为代表的世界上一切爱好和平、自由的国家和人民，并确定中华人民共和国的外交政策是，为保障本国独立、自由和领土主权的完整，拥护国际的持久和平和各国人民间的友好合作，反对帝国主义的侵略政策和战争政策。与此同时，《共同纲领》明确了新中国的建交原则，即凡与国民党反动派断绝关系，并对中华人民共和国采取友好态度的外国政府，中华人民共和国中央人民政府可在平等、互利及互相尊重领土主权的基础上，与之谈判，建立外交关系。对于国民党政府与外国政府所订立的各项条约和协定，中华人民共和国中央人民政府应加以审查，按其内容，分别予以承认，或废除，或修改，或重订。中华人民共和国可在平等和互利的基础上，与各外国的政府和人民恢复并发展通商贸易关系。对于华侨和外国侨民的权利，《共同纲领》规定，中华人民共和国中央人民政府应尽力保护国外华侨的正当权益，保护守法的外国侨民。对于外国人民因拥护人民利益参加和平民主斗争受其本国政府压迫而避难于中国境内者，《共同纲领》规定，中华人民共和国应予以居留权。

四、《共同纲领》的运行过程

《共同纲领》是在中国人民政治协商会议第一届全体会议上通过的。参加该会议的各党派代表、区域代表、军队代表、团体代表、少数民族及华侨代表、宗教界代表共 662 人，会议行使了全国人民代表大会职权。《共同纲领》是中华人民共和国历史上一个极其重要的纲领性文件，它总结了中国革命的经验，确定了中华人民共和国的政体以及政治、经济、文化等各方面的经济政策。在中华人民共和国宪法颁布之前，《共同纲领》作为中央人民政府的施政方针，具有临时宪法的作用。

根据《共同纲领》的规定，中国人民政治协商会议第一届全体会议选举了中央人民政府，毛泽东为中央人民政府主席，朱德、刘少奇、宋庆龄、李济深、张澜、高岗为副主席，陈毅等56人为中央人民政府委员会委员，组成中央人民政府委员会。林伯渠为中央人民政府秘书长。周恩来为中央人民政府政务院总理，董必武、郭沫若、黄炎培、陈云、邓小平（1952年8月增补）为中央人民政府政务院副总理。谭平山等15人为中央人民政府政务院政务委员。李维汉为政务院秘书长。沈钧儒为最高人民法院院长，罗荣桓为最高人民检察署检察长。此外，还产生了政治法律委员会、财政经济委员会、文化教育委员会、人民监察委员会、国家计划委员会、内务部、外交部、公安部、财政部、贸易部、重工业部、燃料工业部、纺织工业部、食品工业部、轻工业部、铁道部等。在第一届中央人民政府以及中央人民政府政务院的组成人员中，民主党派人士占了一定的比重，这充分反映了《共同纲领》所要求的体现各民主党派、各人民团体、各民主阶级、各少数民族、海外华侨及其他爱国民主分子意志的新民主主义中国的国体规定的精神。①

1949年10月1日下午2时，中央人民政府委员会在首都北京就职，由毛泽东主持第一次会议，宣告中华人民共和国中央人民政府成立，接受《共同纲领》为中央人民政府的施政方针。下午3时，首都30万军民在天安门广场集会，举行了隆重的开国大典。毛泽东主席在天安门城楼庄严宣告，中华人民共和国中央人民政府已于今日成立。一个新民主主义的中国在庄严雄壮的

---

① 《中华人民共和国大典》编委会编：《中华人民共和国大典》，中国经济出版社，1994年版，第6页。

《义勇军进行曲》中诞生了。新中国的诞生，开创了中国历史的新纪元，标志着中国已从半殖民地半封建社会进入了新民主主义社会，具有伟大的历史意义。

新中国成立后，中央人民政府积极地推行《共同纲领》所规定的各项基本国策。首先，在军事上，中国人民解放军遵照朱德总司令的命令，发起了向全国的大进军。到 1949 年 12 月 31 日，中共中央发表《告前线战士和全国同胞书》，宣布 1949 年内已经解放了除西藏以外的全部大陆。在经济战线上，中央人民政府面临着迅速医治战争创伤、恢复国民经济的任务。由于战争的破坏和庞大的军费开支以及市场投机势力的盛行，造成了新中国成立后物价的大幅度上涨。1949 年 4 月、7 月、11 月和 1950 年 2 月，先后出现了 4 次物价大幅上涨，严重威胁着人民生活，加剧了整个财政经济的困难。为此，中央人民政府采取了一系列果断的措施，稳定市场物价，打击投机势力，赢得了经济战线上第一仗的胜利。为了保证国民经济的健康发展，新中国成立后，依照《共同纲领》的规定，人民政府对官僚资本进行了接收工作。新中国成立前，四大家族的官僚资本占旧中国资本主义经济的 80%，占全国工业资本的 2/3 左右，占全国工矿、交通运输固定资产的80%。新中国成立后，人民政府没收了以前在国家经济生活中占统治地位的全部官僚资本企业，包括大银行、几乎全部铁路、绝大部分黑色冶金企业和其他重工业部门的大部分企业，以及轻工业的某些重要企业。由于没收了官僚资本，使社会主义国营经济壮大起来。1949 年，国营经济在全国大型工业总产值中所占比重为 41.3%，国营经济在全国五种经济成分中居于领导地位，是对国民经济进行社会主义改造的物质基础。

从 1949 年 9 月 29 日中国人民政治协商会议第一届全体会议通过《中国人民政治协商会议共同纲领》起，到 1954 年 9 月 20日第一届全国人民代表大会第一次会议通过《中华人民共和国宪法》为止短短的 5 年时间里，《共同纲领》作为具有临时宪法作用的纲领性文件，成功地指导了新中国成立初期中国法制建设的各项实践。以《共同纲领》为基础，中央人民政府以及中央人民政府政务院发布了一系列法律和法规，初步建立了新民主主义中国法制建设的基本框架，形成了新中国成立后法制建设的第一个高潮。这一系列法律、法规围绕着《共同纲领》所确立的基本国策，为恢复国民经济、稳定社会秩序和进行生产资料的社会主义改造提供了有力的法律武器。

新中国成立初期，首先面临的任务是尽快恢复国民经济，消灭国民党残余势力，稳定社会秩序，保障人民革命的胜利成果。因此，从 1949 年 10 月中华人民共和国成立至 1952 年底，中央人民政府以及中央人民政府政务院在贯彻《共同纲领》这一施政方针时，工作重心集中在恢复国民经济、稳定社会秩序上。这一时期的立法和法制建设也充分体现了以下特点：

（1）建立和组织国家政权机构，保障人民民主权利，维护革命秩序。新中国成立后，根据《共同纲领》的规定，首先要建立一个反映人民意志、保障人民民主权利的新民主主义的国家政权。早在《共同纲领》颁布之前，中国人民政治协商会议第一届全体会议就通过了与《共同纲领》相配套的建立新民主主义国家政权机构的《中国人民政治协商会议组织法》和《中央人民政府组织法》。这两个法律与《共同纲领》一起确立了新民主主义中国国家政权机构建设的组织原则，为新中国的政权建设奠定了坚实的法律基础。根据这三个法律的规定精神，为了建立各地方国家政权机关，中央人民政府又先后颁布了一系列有关地方国家政权机关建设的法律、法规，如颁布了省、市、县的《各界人民代表会议组织通则》（1949 年），大城市市区、区、乡（行政村）的《人民代表会议组织通则》（1950 年），《大行政区人民政府委员会组织通则》（1949 年），省、市、县、大城市市区、区、乡

（行政村）的《人民政府组织通则》（1950 年）。此外，还制定了《政务院及其所属各机关组织通则》（1949 年）、《人民法院暂行组织条例》（1951 年）、《中央人民政府最高人民检察署暂行组织条例》（1951 年）、《各级地方人民检察署组织通则》（1951 年）等。这些法律、法规根据《共同纲领》所确立的新民主主义国家的政权组织原则，以实现人民民主权利为宗旨，按照民主集中制原则，建立了从上到下的反映人民意志和利益的新民主主义国家政权机构体系，为组织新中国的各项政治、经济和文化活动提供了最有效的组织保障。

（2）没收官僚资本归国家所有，建立新的社会主义经济。旧中国的经济命脉主要掌握在以蒋介石、宋子文、孔祥熙、陈立夫为代表的四大家族手中，它是国民党反动政权的经济基础，也是旧中国最腐朽的生产关系的代表。新中国必须摧毁旧的官僚资本主义经济体系，才能构建新民主主义性质的经济制度。因此，没收官僚资本成为新中国经济建设的首要任务。《共同纲领》第三条也明确宣布："中华人民共和国必须取消帝国主义国家在中国的一切特权，没收官僚资本归人民的国家所有。"在《共同纲领》的指引下，新中国成立后，首先对官僚资本进行了社会主义性质的改造，并以官僚资本为基础，建立了作为国民经济基础的国营经济，从而保证了整个新民主主义的经济命脉掌握在人民的手中。

封建的土地所有制是旧中国地主阶级剥削农民的经济基础，也是造成中国农村贫富差距的主要经济根源。《共同纲领》确立了土地改革的基本原则，目的就是要保障广大农民摆脱封建土地所有制的束缚，获得经济以及人身的解放。从 1950 年起，为了贯彻《共同纲领》关于土地改革的政策，1950 年 6 月中央人民政府颁布了《中华人民共和国土地改革法》。该法律明确了土地改革的各项具体方针和政策，明确宣布土地改革的目的是"废除地主阶级封建剥削的土地所有制，实行农民的土地所有制，借以解放农村生产力，为新中国的工业化开辟道路"。为了保证土地改革法的贯彻实施，中央人民政府政务院又先后颁布了《农民协会组织通则》（1950年7月15日）、《人民法庭组织通则》（1950年7月20日）、《政务院关于划分农村阶级成分的决定》（1950年8月20日）等许多法规。根据这些法规，没收了地主的土地、耕畜、农具、多余的粮食及其在农村中的多余的房屋，除依法收归国家所有的外，均将其分配给无地、少地及缺乏其他生产资料的贫苦农民，也保留一份给地主以维持其基本生活需要。由于土地改革给广大的翻身农民带来了巨大的经济利益，因此，调动了农民的积极性，也促进了新的农业政策在广大农村中的推行。到1952年底，全国除一部分少数民族地区和台港澳地区之外，土地改革工作基本完成，3亿多无地、少地的农民获得了约7亿亩（1亩≈666.67平方米）土地和大量的生产资料，极大地解放了农村的生产力，为实现《共同纲领》所提出的国家对工业和农业的社会主义改造提供了强大的物质基础，并进一步巩固了以工农联盟为基础的新民主主义的国家政权。

（3）镇压反革命，肃清国民党反动派在大陆上的残余势力。新中国成立以后，被推翻的国民党反动势力时时刻刻想反攻大陆，并千方百计地破坏新民主主义的国家政权，危及人民的各项权利的实现。从1950年12月起，中央人民政府领导人民在全国范围内开展了大张旗鼓地镇压反革命的活动，并确定了镇压反革命的具体方针和政策，即：镇反工作必须在各级党委的领导下，实行群众路线，要注意打得稳、打得准、打得狠，要实行镇压与宽大相结合的政策。并具体规定，对于有血债或其他最严重的罪行非杀不足以平民愤者和最严重地损害国家利益者，必须坚决地判处死刑，并迅速地执行；对于没有血债、民愤不大和虽然严重地损害国家利益但尚未达到最严重的程度而又罪该处死者，应当采取判处死刑，缓期二年执行，强迫劳动，以观后效的政策。还规定，对于介于可捕可不捕之间的人，一定不要捕；对于介于可杀可不杀之间的人，一定不要杀。这些政策有力地瓦解了反革命营垒，稳、准、狠地打击了敌人。为了保证镇压反革命运动的健康发展，1951 年 2 月，中央人民政府制定了《镇压反革命条例》。该条例体现了党的惩办与宽大政策相结合的原则，对反革命的罪与刑都作了明确规定，成为广大干部和群众镇压反革命的有力武器。镇压反革命运动，有力地保障了抗美援朝、土地改革、国民经济恢复工作的顺利进行，维护了革命秩序，巩固了人民民主专政的国家政权。

（4）统一全国财经工作，稳定物价，恢复和发展国民经济。帝国主义和国民党反动派的长期统治，造成了我国社会经济落后和不正常状态，工农业生产急剧衰退，物价飞涨，城市居民大批失业。因此，新中国成立之后，我国所面临的经济形势非常严峻，国家财政紧张，而不法分子趁机扰乱市场和金融秩序，经济运行环境极其恶劣。为了战胜财经困难，迅速恢复和发展国民经济，根据《共同纲领》关于新民主主义经济政策的规定，中央人民政府采取了一系列有效的措施来恢复和发展国民经济，扭转财政困难。1953 年 3 月，中央人民政府政务院颁布《关于统一国家财政经济工作的决定》；5 月，颁布《关于划分中央与地方在财政经济工作上管理职权的决定》等法规。为了巩固国家的货币政策，稳定金融秩序，此前还制定《禁止国家货币出入国境办法》（1951 年 3 月）、《妨碍国家货币治罪暂行条例》（1951 年 4 月）等。为了稳定物价，安定民生，贸易部门还制定《关于取缔投机商业的几项指示》（1950 年 10 月）、《关于稳定新旧年关物价的指示》（1951 年 11 月）等。这些法规的出台，有力地保障了《共同纲领》关于恢复和发展国民经济的基本经济政策的贯彻落实，为加强全国财经政策的统一领导和新中国成立初期的财经政策的稳定提供了必要的法律依据。

（5）保障"三反""五反"斗争的开展。新中国成立以后，根据《共同纲领》提出的对资本主义经济实行引导发展的政策，国家对私营工商业政策作了适度的调整，使私营经济获得了相当程度的发展。但是，随着私营资本主义经济的膨胀，其反动的本质也逐渐暴露出来。尤其是私营企业主们利用"五毒"（行贿、偷税漏税、偷工减料、盗窃国家资财、盗窃国家经济情报）行为破坏社会主义经济，反对执政党对私营经济限制发展的政策，而党内和人民政府中的一些腐化堕落分子也与不法资本家相勾结，猖狂地向社会主义进攻。为了解决这一涉及新生的人民政权的严重问题，从 1951 年底开始，中共中央及时部署在全国开展"三反""五反"运动。1952 年 1 月，中央人民政府政务院和人民监察委员会发布了反贪污、反浪费、反官僚主义斗争的指示，明确指出了这场斗争的重要性。4 月，在总结"三反""五反"斗争经验的基础上，中央人民政府委员会又及时颁布了《惩治贪污条例》，明确了贪污的罪与刑。执政党的政策和人民政府的法律有力地推动了"三反""五反"运动的开展，也有效地保障了《共同纲领》所要求的一切国家机关必须厉行廉洁的、朴素的、为人民服务的革命工作作风，严惩贪污，禁止浪费，反对脱离人民群众的官僚主义作风等一些有关新民主主义国家政权组织建设原则的贯彻和落实。

从 1952 年起，中共中央根据我国社会发展的需要，及时提出了过渡时期的总路线：要在一个相当长的历史时期内，逐步实现国家工业化和对农业、手工业、资本主义工商业的社会主义改造。这条总路线是根据新民主主义革命在全国取得胜利和土地制度改革在全国完成以后，国内的主要矛盾已经转化成为工人阶级和资产阶级之间、社会主义道路与资本主义道路之间的矛盾，并为解决这一矛盾而制定的。它的实质就是要对生产资料私有制进行社会主义改造，建立社会主义制度，建设社会主义。这一总路线不仅是对《共同纲领》的贯彻和实施，而且其中许多政策已经超出了《共同纲领》的要求，具有了从新民主主义向社会主义过渡的特征。因此，一方面，《共同纲领》所确立的基本国策仍然是实践中的行动指南；另一方面，国内国际新形势的出现又使得制定宪法，确立反映从新民主主义向社会主义过渡的法律制度成为急迫之需。在 1954 年宪法诞生之前，中央人民政府依据《共同纲领》的要求，及时地制定了《全国人民代表大会及地方各级人民代表大会选举法》，依据该选举法，全国进行了第一次普选，并于 1954 年胜利召开第一届全国人民代表大会第一次会议，通过了《中华人民共和国宪法》。根据 1954 年宪法，第一届全国人民代表大会还制定了《全国人民代表大会组织法》《国务院组织法》《人民法院组织法》《人民检察院组织法》《地方各级人民代表大会和地方各级人民委员会组织法》等。根据这些法律、法规，完善了根据《共同纲领》的规定建立起来的新民主主义国家的政权组织机构和政权组织体系，有效地反映了人民的意志和利益，保障了人民当家作主的民主权利，为实现社会主义制度奠定了坚实的法律基础。

可以说，《共同纲领》自诞生起到 1954 年宪法诞生止，一直是指导中国进行新民主主义建设的总的纲领性文件，起到了临时宪法的作用。《共同纲领》所确立的各项新民主主义的国家制度和社会制度，在实际中都得到了很好的尊重并加以有效地运行。随着新民主主义建设的深入发展，《共同纲领》也逐渐完成其历史使命，同时，《共同纲领》在新中国成立初期所起到的治国安邦的基础作用，对新中国的法制建设产生了巨大的影响，为新中国的宪政建设创设了一个良好的开端。

五、《共同纲领》对中国宪法发展的影响与评价

《共同纲领》作为新中国成立初期起临时宪法作用的纲领性文件，不仅奠定了人民代表大会制度的政治基础，而且还有效地组织了新民主主义的国家政权，有效地保障了人民的权利，打击了国民党反动派和一切反动势力对新中国的破坏和颠覆活动，促进了新中国成立初期国民经济的迅速恢复和发展，使新生的人民共和国排除各种艰难险阻，不仅在国内获得广大人民群众的拥护和支持，也获得一切爱好和平和正义的国家的承认，树立了新中国在国际舞台上独立自主的形象。以《共同纲领》的颁布为标志，自 1840 年鸦片战争以来，中华民族饱受外国列强欺侮和压迫的历史一去不复返了，腐朽的封建制度也被彻底地摧毁，人民真正地站起来并当家作主了。所以，《共同纲领》虽然不是新中国的正式宪法，但是，它的历史地位和它在实际运行中所起的作用已经为新中国的宪法发展提供了良好的开端。

第一，《共同纲领》所确立的新民主主义的基本国策都充分体现了马克思列宁主义、毛泽东思想的精神，并使马克思列宁主义、毛泽东思想成为中国历次宪法所肯定的基本指导思想。正如无党派民主人士李达在中国人民政治协商会议第一届全体会议小组发言中所指出的那样：这个纲领，综合了将近 100 年的中国革命的历史经验，主要是根据毛泽东的《新民主主义论》《论联合政府》《论人民民主专政》及其他许多著作拟定出来的。我们可以说，这个纲领是毛泽东思想的具体体现。①

---

① 《中国人民政治协商会议第一届全体会议 各单位代表主要发言》《人民日报》1949 年 9 月 28 日，第 2 版。

第二，《共同纲领》采取了过渡措施与奋斗目标相结合的方式，确立了新中国政治制度的基础是人民代表大会制度。但是，《共同纲领》又针对新中国成立初期新民主主义革命和建设所面临的具体情况和任务，规定由中国人民政治协商会议的全体会议暂代全国人民代表大会行使职责，并在其第一次全体会议将行使国家权力的职权转授中央人民政府委员会后，继续履行其建言献策、参政议政的职能。以此为契机，逐渐形成了中国现今存在的人民代表大会制度和政治协商制度。可以说，没有《共同纲领》将原则性与灵活性相结合，中国的政治协商制度就不可能获得像今天这样崇高的地位以及在国家政治生活中发挥其应有的重要作用。

第三，《共同纲领》强调了对人民权利的保障，这一点为中国历次宪法所继承。比如，《共同纲领》中对报道真实新闻的自由的规定，甚至比后来制定的历次宪法中的有关规定还要具体。这说明《共同纲领》已经开始注重人权保护在法制建设中的重要性。此外，像思想自由、迁徙自由等权利，都对中国人权保障制度的产生和发展有重要的影响。但是，值得注意的是，《共同纲领》在使用"人民"与"国民"概念时是有区别的。"人民"是指工人阶级、农民阶级、小资产阶级、民族资产阶级，以及从反动阶级觉悟起来的某些爱国民主分子。而对官僚资产阶级在其财产被没收和地主阶级在其土地被分配以后，消极的是要严厉镇压他们中间的反动活动，积极的是要更多地强迫他们劳动，使他们改造成为新人；在改变以前，他们不属于人民范围，但仍然是中国的一个国民，暂时不给他们享受人民的权利，却需要使他们遵守国民的义务。这就是人民民主专政。①

---

① 中国人民大学法律系国家与法权理论教研室理论小组、资料室编：《国家与法的理论学习资料》，1982 年版，第 9 - 10 页。

第四，《共同纲领》强调了国家权力属于人民的原则，这一原则成为中国历次宪法所肯定的首要的宪法原则。人民是国家的主人，宪法和法律是人民意志和利益的集中体现，在《共同纲领》中已经得到了充分肯定。这就保证了中国宪法的人民性，也为人民监督国家政权机关履行法律职责的活动提供了直接的法律上的依据。

第五，《共同纲领》对中国军事制度、经济政策、文化教育政策、民族政策和外交政策的规定，不仅适应了新中国成立初期新民主主义革命和建设的要求，而且也成为中国历次宪法所肯定的基本国策。尤其是国家政权机关应当以人民的利益优先，努力为人民服务，这样的宪法原则一直成为指导中国国家政权机关建设的指针。

总之，《共同纲领》对中国宪法发展产生了重大影响，它所确立的一系列法律原则构成了中国社会主义宪法实践的基本框架，许多原则至今仍然在发挥着重要的作用。当然，也要看到，《共同纲领》所确立的一系列原则在新中国成立以后相当长的一段历史时期内没有获得应有的尊重，尤其是极左思潮曾经阻碍了中国社会主义宪法发展的进程。不过，作为以中国共产党为领导的全体中国人民的共同创造，《共同纲领》所体现的时代精神与理念一直贯穿于人民共和国的 70 年历程中。虽然《共同纲领》作为宪法性文件的时代已经过去，但《共同纲领》所体现的宪法思想和原则，成为中国建设社会主义法治国家的基石。

微信扫码，加入【本书话题交流群】
与同读本书的读者，讨论本书相关话题，交流阅读心得

第二章　新中国宪法体制的奠基：
1954 年宪法

一、1954 年宪法的制定背景

（一）制定 1954 年宪法的正当性基础

1954 年宪法的制定首先要解决制宪权的正当性，即由谁通过何种程序行使制宪权等一系列理论问题。"研究新中国的制宪权，将进一步加深对我国宪法的社会主义本质的认识"①，要从历史与现实视角揭示新中国制宪权主体、制宪程序的正当性基础等。1954 年宪法是新中国第一部社会主义宪法，是中国人民迄今为止唯一运用制宪权制定的宪法，为后来新中国的宪法体制奠定了基本框架与基础。

在分析 1954 年宪法制定过程时，首先需要明确制宪权的根据、性质与来源。制宪权在中国社会发展过程中并没有表现为自然法中存在的一种"始原的创造性"权力，在国家权力的背后实际上存在某种成熟的政治力量，在一定政治背景和政治力量的推动下进行了制宪任务。正如有学者所提出的，制宪权产生于政治力量，修宪权是由宪法赋予的。② 从这种意义上讲，新中国制宪

① 肖蔚云：《关于新中国的制宪权》，《中国法学》1984 年第 1 期。
② 张庆福：《简析制宪权》，《宪法论坛》（第 1 卷），中国民航出版社，2003 年版，第 221 页。

权的正当性具体表现在作为制宪权主体的人民获得国家政权和国家独立的客观事实。

　　由于历史与社会结构的特殊性，新中国成立的宪法逻辑不同于西方国家。当时，由于无法营造制宪所需要的稳定环境，已获得政权的客观事实与行使制宪权之间存在不对应性，无法为新中国成立直接提供宪法基础。主要原因是：当时大陆还未全部解放，战争尚在进行；在有些地方反革命势力还很猖獗，各项社会改革尚未全面开展；社会秩序还不够安定；遭受长期破坏的国民经济尚有待恢复；人民群众的组织程度和觉悟程度尚未达到应有的水平，等等。在这种条件下，即使人民享有制宪权也无法进行制宪的具体准备工作，因为无法立即召开由普选产生的全国人民代表大会并通过一部正式宪法。根据当时的情况，中国共产党邀请各民主党派、各人民团体、人民解放军、各地区、各民族以及国外华侨等各方面的代表 635 人，组成了中国人民政治协商会议，代表全国各族人民的意志，在普选的全国人民代表大会召开以前代行全国人民代表大会的职权。1949 年 9 月 29 日，中国人民政治协商会议第一届全体会议选举产生了中央人民政府委员会，10 月 1 日宣告中华人民共和国成立，并且通过了起临时宪法作用的《共同纲领》。从当时的国家权力体系看，"现在的中国人民政治协商会议是在完全新的基础之上召开的，它具有代表全国人民的性质，它获得全国人民的信任和拥护。因此，中国人民政治协商会议宣布自己执行全国人民代表大会职权"①。这一论述实际上解决了制定《共同纲领》主体的正当性与合法性基础的问题，同时在一定程度上区分了《共同纲领》与宪法的界限，赋予

———————

　　①　毛泽东：《在中国人民政治协商会议第一届全体会议上的开幕词》（1949 年 9 月 21 日），《中华人民共和国国家法参考资料》，中国人民大学出版社，1955 年版，第 59 页。

其宪章的性质。

在 1954 年宪法的制定过程中，中国共产党中央委员会提出的宪法草案（初稿）、中央人民政府委员会提出的宪法草案，对如何表述制宪权问题给予了一定的关注，一些学者还进行了讨论。当时在宪法草案中的表述是"中华人民共和国第一届全国人民代表大会的代表们聚集在北京首都，庄严地通过我国的第一个宪法"，基于明确制宪权基础的目的，有的代表提出应在全国人民代表大会的职权中专门规定"有权制定宪法"的建议。但在正式颁布的宪法文本中没有规定全国人民代表大会制宪权方面的职权。对此，宪法起草委员会法律小组曾作了如下说明："制定宪法不必列为全国人民代表大会职权的理由是：一是本宪法的制定，已在序言第三段庄严地宣布；二是斯大林宪法是一个新的宪法，同时就是对 1924 年宪法的修改。所以，即使为了制定第二个宪法，那只是在社会经济情况发生重大变化时，根据情况的需要来修改现行宪法，这已包括在修改宪法的职权范围内，无须另外再规定制定宪法的职权。"① 从这个说明中可以看出，当时宪法起草委员会法律小组对制宪权的理解上，直接受到了苏联宪法理论的一些影响，没有严格地区分制宪权与修宪权的概念，没有确立制宪权本身独立的价值体系，也没有从理论上说明作为制宪权主体的人民与作为制宪权行使者的全国人民代表大会之间的关系，等等。从制宪权的一般逻辑看，全国人民代表大会的职权来源于宪法，而宪法是作为制宪权主体的人民制定的，全国人民代表大会只是按照人民的意志通过宪法，并享有修改宪法的职权。

① 《宪法起草委员会修改意见汇编》，中华人民共和国宪法起草委员会办公室 1954 年 5 月 5 日整理。

（二）《共同纲领》制定后的社会变迁的需要

如前所述，从制宪权发展的一般规律看，1949 年 10 月 1 日中华人民共和国成立后应立即准备宪法的起草工作，通过宪法，并以宪法为基础建立全部的国家政权体系。但由于当时不具备召开全国人民代表大会的客观条件，故制定了具有临时宪法性质的《共同纲领》，并以此为基础建立了过渡性的政权体制。《共同纲领》实际上是建国纲领，是一部具有临时宪法性质的宪法性文献，它规定的一套政治、经济与文化制度主要适应新中国成立初期建立政权体系的需要。但到了 1953 年后，国家的政治、经济与文化生活等发生了变化，客观上形成了制宪所需要的环境。作为调整过渡时期政权体制的临时宪法——《共同纲领》的一些规定开始不适应国家经济、政治与文化建设进一步发展的客观需要。①

《共同纲领》规定的政权性质，是一个由各阶级、各方面人士参加的人民民主统一战线的政权，是各民主党派、各社会团体和无党派人士对新民主主义理念取得的共识，而中国共产党的目标是要建立一个以工人阶级为领导的，以工农联盟为基础的人民民主专政的政权。在《共同纲领》下，国家还没有组成人民代表机关，而是由政治协商会议代行人民代表大会的职权。在地方，人民政权没有完全建立，实行军事管制的体制，有条件的地方开

---

① 学术界有一种观点认为，《共同纲领》实际上是新中国第一部宪法，它具有完整的宪法特征。也有一种观点认为，当时制定 1954 年宪法是通过否定《共同纲领》来确立中国共产党一党执政的体制。笔者认为，制宪行为与制宪环境是有内在联系的，在中国当时的社会条件下，并不存在制定宪法的"制宪环境"，但也不能否认《共同纲领》临时宪法的性质。

始实行人民代表会议制度。在经济制度上，它是一种恢复经济的体制，既不是社会主义的经济制度，也不是资本主义的经济制度，而是两者并存、并行发展。《共同纲领》规定在农村进行土地改革，实行耕者有其田的政策。《共同纲领》只是适应了新中国成立初期的社会发展需求，对建立巩固政权、恢复经济和安定社会方面起到积极的作用。

为什么有《共同纲领》还要制定宪法？刘少奇在 1954 年宪法草案的报告中详细作了说明。他说，在中国近代史中，人们曾长期争论过一个根本问题——中国的出路是什么？是资本主义还是社会主义？对于这个问题，五年来国家发生的巨大变化已作了生动解答，同时也充分证明，"由目前复杂的经济结构的社会，过渡到单一的社会主义结构的社会，即由目前的新民主主义社会过渡到社会主义社会，是我国应当走的唯一正确的道路"。如果继续维持现状，中国就可能变成资本主义。他说，或许有人想走维持现状的道路，即既不是资本主义道路，也不是社会主义道路，将我们现在所处的情况维持下去。有些人希望永远保持这种状态，最好不要改变。他们说有了《共同纲领》，何必还要宪法呢？社会主义和资本主义这两种相反的生产关系，在一个国家互不干扰地平行发展，是不可能的，它不变成社会主义国家，就要变成资本主义国家，要它不变是绝对不可能的。我国要走社会主义道路是确定不移的，要走社会主义道路，就需要有法律形式把我国过渡时期的总任务确定下来。① 从 1953 年起，中国已按照社会主义目标进入有计划的经济建设时期，需要制定一部宪法调整日益复杂化的社会经济关系的变化。

---

① 《刘少奇选集》（下），人民出版社，1985 年版，第 143 – 144 页。

（三）国家政权建设的需要

从 1949 年新中国成立到 1954 年这五年时间里，人民民主政权在全国各地普遍建立并日渐巩固。依照《共同纲领》的规定，人民民主政权的建设分三步来进行。第一步，在新解放区立即建立军事管制，由上级派干部主持当地政务，成立军事管制委员会和地方人民政府，肃清反革命残余势力，并且召集各界人士座谈会，以建立与当地群众的联系。第二步，当地人民政府召开各界人民代表会议。代表由各单位推选或政府特邀，各界人民代表会议作为政府的咨询机关，可以向政府提出自己的建议，反映群众的意志和要求。但法律上没有规定政府工作的权力。第三步，各界人民代表会议中，由各单位直接或间接选举的代表增多，由政府特邀的代表逐渐减少。各界人民代表会议逐渐代行人民代表大会的职权，成为地方国家权力机关，选举人民政府委员会，审查人民政府的工作报告、预算和决算，并且可以作出决定交由人民政府委员会去执行。"到 1952 年底，人民代表会议的代表已有 1300 余万人，其中直接和间接选举的占 80% 以上，全国各省和直辖市，2/3 以上的市，1/3 以上的县和绝大部分的乡，都由人民代表会议代行了人民代表大会的职权，选举出各该级人民政府。"①

1953 年 1 月，中央人民政府委员会第二十次会议决定实行普选，召开由人民普选产生的地方各级人民代表大会，并在此基础上召开全国人民代表大会。1953 年 2 月 11 日，中央人民政府委员会第二十二次会议通过了《中华人民共和国全国人民代表大会及地方各级人民代表大会选举法》。这是新中国的第一部选举法。

---

① 凌风：《五年以来人民民主政权建设工作的成就》，《光明日报》1954 年 9 月 15 日。

它既吸收了革命根据地民主选举的经验，特别是新中国成立后民主选举的经验，同时吸收了外国的合理经验，特别是社会主义国家选举的经验，把马克思主义关于社会主义民主和政权建设的理论同中国的实际情况紧密结合起来。基层选举工作于 1953 年 3 月开始，到 1954 年 5 月胜利完成。到 1954 年 8 月，县级以上地方各级人民代表大会先后全部建立。"除台湾省尚未解放外，我国人民已经在二十五个省、内蒙古自治区、西藏地方、昌都地区，三个直辖市，二千一百一十六个县和相当于县的行政单位，一百六十三个市，八百二十一个市辖区和二十二万零四百六十六个乡建立了自己的政权，此外还建立了六十五个县级以上民族自治地方的自治机关。"① 新中国成立后的 5 年中，人民民主政权建设的成就，使人民从从未享有政治权利的地位成为国家的主人，行使当家作主的权力，管理自己的国家。

1950 年 6 月 25 日，朝鲜战争爆发。由于朝鲜的存亡与中国的安危密切相联，1950 年 10 月 19 日中国人民志愿军入朝参战。经过三年奋战，最终迫使美国于 1953 年 7 月 27 日在停战协议上签字。抗美援朝的胜利极大地增强了中国人民的民族自信心和自豪感，提高了中国在国际社会中的地位。"从此，帝国主义不敢轻易作侵犯新中国的尝试，我国的经济建设和社会改革赢得了一个相对稳定的和平环境。"② 在进行抗美援朝战争的同时，从 1950 年冬到 1953 年春，在新解放区占全国人口一多半的农村完成了土地制度的改革，彻底消灭了在中国延续了几千年的封建制度的基础——地主阶级的土地所有制。从 1950 年 12 月到

---

① 楼邦彦：《中华人民共和国宪法基本知识》，新知识出版社，1955 年版，第 34 页。

② 胡绳主编：《中国共产党的七十年》，中共党史出版社，1991 年版，第 304 页。

1951 年 10 月，在全国范围内开展镇压反革命运动，基本上扫除了国民党反动派遗留在大陆上的反革命残余势力。同土地制度改革和镇压反革命相配合，党还领导人民进行了多方面的民主改革，颁布了《中华人民共和国婚姻法》，取缔了旧社会遗留的卖淫嫖娼、贩毒吸毒、聚众赌博等各种丑恶现象。"抗美援朝战争是中国人民民主革命反帝斗争的继续。土地改革和其他各项民主改革是中国人民民主革命反封建斗争的完成。"[1] 这些胜利，使人民民主专政的政权更加巩固，使恢复和发展经济的工作有了必要的社会政治条件。"根据制宪权的一般原理，宪法（立宪主义）的产生，以国家权力的存在为条件。"[2] 新中国成立后 5 年中人民政权建设的发展，为人民行使制宪权奠定了坚实的政治与法律基础。

（四）经济结构的变化

任何一个国家的制宪都与当时的经济基础与环境有着密切的关系。社会生产力的发展以及由此形成的社会共同体意识是宪法产生的基本经济条件。从 1949 年起，中国进行了为期三年的国民经济恢复和发展工作，到 1952 年时，实现了国民经济的根本好转，完成了国民经济恢复工作。"1952 年，工农业总产值 810 亿元，比 1949 年增长了 77.5%。"[3] 工业（包括手工业）总产值在全国工农业生产总值中的比重从 1949 年的 30% 上升为 41.5%，

---

① 胡绳主编：《中国共产党的七十年》，中共党史出版社，1991 年版，第 288 页。

② 韩大元：《亚洲立宪主义研究》，中国人民公安大学出版社，2000 年版，第 73 页。

③ 胡绳主编：《中国共产党的七十年》，中共党史出版社，1991 年版，第 294 页。

其中现代工业产值由 17% 上升为 26.6%。在工业产值中，重工业的比重由 26.4% 上升为 35.5%。[①] 在经济恢复的同时，国民经济结构也发生了深刻的变化。国营经济、私人资本主义经济、个体经济、国家资本主义经济、合作社经济都得到了发展。由于国家的支持和经济结构的合理性，国营经济发展迅速，国营和私营经济的比例发生了根本性的变化。1949 年中国工业生产总值的公私比例是，国营经济占 43.8%，私营经济占 56.2%，到了 1952 年 9 月，国营经济上升到 67.3%，私营经济下降为 32.7%，国营经济在经济生活中开始超过私营经济。在农村，经济发展的变化主要表现在互助合作事业普遍地发展起来，使农村的生产关系和生产力发生了变革。通过各种生产互助合作形式组织起来的农户达到 4542 万户，占全国农户总数的 40%，其中有 5.7 万户加入在 3600 余个初级农业合作社中。手工业合作化也开始起步，占比 3.1% 的手工业者组织起来，创造了占比 3.5% 的手工业生产总值。[②] 在经济结构的比例中，国营与私营经济比例关系的变化，标志着社会经济形态逐步发生转变的事实。这表明，中国经济的恢复不仅有数量的发展，而且在性质上也发生了变化，国营经济得到了迅速发展并已处于国民经济的领导地位，成为社会主义改造的坚实物质基础。从第一个五年计划时期国家财政收入的主要来源是国营经济这一事实中可以看出国营经济力量的加强。

（五）民众的民主需求

"民众对宪法的认识，对宪法价值的判断及其宪法感情等构

---

① 胡绳主编：《中国共产党的七十年》，中共党史出版社，1991 年版，第 295 页。

② 戴光前：《试析过渡时期总路线》，《当代中国史研究》1998 年第 2 期，第 11 页。

成一定的宪法意识，对制宪过程及制宪以后的宪法施行过程都会产生深远影响。"① 民众的态度是作为制宪与行宪的社会基础而起作用的。1954 年宪法制定时，中国社会已具备了较为深厚的人文主义文化基础。正如周恩来总理所指出的："我们现在的宪法草案，在全国是已经有了基础的。基础有两种：第一，我们实行了三年《共同纲领》，大家在政治生活上、在实践中，体验了、认识了我们的国家制度、政治结构和人民权利这些问题。第二，我们普遍地组织了《共同纲领》的学习运动。"② 这种基础使宪法的制定有了内在的推动力，并因此而使其更容易与社会现实结合。此外，新中国成立之后，百废待兴，各方面的秩序都有待于宪法去架构。获得政治独立之后的国家，"需要以一部宪法来确立独立的事实，并在宪法中表明国家今后活动基本原则与方向"③。"经过建国后五年的努力，新民主主义革命的胜利以及向社会主义社会过渡的目标的确立，使我们有完全的必要在《共同纲领》的基础上前进一步"，"制定一个比《共同纲领》更加完备"④ 的宪法。

总之，在《共同纲领》实施后的几年里，中国人民胜利地进行了土地改革、镇压反革命和抗美援朝的斗争，实现了国家财经状况的根本好转，恢复了国民经济。这时期，在经济领域里除了

---

① 韩大元：《亚洲立宪主义研究》，中国人民公安大学出版社，2000年版，第 90 页。

② 周恩来：《全国人民代表大会应该有自己的法律——宪法》，《党的文献》1997 年第 1 期。

③ 韩大元：《亚洲立宪主义研究》，中国人民公安大学出版社，2000年版，第 73 页。

④ 刘少奇：《关于中华人民共和国宪法草案的报告》，全国人大常委会办公厅联络局编：《中华人民共和国宪法及有关资料汇编》，中国民主法制出版社，1990 年版，第 145 页。

存在着社会主义和半社会主义的经济外，还存在着在国营经济领导下包括合作社经济、个体经济、资本主义经济在内的多种经济成分。社会主义和半社会主义经济在国民经济中的比重还不够大。在国内阶级关系方面也已发生了深刻的变化。过去的地主、官僚资本家和反革命分子失去了以往的政治权力，成为被专政的对象，经过"三反""五反"运动打退了不法资本家的猖狂进攻，人民政权进一步得到巩固，人民群众的觉悟程度和组织程度空前提高。

从 1953 年到 1954 年 8 月，在全国范围内开展普选工作，除个别地区外，全国各省、自治区、直辖市普遍召开了普选的地方各级人民代表大会，实现了地方基层政权的民主化。从制宪背景和具体制宪过程来看，公众的文化水平是不可忽视的一个因素。尽管制宪的客观需求与公众的文化水平之间不存在必然的对应关系，但离开文化的基本条件，制宪活动以及制定后的宪法也难以得到社会的支持。在中华人民共和国成立时，总人口为 5.5 亿人，其中 80% 以上的人口为文盲，农村的文盲率高达 95% 以上，学龄儿童的入学率只不过 20% 左右。[①] 针对文盲率占 80% 以上的客观情况，为了形成制宪所需的文化条件，从 1949 年 12 月开始实行了扫盲政策，决定"从 1951 年开始进行全国规模的识字运动"。

到 1953 年，扫盲人数为 295 万人，1954 年是 264 万人。[②] 在当时的历史条件下，扫盲活动实际上为普选奠定了一定的基础，也为宪法的全民讨论等提供了必要的前提。

---

① ［日］浅井加叶子：《1949—1966 年中国成人扫盲教育的历史回顾》，《当代中国史研究》1997 年第 2 期。

② ［日］浅井加叶子：《1949—1966 年中国成人扫盲教育的历史回顾》，《当代中国史研究》1997 年第 2 期。

（六）过渡时期总路线的提出

在国民经济恢复的基础上，从 1953 年开始，中国进入了有计划的经济建设时期。早在 1952 年 12 月，中共中央就提出了党在过渡时期的总路线，提出了"要在一个相当长的时期内，逐步实现国家的社会主义工业化，并逐步实现国家对农业、手工业和对资本主义工商业的社会主义改造"的目标，反映了全国人民要求建设社会主义的普遍意愿。

过渡时期总路线的提出与《共同纲领》、1954 年宪法性质与功能有着十分密切的关系。由于《共同纲领》是具有新民主主义性质的规范体系，没有也不可能具体规定社会主义建设的问题。根据毛泽东和中国共产党一些领导人的主张，中国革命的历史进程应分为两个阶段：第一步是民主主义革命；第二步是社会主义革命。从民主主义革命到社会主义革命需要通过一定的过渡阶段，即"中国在当时的革命，既不能是旧民主主义革命，也不能是社会主义革命，而只能是第三种形式，那就是新民主主义革命。这第三种形式只是一个过渡，但这个'渡'非'过'不可"[①]。实际上，在新中国成立后何时向社会主义转变的问题上，中国共产党基本形成了一种思想：在新中国成立后的一段时期里，首要任务还不是立即转变为社会主义社会，而是迅速恢复和发展国民经济，开始大规模的国家工业化建设，使新民主主义的政治、经济、文化形态有相当程度的发展，为中国稳步地由农业国转变为工业国，由新民主主义国家转变为社会主义国家奠定基

---

① 冯友兰：《中国现代哲学史》，广东人民出版社，1999 年版，第 140 页。

础。① 当时，毛泽东等领导人估计，向社会主义转变至少需要二三十年时间②。

但是到了 1952 年夏秋以后，社会经济发展现实中出现的变化，"坚持发动抗美援朝后，斯大林对毛泽东看法的改变"③ 等因素的影响，使毛泽东重新思考向社会主义转变步骤的问题。在 1952 年 9 月 24 日召开的"五年计划的方针任务"的会议上，毛泽东首次正式提出了向社会主义过渡的问题：我们现在就需要开始用 10 年到 15 年的时间完成到社会主义的过渡，而不是 10 年或者以后才开始过渡。④ 1953 年 6 月 15 日，在中共中央政治局会议上，毛泽东正式提出过渡时期总路线，明确提出：从中华人民共和国成立，到社会主义改造基本完成，这是一个过渡时期。党在过渡时期的总路线和总任务，是要在 10 年到 15 年或者更多一些时间内，基本上完成国家工业化和对农业、手工业、资本主义工商业的社会主义改造。按照原先的理论设想，过渡时期的起点应是 1953 年。过渡时期总路线的新的理论，尽管成为党的指导思想，但在党内认识并不是完全一致。如从董必武 1953 年有关政法工作的一些言论看，有些提法仍以过渡时期和《共同纲领》的规定为基础。他认为，《共同纲领》实质上是我们党第七次代表大会通过的毛泽东在《论联合政府》报告中提出的政治纲领。它

---

① 《毛泽东传（1949—1976）》（下册），中央文献出版社，2003 年版，第 239 页。

② 胡绳主编：《中国共产党的七十年》，中共党史出版社，1991 年版，第 287 页。

③ 吴景平、徐思彦主编：《1950 年代的中国》，复旦大学出版社，2006 年版，第 42 页。

④ 薄一波：《若干重大决策与事件的回顾》（上卷），中共中央党校出版社，1991 年版，第 213 页。

是我国的临时宪法。新中国成立初期的一切法制都是以它为基础的。① 过渡时期的起点直接与《共同纲领》的评价和效力有关。因为《共同纲领》是"全国人民意志和利益的集中表现，是革命斗争经验的总结，也是中华人民共和国在相当长的时期内的施政准则。它规定中华人民共和国是新民主主义即人民民主主义的国家"②。这里可能出现的宪法问题是，如何理解和解释《共同纲领》的效力。如果过渡时期是从新中国成立时开始，新民主主义阶段已结束的条件下，《共同纲领》是否发生过效力？③ 对此也有学者提出过同样的问题，认为"作为临时宪法的《共同纲领》的有效期多长呢？……1954 年，全国人民代表大会制定了《中华人民共和国宪法》，这就正式取消了《共同纲领》的法律效力"④。根据《共同纲领》序言，中华人民共和国成立的政治基础是新民主主义即人民民主主义，《共同纲领》是凡参加人民政协会议的各单位、各级人民政府和全国人民均应共同遵守的规则。在正式宪法颁布以前，《共同纲领》实际上起着临时宪法的作用，调整国家生活。

（七）制宪的国际环境

任何一个国家的制宪都在不同程度上受当时国际环境的影响，是国际国内各种因素互相影响而产生的综合产物。当时刚刚建立的人民民主主义政权，面临着帝国主义的封锁和可能的

---

① 《董必武选集》，人民出版社，1985 年版，第 407 页。

② 胡乔木：《胡乔木回忆毛泽东》，人民出版社，1994 年版，第 567 页。

③ 苏亦工：《开国前后的民主法治构想及其中辍》，祝铭山等主编：《董必武法学思想研究文集》，人民法院出版社，2001 年版，第 298 页。

④ 冯友兰：《中国现代哲学史》，广东人民出版社，1999 年版，第 161 页。

武装干涉，同时在国内又面临恢复国民经济和巩固政权的繁重任务。特别是 1950 年开始的朝鲜战争，使中国与西方资本主义国家之间的关系更趋紧张，经济、外交和军事等方面受到严密的封锁。"从新中国建立到 50 年代中期，国际舞台上以苏联为首的社会主义阵营同以美国为首的帝国主义阵营严峻对峙，进行着针锋相对的冷战斗争。"① 根据当时的国际形势，中共中央提出新中国的外交政策，即"另起炉灶""打扫干净屋子再请客"和"一边倒"的方针。在复杂的国际环境中，当时只有社会主义国家和战后独立的新生国家同情和支持中国，特别是苏联作为第一个已建设了社会主义的国家，对中国政治制度的形成与发展产生了重要影响。苏联 1936 年宪法、越南 1946 年宪法、保加利亚 1947 年宪法、捷克斯洛伐克 1949 年宪法、朝鲜 1948 年宪法、匈牙利 1949 年宪法、波兰 1952 年宪法等社会主义国家宪法对当时中国制宪环境与过程产生了重要影响。在社会主义与资本主义两大阵营对立的国际环境下，新中国的制宪主要借鉴了社会主义国家宪法的经验与成果，同时也关注了美国、法国等资本主义国家宪法的实践。正如胡乔木所说的："尽管中国在制定具体的经济政策和工作方法时坚持从中国的具体情况出发，苏联的社会主义制度仍然对中国具有重大的榜样作用。"② 毛泽东等中共领导人科学地分析了当时的国际形势，针对第三次世界大战是否打起来的问题，提出"结论大体是 10 年到 15 年打不起来"，争取 15 年不打仗是可能的论断。③ 可见，制

① 裴坚章主编：《中华人民共和国外交史》（第 1 卷），世界知识出版社，1994 年版，第 1 页。

② 《胡乔木文集》（第二卷），人民出版社，1993 年版，第 258 页。

③ 《毛泽东军事文集》（第六卷），军事科学出版社、中央文献出版社，1993 年版，第 317 - 318 页。

宪所面临的国际环境从一个侧面说明了 1954 年宪法的开放性及其历史的局限性。

二、1954 年宪法的制定过程

（一）斯大林的制宪建议

新中国成立以后社会结构与民众需求的变化，使制宪问题成为中共和社会各界广泛关注的焦点。由于作为临时宪法的《共同纲领》与社会发展之间已出现了一些冲突与矛盾，以正式的宪法取代临时宪法势在必行。

1952 年底，第一届中国人民政治协商会议任期届满。按照《中国人民政治协商会议组织法》第六条关于"中国人民政协全体会议，每三年开会一次"的规定，到 1952 年底第一届全国政协任期即将届满。当时，就面临两种选择，即要么尽快召开第二届全国政协会议，要么召开第一届全国人民代表大会。考虑到在较短的时间里完成召开全国人民代表大会的准备工作存在实际困难，以及政协在全国人民心目中的地位比较高，中共中央曾考虑在 1953 年召开第二届全国政协会议，而把全国人民代表大会推到三年后再召开，并制定宪法。但对中国共产党有关召开人民代表大会和制定宪法问题，斯大林则提出一些建议。其实，斯大林很早关注了新中国制宪权基础与制宪时间问题，曾三次对中国制宪问题发表了意见。

第一次是 1949 年 7 月刘少奇访问苏联时，斯大林曾提出制定宪法和有关人民民主专政制度的一些问题。7 月 4 日，刘少奇代表中共中央向斯大林提出了有关中国形势、新的政治协商会议与中央政府关于外交政策等方面的报告。报告中特别谈到，中国新民主主义的国家性质与政权性质的基本理解是：它是以工人阶级为领导、以工农联盟为基础的人民民主专政的国家；它是向帝国主义、封建势力与官僚资本势力专政的；工人阶级是这个专政的领导力量，工人、农民与革命知识分子的联盟是这个专政的基础力量。关于人民民主专政的形式，报告中提出，是人民代表会议制，这不是资产阶级式的议会制，而近于苏维埃，但与无产阶级专政的苏维埃也有区别，因为民族资产阶级的代表是参加人民代表会议的。7 月 11 日，斯大林接见中共代表团，对中共提出的报告提出自己的意见。斯大林赞成中国吸收民族资产阶级参加政府的观点，肯定中国人民民主专政的政体和各项外交政策。根据《中共眼里的苏联模式》一书的记载：7 月 11 日晚，斯大林同中共代表团会谈时谈到，中国共产党应该制定现阶段的宪法，通过选举产生政府。不过，他也同意中国共产党把《共同纲领》变为基本大法。他建议中国共产党，如果普选的结果，共产党赢得多数，就可以组织一党政府。他建议，1954 年进行选举，通过宪法。① 7 月 19 日，刘少奇将同斯大林会谈的情况向中共中央汇

---

① 师哲在《我的一生——师哲自述》中回忆 7 月 11 日会谈情况后说：在另一次会谈中，斯大林提到宪法问题，他建议，现在可用《共同纲领》，但应准备宪法。刘少奇问：这是否指社会主义性质的宪法？斯大林回答说：不是，我说的是现阶段的宪法。敌人可用两种说法向工农群众进行宣传，反对你们：一是说你们没有进行选举，政府不是选举产生的。二是国家没有宪法，政协不是选举的，人家可以说你们是用武力控制了位子，是自封的；《共同纲领》不是全民代表通过的，而是由一党提出其他党派予以同意的东西，你们应从敌人手中拿掉这个武器。我同意你们的意见，把《共同纲领》变成国家的基本大法，宪法内容应该是：第一，全民普选；第二，承认企业主、富农的私有财产；第三，承认外国在中国企业的租让权。我想，你们 1954 年可以进行选举与通过宪法。参见师哲、师秋朗：《我的一生——师哲自述》，人民出版社，2001 年版，第 303 - 304 页。

报，其中谈到，斯大林问：将来中央政府是否有权力批准与撤换各省及各区域政府的主要人员？以毛泽东为政府主席，主席是否等于总统？主席与内阁的关系如何？[①] 在苏联期间，斯大林同刘少奇会谈了 6 次，有一次会谈中，斯大林提到宪法问题，建议现在可用《共同纲领》，但应准备宪法。

第二次是 1950 年初。毛泽东第一次访问苏联时，斯大林就中国建设问题提出了三点建议，其中第三点是，建议召开全国人民代表大会和制定宪法。

第三次是 1952 年 10 月。1952 年 10 月，苏共召开第 19 次代表大会。中央决定派出以刘少奇为团长的代表团。9 月 30 日代表团出发前，毛泽东请刘少奇利用出席苏共十九大的机会，就中国向社会主义过渡问题向斯大林征求意见。[②] 在苏联访问的刘少奇，受毛泽东委托，于 10 月 20 日就"关于中国向社会主义过渡和召开全国人民代表大会问题"给斯大林写了一封信，信中明确表达了中共中央对制定新宪法问题上的基本考虑。

10 月 24 日，斯大林同刘少奇会谈时，首先提出：我觉得你们的想法是对的。当我们掌握政权以后，过渡到社会主义应该采取逐步的办法，你们对中国资产阶级所采取的态度是正确的。对于召开全国人民代表大会问题，斯大林先问全国人民代表大会是否即国会。刘少奇回答：是国会，但接近于苏联的苏维埃，不过有资产阶级的代表参加。斯大林说：如果你们没有准备好，全国人民代表大会可暂不召开，而开政治协商会议。但政协不是人民选举的，这是一个缺点，对外来说，如果有人在这点上加以攻

---

① 《建国以来刘少奇文稿》（第 1 册），中央文献出版社，2005 年版，第 537 页。

② 阎明复：《1952 年随刘少奇参加苏共十九大》，《中共党史资料》2004 年第 1 期。

击，人们会不大了解。关于召开党的代表大会问题，斯大林问：你们是否预计在 1953 年召开党的代表大会？刘少奇答：我们预计在 1953 年春召开党的代表会议，而没有预计开代表大会。斯大林同意中共的计划所要准备的宪法。但同时提出：召开人民代表大会是反映人民的呼声，召开党的代表大会也是反映人民的呼声，所以是以人民选举出来的为好。① 10 月 28 日，第二次会谈时，斯大林说：同意目前使用《共同纲领》，但应准备宪法。刘少奇问：应准备的宪法是否指社会主义性质的宪法？斯大林回答说：不是，我说的是现阶段的宪法。刘少奇说：在《共同纲领》初制定时，人民曾经怀疑我们是否要实行《共同纲领》，但三年来，我们真正实行了《共同纲领》，因此《共同纲领》在人民中及各党派中威信很好。如果我们在今后两三年内制定宪法，势必重复《共同纲领》，承认资本家的财产及剥削雇佣劳动为合法。但是再过七八年以后，我们又要把资本家的企业国有化，再制定社会主义性质的宪法，似乎是有些不好。但对于刘少奇的解释，斯大林仍然坚持他的意见，提出系统的理论依据。

斯大林认为：如果你们不制定宪法，不进行选举，敌人可以用两种说法向工农群众进行宣传反对你们，一是你们的政府不是人民选举产生的，二是说你们国家没有宪法。因政协不是经人民选举的，人家就可以说你们的政权是建立在刺刀上的，是自封的。此外，《共同纲领》也不是人民选举的代表大会通过的，而是由一党提出，其他党派同意的东西。人家可以说你们国家没有法律。你们应从敌人（中国的和外国的敌人）那里拿掉这些武器，不给他们这些借口。我同意你在信中所提出的意见把《共同纲领》改变成宪法——基本大法，这种宪法自然是一种粗制品，

_____

① 《建国以来刘少奇文稿》（第 4 册），中央文献出版社，2005 年版，第 535 页。

但是一个宪法，比没有要好。在宪法中，你们可以规定这样的条文：第一，全体人民包括资本家、富农在内均有选举权；第二，承认企业主、富农的私有财产；第三，承认外国人在中国的企业的租借权。但这种权利如果政府不愿给外国人，可以在实行时不给或少给。这些事实都是在中国存在的，并不妨害你们搞宪法。我想你们可以在 1954 年搞选举和宪法。我认为这样做，对你们是有利的。你们可以考虑。因为我不大了解中国的情形，上次谈话时，我没有展开肯定地讲这个问题，今天因为你问到这个问题，所以把我肯定的意见告诉你们。

斯大林对新中国制定宪法的建议实际上提出了政权的合法性与合宪性的重大问题，促使中国共产党重新思考制宪时机问题，并从政权合法性基础与发展的角度认识到以正式宪法确认国家制度的必要性。而在当时的国际环境下，斯大林的建议具有复杂的国际和社会背景，他对《共同纲领》下的中国过渡性质的政权表现出一定程度上的不理解和担心，希望中国尽快通过制定宪法确立类似于苏联的政治体制，巩固社会主义国家阵营的体制。当然，斯大林多次讲，他对"中国问题了解不多，请参考"，并没有"强迫"中共接受他的建议。

从客观情况看，1954 年制定宪法是中共中央综合了各种因素后所作出的自主的政治决断，斯大林建议只是其中的一个重要因素。当时，客观上已经基本具备了制宪所需的条件，如到 1952 年底，中国大陆的军事行动已经结束，社会环境趋于稳定；全国土地改革基本完成，民主改革取得了积极进展；经过三年多的努力，国家财政工作已完全统一，人民生活有所改善。特别是，1953 年 2 月，全国普遍举行了各界人民代表会议，为人民代表大会制度的正式建立创造了条件，积累了经验。

（二）中共中央下发《关于召开党的全国代表大会会议的通知》

为了准备全国人民代表大会的召开，在综合判断国家当时面临的政治、经济与文化发展的实际情况以及斯大林提出的制宪建议等因素，1952 年 12 月 1 日，中共中央下发了《关于召开党的全国代表大会会议的通知》。通知指出，为了充分准备全国人民代表大会的召开，中共中央决定于 1953 年 2 月 5 日召开党的全国代表大会，并在分析国内形势后认为现在召集全国人民代表大会的条件具备，拟于 1953 年 9 月间召开。在这次大会上，将制定宪法、批准五年计划纲要、修改《中央人民政府组织法》、选举新的中央人民政府领导机关。[①] 1953 年元旦，《人民日报》以《迎接一九五三年的伟大任务》为题发表元旦社论，把召开全国人民代表大会、通过国家宪法和国家建设计划作为 1953 年的三大任务，正式向全国人民提出制宪的议题。但后来由于高岗等事件的发生和国内其他原因，党的全国代表大会的时间推迟了两年，全国人民代表大会也未能按期召开，但有关召开全国人民代表大会和制宪的准备工作已开始进行。

（三）宪法的起草经过

1. 中华人民共和国宪法起草委员会的成立

为了进行宪法的起草工作，1953 年 1 月 13 日，中央人民政府委员会第二十次会议专门讨论了全国政协委员会关于召开全国人民代表大会和制定宪法的建议。在座谈会和其他会议上大家提出的问题概括起来有：召开全国人民代表大会和制定宪法的根据是什么，有哪些作用？有没有困难，有没有可能性？对有些党

---

① 《毛泽东传（1949—1976）》（下册），中央文献出版社，2003 年版，第 308 页。

派、阶级、团体是不是不利？也有一些人担心普选的结果会使共产党和工农群众的代表占压倒多数，他们的政治地位和政治权利得不到应有的保障。① 周恩来同志代表中共中央对上述问题作了说明，强调制定宪法的重要性与现实性。针对一些人提出的制定宪法是否就意味着搞社会主义的问题，他提出：我们国家经济的发展，是要增加社会主义成分的，这是《共同纲领》规定的，但我们现在还是新民主主义阶段，我们还是要根据《共同纲领》的精神办事，只是把《共同纲领》的东西吸收到宪法里面去；我们的政权还是工人阶级领导的、以工农联盟为基础的、四个阶级合作的人民代表大会制，这是肯定的。对制定宪法的工作可能遇到的问题，他承认确有难度，但同时提出困难是可以解决的。"因为宪法不是永恒不变的……我们的宪法也是现阶段的宪法，将来还会提高。"

会议决定成立中华人民共和国宪法起草委员会，负责宪法的起草工作。根据《共同纲领》，中央人民政府委员会是国家的最高政权机关，由它决定成立的宪法起草委员会自然具有正当性基础。

从各国制宪经过看，宪法起草机构的产生一般有三种模式：一是由全民选举产生；二是由制宪议会行使宪法起草权；三是由国家元首等特定机关任命产生。如 1961 年巴基斯坦总统阿尤布·汗任命了宪法委员会，由它起草宪法，然后向总统和内阁提出宪法草案。印度制宪议会根据 1947 年 7 月 15 日的《独立法》自动获得最高权力机关的地位，于 1947 年 8 月组织了由 7 名委员组成的宪法起草委员会。1953 年制定的菲律宾宪法，先由国民进行宪法制定委员的选举，由 202 名委员组成宪法议会并起草宪

① 李维汉：《回忆与研究》（下册），中共党史资料出版社，1986 年版，第 790 页。

法。韩国于 1945 年获得独立后，1948 年 5 月 10 日实施总选举，组成第一届国会，因为第一届国会主要任务是制宪，故称之为制宪国会。同年 6 月，在第二届国会上，组成了由 30 名宪法起草委员、10 名专门委员组成的宪法起草委员会，负责起草宪法。1945 年印度宪法是由独立准备委员会负责起草的。中华人民共和国宪法起草委员会是由中央人民政府委员会第二十次会议决定成立，是最高权力机关授权下行使宪法起草权的机构。虽然它不是选举产生，但在过渡时期，国家权力体系还没有定型化的条件下，其权力来源具有正当性与合法性。

宪法起草委员会委员名单由毛泽东提出，并对名额分配问题作了说明。他在说明宪法起草委员会委员构成比例时解释说：大的民主党派如民革、民盟、民建各 2 名，其余民主党派及人民团体各 1 名。李维汉任秘书长，我的秘书田家英协助。宪法起草委员会共有 33 名委员，毛泽东为主席。委员（委员的顺序以中央人民政府委员会决议为准）是：朱德、宋庆龄（女）、李济深、李维汉、何香凝（女）、沈钧儒、沈雁冰、周恩来、林伯渠、林枫、胡乔木、高岗、乌兰夫、马寅初、马叙伦、陈云、陈叔通、陈嘉庚、陈伯达、张澜、郭沫若、习仲勋、黄炎培、彭德怀、程潜、董必武、刘少奇、邓小平、邓子恢、赛福鼎、薄一波、饶漱石①。其中包括中央人民政府委员会 6 名副主席、政务院总理、6 名副总理、最高人民法院院长、人民革命军事委员会副主席、全国政协副主席等，可以说包括了国家最高机关的全部首脑，此外还包括民主党派的代表性人物。如马叙伦当时是中央人民政府委员会委员、著名的民主党派人士；马寅初当时是北京大学校长，是学术界的代表；张澜作为著名的爱国民主人士，当时任中央人

---

① 由于发生高饶事件，高岗、饶漱石实际上没有参加宪法起草委员会的工作。

民政府委员会副主席；程潜和李济深是国民党的起义人员，当时
任中央人民政府委员会委员，等等。从宪法起草委员会委员的构
成看，它是高规格的、具有广泛代表性和权威性的机构，体现宪
法起草工作的权威性与严肃性。

　　为了协调宪法草案的讨论，1953 年 3 月 15 日，中共中央政
治局决定：以陈伯达、胡乔木、董必武、彭真、邓小平、李维
汉、张际春、田家英等 8 人组成宪法研究小组，负责初稿的最后
修改。宪法起草委员会成立后，一年多的时间没有进行具体活
动，① 正式开始运作是 1954 年 3 月 23 日。1954 年 3 月 23 日，宪
法起草委员会召开第一次会议，决定成立宪法起草委员会办公
室，下设编辑组、会议组、记录组、联络组、总务组，作为宪法
起草委员会的职能机构。李维汉任秘书长，齐燕铭、田家英、屈
武、许广平（女）、胡愈之、孙起孟、辛志超任副秘书长。在第
一次会议以后，宪法起草委员会共召开了 9 次正式会议。

　　另外，为了组织对宪法草案初稿的讨论，政协第一届全国委
员会常务委员会第五十三次会议通过了《分组座谈宪法问题的名
单》，决定邀请各民主党派、各人民团体的负责人和各界人士组
成 17 个座谈小组，它是以各民主党派，民主人士，工、青、妇
等人民团体，文艺、教育、科学等社会各界，华侨，少数民族和
国家机关等为单位划分的，并确定了各小组召集人。另外，以政
务院内务部为主，组成了宪法起草办公室，负责收集有关制定宪
法的材料。

2. 中共中央成立宪法起草小组

　　宪法起草委员会成立后，为了保证宪法起草工作的顺利进
行，1953 年底中共中央决定成立党内的一个宪法起草小组，其任

① 原定在 1953 年召开的全国人民代表大会后来推迟到 1954 年举行。

务是为宪法起草委员会提供可供讨论、修改的宪法草案初稿。①

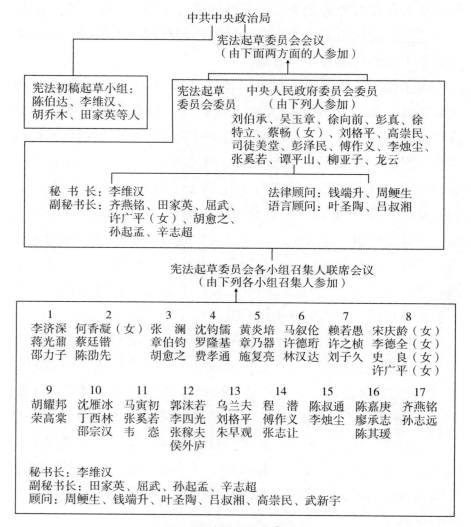

宪法起草机构图②

---

① 穆兆勇编著：《第一届全国人民代表大会实录》，广东人民出版社，2006年版，第98页。

② 全国人大常委会办公厅研究室政治组编：《中国宪法精释》，中国民主法制出版社，1996年版，第20页。

宪法起草小组是党内成立的起草机构，但同时具有国家的性质。因为起草小组由宪法起草委员会主席毛泽东亲自领导，成员中的陈伯达和胡乔木是毛泽东的秘书，同时也是宪法起草委员会委员。胡乔木当时任中共中央宣传部常务副部长，毛泽东的秘书。陈伯达当时任中共中央宣传部副部长，毛泽东的政治秘书。田家英当时是毛泽东的秘书，宪法起草委员会副秘书长。他从 1948 年开始担任毛泽东的秘书。当时毛泽东的正式秘书有 4 人，即陈伯达、胡乔木、田家英和叶子龙。叶子龙是机要秘书，日常秘书工作由田家英负责。根据宪法起草的工作安排，在宪法起草委员会正式工作程序启动以前，首先由中共中央内部的宪法起草小组负责宪法草案初稿的制定工作。

3. 中共中央起草宪法初稿

1953 年 12 月 27 日，毛泽东率宪法起草小组来到杭州。这是毛泽东第一次到杭州。①

选择杭州作为宪法起草的地方，主要是杭州比较清静，能够静下心思考制定宪法的根本问题。"毛泽东喜欢杭州的另一个重要原因是，杭州气候好，空气新鲜，靠水边。因为毛主席喜欢水。"② 为了给宪法起草小组创造较好的工作和生活环境，浙江省委把毛泽东等人安排在刘庄，把北山街 8 号（现为北山街 84 号）大院内 30 号供毛泽东和宪法起草小组办公用。位于西湖丁家山畔的刘庄，又名水竹居，号称西湖第一名园。当时毛泽东住刘庄 1 号楼，每天下午 3 时，他带领宪法起草小组来到北山街 8

---

①　根据毛泽东的卫士封耀松回忆，毛泽东把杭州认作自己的"第二故乡"，共来过 43 次，累计住了 1000 多天。参见《毛泽东贴身卫士封耀松访谈录》，《名人传记》2006 年第 6 期。

②　访问汪东兴谈话记录，1994 年 9 月 12 日。转引自《毛泽东传（1949—1976）》（下册），中央文献出版社，2003 年版，第 328 页。

号的办公地点。8 号大院 30 号由主楼和平房组成，毛泽东在平房办公，宪法起草小组在主楼办公。

在起草宪法期间，毛泽东本人对制定宪法工作是十分重视的。在南下杭州疾驰的火车上，毛泽东对随行人员说：治国，须有一部大法。我们这次去杭州，就是为了能集中精力做好这件立国安邦的大事。在杭州期间，他对身边工作人员说："宪法是一个国家的根本法，从党的主席到一般老百姓都要按照它做，将来我不当国家主席了，谁当也要按照它做，这个规矩要立好。"①

1953 年 11 月、12 月间，毛泽东让宪法起草委员会委员陈伯达一个人先起草了一个宪法草案第一稿，作为起草小组进行工作的基础。1954 年 1 月 9 日开始宪法草案的起草工作，10 日毛泽东主持起草小组会议，制定了宪法起草工作计划，并于 15 日给在京的刘少奇等中央领导同志发电报，通报了宪法起草小组的工作计划。②

电报全文如下：

少奇同志并中央各同志：

宪法小组的宪法起草工作已于一月九日开始，计划如下：

（一）争取在一月三十一日完成宪法草案初稿，并随将此项初稿送中央各同志阅看。

（二）准备在二月上半月将初稿复议一次，请邓小平、李维汉两同志参加。然后提交政治局（及在京各中央委员）

---

① 穆兆勇：《毛泽东主持起草共和国第一部宪法》，《党史博览》2003 年第 10 期。

② 《毛泽东文集》（第六卷），人民出版社，1999 年版，第 320－321 页。

讨论作初步通过。

（三）三月初提交宪法起草委员会讨论，在三月份内讨论完毕并初步通过。

（四）四月内再由宪法小组审议修正，再提政治局讨论，再交宪法起草委员会通过。

（五）五月一日由宪法起草委员会将宪法草案公布，交全国人民讨论四个月，以便九月间根据人民意见作必要修正后提交全国人民代表大会作最后通过。

为了在二月间政治局便于讨论计，望各政治局委员及在京各中央委员从现在起即抽暇阅看下列各主要参考文件：

（一）一九三六年苏联宪法及斯大林报告（有单行本）；

（二）一九一八年苏俄宪法（见政府办公厅编宪法及选举法资料汇编一）；

（三）罗马尼亚、波兰、德国、捷克等国宪法（见人民出版社《人民民主国家宪法汇编》，该书所辑各国宪法大同小异，罗、波取其较新，德、捷取其较详并有特异之点，其余有时间亦可多看）；

（四）一九一三年天坛宪法草案，一九二三年曹锟宪法，一九四六年蒋介石宪法（见宪法选举法资料汇编三，可代表内阁制、联省自治制、总统独裁制三型）；

（五）法国一九四六年宪法（见宪法选举法资料汇编四，可代表较进步较完整的资产阶级内阁制宪法）。

有何意见望告。

毛泽东
一九五四年一月十五日①

---

① 《毛泽东文集》（第六卷），人民出版社，1999年版，第320－321页。

上述工作计划包括了宪法起草工作的时间安排与进度、起草工作的基本程序和起草工作所依据的基本参考资料。从宪法起草工作的情况看，基本上是按照这一计划进行的，只是比原计划延长了约一个月时间。当时确定的起草工作的基本程序是：中共中央宪法起草小组提出宪法草案初稿→中共中央政治局讨论并初步通过→以中共中央的名义向宪法起草委员会提出宪法草案初稿→宪法起草委员会审议和讨论→中央人民政府委员会通过并交全国人民讨论四个月→全国人民代表大会通过。宪法起草小组的主要任务是完成第一阶段的任务，即起草宪法草案初稿。同时，该工作计划中列举的参考文献对于了解1954年宪法的制定过程具有重要的参考价值。从笔者所查到的档案资料看，去杭州时宪法起草小组带了很多与起草宪法有关的书籍，主要途径是通过内务部收集中国历史上的宪法和外国的现行宪法文本。

4. 中共中央提出宪法草案建议稿

宪法起草小组经过一个多月的努力，草拟出宪法草案初稿。2月18日，初稿分送中央政治局委员和在京的中央委员。2月20日以后，刘少奇同志主持政治局和在京的中央委员讨论了三次，与此同时，发给全国政协委员征求意见。3月8日，经中央政治局扩大会议的反复讨论、修改，宪法草案的草拟工作基本结束，宪法起草小组据此进行了修改。3月9日，宪法起草小组的起草工作完成，历时两个多月。3月17日，宪法起草小组回到北京。3月中旬，周恩来、董必武同志邀请非中共党员的宪法起草委员会委员进行讨论。在此期间，中央指派董必武、彭真、张际春等同志组成研究小组，并请周鲠生、钱端升为法律顾问，叶圣陶、吕叔湘为语文顾问，对宪法草案进行了专门研究。通过以上工作，正式形成了《中华人民共和国宪法草案（初稿）》，作为中共中央的建议稿向宪法起草委员会提出。这个宪法草案作为宪法起草委员会和第一届全国人民代表大会第一次会议讨论的基础，确立了 1954 年宪法的基本框架。

在毛泽东亲自领导下，中共中央宪法起草小组在 1954 年宪法起草过程中发挥了重要作用。在 1954 年宪法起草中，毛泽东不仅确定了宪法的总体框架和编纂原则，而且对宪法的每一部分反复进行研究与论证，许多条款是毛泽东亲自修改确定的。在宪法起草期间，毛泽东阅读了有关宪法的许多理论著作，把大量的精力与心血投入到宪法起草过程之中。在宪法草案上毛泽东有许多重要批语，如油印打字稿第五条的"说明"原文中说，"本条中所说的'资本家所有制'包括富农在内"，毛泽东针对"包括富农在内"，批了"不甚妥"。在原草案第十六条中"全体公民"处画两条竖线，并在上方写有"什么是公民"，又在"勾结外国帝国主义、背叛祖国"之后画一插入号，加"举行内乱，推翻政府"等。原宪法草案中曾指出 1954 年宪法"是我国的第一个宪法"，毛泽东认为不妥，1949 年前中国已有 9 个宪法，要尊重历史，不能背叛历史，并强调说此句"不改不行"。[①] 因毛泽东在设计、制定 1954 年宪法时所起的突出作用，出席第一届全国人民代表大会第一次会议的代表提议将这部宪法命名为"毛泽东宪法"，但毛泽东予以拒绝，认为这样写不科学、不合理。毛泽东对宪法草案的 16 条批语如下：

（1）"序言应有说明。"这条评语是针对序言部分没有文字说明的情况而写的，写在宪法草案油印打字稿第一章总纲的说明文字上。

（2）"此句好，宜采纳。"宪法草案油印打字稿第二条"说明"，在引用《共同纲领》第五十条原文后说，现除删去其中"反对帝国主义和各民族内部的人民公敌"一语外，并将"使中

---

① 许虔东：《新中国第一部宪法的总设计师——毛泽东刘庄草宪轶闻》，《党史纵横》1994 年第 5 期。

华人民共和国成为各民族友爱合作的大家庭。反对大民族主义和狭隘民族主义"两句的意思移到序言的第五段。毛泽东的这条批语是针对删去的一句而写的。

（3）"不甚妥？"宪法草案油印打字稿第五条的"说明"中说："本条中所说的'资本家所有制'包括富农在内。"毛泽东在"包括富农在内"旁画了竖线，并写了这条评语。

（4）"宜单列一条。"这条评语是针对宪法草案油印打字稿第十一条第二款而写的。第二款的原文是："任何个人的私有财产不得用以反对和损害公共利益。"1954年宪法文本中这一款已单列为宪法总纲第十四条，文字改为：国家禁止任何人利用私有财产破坏公共利益。

（5）"什么是公民？举行内乱，推翻政府。包括严厉与非严厉。"这条评语分别写在宪法草案油印打字稿第十六条及其"说明"的上方。第十六条规定："中华人民共和国维护人民民主制度，保护全体公民的安全和一切合法权益，镇压一切反革命活动，惩办一切勾结外国帝国主义、背叛祖国、危害人民、破坏人民民主制度和破坏国家建设事业的卖国贼和反革命分子。"毛泽东在其中"全体公民"旁画两条竖线，并在上方写有"什么是公民"5个字。又在其中"勾结外国帝国主义、背叛祖国"之后画一插入号，并在上方写有"举行内乱，推翻政府"8个字。这一条附有以下说明："《共同纲领》该条中，原用有'严厉惩罚'数字，那是对'首要分子'说的，而本条现在的规定是指一切'卖国贼和反革命分子'，故不用'严厉'二字，以使规定较为灵活。"毛泽东在这一"说明"上方写有"包括严厉与非严厉"8个字。

（6）"国家主席的罢免。"这条批语写在宪法草案油印打字稿的第一次修正稿关于全国人民代表大会行使罢免权的第三十一条的上方，修正稿没有罢免国家主席的内容。1954年宪法文本中增加了相应的内容，在第二十八条中规定全国人民代表大会有权罢免中华人民共和国主席、副主席。

（7）"主席有交议权，最高会议决议的性质。"这条批语写在宪法草案油印打字稿的第一次修正稿中的国务院一节上方，修正稿没有提及国家主席的交议权和最高会议决议的性质。宪法草案（初稿）1954年3月18日、19日讨论修改稿，在说明中对有关这一内容的条款提出两个修改方案：一个方案是"在必要时召集中华人民共和国副主席、国务院总理和其他有关人员举行最高国务会议"，另一个方案是"在必要时召集有关人员举行最高国务会议"。毛泽东在前一个方案旁写了"较妥"二字。1954年宪法文本中对这一条规定为："中华人民共和国主席在必要的时候召开最高国务会议，并担任最高国务会议主席。""最高国务会议由中华人民共和国副主席、全国人民代表大会常务委员会委员长、国务院总理和其他有关人员参加。""最高国务会议对于国家重大事务的意见，由中华人民共和国主席提交全国人民代表大会、全国人民代表大会常务委员会、国务院或者有关部门讨论并作出决定。"

（8）"需要。"宪法草案油印打字稿的第一次修正稿第五十八条所附的修正说明提出："民委提议，规定各民族自治区得组织本自治区的公安部队和民兵，需否可考虑。"毛泽东在这段文字上方批了"需要"二字。1954年宪法文本中第七十条规定：自治区、自治州、自治县的自治机关依照国家的军事制度组织本地方的公安部队。

（9）"较妥。"宪法草案油印打字稿的第一次修正稿第七十七条规定："国家保障公民的居住自由不受侵犯。公民的通讯秘密受法律的保护。"所附修正说明提出：此款另一方案为将"通讯秘密"改为"通信自由"，毛泽东在"通信自由"旁画一竖线，并批了"较妥"二字。1954年宪法文本中第九十条规定：

中华人民共和国公民的住宅不受侵犯，通信秘密受法律的保护。

（10）"此条似应移至总纲。"这条批语写在宪法草案油印打字稿第五十八条上方，这一条的原文是"地方各级人民代表大会和地方各级人民政府执行其任务时，应经常保持同人民群众的密切联系，广泛吸收人民群众参加和监督国家管理工作，不断地注意对脱离群众的官僚主义现象进行斗争"。1954 年宪法文本中把这一条写入宪法总纲的第十七条，文字改为：一切国家机关必须依靠人民群众，经常保持同群众的密切联系，倾听群众的意见，接受群众的监督。

（11）"不写为好。"宪法草案油印打字稿第八十条规定：中华人民共和国公民有言论、出版、集会、结社、游行、示威和信仰宗教自由的权利。毛泽东在其中"游行、示威"旁画两条竖线，打一问号，并在上方写了这个批语。1954 年宪法文本中仍规定了公民有游行、示威的自由。

（12）"副主席受委托得代行主席部分职权，此点必须加入。"除"同时"外，所有的"时"均改为"的时候"。毛泽东给田家英写的信中要求"一定研究，请提交党组会上讨论"。

（13）"土地改革"不成文，应加"制度的"。"镇压反革命"下加"分子"。宪法草案（初稿）1954 年 3 月 18 日、19 日讨论修改稿序言第二段有一句话："我国人民在过去几年内已经很有成效地进行了土地改革、抗美援朝、镇压反革命、完成经济恢复等项大规模的斗争。"毛泽东将这句话中的"土地改革"改为"土地制度的改革"，在"镇压反革命"后加了"分子"二字，并写了这条批语。

（14）"此处不写'发布'为宜，免与主席职权分歧。"宪法草案（初稿）1954 年 3 月 18 日、19 日讨论修改稿第三十六条关于全国人民代表大会常务委员会职权的第四款为：通过和发布具有法律效力的决议和条例。毛泽东审阅时，删去了这一款中的

"和发布"三个字，并写了这条批语。1954 年宪法文本中把这一条改为"制定法令"。

（15）"此处应采纳周鲠生意见。"宪法草案（初稿）1954 年 3 月 18 日、19 日讨论修改稿第三十六条关于全国人民代表大会常务委员会的职权中加了第十一款"批准和废除同外国缔结的条约"，毛泽东在这一款写了这条批语。周鲠生是宪法起草委员会聘请的法律顾问，著名的国际法专家。1954 年宪法文本中把这一条改为"决定同各国缔结的条约的批准和废除"。

（16）"此项恢复，可由副主席去办。"宪法草案（初稿）1954 年 3 月 18 日、19 日讨论修改稿第四十一条关于国家主席的职权中删去了原有的第三款"授予国家的勋章、奖章和荣誉称号"，毛泽东在删去的这一款旁边批了这句话。1954 年宪法文本中保留了这一款的内容。

上述批语只是毛泽东众多批语中的一部分，主要涉及具体制度设计和宪法词汇方面的内容，但从一个侧面反映出毛泽东等制宪者们非常关注宪法作为法律文件的特点，重视宪法语言的科学性，达到"字斟句酌"的程度。在宪法制度方面，毛泽东通过重要的批语，澄清了当时法律与政策的界限问题，使宪法规范的表述更为准确。如在富农的地位、国家主席的职权和最高国务会议程序等方面的内容，直接涉及国家政策和体制问题。在宪法文字的规范化方面毛泽东付出了很多精力，力求科学与准确。从另一方面可以看出，在宪法制定过程中毛泽东的工作作风是民主的，对不同的意见通常采用"为宜""不妥"等商量方法，没有以领袖的地位压制不同的意见。当时，制宪过程是民主的，无论是起草者还是参加讨论者，都可以发表不同的意见，以求最佳的社会效果。毛泽东提出的有些意见在正式的宪法文本中并没有采纳，如在"通信自由""游行示威"问题上，最后的宪法文本中没有反映毛泽东的意见。这就说明，在制宪过程中，大家均以平等的身份参与讨论，在宪法规范的科学性问题上不盲从权威，尊重科学，形成了民主协商的良好的社会环境。

从制宪史的角度看，1954 年宪法的研究必须与毛泽东宪法思想的研究结合起来，要客观地评价毛泽东的历史功绩。

在 1954 年宪法的起草过程中，除肯定毛泽东的历史功绩外，还必须提到一个人的名字，他就是毛泽东的秘书田家英。田家英担任毛泽东的秘书 18 年，曾任中共中央办公厅副主任、中共中央政策研究室副主任。在宪法起草委员会中，田家英还担任副秘书长。田家英参加了 1954 年宪法起草的整个过程，在起草小组中，除参加起草、讨论以外，还负责有关材料的收集和整理，提供给毛泽东和起草小组参阅。[①] 在起草小组的三人中，陈伯达虽草拟了第一稿，但他不愿意听取别人的意见，作风霸道，在杭州的起草工作中消极怠工，多次发牢骚，说要回家当小学老师。[②] 由于这种原因，宪法起草小组拿出的讨论稿实际上出自胡乔木和田家英之手。宪法起草小组回北京后，胡乔木因右眼患中心性视网膜炎，住院治疗，以后又去莫斯科继续治疗。因此，回北京后宪法起草工作实际上主要由田家英承担，他坚持参加各种形式的宪法草案的讨论，而且直接参加修改工作，经常通宵不眠，累得吐血，但仍坚持不懈，直到按时完成任务。田家英在宪法起草工作中的作用可分两个方面：一方面作为毛泽东的秘书，协助毛泽东查阅宪法方面的资料，办理有关起草的大量的日常性工作；另一方面作为宪法起草小组成员之一，在宪法具体内容、条文的设计和解释方面发挥了重要作用。从现在看到的有关 1954 年宪法

---

① 董边等编：《毛泽东和他的秘书田家英》，中央文献出版社，1989 年版，第 21 页。

② 董边等编：《毛泽东和他的秘书田家英》，中央文献出版社，1989 年版，第 21 页。

起草过程的档案中，我们发现，在宪法草案的几乎每一个条文的讨论会中都有田家英的发言。他向讨论者说明原条文的制定原意，对争议比较大的条文也谈了自己的观点。同时，他参与解释、参与宪法草案的具体工作。

据资料记载，去杭州的时候，田家英带了两箱子书，收集了有关宪法的大量书籍。他认为，搞中国宪法，必须参照其他国家宪法，包括资本主义国家的和社会主义国家的，当然要以社会主义国家为主。1954 年 6 月，经毛泽东同意，他带着中国人民大学法律系的几位教师和其他同志到北戴河①，编写《中华人民共和国宪法解释》，写出初稿，陆续送毛泽东审阅，后因工作忙，此书没有定稿。② 可见，田家英在新中国第一部宪法起草过程中所起的作用是十分突出的，作为毛泽东的秘书和学识渊博的学者，他在 1954 年宪法起草过程中以其政治智慧和渊博的知识，具体参与宪法的起草工作，为共和国第一部宪法的诞生作出了重要贡献。

5. 宪法起草委员会的讨论

1954 年 3 月下旬，宪法起草委员会开始工作。3 月 23 日，宪法起草委员会举行第一次会议，会议由毛泽东主席主持。毛泽东同志代表中国共产党中央委员会向会议提出中共中央起草的宪法草案初稿。宪法草案除序言外，共分 4 章。第一章《总纲》，包括社会制度和国家制度的基本内容；第二章《国家组织系统》，包括全国人民代表大会、中华人民共和国主席、国务院、国家权力的地方机构、民族自治机关、法院和检察机关六节；第三章《公民的基本权利和义务》；第四章《国旗、国徽、首都》。陈伯

---

① 中国人民大学法律系的教师中有董成美教授。

② 董边等编：《毛泽东和他的秘书田家英》，中央文献出版社，1989 年版，第 21 页。

达在会上作了《关于中华人民共和国宪法草案（初稿）起草工作的说明》，报告了宪法草案的起草过程、工作方向、草案的主要问题。

第一，关于草案的工作方向。他指出两点：①宪法必须记录国家现在的实际情况，反映人民革命和新中国成立以来社会关系的伟大变革，总结经验，把人民革命的成果固定下来。②宪法必须根据国家的性质和经济关系，充分表达过渡到社会主义的根本要求和道路。

第二，草案与《共同纲领》的关系。它以《共同纲领》为基础，同时又加以发展：①《共同纲领》所规定的各项根本原则，如总纲中有关政权制度、经济制度、民族关系的主要部分，经实践证明，完全符合人民的利益和要求，草案对此加以充分肯定。同时，根据新中国成立后政治经济制度发展的新胜利，草案把这些原则展开和具体化了，如国家机构和公民的基本权利和义务。但《共同纲领》中一些过时的东西（如土改、镇反等）草案没有论及。②草案还采用了新中国成立后各种重要法令所具体化的《共同纲领》的一些原则，如草案中关于民族自治部分采用了根据《共同纲领》制定的民族区域自治实施纲要所规定的原则。

第三，草案充分反映了国家过渡时期的特点。规定了总任务和实现总任务的内外条件，主要是序言关于统一战线、民族关系、国际关系的规定。过渡性特点还表现在草案规定的各种办法大部分是过渡性的，如公民的劳动权、受教育权的保证，选举原则的局限性等等。

第四，草案关于国家政治制度的规定，是与苏联和各人民民主国家类似的。宪法起草小组的同志曾解释中国与它们的不同：苏联叫最高苏维埃，我们叫全国人民代表大会常务委员会；苏联叫部长会议，我们叫国务院。我们就是多了个主席。但是，捷克斯洛伐克、民主德国有这样的制度，不过他们叫总统，我们叫主席。

第五，草案不仅采用了中国的经验，而且在起草时参考了苏联宪法和各人民民主国家的宪法，结合了中国的经验和国际的经验，力求把国际的经验接受过来。

第六，草案的总纲规定了国家分别保护现在的各种所有制，同时规定全民所有制的国营经济是整个国民经济中的领导力量和实现社会主义改造的物质基础。

宪法草案的报告对宪法规定中的一些基本问题作了重要解释：①人民代表大会制的问题，草案中明确人民代表大会是人民的权力机关。②关于国家主席，草案中明确规定国家主席不同于资本主义国家的总统，在国务院与常务委员会之间起缓冲作用。③宪法结构的说明。

起草工作的说明还特别强调，宪法草案的内容是根据中共中央和毛泽东主席的指示而写成的，宪法草案的每一章、每一节、每一条，毛泽东主席都亲自参加了讨论。

在宪法起草委员会第一次会议上，毛泽东以插话的形式对宪法草案的特点和需要说明的问题作了解释。他提出，我们的宪法是过渡时期的宪法。我们的各种办法，大部分是过渡性质的。在谈到宪法必须根据国家性质和经济关系，充分表达社会发展要求时，毛泽东提出，这个宪法是以《共同纲领》为基础加上总路线，是过渡时期的宪法，大概可以管 15 年。毛泽东对宪法草案所作的解释突出了宪法草案的特点，有助于参加会议的宪法起草委员会委员们了解起草过程和草案的基本精神。宪法起草委员会先后召开了 9 次会议，对草案逐条逐句地进行讨论（毛泽东参加了第一次和第七次会议），讨论从 3 月 23 日到 6 月 11 日，历时两个半月。宪法起草委员会下设 17 个座谈小组，座谈小组是按各民主党派，民主人士，工、青、妇等人民团体，文艺、教育、科学等社会各界，华侨，少数民族和国家机关等为单位划分的。讨论宪法草案的程序是，先由宪法起草委员会座谈会各小组会议分别逐条逐章讨论宪法草案初稿。然后由秘书长召集各小组长开会（称宪法起草委员会各小组召集人联席会议），将各小组讨论中的意见和争论的问题加以集中，逐条修改，形成一个修改意见稿，上报宪法起草委员会，并把不同的意见和重要争论也提到宪法起草委员会会议上。特别重要的不同意见，提交给中共中央决定。参加宪法草案讨论的各界人士共 8000 多人，共提出 5900 条意见，采纳了近百条。宪法起草委员会是在上述工作基础上，根据座谈会小组召集人联席会议形成的讨论意见稿进行讨论的，共讨论了 6 次，逐章逐条进行修改，最后形成向中央人民政府委员会提交的草案。

1954 年 6 月 11 日，宪法起草委员会召开第七次会议，对宪法草案作最后的讨论，并表决通过。毛泽东在会议上提出，宪法起草委员会应当把它所做的工作向中央人民政府委员会报告，并把草案修改稿作为草案批准公布，在全国人民中进行讨论，征求意见。为了保证宪法草案内容的科学性，第七次会议对宪法的条文逐句进行了讨论。除已修改的第五十三条第三款、第五十四条第二款、第六十七条、第六十八条、第六十九条、第七十条、第七十一条、第七十二条等内容外，委员们对每一条款的内容进行了认真的讨论与论证。会议最后一致通过了宪法草案全文和中华人民共和国宪法起草委员会《关于宪法起草工作经过的报告》。

6 月 14 日，中央人民政府委员会举行第三十次会议，讨论了宪法起草委员会提交的《中华人民共和国宪法草案》。中央人民政府主席毛泽东，副主席朱德、刘少奇、宋庆龄、李济深、张澜，委员陈毅等 46 人参加了会议。列席本次会议的有中华人民共和国宪法起草委员会委员，中国人民政治协商会议全国委员会在京委员，中央人民政府政务院政务委员和所属各委、部、会、院、署、行的负责人，中央人民政府革命军事委员会委员和中国人民解放军各兵种部队的指挥员、最高人民法院和最高人民检察署负责人等200余人。会议上发言的民主人士表示坚决拥护宪法草案，充分肯定了宪法草案的内容。如宋庆龄说，宪法的每一字句都经过千锤百炼，每一条文都通过事实考验，我们的宪法将成为每一个公民自己的公约般的条文；李济深说，从这部宪法产生的过程，可以看出它的深刻的民主性。经过讨论，会议一致通过了《关于公布中华人民共和国宪法草案的决议》，内容包括：公布宪法草案；全国和地方各级人民政府立即在人民群众中普遍地组织对宪法草案的讨论，向人民群众广泛地进行对宪法草案内容的说明，发动人民群众积极提出自己对宪法草案的修改意见；中华人民共和国宪法起草委员会应当继续进行工作，收集人民的意见，加以研究，在第一届第一次全国人民代表大会会议举行以前完成宪法草案的修改，并准备向全国人民代表大会提出关于宪法草案的报告。

毛泽东在会议上作了重要讲话，对起草宪法的经验作了总结。他认为，这个宪法草案之所以得人心，主要有两条：一条是总结了经验，一条是原则性和灵活性的结合。他把宪法的原则归纳为两条，这就是民主原则和社会主义原则。他指出，我们的宪法是属于社会主义宪法类型的。我们是以自己的经验为主，也参考了苏联和各人民民主国家宪法中好的东西。讲到宪法，资产阶级是先行的，英国也好，法国也好，美国也好，资产阶级都有过革命时期，宪法就是他们在那个时候开始搞起来的，我们对资产阶级民主不能一笔抹杀，说他们的宪法在历史上没有地位。在说明原则性和灵活性的含义后，毛泽东特别强调宪法的遵守问题。他指出，宪法通过以后，全国人民每一个都要实行，特别是国家机关工作人员要带头实行，不实行就是违反宪法。一个团体要有一个章程，一个国家也要有一个章程，宪法就是一个总章程，是根本大法。用宪法这样一个根本大法的形式，把人民民主原则和社会主义原则固定下来，使全国人民有一条清楚的轨道，使全国人民感到有一条清楚的、明确的、正确的道路可走，就可以提高全国人民的积极性。毛泽东在讲话中还特别提到，搞宪法是搞科学，我们除了科学以外，什么都不要相信，就是说，不要迷信。毛泽东的这篇讲话正确地阐明了 1954 年宪法的基本精神，对宪法的实施提出了指导原则。

（四）宪法草案的全民讨论

1954 年宪法是新中国历史上第一部人民自主地运用制宪权而制定的民主宪法。整个制宪过程中贯穿了民主原则，民众对宪法的关注与积极参与制宪过程的热情构成这部宪法广泛的社会基础。从宪法草案的全民讨论中，我们可以观察 1954 年宪法所体现的民主性。

根据《中央人民政府委员会关于公布"中华人民共和国宪法草案"的决议》，中央人民政府委员会于 1954 年 6 月 16 日向社会公布了宪法草案，开始宪法草案的全民讨论。同一天，《人民日报》发表题为《在全国人民中广泛地展开讨论中华人民共和国宪法草案》的社论。社论指出，宪法草案反映了人民革命和中华人民共和国成立以来所出现的伟大社会变革的实际情况，用立法的形式总结了我国人民的主要斗争经验和组织经验，把人民革命的成果——人民已经得到的利益肯定下来，并且把我国人民要在我国逐步建成社会主义社会这个共同的愿望肯定下来。这部宪法草案的正确性，在于它关于在我国建设社会主义社会的规定，不是依靠空洞的幻想，而是根据事实和切实的、适当的、可靠的道路。社论最后指出，全国人民对于关系每个人自己的切身利益的国家根本大法，一定要积极地参加讨论，提出意见，集中全国人民的智慧，使我国人民把第一部宪法的草案修改得更加完善。

全民宪法草案的讨论从 1954 年 6 月 16 日至 9 月 11 日，历时三个月。为了搞好宪法草案的讨论，各地普遍成立了宪法起草讨论委员会，培养报告员和辅导学习讨论的骨干分子，有组织地进行宪法草案的讨论和宣传工作。据统计，许多地区听报告和参加讨论的人数都达到了当地成年人口的 70% 以上，有些城市和个别的专区达到了 90% 以上。与此同时，全国各省、市、县和部分乡还普遍召开了人民代表会议，以宪法草案的讨论为会议主要内容。各地采取的宪法草案的讨论形式呈现多样化，发挥了广大人民群众参与讨论的积极性。如宪法草案公布后的一个月中，北京市已有近百万人对宪法草案进行了讨论。北京市宪法草案讨论委员会为了使各界人民都能了解宪法草案的精神，训练了 4000 名报告员，在工厂、企业、机关、学校、建筑工地、乡村、街道等地作了报告。全市 5000 多块黑板都以宣传宪法草案为主要内容。首都人民对宪法草案的讨论表现出真诚的拥护和高涨的热情。新华书店北京分店发售的宪法草案单行本与刊载宪法草案的《中国青年》《学习》等刊物，近一个月来销售了 74 万份。据统计，在宪法草案讨论期间，听到关于宪法草案报告并参加初步讨论的各界人士有 103.5 万多人，参加逐章逐条讨论的有 55.2 万多人，在讨论中各界人士提出对宪法草案的意见 143565 件，其中序言部分占总数的 22.2%，总纲部分占 32.3%，国家机构部分占 19.1%，公民的基本权利和义务部分占 20.7%，国旗、国徽、首都部分和其他意见占 5.7%。① 宪法草案的讨论实际上是一场民主政治教育，人们从亲身的体验出发，理解和评价宪法草案的精神和内容。上海市在宪法草案的讨论中，共有 270 万人听了有关宪法草案的报告，其中 156 万人参加了讨论，共提出 165000 多条

———————

① 《北京市结束讨论宪法草案　各界人民积极提出修改和补充意见》，《人民日报》1954 年 9 月 10 日，第 1 版。

修改和补充意见。这些意见经上海市宪法草案讨论委员会加以整理后陆续汇总到宪法起草委员会。在各地的宪法草案讨论中,人民群众把宪法看作是人民的翻身法、各族人民的团结法、保证建设社会主义的幸福法,宪法草案成为全社会普遍关注的焦点。宪法草案的讨论与宣传成为人民群众建设社会主义的内在动力,人们在不同的工作岗位上努力工作,把宪法草案的精神贯彻到自己的本职工作之中,出现了许多新人新事。如山西省在宪法草案的讨论中,强调宣传宪法草案与当前主要工作相结合,从生活体验中加深对宪法的认识。在召开第一届人民代表大会第一次会议的一些地方,如四川、云南、贵州、江苏、河南等省的许多县市,在人民代表会议上讨论了宪法草案,并通过了拥护宪法草案的决议。

经过近三个月的讨论,全国人民对宪法草案和组织法共提出了 1180420 条修改和补充的意见和问题。① 这些意见最后汇集到宪法起草委员会。对全民讨论中人民群众提出的意见,宪法起草委员会都作了认真考虑,并根据提出的问题,对宪法草案作了若干改动,有些是涉及内容方面的改动,有些是文字和修辞上的改动。宪法起草委员会采纳的主要意见有:

(1) 宪法草案第三条第三款的修改。原草案规定:"各民族都有发展自己语言文字的自由,都有保持或者改革自己的习惯和宗教信仰的自由。"对此有些人提出,在这一款里,不仅应规定各民族都有发展自己的语言文字的自由,而且还应规定各民族都有使用自己的语言文字的自由。宪法起草委员会认为这些建议是正确的,把第三款改为"各民族都有使用和发展自己语言文字的自由,都有保持或者改革自己风俗习惯的自由"。

---

① 《宪法草案的全民讨论结束》,《人民日报》1954 年 9 月 11 日,第 1 版。

（2）宪法草案第五条的修改。这一条规定了各种生产资料的所有制。有人主张，这一条内列举的四种所有制只是我国现有的主要所有制，而不是全部所有制，还存在其他一些所有制形式。因此，应在这一条的原文中增加"主要"二字。宪法起草委员会认为这一建议符合国家的实际情况，在第五条上加了"主要"二字。

（3）对宪法草案第八、第九、第十条等的第一款都作了修改，因为这些条款之间存在相互重复的内容。把第八条第一款改为"国家依照法律保护农民的土地所有权和其他生产资料所有权"；把第九条第一款改为"国家依照法律保护手工业者和其他非农业的个体劳动者的生产资料所有权"；把第十条第一款改为"国家依照法律保护资本家的生产资料所有权和其他资本所有权"。

（4）宪法草案第二十三条第一款规定："全国人民代表大会由省、直辖市、少数民族、军队和华侨选出的代表组成。"现改为"全国人民代表大会由省、自治区、直辖市、军队和华侨选出的代表组成"。这是基于当时有些人提出，少数民族并不是一种选举的单位，只有自治区才是同省、直辖市相同的区域性的选举单位。

（5）宪法草案第三十四条和第三十五条的调整，对全国人民代表大会所设立的各种委员会的组织作了规定。

（6）为了便于纠正审判工作中可能发生的错误，实行上级人民法院监督下级人民法院的审判工作。宪法草案第七十九条第二款增加了"上级人民法院监督下级人民法院的审判工作"的规定。

（7）根据群众提出的意见，宪法起草委员会对宪法草案中有关检察机关的各条规定作了较大的修改，主要涉及第八十一条到第八十四条的修改。另外，在宪法序言、第二十三条第一款、第二十四条第二款、第三十一条等的修改中也部分采纳了人民群众在全民讨论中提出的意见。

对人民群众提出的一些意见，宪法起草委员会经研究后没有采纳，主要有：

（1）对宪法序言，有些人认为应详细地叙述我国的革命历史，应谈共产主义社会的远景。还有意见认为，宪法中不应当规定现在还没有实现的东西。刘少奇在宪法草案报告中认为，宪法的序言中加上许多对宪法并不是必要的历史叙述，那是不适当的，1954 年宪法作为过渡时期宪法，一部分条文带有纲领性。

（2）有些人建议在宪法草案第五条中列举我国的各种生产资料所有制时，应当提到国家资本主义。宪法起草委员会认为，国家资本主义经济有各种不同的形式，不应当把国家资本主义列举在内。

（3）有些人建议在宪法草案第二章第三节内具体列出国务院所属各部、各委员会的名称。宪法起草委员会认为，国务院机构的名称经常有变化，不宜在宪法中规定。

（4）有些人提出关于地方国家机关的一种修改意见，这种意见认为地方各级人民代表大会也应当同全国人民代表大会一样设立常务委员会。当时宪法起草委员会认为，地方各级人民委员会是地方各级人民代表大会的执行机关，同时也行使人民代表大会常务机关的职权，如果再设立会造成机构重叠。

（5）有些人提出，宪法序言中应增加关于中国人民政治协商会议的地位和任务的规定，宪法起草委员会没有采纳。

（6）有些人提出，在宪法中应增加我国疆域的条文。宪法起草委员会认为不需要在宪法中增加这样的条文，因为宪法的基本任务是用法律形式规定社会制度和国家制度，规定具体的疆域并不是宪法的任务。

（7）有人主张，宪法应有选举制度一章。经讨论，多数人主张不写，主要是因为选举制度涉及选举的普遍、平等、直接、无记名的原则，若宪法中规定选举制度就要写上这一条，写上做不到不好。还有有关民族代表和华侨代表的选举不好写，让专门的选举法来解决好一点。

（8）有人主张，应专门规定预算一章，这一意见没有被接受。主要是因为苏联宪法没有规定，而我们又对预算缺乏经验，1953 年预算搞早了，公布不久就出问题，所以不宜写。

（9）有人主张，增加宪法修改程序一章，以表示其严肃和与其他法律的不同。经讨论，大家认为没有必要独立写一章。

（10）讨论中，大家对国家主席的性质、地位和职权议论得较多。主要问题是：①主席不是国家元首。初稿时没有写，讨论时大家觉得主席应有个定义，写上主席是国家元首。后经中共中央反复研究，认为主席是根据全国人大常委会决定行使部分职权，写成国家元首不科学。有的民主党派人士在讨论中认为，不写国家元首，可写"国家的最高代表""人民的领袖"等。这些意见后来都没有被采纳。②名称是称主席还是称总统，宪法起草时考虑到称主席是从江西苏区来的传统，叫习惯了，才没有称总统。③主席的职权有召开最高国务会议，它是个什么性质的会议？它与最高权力机关和政府的关系是什么？起草者解释，最高国务会议是包括整个国家机关在内，起联系协调作用的机构。

（11）关于公民的基本权利和义务一章。有人主张这一章应调到国家机构一章前面。因为人民的国家，首先有人民的权利，才产生代表机关和其他国家机关。而且，中国公民文化、政治水平尚不太高，对自己的权利义务特别关心，把它放在前面，一看就明白自己的权利义务。但起草小组同志认为，章节次序不是原则问题，把公民权利放在后面，不会贬低人民的地位。

上述的修改意见，有的涉及宪法草案本身的内容，有的涉及技术性的内容，但宪法起草委员会对所有这些意见都给予了充分的重视。

宪法草案的全民讨论，在新中国宪法发展史上产生了重要影响。首先，人民群众对宪法草案所表现出来的政治热情是空前的，通过讨论和宣传，宪法贴近了人民群众的生活；其次，人民群众广泛参与宪法草案的讨论，不仅扩大了宪法存在的社会基础，同时为宪法的实施与遵守提供了良好的社会环境；再次，通过新中国第一部宪法草案的讨论，民众表达了对宪法的渴望和信赖。民众坚信宪法是国家繁荣和人民幸福的基础和保障，对宪法草案讨论所表现出来的政治热情空前高涨。新中国第一部宪法草案的广泛讨论，在宪法体制建立初期，人们开始关注宪法在国家生活中发挥的重要作用，对即将建立的宪法制度充满期待并形成一定的社会共识。

（五）宪法草案的讨论和通过

宪法草案经全民讨论结束后，宪法起草委员会对汇总的有关宪法草案的修改意见进行了认真研究。1954 年 9 月 9 日，中央人民政府委员会举行第三十四次会议，讨论并通过了经过修改的《中华人民共和国宪法草案》，会议决定把这个宪法草案提交即将召开的第一届全国人民代表大会第一次会议审核。9 月 12 日，宪法起草委员会举行第九次会议，会议讨论并通过了由刘少奇委员代表宪法起草委员会向第一届全国人民代表大会第一次会议所作的《关于中华人民共和国宪法草案的报告》。

9 月 15 日至 28 日，第一届全国人民代表大会第一次会议在北京隆重举行。大会的主要任务是制定宪法和几个重要的法律，通过政府工作报告，选举国家领导人。到会的 1211 名代表，以对人民高度负责的态度，参加了宪法草案的讨论，分成 33 个代表组，分组讨论宪法草案。在全国人大会议上，共有 80 多人对宪法草案和报告进行发言，高度评价了宪法草案的基本精神和内容的科学性。开幕式之后，作为第一次全国人民代表大会的第一项议程，宪法起草委员会委员刘少奇作了《关于中华人民共和国宪法草案的报告》，报告在简要说明宪法起草过程后，指出草案总结了近代以来革命斗争经验和制定宪法的经验，充分阐述了党在过渡时期的基本路线和实现基本路线的途径。同时，对国家的性质、公民的基本权利和义务、民族区域自治问题等宪法草案的基本内容作了说明。

刘少奇的报告分四部分。第一部分，《中华人民共和国宪法草案》是历史经验的总结。在这一部分中，刘少奇回顾了旧中国制宪的历史，认为 100 多年来，中国革命同反革命的激烈的斗争没有停止过，这种激烈的斗争反映在国家制度问题上，表现为三种不同的势力所要求的三种不同的宪法，即从清朝、北洋军阀，一直到蒋介石国民党所制造的伪宪；资产阶级民主共和国的宪法；以工人阶级为领导的、以工农联盟为基础的人民共和国的宪法。他认为，全国人民在讨论中热烈地称赞我们的宪法草案，就是因为这个宪法草案正确地总结了我国的历史经验。第二部分，关于宪法草案基本内容的若干说明中，对国家性质、关于过渡到社会主义社会的步骤、关于我国人民民主的政治制度和人民的权利和义务、关于民族区域自治等问题作了说明。第三部分，报告了关于全民讨论中提出的宪法草案的意见及宪法起草委员会的处理情况。在最后一部分即结论中，刘少奇特别强调宪法的遵守和实行问题。他提出，宪法是全体人民和一切国家机关都必须遵守的，全国人民代表大会和地方各级人民代表大会的代表以及一切国家机关的工作人员，都是人民的勤务员，一切国家机关都是为人民服务的机关。因此，他们在遵守宪法和保证宪法的实施方面，就负有特别的责任。在谈到宪法与党的关系时，刘少奇指出，中国共产党的党员必须在遵守宪法和一切其他法律中起模范作用，一切共产党员都要密切联系群众，同各民主党派、同党外的广大群众团结在一起，为宪法的实施而积极努力。他认为，并不是说宪法公布以后，宪法所规定的任何条文都会自然而然地实施起来，违反宪法规定的现象并不会自行消灭。但宪法给了我们一个有力的武器，使我们能够有效地为消灭这些现象而斗争。刘少奇的宪法草案报告得到了与会代表的热烈拥护，代表们对宪法草案报告给予了高度评价。

在全国人大第一次会议上，林伯渠、彭真等代表作了发言，对即将公布的宪法进行了讨论。代表们首先肯定了宪法草案的历史地位，称这部宪法是我们各民族人民的利益和意志的最集中的表现，并对宪法顺利实施提出了各种建议。从代表们的发言内容看，大家对宪法实施问题给予了高度重视。如：黄炎培代表提出，各方面对于正确执行宪法应予以高度的重视，所有领导、管理、监督、检察各方面对于宪法执行工作，应予以特别重视。周鲠生代表指出，宪法规定的实施，尚需要有配合实施的具体条件，而事实上按我们的国家现实状况，在实施宪法的部分条文上显然尚欠某些条件。

9月20日，这是第一届全国人民代表大会第一次会议进行的第五天。下午3时，代表们怀着激动的心情走进了会场。毛泽东主席和代表们一起坐在代表的席位上，周恩来在大会主席台上主持会议。大会首先宣布了以无记名投票方式通过的《中华人民共和国宪法》的总监票人、副总监票人和监票人名单。接着，大会执行主席宣布在会议上宣读中央人民政府委员会修正通过的《中华人民共和国宪法草案》最后定本全文。宣读完毕后，执行主席问代表们对宪法草案的最后定本有无意见，代表们没有意见，全场热烈鼓掌，执行主席宣布将最后定本交付表决。出席会议的代表共1197人，经秘书处和各代表小组组长核对无误后，执行主席宣布开始发票，在浅红色的"通过中华人民共和国宪法表决票"上面，印有汉、蒙、藏、维吾尔4种文字，不通晓这4种文字的代表，在写票时有翻译人员替他说明。为使投票顺利进行，代表席按照座位划定为 8 个投票区，每区设置 1 个票箱，代表们分区同时进行投票。下午 4 时 55 分，投票结束。执行主席根据计票人和监票人的报告，向会议宣布点票结果，发票 1197 张，投票 1197 张，投票张数和发票张数相等，表决有效。执行主席宣布会议休息后由计票人和监票人计算票数。下午 5 时 55 分，执行主席根据计票人和监票人的报告，向会议宣布对《中华人民共和国宪法》表决的结果：投票数共 1197 张，同意票 1197 张。这时代表们全体起立，为新中国第一部宪法的诞生而热烈欢呼，鼓掌声和"中华人民共和国万岁"等欢呼声持续了 5 分钟。反映全国人民共同意志的新中国宪法在人们的期待和欢呼声中正式诞生，为新中国社会发展进程树立了光辉的里程碑。正如毛泽东在第一届全国人民代表大会第一次会议开幕词中所说："这次大会是标志我国人民从 1949 年建国以来取得的新胜利和新发展的里程碑。这次会议所制定的宪法将大大地促进我国的社会主义事业。"

宪法公布的当天，北京、上海等城市的人民群众以不同的形式欢庆宪法的公布。在首都北京，大街小巷和高层建筑物上都悬挂起五星红旗，工人、学生、机关干部、街道居民举行庆祝会、座谈会，庆祝游行队伍在主要街道上川流不息。其他主要大城市也举办了各种庆祝活动。

9 月 21 日，《人民日报》发表了题为《中华人民共和国宪法——中国人民建设社会主义社会的有力武器》的社论。社论指出，这部宪法是中国人民 100 多年来革命斗争胜利的产物，是中国人民从 1949 年新中国成立以来的新胜利和新发展的产物。宪法完全符合我国国家生活发展的需要，在宪法草案的全民讨论中已经充分证明，它是为全国广大人民所拥护的。社论指出，为了实现伟大的建设社会主义的目标，我国人民应该正确地掌握和充分地运用宪法这个有力武器，努力遵守和拥护宪法，如同保护自己的生命财产和幸福前途一样。为了使这部宪法能够为全体人民所熟悉、遵守和掌握，应在全民宪法草案讨论的基础上，把系统的、经常性的关于宪法的教育当作今后公民教育的一个重要内容，使宪法的各项规定深入人心、家喻户晓。

三、1954 年宪法的基本内容与特点

（一）基本内容

1954 年宪法是对近代以来 100 多年中国人民革命斗争的历史经验的总结，是对中国近代关于宪法问题历史经验的总结，反映了新中国成立后实施《共同纲领》的成果和基本经验。1954 年宪法除序言外，分为 4 章，共 106 条，计 8954 字。

宪法序言以概括性的语言记载了中国人民为争取国家独立与主权而斗争的历史，概括了中国人民争取民主政治的经验，确定了社会主义的方向和道路，明确提出了过渡时期的总任务，即逐步实现国家的社会主义工业化，逐步完成对农业、手工业和资本主义工商业的社会主义改造。

第一章《总纲》，对国家性质，人民行使国家权力的基本方式，基本的政治、经济与文化制度等作了具体规定。首先，总纲第一条规定，中华人民共和国是工人阶级领导的，以工农联盟为基础的人民民主国家。第二条规定，中华人民共和国的一切权力属于人民，人民行使权力的机关是全国人民代表大会和地方各级人民代表大会，即人民代表大会制度是我国的基本政治制度。宪法根据当时的经济关系，规定了生产资料所有制的四种形式，即国家所有制、劳动群众集体所有制、个体劳动者所有制和资本家所有制。

第二章《国家机构》，对全国人民代表大会的组织与活动程序、中华人民共和国主席、国务院、地方各级人民代表大会和地方各级人民委员会、民族自治地方的自治机关、人民法院和人民检察院的产生、组织与活动程序等作了具体规定。宪法对中央国家机构和地方国家机构的规定，为国家机构体系的合理运转提供了统一的法律基础与标准。

第三章《公民的基本权利和义务》，公民的基本权利和义务是宪法的一项重要内容。在当时的历史条件下，人们对国家与社会、国家与个人之间的相互关系问题还缺乏充分的认识，但在制宪过程中制宪者比较注重个人宪法地位的确认问题，从中国社会政治、经济、文化发展的实际情况出发，较详细地规定了公民的基本权利和义务。宪法规定的基本权利包括：公民在法律上一律平等；享有选举权和被选举权；公民有言论、出版、集会、结社、游行、示威的自由；宗教信仰的自由；人身自由；公民有居住和迁徙的自由；劳动的权利；获得物质帮助的权利；受教育的权利；从事科学研究、文学艺术创作与文化活动的自由；妇女平等权的特殊保护；申诉、控告与批评的权利等。宪法根据权利与义务对等性原则，规定公民在享有基本权利的同时应履行的义务，包括：公民必须遵守宪法和法律，遵守劳动纪律，遵守公共秩序，尊重社会公德；爱护和保卫公共财产是每一个公民的义务；公民有依照法律纳税的义务；保卫祖国是公民的神圣职责；依照法律服兵役是公民的光荣义务。

宪法第四章规定了国旗、国徽和首都。

从宪法规定的内容看，1954 年宪法正确地反映了当时的社会现实，努力保持宪法内容的合理性与宪法形式的规范性。

（二）基本特点

1954 年宪法的基本精神是确立人民当家作主的宪法地位，体现社会主义原则和人民民主原则。在制宪过程及具体内容的设计中，既反映中国社会发展的现实情况，同时指明社会发展的方向。

1954 年宪法的基本特点主要体现在以下四个方面：

1. 原则性与灵活性的统一

毛泽东在《关于中华人民共和国宪法草案》的讲话中说："我们的宪法草案，结合了原则性和灵活性。原则基本上是两个：民主原则和社会主义原则。"①

从 20 世纪初宪法问题在中国提出来时起，中国人民争取立宪、行宪的斗争一直没有停止过，"但是从来不曾有过真正民主的宪法。从满清到国民党反动政府，所谓宪法，都是由少数人钦定的，只是为了巩固反动政权，维护少数人利益，和大多数人民毫不相干"②。"世界上历来的宪政，不论是英国、法国、美国，或者是苏联，都是在革命成功有了民主事实之后，颁布一个根本大法，去承认它，这就是宪法。"③ 1949 年人民民主专政的国家政权的建立，使人民立宪成为可能。由于实施《共同纲领》，经过近五年的发展，新中国的政治、经济、文化等方面都取得了巨大的成就。人民立宪成了整个社会的共同愿望，只有人民立宪，才会产生人民民主。"我们的民主不是资产阶级的民主，而是人民民主，这就是无产阶级领导的、以工农联盟为基础的人民民主

---

① 毛泽东：《关于中华人民共和国宪法草案》，《毛泽东文集》（第六卷），人民出版社，1999 年版，第 326 页。

② 张澜：《在中央人民政府委员会第三十次会议通过中华人民共和国宪法草案前的发言》，《新华月报》1954 年第 7 期。

③ 毛泽东：《新民主主义宪政》，《毛泽东选集》（第二卷），人民出版社，1991 年版，第 735 页。

专政。人民民主的原则贯串在我们整个宪法中。"① 民主主要涉
及两个基本问题：一是由谁来掌握国家权力，二是他们怎样来行
使国家权力。1954 年宪法的民主原则也正是从这两个方面体现出
来的。

　　该宪法不仅宣布国家的一切权力属于人民，而且规定了实现
其权力的各种形式和具体保障制度。人民代表大会制度是结合中
国的具体历史条件，由人民群众自己创立的，适合中国国情的政
权组织形式，是我国人民民主制度的基础。宪法规定人民行使国
家权力的机关是全国和地方各级人民代表大会，所有的国家机关
一律实行民主集中制。全国人民代表大会是最高国家权力机关和
行使国家立法权的唯一机关。其他国家机关由人民代表大会产生
并受其监督，向人民代表大会负责并报告工作。② 这就保证了国
家权力存在形态与人民意志的统一，体现了"高度的人民民主和
集中"。宪法还规定，原选举单位有权依照法律规定的程序随时
撤换本单位选出的代表。这就使所有的国家机关及其工作人员都
必须向人民负责，受人民监督，从而保证了民主的真实性。另
外，宪法规定了各民族一律平等、紧密团结、共同发展的民主主
义的民族政策。再者，在公民的基本权利和义务方面，1954 年宪
法更体现了民主主义精神，不仅规定了公民的广泛的权利和自
由，还规定国家供给必要的物质的便利，以保证这些自由、权利
的实现。

　　社会主义是 1954 年宪法坚持的又一原则。1954 年宪法制定
时，世界上有两种类型的根本法，即社会主义类型的宪法和资本
主义类型的宪法。1954 年宪法是建设社会主义的过渡时期的宪

---

　　① 　毛泽东：《关于中华人民共和国宪法草案》，《毛泽东文集》（第
六卷），人民出版社，1999 年版，第 326 页。

　　② 　《我国宪法草案的民主精神》，《光明日报》1954 年 6 月 24 日。

法，是保证逐步消灭剥削制度，建立社会主义的宪法。1954 年宪法的社会主义原则主要体现在以下几个方面：

第一，宪法在序言中宣布"通过和平的道路消灭剥削和贫困，建成繁荣幸福的社会主义社会"。以根本法的形式确立了国家的前途，将社会主义确立为国家的法定目标，从而建成社会主义，成为全国人民必须遵守的法律。

第二，规定了我们国家建成社会主义的具体步骤，即"中华人民共和国依靠国家机关和社会力量，通过社会主义工业化和社会主义改造，保证逐步消灭剥削制度，建立社会主义社会"。

第三，说明了我国实现社会主义建设和社会主义改造的三个保证条件，即"国内统一战线、国际统一战线和国内各民族的大团结"①。

第四，说明了建设社会主义的物质基础，即国营经济是全民所有制的社会主义经济，是国民经济中的主导力量和国家实现社会主义改造的物质基础。国家保证优先发展国营经济。

1954 年宪法在坚持社会主义和人民民主这两个基本原则的基础上，又结合了广泛的灵活性。宪法中关于社会主义改造、公民权利的物质保证、统一战线、少数民族问题等的规定，都体现了这一点。对此，毛泽东曾作了精辟的论述："宪法中规定，一定要完成社会主义改造，实现国家的社会主义工业化。这是原则性。要实行社会主义原则，是不是在全国范围内一天早晨一切都实行社会主义呢？这样形式上很革命，但是缺乏灵活性，就行不通，就会遭到反对，就会失败。因此，一时办不到的事，必须允

---

① 李达：《中华人民共和国宪法讲话》，人民出版社，1956 年版，第 47 页。

许逐步去办。"① 毛泽东认为结合了原则性和灵活性是宪法草案受到拥护的原因之一。

1954 年宪法制定时，我国的生产力水平相对较低，而且在各地区的发展水平很不平衡，生产关系也呈现出复杂多样的特点。所以，1954 年宪法作为向社会主义过渡时期的宪法，除了结合过渡时期的特点外，还必须考虑基本国情，在坚持原则性的基础上结合灵活性。这种灵活性同时也表明 1954 年宪法是真实的、客观的，体现了实事求是的精神。

2. 本国经验和国际经验的统一

1954 年宪法是中国历史上第一部社会主义类型的宪法。在制宪和行宪过程中参考了国外的经验，特别是借鉴其他社会主义国家宪政的成功经验。从宪法结构和主要内容来看，1954 年宪法主要借鉴了苏联 1936 年宪法。从公布的关于制定 1954 年宪法的档案材料看，当时参考的其他国家的宪法主要有苏联（1936 年）、罗马尼亚、波兰、捷克等国宪法。

"宪法作为政治斗争的成果，首先是本国革命实践经验的总结。1954 年宪法是中国人民 100 多年来英勇斗争的历史经验的总结，是中国近代关于宪法问题和宪政运动的经验的总结。同时，也是新中国成立以来历史经验的总结。"② 毛泽东认为，对历史经验的正确总结是宪法草案受到拥护的又一个重要原因。他说："我们这个宪法草案，主要是总结了我国的革命经验和建设经验，同时它也是本国经验和国际经验的结合。""我们是以自己的经验

---

① 毛泽东：《关于中华人民共和国宪法草案》，《毛泽东文集》（第六卷），人民出版社，1999 年版，第 326 页。

② 李达：《中华人民共和国宪法讲话》，人民出版社，1956 年版，第 48 页。

为主，也参考了苏联和各人民民主国家宪法中好的东西。"① 中国新民主主义革命成功的经验已经表明，马克思列宁主义的普遍原理及无产阶级革命的先进经验，必须与中国革命的具体实践相结合才能成为革命胜利的法宝。同样，在宪法问题上，毛泽东在阅读了有关资料和法学理论著作后，强调了中国国情，对不合国情的内容大胆给予否定，在设立国家主席、少数民族区域自治、国家机构的设置等方面规定了不同于苏联宪法的内容。②

中国的人民民主革命，由于中国社会的半殖民地、半封建性质而呈现出明显的阶段性。新中国成立前，人民民主革命虽然由工人阶级领导，但完成的是资产阶级革命应该完成的反帝反封建的旧民主主义革命的任务。新中国成立后，根据《共同纲领》的规定，政权性质是人民民主专政，是工人阶级、农民阶级、小资产阶级、民族资产阶级及其他爱国民主分子的人民民主统一战线的政权，以工人阶级为领导，以工农联盟为基础，社会性质确定为新民主主义。1954 年宪法明确规定了建设社会主义社会的目标。这反映在阶级结构与阶级关系方面便是逐步消灭民族资产阶级赖以存在的资本主义工商业，逐步消灭民族资产阶级。但是，在我国过渡时期，既有社会主义，又有资本主义，这两种所有制的矛盾就是客观存在的矛盾。同时，资本主义工商业在现阶段一方面有它有利于国计民生的作用，另一方面又有它不利于国计民生的作用，这又是资本主义工商业本身客观存在的矛盾。我们解决社会主义同资本主义的矛盾的政策，就是一方面允许资本家所有制存在，利用资本主义工商业有利于国计民生的作用，采用过

---

① 毛泽东：《关于中华人民共和国宪法草案》，《毛泽东文集》（第六卷），人民出版社，1999 年版，第 326 页。

② 韩大元：《亚洲立宪主义研究》，中国人民公安大学出版社，1996 年版，第 90 页。

渡办法，准备条件，以便逐步以全民所有制代替资本家所有制，宪法草案所规定的关于过渡到社会主义社会的一些具体步骤，就是为了要正确地解决这种矛盾。① 正是这个特点，使民族资产阶级即使处在被消灭的过程中仍然成为享受民主的主体，而不是专政的对象。因此，1954 年宪法在规定政权性质的宪法规范中没有明确反映民族资产阶级在国家中的地位，而是规定在统一战线中的"各民主阶级"里，使统一战线成为我国政权的重要基础。"我们读一般国家宪法，没有发现到这样的规定，可见这些是特别结合着我们中国的实际情况的。"②

宪法作为一种文化现象，反映着一个民族特定的历史发展进程和民族的传统。宪法起草小组在起草 1954 年宪法时，也曾参阅过中国历史上几部较有代表性的宪法文献，如 1913 年的天坛宪法草案、1923 年的曹锟宪法和 1946 年的蒋介石宪法，因为他们分别代表了内阁制、联省自治制和总统独裁制三种类型。《共同纲领》的一些基本原则已被实践证明是正确的，宪法就肯定和继承下来；《共同纲领》中一些已经过时了的内容，宪法就不再保留。《共同纲领》不仅在理论和规范上为 1954 年宪法准备了条件，而且为 1954 年宪法的制定与实施提供了客观的社会基础和实践经验。这两方面的成果都为 1954 年宪法所总结和继承。1954 年宪法还全面总结了本国经验并与国际经验相结合，规定了向社会主义过渡的基本政策和具体制度，发挥了指导社会主义改造的功能。

---

① 刘少奇：《关于中华人民共和国宪法草案的报告》，《中华人民共和国第一届全国人民代表大会第一次会议文件》，人民出版社，1955 年版，第 25－26 页。

② 黄炎培：《在中央人民政府委员会第三十次会议通过中华人民共和国宪法草案前的发言》，《新华月报》1954 年第 7 期。

3. 领导智慧和群众智慧的统一

毛泽东在总结 1954 年宪法时指出："这个宪法草案所以得人心，是什么理由呢？我看理由之一，就是起草宪法采取了领导机关的意见和广大群众的意见相结合的方法。……过去我们采用了这个方法，今后也要如此。一切重要的立法都要采用这个方法。这次我们采用了这个方法，就得到了比较好的、比较完全的宪法草案。"① 这部宪法是领导智慧和群众智慧相结合的产物。

由于宪法全面体现了毛泽东人民制宪的思想，所以受到人民群众的衷心拥护。黄炎培代表在发言中讲了这样一件事：有位在基层工作的女同志在向当地群众宣讲宪法草案时，开始他们听到"宪法"两个字完全不懂。问："怎么叫做'宪法'？"等到这位女同志将宪法草案逐条念给他们听时，群众高兴得跳了起来。说："那么，这宪法完全是为了我们搞起来的，我们要好好学习，好好照着它做才是。"黄炎培对此感慨地说："这几句话，恰恰足够地代表一般人民群众对这部宪法内心的表现……说明这部宪法真正是人民的宪法。"②

人民群众通过对宪法草案的讨论，进一步认识到宪法是自己的宪法，他们的国家主人翁感更加增强了，这就为保证宪法的贯彻落实奠定了坚实的群众基础。

4. 科学性与通俗性的统一

毛泽东在《关于中华人民共和国宪法草案》的讲话中指出："搞宪法是搞科学。我们除了科学以外，什么都不要相信，就是

---

① 毛泽东：《关于中华人民共和国宪法草案》，《毛泽东文集》（第六卷），人民出版社，1999 年版，第 325 页。

② 全国人大常委会办公厅联络局编：《中华人民共和国宪法及有关资料汇编》，中国民主法制出版社，1990 年版，第 214 页。

说，不要迷信。"① 毛泽东关于搞宪法就是搞科学的理论，深刻地概括了社会主义宪法应遵循的基本原则，指明了 1954 年宪法的基本特点。

1954 年宪法的科学性首先表现在它较全面地总结了中国人民的革命经验和政权建设的经验，突出地表现了社会主义宪法的本质特征。其次，1954 年宪法就法律的科学性来说，也达到了较高的水平。它无论在内容的完备程度、语言文字以及法律规范的显明性等方面，都比较符合法律的科学性的要求。1954 年宪法分为序言和正文两个部分，《序言》主要以叙述的方式，总结了我国争取立宪民主政治的经验，确定了建设社会主义的方向、道路和方法，阐明了宪法的指导思想和国家的内外政策的基本原则。宪法正文分为《总纲》《国家机构》《公民的基本权利和义务》《国旗、国徽、首都》四章，《国家机构》一章又划分为六节。1954年宪法确立的结构为我国后来的几部宪法所继承。1975 年宪法、1978 年宪法，在宪法结构方面，取消了《中华人民共和国主席》一节，除了这点外，其他与 1954 年宪法完全相同。1982 年宪法在宪法结构上，将《公民的基本权利和义务》一章置于《总纲》之后，作为第二章，在《国家机构》一章中增设《中央军事委员会》，除这两点外，在宪法结构和章节划分方面基本恢复了 1954年宪法的面貌。这说明 1954 年宪法的结构是符合中国实际情况的，是科学的。宪法作为国家的根本法，对国家政治生活中的根本问题作出规定，并要求规定得具体、细致、周密，内容上要有完备性。

此外，1954 年宪法还体现了通俗性的特点。因为宪法是人民权利的保证书，体现的是广大人民的意志，首先应该让群众看

---

① 毛泽东：《关于中华人民共和国宪法草案》，《毛泽东文集》（第六卷），人民出版社，1999 年版，第 330 页。

懂，这样才能形成人民群众遵守和实施宪法的意志，形成宪法发挥生命力的良好的环境。这两方面都要求宪法规范的表述要通俗易懂，易于为广大人民所理解和掌握。1954年宪法在制定的整个过程中始终注意到了这一点。1954年宪法在制定的过程中所坚持的"从群众中来，到群众中去"的制宪原则，保证了它既具备科学性，又具备通俗性，保证了它的人民宪法的本质。

四、1954年宪法的运行过程

从1954年9月20日第一届全国人民代表大会第一次会议通过1954年宪法，到1975年1月17日第四届全国人民代表大会第一次会议通过1975年宪法，1954年宪法在中国社会发展中运行了约20年，在中国宪法史上算是运行时间较长的宪法之一。在20年的运行中，1954年宪法的运行可以分三个时期来考察。从1954年到1957年为第一个时期，是对1954年宪法宣传、学习、研究，宪法在社会生活中初步得到实施的时期；从1957年下半年反右斗争扩大化到1966年"文化大革命"爆发前夕为第二个时期，在这个阶段政治现实逐渐冲击宪法规范，宪法实施日渐受到削弱；从1966年"文化大革命"爆发到1975年宪法颁行为第三个时期，宪法遭到全面破坏，被不宣而废，完全失去了对社会现实的规范性调整作用，社会在一种无序化状态中运转，宪法没有得到实施。

（一）第一个时期（1954年至1957年）

从1953年到1956年是在新民主主义基础上完成社会主义改造，实行向社会主义社会转变的阶段。新中国成立初前七年就是一个革除旧制度，确立新制度的过程，是一个处在不断变化中的变革阶段。这个时期，社会生活有两方面的迫切需求：一是巩固人民民主专政政权，保卫人民民主革命胜利的成果；二是变革旧制度，建立新制度。得益于这两方面迫切需求的推动，在党的政策的指导下，新中国成立初期的法制建设呈现出繁荣的景象。这一时期法制建设的一个突出特点是，立法工作和法律的实施紧密结合政治运动和各项社会改革运动。法制建设所发挥的社会效用是十分明显的，它对共和国初期人民民主专政政权的巩固，对肃清反革命残余势力和稳定社会秩序，对国民经济的恢复和发展，都发挥了重要的调整作用，作出了重要的历史贡献。正如董必武在党的八大上指出的："我国能够彻底胜利地完成各项民主改革和迅速有效地通过和平道路取得社会主义革命的决定性胜利，人民民主法制发挥的力量是重要因素之一。"① 1954 年宪法正是在这种良好氛围中制定和实施的。从 1954 年至 1957 年是宪法的宣传、学习和初步研究时期。《共同纲领》和 1954 年宪法的制定和颁行，为新中国宪法学理论的建立奠定了基础。中国宪法学者以宪法颁布为契机，运用马克思主义的法学理论和方法，参照革命根据地时期和外国（主要是苏联）的制宪和行宪经验，对《共同纲领》和 1954 年宪法进行了广泛的宣传和初步研究，批判了旧法观点，为建立新的社会主义宪制提供了理论基础。同时，编辑出版了大量关于宪法方面的著作、资料和论文。据不完全统计，从 1949 年到 1956 年共出版宪法书籍 344 种，其中著述 206 种，资料 138 种，还发表了大量的论文。它们涉及宪法总论、中外宪法文献和宪法史、中外选举制度、国家机构、民族区域自治、公民的基本权利和义务等。② 当时宪法学著述主要是介绍、宣传

---

① 《董必武政治法律文集》，法律出版社，1986 年版，第 479 页。

② 文正邦等：《共和国宪政历程》，河南人民出版社，1994 年版，第 54 页。

《共同纲领》、1954 年宪法方面的著作，如吴德峰编《中华人民共和国宪法讲话》（1956 年）、李达著《谈宪法》（1954 年）、李光灿著《我国公民的基本权利与义务》（1954 年）等。这一时期，我们初步建立了宪法学课程体系，如 1954 年中国人民大学国家法教研室编写了《中华人民共和国宪法学大纲》。1954 年宪法草案讨论时期，全国人民所表现出的热情与积极参与意识是与当时宪法学工作者普及宪法学知识分不开的。此外，从实际运行看，1954 年宪法基本上受到尊重，国家生活遵循了已确定的宪法程序。在宪法的指导下，我国的社会主义工业化初步完成，国民经济的社会主义改造也胜利完成，第一个五年计划提前完成，人民的物质和文化生活水平得到提高，人民民主专政政权更加巩固，各族人民的大团结更加坚强。建设社会主义的目标，经宪法确认后便成为国家的法定目标，具有一体遵行的法律效力。在国际上，由于执行和平外交政策，新中国的国际地位日益得到提高。

（二）第二个时期（1957 年至 1966 年）

中国社会主义宪法发展是在矛盾与冲突中前进的，与中国社会主义革命与建设的历史命运紧密相连。

1954 年宪法的制定与颁行，把新中国成立初期的民主和法制建设推向了新的阶段。但从 20 世纪 50 年代后期开始，由于党在指导思想上的"左"倾错误越来越严重，连续开展了反右斗争、"大跃进"、人民公社化运动；在经济工作中忽视客观规律，急于求成，搞"穷过渡"；在政治和思想文化方面，把社会主义在一定范围内存在的阶级斗争扩大化、绝对化，党内民主和人民民主都受到严重破坏，社会主义法制开始遭到严重毁损，宪法的地位和作用也迅速减弱乃至仅存一纸空文。

1956 年我国生产资料私有制的社会主义改造基本完成，社会主义的基本经济制度已经确立，人民民主专政的建立以及人民代表大会制度的确立，意味着我们建立了我国基本政治制度的框架。1956 年，召开了中共八大。这次会议宣布中国已经进入社会主义社会，正确指出了国内主要矛盾已不再是工人阶级和资产阶级的矛盾，而是人民对于经济文化的需求与当前经济文化不能满足人民需要之间的矛盾，并规定经济建设是各项工作的中心任务。这表明，1954 年宪法规定的"一化三改造"任务基本完成，应该及时进行适当的补充、修改。但是，按照苏联模式建立起来的高度集权的政治、经济体制，尤其是计划经济体制，使在经济领域依靠自上而下的命令来管理经济的方式扩展到政治、文化和其他社会领域，民主、法制不仅没有向纵深推进，反而走向了它的反面。新中国成立初期刚刚建立的法制型治理模式滑向了以个人权威为依托的超凡魅力型治理模式。"人治"思想抬头，违宪事件愈演愈烈，人民代表大会制度遭到严重破坏。特别是，1957 年反右斗争一度被有些学者认为是政治上、思想上的社会主义革命，也是保卫社会主义制度和保卫宪法的斗争。① 反右运动扩大化以后，工人阶级与资产阶级、社会主义道路与资本主义道路之间的矛盾被认为是我国社会的主要矛盾，阶级斗争是解决这一矛盾的最好方法，使社会主义建设事业偏离了正确轨道。在这种社会背景下，1954 年宪法也经历了曲折发展的历程。由于反右扩大化而导致的宪法与社会现实的冲突已直接影响宪法的正常运转，出现了脱离宪法程序的各种现象。

1954 年宪法的重要意义和宝贵价值，既在于它所坚持的社会主义原则，又在于它所体现的民主原则和法制原则。然而，由于当时特殊的社会环境，宪法的运行逐渐背离了原来设计的轨道，

① 王珉：《宪法肯定的政治方向绝不容篡改》，《政法研究》1957 年第 5 期。

宪法所确立的原则遭到全局性的破坏。从 1957 年反右斗争扩大化以后，对宪法的民主原则和法制原则的破坏主要表现在以下几个方面：

（1）公民的基本权利遭到严重破坏。1954 年宪法第八十七条规定："中华人民共和国公民有言论、出版、集会、结社、游行、示威的自由。国家供给必需的物质上的便利，以保证公民享受这些自由。"正如后来 1988 年中共中央办公厅《关于为胡风同志进一步平反的补充通知》中所指出的："言论自由是公民最基本的政治自由之一。政治言论自由是公民参政、议政的一个基本条件，是公民对国家的政治活动、政策等既可以发表褒扬、赞同的意见，也可以发表批评的意见。1957 年的反右扩大化从根本上排斥言论自由，任意上纲上线，给持不同政见者戴高帽子。可以说，1955 年胡风事件、1957 年反右斗争扩大化严重侵犯了 1954 年宪法所规定的言论自由、科研自由，使得社会政治生活趋向于沉闷，学术研究长期停步不前。客观地说，就当时的形势而言，对右派分子反击是必要的，但由于对形势的错误估计，夸大了反党反社会主义势力的能量与范围，在维护宪法的基本原则之一的社会主义原则时，忽略了另外的基本原则——民主原则和法制原则。"导致反右斗争的扩大化，把广大知识分子、爱国人士为改进党和国家的工作和为使社会主义制度不断完善而提出的善意、中肯的批评和建议都当作反党反社会主义的言论，这就极大地挫伤了人们参政议政的积极性，使 1954 年宪法规定的言论自由成为一纸空文。

1954 年宪法第九十五条规定："中华人民共和国保障公民进行科学研究、文学艺术创作和其他文化活动的自由。国家对于从事科学、教育、文学、艺术和其他文化事业的公民的创造性工作，给以鼓励和帮助。"应当说，宪法的这一规定体现了全国人民的共同心愿。但是，1954 年宪法颁行的第二年便发生了由文艺思想的是非分歧，演变上升为敌我性质的政治问题的"胡风反革命集团"案，并牵涉了许多人。这无疑是对 1954 年宪法的极大嘲弄，从而也暴露了宪法规定和它所赖以建立的社会基础的不协调，并预示着宪法未来实施历程的坎坷。依据 1954 年宪法规定，学术讨论是思想领域的问题，不能通过专政的手段来解决。国家应采取切实措施，保障公民的学术自由是宪法发展和社会进步的基本条件之一。正如后来中共中央办公厅《关于为胡风同志进一步平反的补充通知》中所指出的："对于胡风同志的文艺思想和主张，应当按照宪法关于学术自由、批评自由的规定和党的百花齐放、百家争鸣的方针，由文艺界和广大读者通过科学的、正常的文艺批评和讨论，求得正确解决。"在 1957 年反右斗争扩大化中，一些学术观点和不同意见被上升为政治立场问题，甚至把一些具有科学性的东西也当作错误进行批判，其中也涉及法学及宪法学方面。如关于"加快立法，加强法制，不能以政策代替法律"，"人民法院的任务，不仅应强调它是专政工具，还应强调它在正确处理人民内部矛盾方面的作用"，"法律不仅有阶级性，还有继承性，对法律、法律科学、法律思想应予以批判的、有选择的吸收"等观点，都被作为右派言论而加以批判。甚至于对宪法规定的公民在法律上一律平等、人民法院依法独立审判、人民检察院依法独立行使检察权等项原则，也统统当作资产阶级的宪法原则而加以批判。这种把学术问题当作政治问题，把正确的东西当作错误的做法，不仅破坏了宪法所确立的民主原则，而且使法制原则也遭到否定和破坏。在当时"左"倾思想的影响下，公民的人身权利也遭到严重侵害。如 1954 年宪法第八十九条规定："中华人民共和国公民的人身自由不受侵犯。任何公民，非经人民法院决定或者人民检察院批准，不受逮捕。"第九十条规定："中华人民共和国公民的住宅不受侵犯，通信秘密受法律的保护。"这些规定对于公民人身权利的保护具有重大的意义。然而在反右斗争中，对"右派分子"并不是按照法律规定和法定程序来处理，而是随意限制、剥夺他们的人身自由，甚至一些非专政机关也被赋予了逮捕、拘押之权，使公民的人身权利得不到丝毫保障。此外，1954年宪法还规定了公民广泛的政治权利和自由，如选举权和被选举权等各项政治自由，这无疑反映了1954年宪法高度的民主性。然而在现实生活中，公民的政治权利不经任何程序被剥夺，政治自由受到限制甚至被当作复辟逆流而横加批判的现象却屡屡发生。

（2）人民代表大会制度的运行脱离宪法程序。中国共产党十一届六中全会通过的《关于建国以来党的若干历史问题的决议》中指出："逐步建设高度民主的社会主义政治制度，是社会主义革命的根本任务之一。"新中国成立以来没有重视这一任务，成了"文化大革命"得以发生的重要原因。这里所指的"高度民主的社会主义政治制度"，在中国，最根本的就是人民代表大会制度。人民代表大会制度是中国人民在中国共产党领导下，从革命根据地政权建设经验中创造出来的。毛泽东在总结中国革命根据地长期政权建设的经验后，指出："中国现在可以采取全国人民代表大会、省人民代表大会、县人民代表大会、区人民代表大会直到乡人民代表大会的系统，并由各级代表大会选举政府。"同时，还指出："只有民主集中制的政府，才能充分地发挥一切革命人民的意志，也才能最有力量地去反对革命的敌人。"[1] 新中国成立初期起临时宪法作用的《共同纲领》，确定了人民代表大会制度是我国的根本政治制度。1954年宪法总结了中国革命根据地和新中国成立以后的政权建设经验，对人民代表大会制度作了比较系统的规定。这标志着我国人民代表大会制度进入了新的发展阶段，对保证我国社会主义改造和社会主义建设事业的胜利进

---

[1] 毛泽东：《新民主主义论》，《毛泽东选集》（第二卷），人民出版社，1991年版，第677页。

行起到重要的作用。但是，在以后的实践中，人民代表大会制度这一根本政治制度没有得到足够的重视，使人民代表大会制度的优越性没有充分发挥出来。从 1957 年下半年反右斗争扩大化开始后，这一根本的政治制度逐渐脱离了宪法程序。

如关于任期，1954 年宪法第二十四条规定："全国人民代表大会每届任期四年。全国人民代表大会任期届满的两个月以前，全国人民代表大会常务委员会必须完成下届全国人民代表大会代表的选举。如果遇到不能进行选举的非常情况，全国人民代表大会可以延长任期到下届全国人民代表大会举行第一次会议为止。"然而，由于当时复杂的社会形势以及"左"倾思想的严重干扰，此后的全国人大并没有遵照 1954 年宪法关于会期的规定，如二届全国人大任期从 1959 年 4 月到 1964 年 12 月，长达 5 年零 7 个月；三届全国人大任期从 1964 年 12 月到 1975 年 1 月，长达 10 年。

关于会期，1954 年宪法第二十五条规定："全国人民代表大会会议每年举行一次，由全国人民代表大会常务委员会召集。如果全国人民代表大会常务委员会认为必要，或者有五分之一的代表提议，可以临时召集全国人民代表大会会议。"但二届全国人大三次会议三次推迟，在二次会议召开两年后才举行；二届全国人大四次会议再次推迟，在三次会议召开 1 年零 7 个多月后才举行；三届全国人大干脆在召开了第一次会议之后的 10 年中再没有举行过任何会议。对于上述做法，当时没有一个部门通过一定形式作出任何说明。这充分表明，1954 年宪法中有关会期的明确规定并没有在现实社会中得到切实遵守。众所周知，任期制是和选举制度紧密结合在一起的，只有按期开会，定期选举，才能保障人民民主权利与政权基础的权威性与合法性。全国人民代表大会作为最高国家权力机关，它主要是以会议的形式行使最高权力的，它是我国民主的基础和保障。如果全国人民代表大会长期不开会，那么很难保障国家权力的合法性与权威性。根据宪法规定，人民行使权力的机关是全国人民代表大会和地方各级人民代表大会，其他国家机构都要由它产生，对它负责，受它监督。如果全国人大不定期开会，人民代表大会的任期被任意地延长，那么相应地其他国家机关及其组成人员的任期也将被相应地延长，整个国家机构组织体系的运转将会发生紊乱，从根本上损害人民民主制度的基础。

从 1958 年开始，我国开始进入国家建设的第二个五年计划。按照 1954 年宪法第二十七条关于全国人民代表大会职权的规定，全国人大有权决定国民经济计划、审查和批准国家的预算和决算等。但是，党的八大二次会议通过的第二个五年计划指标，根本没有依照法定程序提请全国人大审批，便在全国推行。从 1958 年开始的"大跃进"和人民公社化运动，涉及调整国民经济计划和财政预算、改变宪法关于农村基层政权的规定，但都没有提请全国人大及其常务委员会讨论，便由党内决定实施了。"大跃进"运动始于党的八大二次会议，人民公社化运动始于 1958 年 4 月中共中央发出的关于把小型农业生产合作社适当变为大社的意见。1958 年 8 月，中共中央政治局北戴河扩大会议作出《关于在农村建立人民公社问题的决议》以后，全国农村一哄而起，大办人民公社，到 1958 年底，全国农户的 99% 以上参加了人民公社。① 宪法规定的农村基层政权体制在现实生活中被彻底抛弃。

按照 1954 年宪法的规定，全国人大常委会、国务院、最高人民法院和最高人民检察院都要向全国人民代表大会负责并报告工作，人民代表大会听取和审议有关的工作报告，通过相应的决议，给予评价并提出要求，这是人大行使监督权的基本方式。但一届五次、二届二次、二届四次大会都没有审议国务院的政府工作报告。一届五次，二届二次、三次、四次大会都没有听取和审

---

① 胡绳主编：《中国共产党的七十年》，中共党史出版社，1991 年版，第 360 – 366 页。

议最高人民法院和最高人民检察院的工作报告。对国民经济和社会发展计划以及国家财政预算和决算的审议也很不规范。1961 年和 1962 年的国民经济和社会发展计划及国家财政预算和决算都没有经全国人大及其常务委员会审议。直到 1963 年 7 月，才由二届全国人大常委会连续召开三次会议，听取并审议相应的报告，但这只不过是一种事后认可而已。

关于全国人大的地位及其与其他国家机构的关系问题，毛泽东曾作过生动的说明："我们的主席、总理都是由全国人民代表大会产生出来的，一定要服从全国人民代表大会，不能跳出如来佛的手掌。"① 但在 1957 年到 1965 年这段时间里，"如来佛"的地位和作用日渐受到削弱。

根据 1954 年宪法的规定，全国人民代表大会是行使国家立法权的唯一机关。制定法律是全国人大的一项重要职权，同时也是它的一项重要职责。根据宪法的规定和一届全国人大二次会议通过的授权人大常委会部分性质法律制定权的决议，全国人大常委会也是享有立法权的机关。但在这段时间里，这项重要的职权基本上没有被行使过，一些基本的、现实生活急需的法律都没有被制定出来。而与全国人大及其常务委员会的立法工作有密切联系的司法部、监察部、法制局分别于 1959 年 4 月和 6 月被撤销，这也在一定程度上影响了人大立法权的行使。

反右斗争扩大化以后，由于缺乏人身权利的保障，人大代表在人民代表大会的各种会议上发言、议政时谨小慎微，不敢大胆发表意见，更不敢轻言政治法律方面的议题。据统计，1957 年 6 月召开的一届全国人大四次会议，代表提案 243 件，其中政治法律方面的 23 件；1958 年 2 月召开的一届全国人大五次会议，代

---

① 毛泽东：《在宪法起草委员会第一次会议上的插话》，《党的文献》1997 年第 1 期。

表提案 81 件，其中政治法律方面的只有 11 件；1959 年召开的二届全国人大一次会议，代表提案 80 件，其中政治法律方面的只有关于民政工作的 1 件；1960 年 3 月召开的二届全国人大二次会议，代表提案 46 件，其中政治法律方面的一件也没有。政治法律议案的逐年减少，是人大立法活动削弱的一个重要标志。①

反右斗争扩大化也直接波及全国人民代表大会内部。代表们在大会上的一些发言被当作反党反社会主义的言论而加以批判，有的因此失去了代表资格。一届全国人大四次会议甚至把反右斗争作为会议的一项重要内容，将批判代表中的右派分子作为会议的一项议程。在 1958 年 2 月召开的一届全国人大五次会议上，因为是右派分子被取消代表资格的 39 人，被罢免的人大常委会委员 3 人，人大民族委员会委员 3 人，人大法案委员会委员 6 人，国防委员会委员 1 人，国防委员会副主席 1 人。经一届全国人大常委会第九十三次会议通过决议撤销的右派分子部长 3 人。在 1958 年至 1959 年期间，因是右派分子，经人大常委会撤销职务的 17 起，批准撤销职务的 30 起。② 由于人大及其常委会会议上缺少畅所欲言的民主气氛，人大代表提议案的积极性明显减弱。一届全国人大一次至四次会议，代表们所提的议案数量分别为 39 件、214 件、176 件、243 件，呈上升趋势。一届全国人大四次会议至二届全国人大二次会议，同样也是 4 次会议，代表们所提议案的数量却分别为 243 件、81 件、80 件、46 件，呈大幅度下降趋势。③

---

① 许付群：《共和国五十年代法制建设初探》（博士论文，未刊稿），第 138 页。

② 见彭真向一届全国人大五次会议和二届全国人大一次会议所作的《全国人民代表大会常务委员会工作报告》。

③ 袁瑞良：《人民代表大会制度形成发展史》，人民出版社，1994 年版，第 501－504 页。

（三）第三个时期（1966 年至 1975 年）

1966 年中国爆发了史无前例的"文化大革命"，中华人民共和国这列高速前进的列车严重脱轨。全国人民代表大会基本停止活动，宪法文本虽存在但实际上被废弃，国家和社会生活中产生了令人难以置信的现象，经过几年"无法无天"的"群众革命"以后，宪法的各项原则被破坏殆尽，宪法完全成了空文。

1954 年宪法规定了公民广泛的权利和自由，然而在"文化大革命"期间，在"左"的思想影响下，公民的权利和自由被彻底抛在一边，不仅政治权利得不到保障，甚至连人身权利以至起码的人格尊严都得不到保护。这一点，可以从国家主席刘少奇的命运中得到极有代表性的反映。刘少奇自 1966 年初开始被揪斗至 1969 年 11 月 12 日被迫害致死。这期间，1967 年 7 月 18 日被造反派非法抄家，1967 年 7 月开始被单独关押，1968 年 10 月，经中共第八届扩大的第十二次中央委员会全体会议决议，被撤销党内外一切职务，永远开除党籍。[①] 宪法所规定的人身自由、人格尊严、住宅自由以及关于人民代表大会代表人身权利的特别保护等制度都受到了损害。

依照 1954 年宪法规定，中央国家机构系由全国人大常委会、中华人民共和国主席、国务院、最高人民法院、最高人民检察院等组成，然而，"文化大革命"开始后，中央国家机构体系的职权和分工被打乱，没有任何宪法根据的"中央文革小组"被赋予极大的权力，凌驾于其他中央国家机关之上，任意发号施令。从"文化大革命"开始到 1975 年 1 月的 8 年中，除了 1966 年 7 月全国人大常委会召开过一次会议，再没有举行过任何会议，全部停

---

① 文正邦等：《共和国宪政历程》，河南人民出版社，1994 年版，第 80 - 85 页。

止活动。中央国家机构体系中，只保留国务院、最高人民法院，作为法律监督保障机关的人民检察院被撤销，甚至国务院的职权也被大大压缩，相当一部分权力被转移到"中央文革小组"手里。在地方国家政权体系中，权力机关、行政机关、审判机关、检察机关全部被革命委员会取代。

总而言之，在 1966 年到 1975 年间，宪法在现实生活中失去了应有的规范力，无法发挥其调整作用，可以说基本上没有得到实施。

考察 1954 年宪法从制定到实施的全过程，我们可以看出，1954 年宪法总体而言是一部好宪法，在宪法规范内容与形式方面达到了比较理想的状态。但在宪法实施方面却没有达到相应的水平，没有得到充分的实施。因为"一部宪法的生命力不仅体现在它的制定上，更重要的是要体现在实施过程中。只有全面地、正确地实施宪法，才能把纸上的宪法变成现实的宪法。只停留在条文上，不重视宪法的实际运用，那么这种宪法就会失去存在的价值，是脱离现实的宪法"①。1954 年宪法经过轰轰烈烈的宣传、学习阶段之后，刚刚开始实际运行便日渐受到忽视与削弱，由于受到政治运动的冲击，这部宪法先是降低了威信，丧失了权威，最后几乎沦为一堆废纸，遭到不宣而废的厄运，停留在静态规范状态之中。

五、1954 年宪法的历史地位

1954 年宪法是中国历史上第一部社会主义类型的宪法，也是新中国的第一部宪法。它是中国共产党领导全国人民制定的，在

---

① 徐秀义、韩大元：《宪法学原理》（上），中国人民公安大学出版社，1993 年版，第 77 页。

中国宪法发展史上由人民第一次自主地通过行使制宪权而制定的，体现了党的正确主张和人民的意志的统一。它以《共同纲领》为基础，又是《共同纲领》的发展。这部宪法实事求是地总结了无产阶级领导的反对帝国主义、反对封建主义、反对官僚资本主义的人民革命的经验，总结了新中国成立初期社会改革、经济建设、文化建设和政府工作的经验，明确地规定了我国人民进行社会主义建设和社会主义改造的目标和道路，是全国人民的共同愿望和根本利益的集中表现。1954年宪法对新中国宪法发展产生了重大影响。

从宪法性质而言，1954年宪法是属于社会主义类型的宪法。在中国近代史上，至少从五四运动以来，关于中国的前途和命运一直争论来争论去，焦点就是：由谁领导？走什么道路？最后，由历史和人民作出选择，那就是：没有共产党就没有新中国，只有社会主义才能救中国。这场争论反映在立宪问题上，即：是追随西方资本主义国家，制定一部资本主义类型的宪法？还是效法苏联，制定一部社会主义类型的宪法？1954年宪法在起草过程中，也总结了从清朝末年以来关于立宪问题的基本经验。如制宪时也参考了北洋军阀政府的几个宪法和宪法草案，蒋介石的《中华民国训政时期约法》以及其他伪宪法等。正如资本主义道路在中国是行不通的一样，新中国的宪法不可能也不应该属于资本主义类型，而只能属于社会主义类型。1954年宪法明确规定了宪法的社会主义性质，体现了人民民主原则和社会主义原则，指明了社会主义的发展道路，明确了全民族奋斗的目标和前进的方向。

1954年宪法同时也是过渡时期动员全国人民为建设社会主义社会而奋斗的伟大纲领。当时，中国还处在从新民主主义社会到社会主义社会的过渡时期。1953年我们党确定了过渡时期的总路线和总任务，"是要在一个相当长的历史时期内，逐步实现国家的社会主义工业化，并逐步实现对农业、手工业和资本主义工商业的社会主义改造"。这是一条社会主义建设和社会主义改造同时并举的总路线。1954 年宪法以国家根本法的形式，把中国共产党在过渡时期的总路线作为国家在过渡时期的总任务确定下来，从而具有了法律效力，成为在过渡时期动员全国人民为建设社会主义而奋斗的伟大纲领。

从宪法的基本功能而言，1954 年宪法把人民民主原则和社会主义原则制度化、法律化，巩固了新生的社会主义政权和其赖以建立的基础。贯穿在整个 1954 年宪法中的人民民主原则和社会主义原则是它的指导思想，又主要体现在它所确定的国家制度和社会制度上，并由此延伸至公民的基本权利和义务。

1954 年宪法的实施，对于全面确立人民代表大会制度，加强人民民主专政政权的建设，促进我国社会主义逐步实现由新民主主义到社会主义的过渡，完成生产资料私有制的社会主义改造，消灭剥削制度，建立社会主义制度，从而解放和发展社会生产力，以比较快的速度形成比较完整的社会主义国民经济体系，发挥了重要的历史性的推动作用。实践证明，1954 年宪法的确是一部很好的宪法。

在宪法结构和宪法规范性方面，1954 年宪法也产生了广泛的影响。它以宪法的法律性为基础，全面地总结了中国人民的革命经验和政权建设的经验，反映了社会主义宪法的本质特征。在考虑宪法结构和具体字数的安排时，宪法起草小组首先确定了制宪的工作目标，即宪法必须记录我们国家现在的实际情况，反映我们人民革命和共和国成立以来出现的社会关系，同时根据国家性质和经济关系，充分反映过渡时期的社会发展特点。基于这种思考，在宪法结构方面选择了力求简明的模式。中共中央提出的宪法草案共 4 章，条文数 98 条，字数连序言在内不足 1 万字。宪法起草委员会法律小组在说明宪法结构时讲了以下理由：一是考虑到宪法是国家根本法，有些内容可通过普通法律来规定；二是当时处于过渡时期，宪法的许多规定需要具有一定的灵活性；三是考虑到人民群众对宪法实施还缺乏必要的经验，政治生活中的许多细节问题需要在实践中逐步得到积累等。

1954 年宪法确立的宪法结构在我国后来的几部宪法中得到了遵循和发展，即使是在特殊历史时期产生的 1975 年宪法，也采取了与 1954 年宪法相同的结构形式。只是具体内容上有一些变化，如 1975 年宪法、1978 年宪法，在宪法结构方面，取消了《中华人民共和国主席》一节。1982 年宪法在宪法结构上，将《公民的基本权利和义务》一章位置提前①，放在《总纲》之后，作为第二章，在《国家机构》一章中恢复国家主席建制、增设《中央军事委员会》，除这两点外，在宪法结构和章节划分方面基本保持了 1954 年宪法的结构。这说明 1954 年宪法的结构是符合中国实际情况的，是科学的。

在宪法体制方面，1954 年宪法奠定了中国宪法体制的基本框架与发展模式，它所确立的人民民主原则和社会主义原则、中央国家机关组织体系、中央和地方的关系以及公民的基本权利和义务等多方面的规定都为后来的宪法所继承。现行宪法即 1982 年宪法就是以 1954 年宪法为基础，总结了中国社会主义制度发展的丰富经验，同时吸取国际经验，是 1954 年宪法的继承和发展。尽管 1954 年宪法有效实施的时间并不长，但其在中国社会发展进程中所起的作用是无法否认的。1954 年宪法不仅

---

① 在公民的基本权利与义务问题上，宪法起草过程中有人提出，应把基本权利与义务规定在国家机构前面，以理顺人民与国家机构的关系，但这个意见没有被采纳。1982 年宪法的调整实际上是回归到 1954 年宪法价值体系上，实现了 1954 年宪法中包含的宪政思想。它不仅意味着国家与公民关系的合理调整，同时表明权利保障在国家生活中开始成为一种普遍认可的价值体系。

是一部历史文献，而且作为宪法经验的总结也将影响新时代中国宪法的发展。

此外，1954 年宪法所体现的通俗性的特点在后来的几部宪法中也得到了继承与发展。因为宪法是人民权利的保证书，体现广大人民的意志，首先应该让人民看懂，这样才能形成人民群众遵守和实施宪法的意志力，形成宪法发挥生命力的良好的环境。1954 年宪法在制定的整个过程中始终注意到了这一点。如宪法条文中尽量不用"为、时、应、得、其、凡"等字，而改为"是、的、时候、应当可以、他们或它的、任何或一切"。宪法规范表述上的显明性与科学性对新中国宪法的发展产生了积极的影响。

一位哲人说过，一个伟大的民族，其伟大之处，并不在于这个民族不犯错误，而在于这个民族能从错误中汲取有益的教训，不犯同样的错误。1954 年宪法的制宪与行宪经验对于今后中国宪法发展而言是极其宝贵的财富，成功的经验与失败的教训将对未来宪法中国宪法发展进程产生重要的影响。

作为新兴社会主义国家宪法，1954 年宪法产生了积极的国际影响。1954 年新法颁布后，各国媒体做了大量的报道。如澳大利亚的《卫报》赞扬了 1954 年宪法草案①；苏联各报②、朝鲜的《劳动新闻》和《民主新闻报》、波兰的《人民论坛报》、保加利亚的《工人事业报》、捷克斯洛伐克的《红色权利报》、蒙古的《真理报》、阿尔巴尼亚的《人民之声报》均发文赞扬 1954 年宪法。比如，朝鲜《劳动新闻》以"中国人民的宪法"为题发表

① 《澳大利亚〈卫报〉赞扬我国的宪法草案》，《新华社新闻稿》1954 年第 1502 期。

② 《苏联各报发表社论祝贺我国宪法　越南〈人民报〉著论祝贺我国人民代表大会会议》，《人民日报》1954 年 9 月 22 日，第 4 版。

评论说："中华人民共和国宪法的通过和公布，不仅是中国人民历史性的胜利，而且也是具有国际意义的重大事件。它给一切殖民地和附属国人民清楚地指明了反对封建和帝国主义压迫剥削、永远摆脱奴隶和贫困处境而进行斗争的前进方向。"波兰《人民论坛报》评论指出，中华人民共和国宪法"不仅对于中国具有重大的意义，而且对于世界也具有重大的意义"。捷克斯洛伐克《红色权利报》发表社论说："中华人民共和国宪法体现了中国广大人民群众长期的愿望，因为它记录了中国人民长期的斗争的成果，体现了由于中国人民革命的胜利而产生的一切根本变化。同时，这个宪法也是一个具有国际意义的历史性文件。"蒙古《真理报》发表社论指出："具有历史意义的中华人民共和国宪法的通过，保障了中国人民革命胜利的伟大成果。同时，中华人民共和国宪法的通过也是具有世界意义的一件大事。千百万中国人民所获得成就是伟大的，中国人民通过了自己的宪法也是全体进步人类的一件大喜事。"[1]

六、1954 年宪法的历史局限性

当然，1954 年宪法本身存在着一定的历史局限性。人们经常问一个问题，即为什么 1954 年宪法没有得到很好的实施？这是研究新中国宪法发展过程中不能回避的问题。在客观地评价 1954 年宪法对新中国宪法产生的积极影响的同时，也不能忽视它给新中国宪法发展带来的消极影响与教训。我们研究 1954 年宪法的根本目的在于，客观地评价其历史地位，吸取其施行三年后逐渐

---

[1]　《各人民民主国家报纸赞扬我国宪法》，《人民日报》1954 年 9 月 26 日，第 1 版。

被"虚置化"的深刻教训。

(一) 1954 年宪法理念的局限性

一部宪法的核心价值首先体现在宪法理念上。确立什么样的宪法理念对于宪法的权威与实施产生重要的影响。由于受过渡时期历史发展环境的影响,1954 年宪法的制定过程中,制宪者们在考虑宪法问题时没有很好地协调宪法理念与社会发展之间的互动关系,没有突出宪法的法律属性,过分强调政治需求的意义与功能,存在着一定程度上的宪法工具主义倾向,未能充分地体现宪法的目的性价值。有学者指出:"宪法作为国家的根本法,必然要规定国家政治任务。但是,政治任务不能与宪法的目标相混淆,更不能取代宪法发展目标。1954 年宪法在序言部分对政治任务作了相当充分的阐述,体现了高度的意识形态化和纲领化。但对于宪法作为国家的'根本法'的地位,以及宪法的法的特征都缺乏必要的说明……这就存在着一个潜在的危机,一旦政治形势和任务发生变化,必然影响宪法的稳定性,损害宪法的权威和价值,成为新的政治意图的赘物,历史的悲剧性发展正是如此。"①在设计和宣传 1954 年宪法时,我们关注了民主与宪政价值的平衡问题,力求保持两者之间的平衡,但民主的价值得到了较广泛的宣传与介绍,对法制、宪政的价值则没有给予更多的关注。在制宪原则与具体内容的设计上,强调了作为过渡时期的属性与功能,注重对"革命成果的确认",使宪法体系的法律性受到一定程度的限制。

---

① 张晋藩:《中国宪法史》,吉林人民出版社,2004 年版,第 338 页。

（二）1954 年宪法内容的局限性

在宪法内容的设计上，1954 年宪法也存在着一定的局限性。由于受宪法制定特殊社会环境的影响，制定宪法时对宪法与社会生活的基本关系缺乏足够的认识，存在着不可避免的局限性。但有些内容的安排不仅受当时历史条件的限制，同时受制宪者们观念的影响。概括起来看，1954 年宪法内容上的主要局限性是：基本内容的设计基本上按照过渡性的体例来确定。在总纲内容的基本安排上，政策性、过渡性的色彩过于浓厚，法律功能的发挥失去了必要的空间。在国家权力体系的安排上，没有充分重视相互协调关系，实践中出现了相互的矛盾或结构性的偏差。比如，对全国人大代表身份的保障方面，只规定不受逮捕权，但没有规定最重要的言论免责权。在最高权力机关体系内部，过分强调全国人民代表大会地位与权力的集中，对常委会职权的发挥与功能问题没有给予必要的关注；立法权只赋予全国人大，全国人大常委会只是后来通过授权获得了一定程度上的立法权等。在行政机关体系的安排上，对行政机关工作的性质与责任体系问题缺乏明确的规定，过分强调集体负责的意义，对个人负责制的意义则大大削弱。在公民基本权利与义务方面，有些权利的规定缺乏实现的现实基础，有些权利的价值性与现实性缺乏内在的联系，宪法规定超越了社会发展的具体阶段。在宪法体制上，对宪法保障制度的设计是极不完善的，只规定原则，没有具体的操作程序。在宪法性质上，1954 年宪法过分强调了宪法的"确认性功能"，而对建设性与预测性功能缺乏足够的重视，使宪法在过渡时期难以充分发挥国家根本法的功能。因此，宪法性质与功能的缺陷直接影响了宪法的社会效果。

（三）1954 年宪法实施机制的局限性

在制宪与行宪的关系上，制宪者和当时的领导机关对宪法实施的重要性与功能并没有给予必要的关注，没有从制度层面充分考虑建立有效地预防与解决违宪问题的制度。宪法虽规定全国人大监督宪法实施的职权①，但没有专门的机构和程序。当宪法实施过程中出现了各种违宪现象时，全国人大并没有采取有效的措施加以解决。如在宪法修改程序上，没有具体规定修改权提议主体，也没有规定宪法解释权主体与具体程序等问题。从总的制度设计中如何保障宪法实施的问题没有得到应有的重视。历史的教训告诉我们，一部宪法的生命力不仅表现为内容的科学性，同时体现在具体的实施过程之中，没有统一而有效的宪法保障制度便无法实现宪法的价值。

（四）1954 年宪法与执政党的依宪执政

宪法与执政党的关系是宪法实施过程中的一个基本问题。如何保障执政党在宪法和法律范围内活动，是保障宪法实施的基本条件。1954 年宪法的起草工作是在党的直接领导下进行的，中共中央政治局是宪法起草工作的总体组织者和协调者。实际上，1954 年宪法制定后我们创立了中国的宪法惯例，即中共中央提出宪法草案，并通过宪法程序把它的意志上升为国家意志。在中国的宪法体制下，执政党在宪法制定和修改过程中发挥主导性功能

---

① 在中共中央提出的宪法草案中，全国人大常委会是全国最高权力机关的日常工作机关，享有监督宪法和法律实施的职权。但在对草案的讨论过程中，把宪法的监督权仅规定为全国人大职权，并把全国人大常委会规定为全国人大的常设机关。有关宪法解释权和具体实施程序等问题没有作出具体规定。

是具有宪法基础的，执政党同时担负着维护宪法的义务，特别是在党的活动中必须以宪法为基础，不得超越宪法。但党在宪法实施过程中没有牢固确立宪法思维，在执政活动中违反宪法的现象是比较严重的，"在实际生活中党和党组织往往处于宪法之上，不按照宪法的规定办事，结果只能使宪法虚置"①。当社会主义改造的任务提前完成，过渡时期的历史任务结束时，毛泽东等领导人在决策和工作中开始脱离 1954 年宪法规定的原则和程序，习惯于以人治的方式处理社会发展过程中出现的各种问题。许多应按宪法程序解决的问题，未经宪法程序，便由党内直接作出决定，使宪法"工具主义"思想开始在党内存在和发展，宪法确定的原则遭到了破坏。

当然，1954 年宪法的历史命运与局限性是由多方面原因造成的，这种局限性不应影响 1954 年宪法在新中国宪法历史上应有的地位与历史功能的评价。宪法生存于历史环境之中，历史对宪法的评价是客观而公正的。1954 年宪法已经成为历史文献，但它的价值不应因时间的流逝而消失。

微信扫码，加入【本书话题交流群】
与同读本书的读者，讨论本书相关
话题，交流阅读心得

---

① 刘政：《1954 年宪法施行三年后为什么被逐渐废弃》，《中国人大》2002 年第 14 期。

第三章　宪法与现实冲突：1975 年宪法

一、修宪的历史背景

（一）党和国家在指导思想上的失误

1. 政治上提出"以阶级斗争为纲"，导致阶级斗争扩大化

（1）1957 年的反右斗争扩大化。1955 年在全国展开的对"胡风反革命集团"的批判运动，混淆了学术问题、思想问题与政治问题的界限，把文艺界的不同流派和不同文艺观念的争论作为反革命处理，这是 1957 年反右斗争的前奏。1957 年 4 月，中国共产党开展整风运动，并请党外人士帮助共产党整风。为此，中共中央统战部先后 13 次召集民主党派和无党派人士座谈会，会上有人提出许多批评、意见和建议，其中也夹杂了一些右派言论，如把共产党的领导说成是"党的天下"，反对学校实行党委领导制，鼓吹实行多党轮流执政；也有人认为形势一团糟，社会主义不如资本主义；要求改人民代表大会制为两院制，等等。加上大专院校的大字报铺天盖地，政治空气十分紧张。于是，有意见认为这是"反共反社会主义"的敌我矛盾和敌我斗争，要进行反击，要进行一场政治战线上的和思想战线上的彻底的社会主义革命。反右派斗争历时一年，共定右派分子 55 万多人，存在严重的扩大化。反右斗争扩大化是阶级斗争扩大化的开始。

（2）1959 年错误的"反右倾"斗争。1959 年，党内对"大

跃进"和人民公社化运动的认识出现了严重的分歧。7 月，中共中央在庐山召开政治局扩大会议，"总结经验，纠正错误，调整指标"，统一党内思想，以利于继续跃进。毛泽东认为，"大跃进"以来，"成绩很大，问题不少，前途光明"；"否定一切""得不偿失"的认识是错误的。但彭德怀等认为"左"倾错误没有得到彻底纠正。彭德怀在西北组的讨论中先后 7 次发言和插话，他说："1957 年反右以来，政治、经济上有一连串的胜利，党的威信提高了，脑子热了一点，去年忽视了工作方法六十条中的一切经过试验的原则。吃饭不要钱，那么大的事，没有经过试验。""党内总是'左'的东西难于纠正，右的东西比较好纠正。'左'的一来，压倒一切，许多人不敢讲话，各种帽子下来，对广开言路有影响。"等等。由于会议预定开半个月，彭德怀眼见会议就要结束，而并未采取解决国民经济比例失调的根本措施，忧心忡忡，于是，他就如何总结"大跃进"的经验教训给毛泽东写了一封约 4000 字的信，对 1958 年的错误提出了尖锐的、中肯的批评。毛泽东对这封信有不同看法，他认为彭德怀的信是借纠"左"的名义，否定"三面红旗"，是向他"下战书"。到了 8 月，庐山会议进入第二阶段，会议主题由"纠左"完全转到反右。毛泽东认为，右倾机会主义思想是当前的主要危险，党内层层都有右倾机会主义分子，这是一场阶级斗争，彭德怀及其支持同情者黄克诚、张闻天、周小舟是反党集团。于是发动了反对党内右倾机会主义的运动，在全党进行了约半年的"反右倾"斗争，全国有 360 多万人被划为"右倾机会主义分子"。①

（3）1966 年开始的"文化大革命"。1966 年 5 月 4 日至 26 日，中共中央政治局召开扩大会议。5 月 16 日，会议通过《中国

---

① 樊天顺等主编：《国史通鉴》（第二卷），红旗出版社，1993 年版，第 72 页。

共产党中央委员会通知》，标志着"文化大革命"作为群众性的政治运动已经开始。8 月 1 日至 12 日，党的八届十一中全会召开，会议印发了毛泽东《致清华大学附属中学红卫兵的信》和《炮打司令部——我的一张大字报》。8 月 8 日，全会通过《中国共产党中央委员会关于无产阶级文化大革命的决定》（即"十六条"），确认了"文化大革命"及"左"倾的指导方针。一场由领导者错误发动，给党、国家和各族人民带来严重灾难的"文化大革命"内乱全面展开。1966 年至 1976 年，"文化大革命"搞了 10 年，搞乱了思想，否定了新中国成立头 17 年的成就和大量正确的方针政策，而许多错误的东西却被当成社会主义新生事物加以肯定；搞乱了组织，各级党组织和政府部门普遍被冲击、改组，大批领导干部被批判、打倒，而各种投机分子、阴谋分子乘机钻进党和政权机构，有的占据了重要领导岗位；搞乱了社会生活，宪法、法律、党章成为一纸空文，上至国家主席，下至基层干部和各界群众，可以任意被批、被斗、被抓、被整，规章制度、正常秩序都遭到极大破坏，严重侵犯了公民权利。据 1980 年审判"四人帮"时的起诉书指控，"四人帮"一伙在"文化大革命"中直接诬陷迫害了 72.9 万多人，迫害致死的有 3.4 万人之多。

在这样一场内乱中，严重的极左错误必然会在 1975 年宪法中打上深深的烙印。

2. 经济上实行"大跃进""一平二调"和"穷过渡"，严重阻碍了生产力的发展

中国 20 世纪 50 年代的"大跃进"运动酝酿于 1957 年 9 月、10 月间党的八届三中全会。到 1958 年 5 月党的八大二次会议，"大跃进"运动全面展开，在生产上急于求成，在生产关系上急于过渡，要在社会主义建设中实现超乎客观可能性的高速度。1957 年底，提出 15 年赶上英国。1958 年 5 月，提出 7 年超英、

15 年赶美。1958 年 8 月，提出 1 年在主要工业产品的产量上超英，7 年超美，甚至认为不用很长时间，我们就可以变为 4 个美国。高速度表现为高指标。1957 年粮食产量有 3900 亿斤（1 斤＝500 克，下同），1958 年 8 月的北戴河政治局扩大会议要求 1959 年粮食产量达到 8000 亿 ～10000 亿斤，1958 年底的八届六中全会提出 1959 年粮食产量达到 10500 亿斤。实际上到 1984 年中国粮食产量才达到 8000 亿斤。1958 年实际粮食产量只有 3400 亿斤，比 1957 年还少。1960 年又下降为 2870 亿斤，低于 1952 年的水平。1958 年 8 月的北戴河会议还提出 1958 年钢产量翻一番，达到 1070 万吨，1959 年达到 2700 万 ～3000 万吨。结果这种所谓的高速度、高指标的"大跃进"，使中国损失国民收入 1000 亿元。"大跃进"之后，我们用了 5 年的时间才把国民经济恢复过来。

在生产关系上急于过渡，即从集体所有制过渡到全民所有制，从社会主义过渡到共产主义。为此，开展了人民公社化运动。1958 年的北戴河会议认为，从集体所有制过渡到全民所有制，用三四年、五六年或者更长一点时间就可以完成，人民公社是向共产主义过渡的最好的组织形式。通过了《关于在农村建立人民公社的决议》，并提出一省可以首先进入共产主义的想法。北戴河会议后，在全国范围内迅速地出现了一个群众性的人民公社化运动。到 1958 年 10 月，仅两个月时间，全国共建公社 26578 个，加入公社的农户达 12000 万户，占全国总农户的 99.1%。1958 年底的武昌会议认为，中国可以比某个国家更早地进入共产主义，只是为了照顾国际影响，不要抢在前面，并提出"穷过渡"的观点，认为农民富了就不容易从集体所有制向全民所有制过渡和从社会主义向共产主义过渡，要趁穷过渡，穷了就革命，富了就变修。这种把社会主义、共产主义和"穷"字联系起来的观点，极其错误，非常有害。

分配上"一平二调"。公社化把几百户、几千户并为一个社，甚至一个县就是一个社，全国平均每社为 5000 户左右，比原来高级社的一社 160 户左右扩大了大约 30 倍。全公社统一核算，造成穷队与富队之间、社员与社员之间严重的平均主义，公社、国家无偿调拨队里和社员的财产和劳动力，刮"共产风"。

"大跃进"和人民公社化运动形成的高速度、高指标、瞎指挥、浮夸风、"穷过渡"、"共产风"一直很有市场，延续到党的十一届三中全会召开之前。这种经济工作上的极左错误，在 1975 年宪法中得到集中体现。

3. 理论上坚持"无产阶级专政下的继续革命"，从根本上背离了党的八大确定的正确道路

"无产阶级专政下继续革命"的理论，是毛泽东晚年在关于社会主义社会的矛盾、阶级和阶级斗争问题上的总概括。它的核心是，在无产阶级取得了政权，并且建立了社会主义制度的条件下，还要继续强调"以阶级斗争为纲"，继续进行一个阶级推翻另一个阶级的政治大革命。"文化大革命"就是这种"继续革命"的最重要的方式。1967 年 11 月 6 日，《人民日报》《解放军报》和《红旗》杂志发表了《沿着十月社会主义革命开辟的道路前进》的文章。这是由陈伯达、姚文元主持起草和反复修改，并经毛泽东批示同意的。文章把所谓"无产阶级专政下继续革命"的理论概括为六个方面的要点：

（1）必须用马克思列宁主义的对立统一的规律观察社会主义社会。社会主义社会必须划分敌我矛盾和人民内部矛盾的界限，正确处理人民内部矛盾才能使无产阶级专政日益巩固和加强，使社会主义制度日益发展。

（2）社会主义社会是一个相当长的历史阶段。在社会主义这个历史阶段中，还存在着阶级、阶级矛盾和阶级斗争，存在着社会主义同资本主义两条道路的斗争，存在着资本主义复辟的危险性。为了防止资本主义复辟，为了防止"和平演变"，必须把政治战线和思想战线上的社会主义革命进行到底。

（3）无产阶级专政下的阶级斗争，在本质上依然是政权问题，就是资产阶级要推翻无产阶级专政，无产阶级则要大力巩固无产阶级专政。无产阶级必须在上层建筑，其中包括各个文化领域中对资产阶级实行全面的专政。

（4）社会上两个阶级、两条道路的斗争，必然会反映到党内来。党内一小撮"走资本主义道路的当权派"，就是资产阶级在党内的代表人物。要巩固无产阶级专政，就必须打倒他们，把那些被他们篡夺了的权力坚决夺回到无产阶级手中。

（5）"无产阶级专政下继续革命"，最重要的是要开展"无产阶级文化大革命"，运用大民主的方法，自下而上地放手发动群众。

（6）"无产阶级文化大革命"在思想领域中的根本纲领是"斗私、批修"。"无产阶级文化大革命"是触及人们灵魂的大革命，是要解决人们的世界观问题。要在政治上、思想上、理论上批判修正主义，用无产阶级思想去战胜资产阶级利己主义和一切非无产阶级思想，改革教育，改革文艺，改革一切不适应社会主义经济基础的上层建筑，挖掉修正主义的根子。

1975 年宪法就是以"无产阶级专政下继续革命"的理论作为其修宪的指导思想的，可以说，在 1975 年宪法的字里行间浸透了这一理论的严重错误。

（二）对中国社会发展阶段的错误认识

1956 年三大改造基本完成后，当时党和国家领导人认为，中国已进入为之奋斗几十年的社会主义社会，"国内的主要矛盾，已经是人民对于建立先进的工业国的要求同落后的农业国的现实之间的矛盾，已经是人民对于经济文化迅速发展的需要同当前经济文化不能满足人民需要的状况之间的矛盾"。这一认识，从党和国家工作重点的角度看是非常正确的。遗憾的是，这一认识在1957 年就发生了逆转。之所以发生逆转，原因是多方面的，其中对中国已进入的社会主义处于一个什么发展程度，认识上的错误、模糊是一个至关重要的原因。党的八大就认为，"国内这一主要矛盾的实质，在我国社会主义制度已经建立的情况下，也就是先进的社会主义制度同落后的社会生产力之间的矛盾"。这里关于主要矛盾实质的认识存在着理论缺陷，认为已经建立的社会主义社会是美好的，不需要改革和完善，这必然导致将社会主义制度理想化，把社会主义社会看成是纯而又纯的错误。实际上，中国生产资料私有制的社会主义改造的基本完成，社会主义公有制的初步建立，只是标志着中国社会主义的基本经济制度的初步建立。人民民主专政的建立和人民代表大会制度的确立，也只意味着中国社会主义的基本政治制度的初步建立。这个时候的中国实际上处于刚刚跨进社会主义初级阶段的起始点上，刚刚建立起来的社会主义生产关系和上层建筑还需进一步完善，还需花大力气去发展生产力，并随着生产力的发展，不断地消除在社会主义经济基础及上层建筑各个方面和环节上暴露出来的不完善和缺陷，以巩固和完善社会主义的基本制度。

但从 20 世纪 50 年代中后期一直到 70 年代末，党和国家领导人却把中国的社会主义制度理想化为马克思、恩格斯所设想的模式，脱离了中国社会的发展实际，对必然会出现的各种矛盾和问题缺乏必要的思想准备。无论是政治问题还是思想认识问题或是学术争论问题，只要是批评理想化的社会主义，否认急躁冒进，就一律上纲上线，提到阶级斗争和路线斗争的高度，沿用习惯了的阶级斗争分析法去认识矛盾，并采用大规模急风暴雨式的群众性斗争和群众运动的方法去解决矛盾，这必然在客观上导致政治上的阶级斗争扩大化。同时，将国家经济发展完全寄托在民众政治水平的提高上，错误地认为"阶级斗争是生产发展的动力"。结果，"抓革命，促生产"变成了只有"抓革命"，才能"促生产"，或只敢"抓革命"，不敢"促生产"，从而使国家和人民空前地、持久地陷入了全面内耗。对社会主义发展阶段的错误认识，必然导致经济上的急躁冒进，急于求成，空想蛮干，搞"穷过渡"。同时，过分强调"计划"和"宏观控制"，主张生产资料所有制越公越大越好，甚至要消灭商品、货币关系，消灭按劳分配，似乎贫穷就是社会主义，富裕就是资本主义。最终导致社会停滞不前，甚至大倒退。

（三）高度集权的政治、经济体制

1. 高度集权的计划经济体制

三大改造完成以后，中国以苏联为样板，由国家通过直接的计划和行政指令，最大限度地集中资源和进行资源配置，于 20 世纪 50 年代末，形成了高度集中统一的以行政直接控制和调节为特征的计划经济体制。在这种经济体制中，国家和政府享有至高无上的经济权力和几乎无所不在的渗透力量，国家和政府不仅是一种政治组织，而且是能直接起作用的经济力量，它能控制企业的内部关系，也能控制决定企业和家庭地位的整个外部因素；它对所生产的商品和劳务有绝对的支配权，还决定着将这些商品传递到消费者手中的条件（首先是价格）。由于这种高度集权的计划经济体制和行政权力紧密相连，使产权、市场、契约等市场经济因素很不发达，限制了法制的发展，阻碍了宪法的完善和正常运行。

2. 高度集权的一元化政治领导体制

20 世纪 50 年代后期，与高度集权的计划经济体制相伴随，各种权力逐渐集中于党的各级机关，逐渐集中于党的书记，党政不分、以党代政的高度集权的一元化政治领导体制开始形成。邓小平指出："权力过分集中的现象，就是在加强党的一元化领导的口号下，不适当地、不加分析地把一切权力集中于党委，党委的权力又往往集中于几个书记，特别是集中于第一书记……党的一元化领导，往往因此而变成了个人领导。"① 行政机关不对权力机关负责，而对党委和党的政策负责，即政府机关接受各级党的机关的领导。1975 年宪法无论从修宪的程序，还是修宪的内容，都是这种高度集权体制的产物。

（四）个人崇拜的日益严重

在社会主义改造基本完成后，毛泽东的威望达到高峰。对毛泽东个人的宣传越来越多，调子越来越高。1957 年 6 月，党中央决定成立财经、政法、外事、科学、文教各领导小组，各小组直接隶属中央政治局和书记处，并向他们报告工作。国家的大事情都集中由政治局决定，具体布置实施在书记处。同时，党委领导下的行政首长负责制正式形成。1959 年 4 月，毛泽东在八届七中全会上再次强调，权力要集中在政治局常委、书记处，最终要由他挂帅。这时，毛泽东的话成了放之四海而皆准的真理。由于党的权力过分集中于个人，由毛泽东个人决定重大问题的局面已经形成，任何人都无能为力来纠正毛泽东的错误，错误只有毛泽东自己来纠正。于是，权力失去监督和控制，毛泽东晚年的错误无法制止。到了"文化大革命"期间，整个社会失控，就连毛泽东本人也很难完全驾驭，民主和法制遭到毁灭性破坏。1975 年宪法记载了这种严重个人崇拜的事实。

---

① 《邓小平文选》（第二卷），人民出版社，1994 年版，第 328 - 329 页。

二、修宪过程

1975 年宪法的修改工作，前后经历了漫长的 20 年。从 1954 年宪法颁布后随即而来的一次又一次政治运动，到 1975 年修改宪法并通过，这中间确有历史发展的需要，同时还伴随着同林彪、江青反革命集团的斗争。

（一）修宪建议的提出

早在 1956 年召开的中共八届二中全会上，毛泽东就曾提到过宪法修改问题。他说：“以后修改宪法，我主张加一个罢工自由，要允许工人罢工。”① 毛泽东正式提出修改 1954 年宪法是 1957 年春季。1954 年，毛泽东被选为国家主席后曾在多次场合讲到不再担任下一届国家主席职务的问题。1956 年夏，毛泽东在北戴河的一次党内会议上披露了他不想担任下届国家主席的意思。② 1957 年 4 月 30 日得知这个消息后，陈叔通和黄炎培给当时全国人大常委会委员长刘少奇和总理周恩来写了一封信，信中希望毛泽东继续担任国家主席，并提出：似应再连一任，而于宪法第三十九条第二项“任期四年”下加一句“连任不得过两任”，则以后依法办事。信中还特别要求在宪法上规定代行职权的问题，设立二人或者三人的国家副主席。毛泽东接到转来的信后，一方面继续坚持不担任下一届国家主席的主张，另一方面正式提出了宪法修改问题。他在给刘少奇等人的批语中写道：此事应展

---

① 毛泽东：《在中国共产党第八届中央委员会第二次全体会议上的讲话》（1956 年 11 月 15 日）。

② 《毛泽东文集》（第七卷），人民出版社，1999 年版，第 111 页。

开讨论，才能打通思想，取得同意。修改宪法问题，值得考虑。他同时指出，可以考虑修改宪法，主席、副主席连选时可以再任一期，即在今年人代大会修改宪法，请邓小平同志准备。第一任主席有两个理由说清楚可以不连选：①中央人民政府主席加上人民共和国主席任期已满八年，可不连选；②按宪法制定时算起，可连选一次，但不连任，留下四年，待将来如有卫国战争之类重大事件需要我出任时，再选一次。根据毛泽东的要求，中共中央在 1958 年 12 月 10 日召开的八届六中全会上，作出了《同意毛泽东同志提出的关于他不作下届中华人民共和国主席候选人的建议的决定》，决定写道："几年以来，毛泽东同志曾经多次向中央提出，希望不再继续担任中华人民共和国主席的职务。中央全会在经过了充分的、多方面的考虑以后，决定同意毛泽东同志这个建议，在第二届全国人民代表大会第一次会议上，不再提他作为中华人民共和国主席的候选人。"[1] 上述的批语是毛泽东第一次对 1954 年宪法修改问题发表的意见，原计划是 1959 年在二届全国人大二次会议上修改宪法的有关条款，主要是对国家主席任期的限制。[2] 这之后，由于国家政治经济形势的剧烈变动，一直到1970 年，修宪问题才又重新提上议事日程。

1966 年，爆发了史无前例的"文化大革命"。经过几年"无法无天"的群众"大革命"，各级党组织瘫痪，各级政权体系遭到破坏，国内一片混乱，人民疲惫不堪。对此，毛泽东想早日结束这场"革命"，恢复国家秩序，实现安定团结。于是，为了使"以刘少奇为代表的资产阶级司令部"及其在各地的"代理人"

---

① 《建国以来毛泽东文稿》（第七册），中央文献出版社，1992 年版，第 633 - 635 页。

② 韩大元：《1954 年宪法制定过程》，法律出版社，2014 年版，第452 - 453 页。

被打倒、"夺权"任务基本完成及"文化大革命"所取得的决定性"胜利"得到确认和巩固，召开了中国共产党第九次全国代表大会。党的九大是在极不正常的情况下召开的。有几个细节能够说明这种不正常的情况：

一是九大在通过主席团名单并推举大会主席时，发生了一个值得玩味的小插曲。毛泽东突然说："我推举林彪同志当主席。"林彪马上惊慌地站起来大声说："伟大领袖毛主席当主席。"毛泽东又说："林彪同志当主席，我当副主席，好不好？"林彪连连摆手说："不好，不好，毛主席当主席，大家同意请举手。"于是，全场立即举起手来。毛泽东一看就同意当主席，又提议林彪当副主席，周恩来当秘书长，这一提议获得会上一致通过。① 接着，林彪代表党中央作政治报告，九大通过的新党章写上了林彪"一贯高举毛泽东思想伟大红旗，最忠诚、最坚定地执行和捍卫毛泽东同志的无产阶级革命路线。林彪是毛泽东同志的亲密战友和接班人"。

二是 4 月 15 日，大会主席团秘书处发出关于九届中央委员和候补中央委员的选举办法。其中规定，毛泽东和林彪为"当然候选人"；参加中央文革碰头会的成员和军委办事组的成员周恩来、陈伯达、康生、江青、张春桥、姚文元、谢富治、黄永胜、吴法宪、叶群、汪东兴、李作鹏、邱会作、温玉成为"一致通过的候选人"；原八届中央委员和候补中央委员提名为候选人的，限定为 53 人。②

三是九大主席台的座位排列十分有特点，毛泽东居中，左边

---

① 席宣、金春明：《"文化大革命"简史》，中共党史出版社，1996 年版，第 203 页。

② 席宣、金春明：《"文化大革命"简史》，中共党史出版社，1996 年版，第 208 页。

是以林彪、康生、江青为首的所谓"新文革"成员，而右边则是以周恩来为首的所谓"旧政府"成员，对照鲜明，意味深长。①

党的九大召开后，全国的政治局势开始稳定。九大确立了由"文化大革命"产生的一套新的思想观念，组成了新的中央领导体制。鉴于党的组织在全国范围内已经基本恢复，毛泽东进一步考虑国家政权机关的正常运转问题，因此非常需要制定一部全新的宪法，把九大所确立的新的思想理论和国家体制确定下来，通过修宪，建立新秩序，使国家生活转入正常轨道。1970 年 2 月，中央政治局在筹备第四届人大时提出了修改宪法的问题。根据会议的决定，周恩来拟定了宪法修改草案要点，并于 3 月初送达正在武汉视察的毛泽东。在要点中，周恩来提出新宪法中是否设《国家主席》一章，并说明政治局讨论的结果是应设国家主席，并由毛泽东担任。3 月 7 日，毛泽东明确表示：宪法中不要设《国家主席》这章，我也不当国家主席。② 3 月 8 日，毛泽东在武汉让汪东兴回北京，向政治局传达毛泽东关于准备召开四届人大，修改宪法，以及改变国家体制，不设国家主席的建议。③

（二）修宪草案的形成

1. 成立修宪小组，提出修宪指导思想和原则

1970 年 3 月 9 日，中共中央政治局遵照毛泽东的建议，开始了修宪的准备工作，正式成立了由康生、张春桥、吴法宪、李作

---

① 席宣、金春明：《"文化大革命"简史》，中共党史出版社，1996 年版，第 208 页。

② 韩大元：《1954 年宪法制定过程》，法律出版社，2014 年版，第 453 页。

③ 李剑：《中共历史转折关头：关键会议亲历实录》（下），中共中央党校出版社，1998 年版，第 750 页。

鹏、纪登奎共 5 人组成的宪法修改工作小组。① 3 月 16 日，中共中央政治局就修改宪法的指导思想和修改宪法中的一些原则问题，写了一个《关于修改宪法问题的请示》，向毛泽东作汇报，毛泽东阅批了这个请示。3 月 17 日至 20 日，中共中央就召开四届人大和修改宪法的问题召开了工作会议。出席会议的除了中共中央政治局委员外，还有各省、市、自治区革命委员会核心小组负责人以及人民解放军各军区、各总部、各军兵种的负责人。会议由周恩来主持，与会同志大多数赞成毛泽东关于"不设国家主席"的建议。

3 月 18 日晚上，康生就宪法修改小组的工作情况向会议作了通报。通报说：修宪小组召开了四五次会议，首先明确了主席为什么提出修改宪法，不是第一个宪法有错误，而是要把过渡时期的宪法修改成社会主义宪法；修改宪法的指导思想是毛主席关于国家学说的伟大理论和实践；具体修改原则适用 1954 年宪法修改原则，即以我们自己的历史经验为主，同时参考别国宪法中好的东西；原则性和灵活性相结合，原则主要两个，即民主原则和社会主义原则；要采取领导机关的意见和广大群众的意见相结合的方法。②

关于先前向毛泽东请示的原则性问题，包括以下内容：

（1）关于宪法的结构。按原来的不变，但有两个问题：一是要不要序言？我们认为要。二是公民基本权利和义务摆在国家机构的前面还是后面？我们认为按原来的办。

（2）关于序言。序言不能写长了，不能超过 1000 字。内容

---

① 韩延龙：《中华人民共和国法制通史》（下），中共中央党校出版社，1998 年版，第 630 页。

② 许崇德：《中华人民共和国宪法史》，福建人民出版社，2003 年版，第 423 – 426 页。

应当重新反映当前的现实和要求。语言要同毛主席语录和党章、林副主席政治报告尽可能一致。

（3）关于总纲。有几个问题请注意。第一条，国家的名称现在是否要改为中华社会主义共和国？我们认为名称还是不改，内容改为"中华人民共和国是工人阶级领导的，以工农联盟为基础的社会主义国家，是无产阶级专政的国家"。第二条是关于生产资料所有制的问题。原来的宪法到现在有一个重大的变动。过去宪法中有四种所有制，20 年来，经过社会主义革命和社会主义建设，经济基础有了重大变化，生产资料所有制要反映现实。现在只写两种，就是社会主义全民所有制和社会主义集体所有制。同时，是否还要有适合我国情况的灵活性，允许在法律许可的范围内，自主经营、不剥削他人的、少量的、非农业的个体劳动者所有制的存在。这个问题我们讨论了很久，是否还是不写在宪法上，由单行法另作规定。第三条，人民公社是一种政社合一的形式，是否要写在宪法上，加以肯定？因为这是一件大事，体现了主席思想的。第四条，关于武装力量的任务，要增加防御颠覆和侵略的内容，增加全民皆兵，实行民兵制度的内容。第五条，毛主席倡导的大鸣、大放、大辩论、大字报，是否要写在宪法上？这是新生事物，是群众的创造。第六条，关于专政对象，宪法第十五条，镇压一切反革命活动，惩罚一切卖国贼……这还是要的。剥夺政治权利的对象，是否要增加反动资本家、富农、坏分子？

（4）关于国家机构问题。就是不设国家主席，有关国家主席职权的条款，有些是否可以并入人大常委会职权中。如不设主席，宪法第四十二条："中华人民共和国主席统率全国武装力量，担任国防委员会主席。"这一条怎么解决？是毛主席统率。国防委员会要不要？值得考虑。原宪法第四十三条关于最高国务会议问题，如何处理？可否删去？地方各级人民代表大会名称不变，各级人民委员会的名称要不要？现在是革命委员会，是否要把原来的名称改过来，仍用人民委员会？省长、副省长等是否改为主任、副主任？我们认为，用革命委员会的名称好，检察院取消了，主席早有指示，还保留法院。

（5）关于公民权利问题。根据主席在八届二中全会的指示，宪法第八十七条应增加罢工自由的内容。第八十八条关于宗教信仰自由，是否增加利用宗教进行反革命活动，要坚决进行镇压的内容？第九十七条关于公民有控告权，是否增加对控告人不许打击报复的内容？第九十五条讲到科学研究和文艺创作的问题，是否要增加"有批评和反批评的自由"的内容？

1970 年 3 月 20 日，中共中央工作会议结束。同时，中共中央向各省、市、自治区革命委员会和中央军委发出筹备四届人大，动员基层群众讨论修改宪法的通知。通知简要总结了 1954 年宪法的历史作用，指出为什么要修改宪法。通知指出，毛主席在 1954 年 3 月 23 日宪法起草委员会上说过：这个宪法（指 1954 年宪法）是过渡时期的宪法，大概可以管 15 年左右。毛主席的英明预见实现了。经过社会主义改造和社会主义建设，特别是经过"文化大革命"，我国的无产阶级专政空前巩固，国家面貌发生了深刻变化。为适应这种情况，需要对 1954 年宪法进行修改，使它成为一部在新形势下体现毛泽东思想的社会主义新宪法。修宪的指导思想是毛主席关于国家学说的理论和实践。

通知还对群众讨论修改宪法提出了如下六条原则①：

第一条原则：毛主席对马列主义国家学说的发展和无产阶级专政下继续革命的理论与实践。

第二条原则：我们国家的性质是工人阶级（经过共产党）领

①　全国人大常委会办公厅研究室本书编写组编：《新宪法修正案学习辅导》，中共中央党校出版社，1999 年版，第 56 页。

导的，以工农联盟为基础的无产阶级专政的社会主义国家。

第三条原则：各族人民的伟大领袖毛主席是中华人民共和国的缔造者。以毛主席为首、林副主席为副的中国共产党中央委员会是领导全国各族人民行使国家权力的核心力量。毛主席是全国武装力量的最高统帅，林副主席是副统帅。

第四条原则：把原则性和灵活性结合起来。原则性就是民主原则和社会主义原则。我们的民主是无产阶级领导的民主、在人民内部的民主和对反动阶级和反革命分子实行专政。

第五条原则：要总结历史经验。以我们自己的革命和建设经验为主，特别是无产阶级文化大革命中群众创造的并为毛主席所肯定的好经验，如人民公社及其"政社合一"制度、"四大"（大鸣、大放、大辩论、大字报）、"三结合"（由革命派组织的负责人、驻军代表、革命领导干部三部分结合）的革命委员会、一切国家机关工作人员必须参加集体生产劳动等。同时，要参考别国宪法中好的东西。

第六条原则：修改后的新宪法要求简明扼要，通俗易懂，人人能记，便于适用。1954 年宪法中有些任务已经完成，可以删去或根据新的情况改写，有些条文可以删繁就简，精简合并，避免重复。

通知发出后，社会各界根据当时的形势，就 1954 年宪法修改问题进行了讨论。有的法学家还认真地比较分析，提出过修宪草案。① 通知要求各地革委会和中央军委动员各厂矿、公社、军队、机关、学校、企事业单位、街道的群众广泛讨论修改宪法。

---

① 许崇德说："1970 年中央要修改宪法，发动全民贡献草案。我被从生产队最低的劳动队里调到总部去了，我在那里一个人居然起草了一部宪法。"

2. 成立修宪起草委员会，提出修宪草案

1970 年 7 月 12 日，中共中央在提出的准备召开九届二中全会和四届人大的工作计划中，建议成立以毛泽东为主任、林彪为副主任的"修改中华人民共和国宪法起草委员会"，并对宪法修改工作做了具体安排。① 7 月 17 日，中共中央正式成立"修改中华人民共和国宪法起草委员会"。以毛泽东为主任、林彪为副主任，由中共中央政治局委员（19 人）、候补委员（4 人）和各省、自治区、直辖市党的核心小组负责人（24 人）以及其他人员共 57 人组成。② 在 7 月 17 日修改中华人民共和国宪法起草委员会第一次全体会议上，周恩来主持并讲话，他说道：原来的宪法有 106 条，9000 多字，近 1 万字。现在宪法修改小组有两个稿子，一个是 60 条，6000 多字；一个是 30 条，4000 多字。把这两个稿子都发给大家，让大家看一看，提出意见。原来的宪法要拿到群众中去讨论，提出修改意见。③

8 月上中旬，修宪工作小组详细研究了全国工农兵和人民群众对 1954 年宪法的修改意见，提出了宪法修改草案。这一草案经中共中央政治局和宪法修改委员会批准，再下发基层群众进行讨论。8 月中下旬，修宪工作小组汇总群众讨论意见对草案进行修改后，上报中央政治局和宪法修改委员会，经过讨论修改，提出了一个正式的宪法修改草案。

8 月 23 日至 9 月 6 日，中共中央九届二中全会在江西庐山召

① 韩延龙：《中华人民共和国法制通史》（下），中共中央党校出版社，1998 年版，第 630 页。

② 全国人大常委会办公厅联络局编：《中华人民共和国宪法及有关资料汇编》，中国民主法制出版社，1990 年版，第 303 页。

③ 许崇德：《中华人民共和国宪法史》，福建人民出版社，2003 年版，第 430－431 页。

开，宪法草案提交九届二中全会审查。8 月 23 日下午，康生在开幕式上报告了毛泽东历次对修改宪法的意见和修改宪法的过程。9 月 6 日，全会基本通过宪法草案，并建议全国人大常委会进行必要的筹备工作，在适当时候召开四届全国人大。同时，全会还决定动员全国人民对宪法草案再进行讨论和修改。

9 月 12 日，中共中央发出通知，将宪法修改草案发给基层单位，组织人民群众进行讨论，提出修改意见。通知说，"宪法修改草案是在毛主席和他的亲密战友林副主席领导下，经过全党、全军、全国工农兵和广大群众半年多的反复讨论提出来的，是党的领导与广大群众相结合的产物"，"宪法修改草案是以毛主席的国家学说的伟大理论和实践为指导思想制定的，这个宪法修改草案对于伟大领袖毛主席和他的亲密战友林副主席的领导地位，对于中国共产党对国家的领导，对于马克思主义、列宁主义、毛泽东思想是指导我们思想的理论基础，是全国一切工作的指导方针，对于社会主义社会的阶级、阶级矛盾、阶级斗争、无产阶级专政和无产阶级专政下继续革命，对于人民群众和人民军队的巨大作用，都作了明确的规定。它力求简明扼要，通俗易懂，便于群众学习和运用"。

在庐山会议上，由于林彪、陈伯达一伙积极活动，使这个草案塞进了设国家主席的内容。又由于林彪一伙的垮台，致使修宪工作一度被搁置，原预备将宪法修改草案提交全民讨论和提交人大通过的工作没能正常进行，这个草案也没来得及公布。

（三）1970 年《中华人民共和国宪法修改草案》①

中共九届二中全会于 1970 年 9 月基本通过的宪法修改草案，

① 许崇德：《中华人民共和国宪法史》，福建人民出版社，2003 年版，第 457－459 页。

由《序言》和4章、30 个条文组成。其《序言》有 18 自然段共
912 字（标点符号计在内），第一章《总纲》，15 个条文；第二
章《国家机构》，分5节，共 10 个条文；第三章《公民的基本权
利和义务》，共 4 个条文；第四章《国旗、国徽、首都》，1 个
条文。

　　这个草案与 1975 年宪法相比，1975 年宪法只是对《序言》
和第二条①进行了修改。下面引录《序言》，原因在于：一是
《序言》是当年起草者费心最多且数易其稿而写成的，二是《序
言》代表了整个宪法草案的精神，三是便于人们了解和研究。
《序言》写道：

　　中国人民在伟大领袖毛泽东主席和中国共产党的领导下，经
过长期的武装斗争，终于在 1949 年取得了人民大革命的伟大胜
利，建立了中华人民共和国。

　　中华人民共和国的成立，开辟了中国社会主义革命和无产阶
级专政的新时代。

　　我国各族人民的伟大领袖毛泽东主席是中华人民共和国的缔
造者。

　　二十年来，中国人民沿着毛主席指引的航向，继续前进，取
得了社会主义革命和社会主义建设的伟大胜利，特别是取得了无
产阶级文化大革命的伟大胜利，巩固和加强了无产阶级专政。我
们的祖国，是一个伟大的朝气蓬勃的社会主义国家。

　　社会主义社会是一个相当长的历史阶段。

　　在这个历史阶段中，始终存在着阶级、阶级矛盾和阶级斗
争，存在着社会主义同资本主义两条道路的斗争，存在着资本主

---

　　①　草案第二条规定："毛泽东主席是全国各族人民的伟大领袖，是
我国无产阶级的元首，是全国全军的最高统帅。林副主席是毛主席的亲密
战友和接班人，是全国全军的副统帅。"

义复辟的危险性，存在着帝国主义和社会帝国主义进行颠覆和侵略的威胁。

在这个历史阶段中，我们必须坚持无产阶级专政，坚持无产阶级专政下的继续革命。

我们有充分的信心，有必要的条件，在战胜国内外敌人，防止资本主义复辟的斗争过程中，在逐步地消灭资产阶级和一切剥削阶级的斗争过程中，调动一切积极因素，克服一切困难，把我国建设成为更加繁荣富强的社会主义国家。

领导我们胜利前进的是伟大领袖毛主席。

领导我们事业的核心力量是中国共产党。

指导我们思想的理论基础是马克思主义、列宁主义、毛泽东思想。

创造我们历史的动力是用毛泽东思想武装起来的我国各族人民。

我国无产阶级专政的坚强柱石是中国人民解放军。

我国各族人民要在毛泽东主席为首、林彪副主席为副的中国共产党中央委员会的领导下，高举毛泽东思想伟大红旗，奋勇前进。

在国内，我们要继续开展阶级斗争、生产斗争和科学实验三大革命运动，巩固和加强无产阶级专政，巩固和加强在工人阶级领导下的工农联盟，发展革命统一战线，独立自主，自力更生，艰苦奋斗，鼓足干劲，力争上游，多快好省地建设社会主义。

在国际，我们要坚持无产阶级国际主义，发展同社会主义国家之间的友好互助合作关系；支援一切被压迫人民和被压迫民族的革命斗争；在互相尊重主权和领土完整、互不侵犯、互不干涉内政、平等互利、和平共处五项原则的基础上，争取和社会制度不同的国家和平共处，反对帝国主义和社会帝国主义的侵略政策和战争政策。

中国应当对于人类有较大的贡献。

全国人民团结起来，争取更大的胜利。

这个《序言》非常有气势，表述了当时的政治路线和极左的方针。内容和文字完全按照 1970 年 3 月 18 日康生通报的要求，"《序言》不宜写长，不超过 1000 字。内容应当重新反映当前的现实和要求。语言要同毛主席语录和党章、林副主席政治报告尽可能一致"。

（四）修宪中关于设不设国家主席的争论

关于在宪法中国家要不要设国家主席，这个问题贯穿于 1970 年宪法草案的起草始终。在半年时间里，毛泽东先后 6 次讲到不设国家主席和他不担任国家主席。

1970 年 3 月 8 日，毛泽东的修宪建议里第一次明确提出不设国家主席。在 3 月 17 日召开的中央工作会议上，多数人赞成毛泽东的建议。

4 月 11 日晚，林彪从苏州通过秘书以电话记录形式向在长沙的毛泽东提出：关于国家主席问题，"仍然建议由毛主席兼任"，"否则，不合人民的心理状态"，副主席可设可不设，关系不大。林彪还说他自己不宜担任副主席的职务。这个电话记录同时传给了中央政治局。政治局讨论后，多数人同意由毛泽东担任国家主席，并将会议意见报告毛泽东。4 月 12 日，毛泽东批示："我不能再作此事，此议不妥。"这是毛泽东第二次反对设国家主席。

4 月下旬，毛泽东在中共中央政治局会议上第三次提出自己不当国家主席，也不要设国家主席。会上毛泽东引用三国的故事说，孙权劝曹操当皇帝，曹操说孙权是要把他放在火炉上烤。我劝你们不要把我当曹操，你们也不要做孙权。但林彪仍坚持要设国家主席。5 月中旬，他同吴法宪谈话时强调："不设国家主席，国家没有一个头，名不正言不顺。"并要吴法宪和李作鹏在修宪工作小组会上，提出在宪法中写上《国家主席》一章。因而，当时中共中央办公厅印发的宪法修改草案讨论稿有设国家主席和不设国家主席两种方案。①

7 月中旬，修改宪法起草委员会开会期间，毛泽东第四次提出不设国家主席，并说，设国家主席那是形式，不要因人设事。8 月初，叶群仍对吴法宪说，设国家主席还要坚持。8 月 13 日下午，修宪工作小组在怀仁堂开会，吴法宪坚持要在宪法草案中设国家主席，并写上"毛泽东思想是全国一切工作的指导方针"和"天才地、创造性地、全面地"这三个副词。已经知道毛泽东不赞成写"天才地"这个副词的张春桥、康生同他们发生了激烈争吵。吴法宪宣称："要防止有人利用毛主席的伟大谦虚，贬低毛泽东思想。"

8 月 14 日晚上，政治局召开会议讨论宪法草案定稿。吴法宪等人做好充分准备坚持自己的主张。由于张春桥、康生在会上出乎意料地默不作声，结果宪法草案没经任何争论就通过了。

8 月 22 日，在毛泽东主持召开的政治局常委会上，林彪、陈伯达又一次提出要设国家主席，要毛泽东担任国家主席。毛泽东很生气，对林彪说，谁要设谁去当，反正我不当，我劝你也不要当。这是毛泽东第五次反对设国家主席。

8 月 23 日下午，九届二中全会举行开幕式。林彪抢先发言，他指出宪法草案的特点是"肯定毛主席的伟大领袖、国家元首、最高统帅的地位"，"这次宪法里面规定毛泽东的领导地位，规定毛泽东思想是领导思想"，"这是我最感兴趣的，认为最重要的就是这一点"。② 并特别强调，"毛泽东是天才，我还是坚持这个观

---

① 张云生：《毛家湾纪实》，春秋出版社，1988 年版，第 384 页。

② 汪东兴：《毛泽东与林彪反革命集团的斗争》，当代中国出版社，2004 年版，第 36 – 37 页。

点"。这就别有用心地提出了"国家元首"问题。

8 月 24 日在小组讨论会上，林彪集团成员纷纷表态，坚持宪法草案中的设国家主席和"天才"的观点，尤其是陈伯达在华北组作了极富煽动性的发言。他说，有人利用毛主席的谦虚，妄图贬低毛泽东思想。有的反革命分子听说毛主席不当国家主席，欢喜得跳起来了。宪法中写上"毛泽东思想是全国一切工作的指导方针"，是经过严重斗争的，现在竟有人胡说"天才地、创造性地、全面地"三个副词是一种讽刺，还想搞历史的翻案，这种否认天才的人是历史的蠢材，等等。华北组一些不明真相的人纷纷发言，对党内有人不说毛主席是天才，表示"最强烈的愤慨"，这些火药味极浓的发言被整理成了简报。8 月 25 日，毛泽东看到华北组会议简报后，立即在下午主持召开了由各小组组长参加的政治局常委扩大会议。在会上，毛泽东对陈伯达及其他人的发言进行了严厉的驳斥和批评，他说，国家主席问题不要提了，要我当国家主席就是要我早死；你们再继续这样，我就下山，让你们闹。于是会议决定立即休会，停止讨论林彪讲话，收回华北组简报。这是毛泽东第六次反对设国家主席。8 月 31 日，针对林彪、陈伯达的言论，毛泽东发表《我的一点意见》，发动了批判陈伯达的全党全国范围的"批陈整风"运动，向林彪发出公开警告，从此终止了设不设国家主席的争论。①

全会在挫败了林彪集团的突然袭击后，比原定会议时间延长了几天，仍宣布按原定议程进行。由于林彪一伙会上会下的积极活动，与会的许多人表示衷心赞成宪法第二条中增加"毛主席是国家主席，林副主席是国家副主席"的宪法设国家主席的意见。因此，9 月 6 日，会议通过了带有设立国家主席条文的宪法修改

① 汪东兴：《毛泽东与林彪反革命集团的斗争》，当代中国出版社，2004 年版，第 43 – 44 页。

草案。

这场关于国家要不要设国家主席的修宪争执，表面看来是关于国家体制的意见分歧，实际上是一场政治斗争。

毛泽东之所以坚持取消国家主席的设置，主要不是从国家体制的角度考虑，而是基于种种政治上的考虑。中华人民共和国成立后，是有国家主席的设置的，先是由毛泽东担任。1959 年 4 月第二届全国人民代表大会第一次会议同意了毛泽东不再担任国家主席的提议，选举了刘少奇担任国家主席。"文化大革命"打倒了刘少奇，如继续设国家主席，那么由谁担任呢？在毛泽东看来，国家主席不过是个"形式"，自己早就申明不任此职。但若由其他人担任，则在党的主席之外，又有一个主席。刘少奇的前车之鉴，不能不考虑。① 对于林彪坚持设国家主席，在庐山会议前，毛泽东只是视为思想认识上的不一致，其动机是为了维护毛泽东的地位，所以只是劝说。到中共九届二中全会上，毛泽东已察觉到林彪其实是自己想当国家主席，这就不是思想认识范畴的问题，因而决断地对林彪说，谁要设谁去当，反正我不当，我劝你也不要当，并将这一问题赋予政治解决。②

林彪之所以再三坚持设国家主席，同样不是为了坚持这种国家体制。九大以后，林彪的接班人地位被写进党章，为全党接受，这是无产阶级政党史上前所未有的。为了确保毛泽东之后的可靠接班，林彪抓住设国家主席问题大做文章，以巩固地位，打

---

① 韩延龙：《中华人民共和国法制通史》（下），中共中央党校出版社，1998 年版，第 632 页。

② 李剑：《中共历史转折关头：关键会议亲历实录》（下），中共中央党校出版社，1998 年版，第 756 页。

击江青集团。① 正如 1981 年 1 月，最高人民法院特别法庭《判决书》指出的："1970 年，林彪意识到江青、张春桥等人的势力发展有超越自己的趋势，图谋提前'接班'。"

（五）1975 年宪法的正式通过

中共九届二中全会之后，毛泽东发动了揭发批判陈伯达的"批陈整风"运动。1971 年 9 月 13 日，林彪叛逃，全国又开展了"批林批孔"运动。为了稳定局势，1973 年 8 月 24 日至 28 日，中共第十次全国代表大会召开，9 月 12 日中共中央政治局开会，再次提出召开四届全国人大和修改宪法的问题。由于宪法草案已在 1970 年 9 月党的九届二中全会基本通过，不需重新起草，也就不用成立宪法修改委员会，会议决定：成立宪法修改小组，由康生任组长，张春桥为代组长，江青、纪登奎、苏振华、倪志福为组员，负责宪法修改、整理工作。从 1973 年 9 月至 1974 年底这段时间内，曾有多个宪法修改草稿和向四届人大作的宪法修改草案报告稿，陆续报中央审批。②

1974 年 10 月，毛泽东认为，"无产阶级文化大革命"已经八年了，现在，以安定团结为好，全党全军要团结。1974 年 10 月 11 日，中共中央发出通知，决定在最近期间召开四届人大修改宪法。

1975 年 1 月 8 日至 10 日，党的十届二中全会在北京举行。全会讨论了四届人大的准备工作，决定将《中华人民共和国宪法修改草案》《关于修改宪法的报告》等提交四届人大讨论。1975

---

① 韩延龙：《中华人民共和国法制通史》（下），中共中央党校出版社，1998 年版，第 632 页。

② 许崇德：《中华人民共和国宪法史》，福建人民出版社，2003 年版，第 460 页。

年 1 月，张春桥在四届全国人大第一次会议主席团第二次会议上，对草案的修改作了简要说明：这个草案是在党的九届二中全会通过的草案基础上修改而成的。修改主要是删掉了林彪极力主张的设《国家主席》的那一章。张春桥针对四届人大在审议宪法草案过程中提出的一些问题，作了如下解释：

（1）关于在宪法草案中提到毛泽东的名字问题。这次把《序言》中提到毛主席名字的地方都去掉了。在讨论中，有人提出要恢复毛主席的名字。对此，张春桥说，删掉毛主席的名字是政治局讨论并经毛主席同意的，不宜再恢复。1954 年制定宪法就没写毛主席的名字，当时起草时也有人主张要写，毛主席坚持不写上他的名字。这一次我们就是依照 1954 年宪法制定时毛主席坚持的原则办的。

（2）关于在宪法中不写"为实现共产主义而奋斗"。在讨论中，有人提议写上。张春桥解释说，我国有 8 亿人口，共产党员是少数，有相当多的人不一定赞成共产主义，将来写不写，到共产主义再说。

（3）关于地方各级人民代表大会会议要不要规定一年开一次。张春桥回答说，讨论中有人不同意每年开一次，但写上两年开一次又不像样，所以最好不写，让人大常委会去规定。

（4）关于要不要设地方人大常委会。张春桥解释，地方革命委员会本身就是人大常委会，地方人大常委会可以考虑将来再解决，不必写在宪法上。

1975 年 1 月 13 日至 17 日，第四届全国人民代表大会第一次会议在北京召开。1 月 13 日，张春桥代表党中央向会议作《关于修改宪法的报告》。主要内容是：1954 年宪法是正确的。它的基本原则今天仍然适用，但它的部分内容今天已经不适用了。总结我们的新经验，巩固我们的新胜利，反映我国人民坚持无产阶级专政下继续革命的共同愿望，就是我们这次修改宪法的主要任务。党的基本路线是这次修宪的指导思想。这次修宪是对 1954 年宪法的继承和发展，重要的修改有：①加强了党的领导。②规定国家的阶级性质是"无产阶级专政的社会主义国家"。工农联盟是"工人阶级和它的可靠同盟军贫下中农的联盟"。③强化民主集中制，规定群众有运用大鸣、大放、大辩论、大字报的权利和罢工的自由。④生产资料所有制主要有两种。⑤把"中国永远不做超级大国"写进草案。1 月 17 日，这个历经 5 年惊心动魄的斗争修改出来的宪法，经会议表决一致通过。

从 1975 年宪法的整个修宪过程来看，1975 年宪法的出台是特定时代特定条件下的特殊产物。首先，它是在"文化大革命"后期制定通过的，必然带有"文化大革命"的深深烙印，是对"文化大革命"理论和实践的肯定和总结。其次，它的酝酿和修订，始终伴随着同林彪集团、江青集团夺权阴谋的斗争及力量的较量，这也必然会在 1975 年宪法中反映出来。如取消国家主席建制，就是消极防止野心的做法。而关于国务院谁主持工作不加明确，则是江青集团阴谋削弱甚至取代国务院总理的表现。再次，1975 年宪法的修订全过程完全撇开全国人大，是党一手包办的。从党的领袖建议、党的会议决定修宪，到中共中央直接主持修改，最后将草案交由全国人大走走形式予以通过。最后，1975 年宪法的通过，没有大张旗鼓地宣传，没有造成全民学习宪法的氛围。与此相反，它是秘密通过的。因为，我们从 1962 年 3 月至 1975 年 1 月这段时间里召开的 4 次全国人民代表大会，即二届三次会议（1962 年 3 月 27 日至 4 月 18 日）、二届四次会议（1963 年 11 月 17 日至 12 月 3 日）、三届一次会议（1964 年 12 月 20 日至 1965 年 1 月 4 日）、四届一次会议（1975 年 1 月 13 日至 17 日），全是在秘密状况下举行的。所以，当时在四届人大召开之前，各媒体包括《人民日报》都没有对修改宪法作任何宣传。在四届全国人大第一次会议期间，对大会讨论宪法修改草案也没有做丝毫报道。直到四届全国人大在 1975 年 1 月 17 日闭幕以后，《人民日报》才在 1 月 20 日公布了 1975 年宪法。

三、修宪内容评析

（一）修宪的主要内容

1975 年宪法由五部分组成：《序言》；《第一章　总纲》；《第二章　国家机构》，下分五节，即《全国人民代表大会》《国务院》《地方各级人民代表大会和地方各级革命委员会》《民族自治地方的自治机关》《审判机关和检察机关》；《第三章　公民的基本权利和义务》；《第四章　国旗、国徽、首都》。共 30 条，约 4000 字，主要内容如下：

（1）1975 年宪法的《序言》是重新写的。《序言》记载了中国人民英勇奋斗，取得新民主主义革命、社会主义革命和社会主义建设伟大胜利的光辉历史，对 1954 年以来 20 年的国家政治、经济、文化和国际关系的重大变化进行了概括和总结。把党的九大、十大肯定的新经验和新的胜利成果，即党的基本路线、基本政策写进序言，上升为宪法。肯定了"无产阶级文化大革命"是用"无产阶级专政下继续革命"的理论和实践去解决社会主义的矛盾的形式。还把"文化大革命"中流行的许多政治口号也写进序言。

（2）强调党的领导。"中国共产党是全中国人民的领导核心。工人阶级经过自己的先锋队中国共产党实现对国家的领导。马克思主义、列宁主义、毛泽东思想是我国指导思想的理论基础"（第二条）。为了加强党对国家机构的一元化领导，宪法规定"全国人民代表大会是在中国共产党领导下的最高国家权力机关"（第十六条），"中国共产党中央委员会主席统率全国武装力量"

（第十五条），等等。

（3）规定了国家机构体制。明确规定了国家的政权性质是无产阶级专政的社会主义国家，国家的政权组织形式是以工农兵代表为主体的各级人民代表大会，规定了无产阶级专政的对象和政策。同时，还把"政社合一"的农村人民公社和"文化大革命"中产生的"三结合"的地方各级革命委员会作为地方的一种政权形式。删除了设置国家主席的全部条文。在行政区划中将专区（省政府的派出机关）改称地区，地区是一级地方政权单位，设立人大和政府。

（4）规定了国家的经济制度和建设社会主义的一系列方针政策。充分肯定了生产资料所有制的社会主义改造的成就，规定现阶段的经济制度主要是全民所有制和劳动群众集体所有制两种形式。国家允许非农业的个体劳动者和农村人民公社社员从事有组织的、法律许可范围内的、不剥削他人的个体劳动，经营少量的自留地、自留畜和家庭副业。国家实行"按劳分配"原则。重申了鼓足干劲、力争上游、多快好省地建设社会主义的总路线。规定了要继续开展阶级斗争、生产斗争、科学实验三大革命运动；要独立自主，自力更生，艰苦奋斗，勤俭建国，抓革命，促生产，促工作，促战备；要以农业为基础，以工业为主导，发挥中央和地方两个积极性，有计划按比例发展社会主义经济等一系列经济建设的方针和政策。

（5）规定了在上层建筑领域的各项政策。规定国家机关和工作人员必须认真学习马克思列宁主义、毛泽东思想，必须密切联系群众，纠正不正之风，参加集体生产劳动，必须实行精简原则和老、中、青三结合的领导机构；规定无产阶级必须在上层建筑、其中包括各个文化领域对资产阶级实行全面专政，注意抓上层建筑领域里的社会主义革命。

（6）规定了中国永远不做超级大国的对外政策。规定中国在和平共处五项原则基础上同各国和平共处，反对侵略和战争，反对霸权主义。

（7）规定了民主集中制和公民的一些基本权利。规定国家机关一律实行民主集中制；规定在少数民族聚居地区实行民族区域自治制度；规定公民的基本权利，主要限于选举权、劳动权、受教育权、休息和获得物质帮助权、控告权，言论、通信、出版、集会、结社、游行、示威等权利。宪法修改报告中还谈到，根据毛主席的建议，第二十八条增加了公民有罢工自由的内容。

（二）1975年宪法的严重缺陷

由于1975年宪法是在"文化大革命"时期搞出来的，"文化大革命"中的极左思想浸透了宪法全文。宪法的修改者完全是从当时政治需要的角度制定的。他们对宪法的基本理论和基本知识不甚了解，致使1975年宪法充斥了政治口号、个人语录、具体政策，缺少法律的规范性和法律逻辑，不像一部具有规范性的宪法而更像政治宣言。1975年宪法的严重缺陷主要如下：

（1）从形式和结构上看，条文粗陋，表述不严谨，比例失调，体例混乱。

第一，文字表述过于简单，比例失调，致使许多应该规定的却没有规定。1954年宪法是106条，约9000字；1978年宪法是60条，约7000字；1982年宪法是138条，约2万多字。据统计，世界上142部成文宪法，其中10部超过3.6万字，24部少于5000字，平均每部为1.59万多字，而1975年宪法仅30条，不到4000字，还包括许多个人语录等非法律性语言。由于当时全国上下鄙视文化，似乎大老粗最革命，其文风也就粗俗，简而不精。如九大党章只有12条，仅及八大党章条文数的1/5。1975年宪法全文30条，总纲就有15条，占了宪法条文的一半，比例严重失调。

第二，体例混乱，结构不严谨。1975 年宪法混淆党政关系，把党和国家机关混同起来，把党章规定的一些内容，直接放进了应主要规定国家制度、社会制度的基本原则和基本内容的宪法中。它除了在《序言》中通过总结由于中国共产党的领导而取得的社会主义革命和社会主义建设的胜利经验，提出"我们必须坚持中国共产党在整个社会主义历史阶段的基本路线和政策"以外，在宪法正文部分又先后 5 次提到中国共产党的领导，即第二、第十五、第十六、第十七、第二十六条。这是强化党的一元化领导的集权体制在宪法条文形式上的明确表现。

国家机构的节名不一致。第一节至第三节是用机关的名称作为节名，第四节和第五节又用机关性质作为节名，尤其是第五节不用人民法院和人民检察院，而用审判机关和检察机关作为节名，从而造成体例上的不一致。这可能是因为取消了人民检察院又要规定检察院职权的行使，就只好使用审判机关和检察机关作节名。

《公民的基本权利和义务》这部分排列位置不恰当。在《公民的基本权利和义务》这部分的内部次序上，应先规定权利，再规定义务。1975 年宪法却先规定义务再规定权利，进而在规定公民权利时，又将公民的政治权利和自由、人身、经济文化社会这三个方面的权利相互混杂。这充分表现了宪法修改者对宪法基本知识的缺乏。

第三，规范疏漏，缺乏法律的科学性。1975 年宪法有许多不该写进宪法的语言。在《序言》和《总纲》中，毛泽东的语录随处可见；许多不是针对同一问题的号召性的语录放在一起，使 1975 年宪法更像我们党的政治纲领；有些条文很不规范，很不严谨。比如，《序言》中规定："要继续开展阶级斗争、生产斗争和科学实验三大革命运动，独立自主，自力更生，艰苦奋斗，勤俭建国，鼓足干劲，力争上游，多快好省地建设社会主义，备战、备荒、为人民。""团结起来，争取更大的胜利。"又如，《总纲》第十条中的"抓革命，促生产，促工作，促战备"，"以农业为基础，以工业为指导"；第十一条中的"无产阶级政治挂帅"，"老、中、青三结合"；第十二条中的"为无产阶级政治服务"，"与生产劳动相结合"；第十三条中的"一个又有集中又有民主，又有纪律又有自由，又有统一意志又有个人心情舒畅、生动活泼的政治局面"，这些规定具体指什么、怎样实施等，很不好理解，也缺乏具体操作性。再如，第十五条中的"中国人民解放军和民兵是中国共产党领导的工农子弟兵"，"中国人民解放军永远是一支战斗队，同时又是工作队，又是生产队"。解放军是工农子弟兵，是否意味着出身干部、知识分子等家庭的非工农子弟不得参加解放军？解放军又是生产队，这与第七条中的"生产队为基本核算单位"的生产队又有什么区别？如此等等，不胜枚举。

（2）从宪法修改的指导思想看，把"以阶级斗争为纲"作为国家的基本路线，确认"无产阶级专政下继续革命"的理论和实践。

张春桥在修改宪法的报告中认为，"总结我们的新经验，巩固我们的新胜利，反映我国人民坚持无产阶级专政下继续革命的共同愿望，就是我们这次修改宪法的主要任务"。肯定和坚持党在整个社会主义历史阶段的基本路线，"就是我们的主要经验，也是我们这次修改宪法的指导思想"。在这样的指导思想下，1975 年宪法在《序言》中写进了党的基本路线："社会主义社会是一个相当长的历史阶段，在这个历史阶段中，始终存在着阶级、阶级矛盾和阶级斗争，存在着社会主义同资本主义两条道路的斗争，存在着资本主义复辟的危险性，存在着帝国主义、社会帝国主义进行颠覆和侵略的威胁。这些矛盾，只能靠无产阶级专政下继续革命的理论和实践来解决。"这段话是按照毛泽东 1962 年提出的关于社会主义时期阶级斗争的看法写上去的，这种看法后来被作为中国共产党在整个社会主义历史时期的基本路线，也是"文化大革命"发动的理论依据。

在这种思想指导下，1975年宪法还规定："无产阶级必须在上层建筑其中包括各个文化领域对资产阶级实行全面专政"，"大鸣、大放、大辩论、大字报，是人民群众创造的社会主义革命的新形式"等等。这些"文化大革命"中的说法和做法，一一写进宪法，足以说明1975年宪法成功地完成了"修改任务"，实现了修宪的"指导思想"。它确认了"文化大革命"的合法性，给1957年以来的阶级斗争扩大化、极左思潮和极左错误提供了宪法依据，从而也使整个国家处于无序化状态。

（3）从宪法的内容看，无论是对经济制度、政权体制还是公民权利的规定，都带有深深的"文化大革命"的烙印，具有超越历史阶段的严重极左错误。

第一，在经济制度上肯定脱离中国实际的"穷过渡"，一味追求通过在生产关系和上层建筑领域的革命来实现社会经济的发展。1975年宪法没有明确集中地提出社会主义经济建设的主要任务，而是以阶级斗争的理论为出发点，提出"要继续开展阶级斗争、生产斗争和科学实验三大革命运动"，要"抓革命，促生产，促工作，促战备"。首先是抓革命，然后把生产上升为斗争并列为三大革命活动中的一种，这就完全忽略了经济建设的规律性，把过去用搞政治运动的方式搞经济的极左实践上升为宪法规定，混淆了政治与经济、运动与建设的界限。这必然阻碍把工作重心放在经济建设上，妨碍把国民经济搞上去和社会主义经济的正常发展。

1975年宪法不顾中国生产力发展水平，规定"纯粹"的社会主义生产资料所有制只有全民的与集体的两种所有制形式，而对其他所有制经济，只允许个体经济的合法存在，并明确给予极大限制，如有组织的统一安排、不剥削他人劳动、只能在保证集体经济的发展和占绝对优势的条件下少量存在、个体经济要发展必须是社会主义集体化等。与这种"一大二公"的所有制形式相适应，1975 年宪法规定了"纯粹"的社会主义的分配形式即"不劳动者不得食"，"各尽所能，按劳分配"。

规定"不劳动者不得食"是极不恰当的。"不劳动者不得食"，是在 1919 年苏俄宪法里首先作为分配原则的主要内容提出来的，当时主要是针对剥削阶级，也就是同革命的对象即不劳而获、依靠剥削为生的资产阶级作斗争而提出来的。而中国 20 世纪 70 年代的情况与 1919 年的苏俄大不一样。首先，中国的民族资产阶级在民主革命时期是革命的同盟者，在革命胜利后参加了新政权，国家副主席中就有他们的代表即民主党派的负责人。在社会主义改造完成以后，我们消灭了剥削制度，民族资产阶级基本被改造成为自食其力的劳动者，所以不存在他们的不劳而获。其次，"不劳动者不得食"如果指每一个有劳动能力的人都应该劳动，不劳动就不能分配消费品、取得劳动报酬，那么就与"按劳分配"原则重复了。再次，"不劳动者不得食"与宪法的其他规定也有矛盾。如第二十七条第二款规定劳动者"在年老、疾病或者丧失劳动能力的时候，有获得物质帮助的权利"。这就是说，这些人不劳动也要吃饭，也要生活。①

第二，在政权体制上强化党的一元化领导，党政不分，以党代国，以党代政。在全国人大和中国共产党的关系上，突出党领导一切的地位，削弱国家机构和国家政权的职能。如规定"全国人民代表大会是中国共产党领导下的最高国家权力机关"（第十六条），全国人大"根据中国共产党中央委员会的提议任免国务院总理和国务院组成人员"（第十七条）。这样规定有明显的逻

---

① 张友渔：《宪政论丛》（下），群众出版社，1986 年版，第 395 - 396 页。

辑上的矛盾：一方面，肯定了全国人大是国家的最高权力机关；另一方面，全国人大又在共产党的领导之下，似乎在最高权力机关之上还有一个更高的权力机关，这是不合逻辑、自相矛盾的。而且对全国人大的规定只用了三个条文，关于全国人大行使国家立法权以及决定权、任免权等规定得较含混笼统；关于全国人大的监督权、设立全国人大的专门委员会、全国人大代表的权利以及宪法的修改程序等重大问题均未作规定；关于全国人大的任期和开会的规定具有随意性。

搞乱国家体制和国家机关的权力分工。比如，取消国家主席设置，将原国家主席的部分职权改由全国人大常委会行使，但有些属于国家主席的职权，如授予国家勋章和荣誉称号、发布大赦令和特赦令、发布戒严令、宣布战争状态、发布动员令等应由哪些机关行使，都没有具体规定。又如，规定中国共产党中央委员会主席统率全国武装力量（第十五条），取消检察院的设置，规定检察机关的职权由各级公安机关行使（第二十五条）。再如，在国家机关组织系统上，规定由国务院统一领导各部、各委员会和全国地方各级国家机关的工作（第二十条），这样一来，地方人大、法院等都要听从国务院指挥，但是对国务院的性质和工作方式没作明确规定，还取消了国务院应由谁主持工作的规定以及取消了秘书长的职位。还有，改变地方机关的设置，用"文化大革命"中产生的革命委员会取代原来的人民委员会，规定革委会既是地方政府，又是地方各级人民代表大会的常设机关（第二十二条），并肯定了人民公社"政社合一"体制（第七条）。

第三，取消了社会主义司法制度的一些基本原则。如公民在法律上一律平等的原则、法院独立审判原则、人民陪审员制度、公开审判制度、被告人辩护制度等都被取消，却规定对重大的反革命刑事案件要发动群众讨论和批判（第二十五条）。

第四，简化并缩小了公民权利，有损宪法的精神。宪法应体现两大价值：一是制约公共权力，二是保障公民权利。1975 年宪法在规定公民的基本权利和义务时竟先规定公民义务，再规定公民权利，并极力缩小公民权利和自由的范围。同时，取消国家对公民享有的基本权利的保障性规定，删掉了公民的迁徙自由，进行科学研究、文艺创作和其他文化活动的自由和对国家工作人员的要求赔偿权；大大简化了对选举权和被选举权、劳动权、休息权、获得国家物质帮助权、受教育权、妇女同男子平等权等基本权利的规定。这种对公民基本权利规定既采用列举方式，又很贫乏和空泛的做法，极大地损害了宪法的宗旨和灵魂。

综上所述，"1975 年宪法是一部存在严重缺陷的宪法，是新中国宪法史上的大倒退"。"1975 年宪法，是在那种很不正常的条件下制定出来的。这个宪法对于很多需要认真规定的东西，都过于草率。"[1] 从 1975 年下半年开始，江青反革命集团加紧了篡党夺权的活动，使 1975 年宪法在实践中发挥的作用微乎其微，它不过是起到了一种政策点缀的作用。

（三）1975 年宪法性质[2]

张春桥在《关于修改宪法的报告》中，曾就 1975 年宪法与1954 年宪法的承继关系作过说明："1954 年宪法，是中国第一个社会主义类型的宪法。""二十年的实践证明，这个宪法是正确的。它的基本原则，今天仍然适用。""它的部分内容今天已经不适用了。""现在提出的这个修改草案，是 1954 年宪法的继承和

---

[1] 《胡乔木文集》（第二卷），人民出版社，1993 年版，第 512 页。

[2] 相关的学术讨论，参见许崇德：《中华人民共和国宪法史》，福建人民出版社，2003 年版，第 876 页；许崇德、何华辉：《我国新宪法同前三部宪法的比较研究》，《中州学刊》1983 年第 1 期；王旸：《新中国的制宪修宪历程》，《百年潮》2014 年第 10 期。

发展。"因此，从总体框架、基本原则的角度看，1975 年宪法应该是属于社会主义性质的。这主要表现在：1975 年宪法坚持了1954 年宪法所确立的民主原则和社会主义原则；肯定了"中华人民共和国是工人阶级领导的以工农联盟为基础的无产阶级专政的社会主义国家"；肯定了社会主义改造的胜利成果和社会主义建设的光辉成就；肯定了社会主义公有制和按劳分配原则；肯定了精简国家机关的原则；肯定了和平共处五项基本原则的国际关系准则和反对侵略、反对战争、反对霸权主义的对外政策；保留了人民代表大会的政权组织形式和民主集中制原则；保留了在少数民族聚居的地区实行民族区域自治的制度；保留了公民享有的基本权利等等。

站在今天的时代，以历史唯物主义的眼光看待"总体上讲仍不失为一部社会主义性质的宪法"的 1975 年宪法，其最值得坚持、肯定和保留的主要有以下几个方面：

（1）1975 年宪法坚持社会主义制度和中国共产党的领导。1975 年宪法将"中华人民共和国是工人阶级领导的以工农联盟为基础的无产阶级专政的社会主义国家"（第一条），"中国共产党是全中国人民的领导核心。工人阶级经过自己的先锋队中国共产党实现对国家的领导"（第二条）列入总纲的前两条。这与2018 年 3 月 11 日第十三届全国人民代表大会第一次会议通过《中华人民共和国宪法修正案》后的宪法《总纲》第一条"中华人民共和国是工人阶级领导的、以工农联盟为基础的人民民主专政的社会主义国家。社会主义制度是中华人民共和国的根本制度。中国共产党领导是中国特色社会主义最本质的特征。禁止任何组织或个人破坏社会主义制度"，在根本上是相一致的，在内容上是相契合的。

（2）1975 年宪法与 1954 年宪法、1978 年宪法以及现行宪法中都有社会主义核心价值观相关内容。2018 年 3 月 11 日，第十三届全国人民代表大会第一次会议通过了对现行宪法的第五次修正。其内容之一就是在第二十四条内容中增加"国家倡导社会主义核心价值观",使其上升为国家意志。2018 年宪法修改,将社会主义核心价值观写入宪法,是从根本上增强中国软实力、提升社会道德水平和社会主义文明程度的重大战略,对于实现国家治理现代化具有重大意义。自 1949 年颁布《共同纲领》以来,中国就十分重视通过宪法推动核心价值观建设。1954 年宪法、1975 年宪法与 1978 年宪法以及现行宪法中都有社会主义核心价值观内容。"宪法序言通过'革命叙事'和四项基本原则、国家奋斗目标的规定,将社会主义核心价值观融汇在历史回顾和未来规划之中;宪法总纲通过对政治、经济、社会和文化制度的规定,体现了国家层面和社会层面的核心价值观;公民基本权利和义务集中体现了社会层面和个人层面的核心价值观;国家机构条款不仅蕴含了国家层面和社会层面的核心价值观,而且为实现核心价值观提供保障;国家标志条款彰显着'富强''民主''文明''自由''爱国'等核心价值观。"①

(3) 1975 年宪法和 1978 年宪法在设立宪法权利、保障公民基本权利和人权保障事业方面起到承上启下的作用。从 1954 年宪法到 1975 年宪法再到 1978 年宪法,在保障人权方面,尽管受到了不同时期具体的历史条件的影响,在权利主体和具体的权利内容方面存在着某些差异。但这三部宪法在设立宪法权利、保障公民基本权利总的指导思想和立法原则以及设计具体的宪法权利

---

① 此为周叶中于 2018 年 9 月 12 日在西南政法大学所作,由中宣部宣教局、光明日报社共同主办的"核心价值观百场讲坛"第 77 场活动中,题为《新中国宪法历程与社会主义核心价值观入宪》的讲座的部分内容。见《百场讲坛走进西南政法大学,宣讲核心价值观入宪》,光明网 2018 年 9 月 12 日。

的内涵时，基本的立场和精神是一致的或者是相似的。三部宪法文件在保障人权的思想和人权保障理念方面是一脉相承的。

相对于 1954 年宪法来说，1975 年宪法和 1978 年宪法虽然在某些方面有停止或倒退的迹象，但是在另外一些方面也有不断发展和权利进化的趋势。而从总体上看，1975 年宪法和 1978 年宪法在规定宪法权利和公民的基本权利方面，在中国的人权保障事业的发展进程中，都起到了承上启下的作用，其历史性地位不容忽视，其制度意义也不容否定，为 1982 年宪法关于宪法权利和公民基本权利的规定奠定了法律基础。①

（4）1975 年宪法开启了中华人民共和国宪法修改由执政的中国共产党提出"修宪建议"的宪法惯例。提出"修宪建议"，是突出表现中国共产党执政方式的重要方面。1975 年宪法以后的宪法修改，都采用了这种方式，长此以往，形成了一个不成文的惯例，亦称为宪法惯例。由执政的中国共产党提出"修宪建议"，虽然在宪法中没有明确规定，但它符合宪法精神和原则，因而是合宪的。以后的宪法修改，无论是 1978 年和 1982 年的全面修改，还是 1988 年、1993 年、1999 年和 2004 年的局部修改，都是由中国共产党中央委员会提出"修宪建议"这一宪法惯例的历史延续。② 2018 年 1 月 26 日，中国共产党第十九届中央委员会提交给第十三届全国人民代表大会常务委员会《关于修改宪法部分内容的建议》，是这一宪法惯例的再一次延续，也是中国共产党依宪治国、依宪执政的重要体现，更是"中国共产党领导是中国特色

---

①　莫纪宏：《1978 年宪法在人权保障中的主要特征及其作用》，《河南省政法管理干部学院学报》2005 年第 2 期。

②　范毅：《"修宪建议"与共产党执政》，《南京财经大学学报》2004 年第 2 期，中国人民大学报刊复印资料《中国政治》专题 2004 年第 9 期转载。

社会主义最本质的特征"这一宪法条款的重要体现。

四、1975 年宪法的运行与影响

（一）1975 年宪法没有得到实施

（1）在法制被轻视和践踏的年代，1975 年宪法不可能得到实施。

1975 年宪法是秘密通过的。与 1954 年宪法相比，1975 年宪法在体例、内容上变化巨大。但在 1975 年宪法通过前，无论是学术界，还是各宣传媒体，均没有对修改宪法作任何宣传。在四届全国人大讨论宪法修改草案的过程中，对讨论情况没做报道。只是在四届全国人大已经闭幕，1975 年宪法已经通过三天之后，《人民日报》才在 1975 年 1 月 20 日予以公布。当时对于这种状况，并没有什么人提出不同意见。中国历来缺少法制文化，广大民众宪法意识淡薄，这种认识水平和文化氛围，不可能对 1975 年宪法的运行产生积极的影响。

由于"文化大革命"期间的无法无天，手持宪法文本的国家主席也没能捍卫自己和宪法的尊严。

"到 1958 年经过一场反右斗争和'大跃进'运动，党在'八大'确定的健全社会主义法制的正确方针和毛泽东本人坚持法制的观点被抛弃，公然否认法制，称赞人治。"[①] 这种蔑视法制的思想，给法制建设带来的损害是非常严重的。在党内、社会上和法学界，蔑视法制的思潮很快风行，对法制的一些基本原则也展开了批判，并且导致了随后取消法制的一系列后果，法律虚无主

---

① 蔡定剑：《历史与变革》，中国政法大学出版社，1999 年版，第 92 页。

义开始泛滥起来。

（2）没有制定与之配套的法律，1975 年宪法的规定从一开始就被视为一纸空文。

1975 年宪法对国家机构作了很多新的规定，但没有制定与之配套的各种组织法，也没有对有关机构、制度、运作等按 1975 年宪法作相应的调整。四届全国人大常委会只开了四次会议。其中在粉碎"四人帮"前召开的两次会议，总共只开了三天。除了通过关于特赦释放全部在押战争罪犯的决定和几个任命事项外，没有什么实质性内容。同时，国家重大问题根本不提请全国人大及其常委会讨论决定。如 1976 年 2 月 3 日，中共中央发出 1976 年 1 号文件，由华国锋任国务院代总理。① 1976 年 4 月，中共中央发出通知："根据伟大领袖毛主席提议，中共中央政治局一致通过，华国锋同志任中国共产党中央委员会第一副主席，中华人民共和国国务院总理。""根据伟大领袖毛主席提议，政治局一致通过，撤销邓小平党内外一切职务，保留党籍，以观后效。"② 宪法中关于国务院人员由全国人大任免的规定根本就是一纸空文。

1976 年 1 月 8 日，周恩来总理逝世，全国人民无限悲痛。广大群众以各种方式寄托自己的哀思，但遭到了"四人帮"的阻挠。到了 3 月下旬，南京、杭州、郑州、西安、太原等城市的群众，利用清明节祭祀祖先的传统，纷纷举行悼念周恩来总理的活动。北京从 3 月底开始，广大群众自发地汇集到天安门广场，在人民英雄纪念碑前敬献花圈、花篮，张贴传单，朗诵诗词，发表

---

① 当代中国研究所：《中华人民共和国史稿》（第三卷），人民出版社、当代中国出版社，2012 年版，第 284 页。

② 《中共中央关于撤销邓小平党内外一切职务的决议》，《人民日报》1976 年 4 月 8 日，第 1 版。

演说，抒发对周总理的悼念之情，痛斥"四人帮"的倒行逆施。4月4日（丙辰年清明），悼念活动达到高潮，首都和外地来京的群众，不顾当时的重重禁令到天安门广场，达200多万人次。他们声势浩大，群情激愤，矛头直指"四人帮"。

1975年宪法第二十八条规定，"公民有言论、通信、出版、集会、结社、游行、示威、罢工的自由"，"公民的人身自由和住宅不受侵犯。任何公民，非经人民法院决定或者公安机关批准，不受逮捕"。"四五运动"是人民群众自发聚集，采取各种可行的方式，表达自己的意愿，指陈国家大事，以表示拥护以邓小平为代表的党的正确领导的一种方式，这是符合1975年宪法所规定的公民行使权利的原则，是为宪法所允许的。

（二）1975年宪法的影响

（1）1975年宪法是作为总结经验、肯定胜利的结论加以修改的，它必然就把宪法作为达到政治目标，实现政党政策的工具，而不认为宪法是一切组织和个人的行为准则，是约束国家机关和领导人权力的法律。

由于1975年宪法是新中国第一次修宪的产物，而且是全面地修改，历时5年，历经两个阶段，第一阶段还发动群众讨论过。因此，这种用宪法肯定政策、总结经验的模式，对国家领导人和全国人民的认识产生了深刻的影响。换句话说，这种修宪模式没有摆正宪法适应现实生活的需要与宪法的终极价值取向二者的关系，没有树立起宪法作为根本法的地位，反而损害宪法的威信和权威，法制建设、依宪治国未能提上议事日程。所以，1975年宪法在公布以后，对国家走上法制轨道没有产生任何积极影响，没能制止社会生活的混乱和无序，更不用说凭借1975年宪法去限制国家权力和保障公民权利了。

（2）1975年宪法对后来修宪的影响。

首先是修宪形式上的影响。从修宪建议的提出到起草和修改，是根据毛泽东的具体指示，由政治局及其常委会讨论决定的，四届全国人大不过是履行了手续。这导致 1978 年宪法修改时，由全体政治局委员组成了修宪委员会，秘密修改。同时，也由此创下了由中共中央首先提出修宪建议的宪法惯例。① 另外，采用全面修改、重新颁布宪法文本的方式，也为 1978 年修宪和 1982 年修宪所沿用。

其次是修宪内容上的影响。1975 年宪法对经济制度的规定过于具体、琐碎，缺乏弹性和包容性，许多党的阶段性政策被直接写进宪法，这也使后来的修宪在经济制度方面动得最多。因为，经济是社会生活中最活跃的因素，随时在变化和发展，在宪法中过多地规定经济制度的内容，就使宪法无法及时适应经济变化的要求，必然会破坏宪法的稳定性。而后来的 1978 年宪法、1982 年宪法以及对 1982 年宪法的几次修改，均过多地规定了经济制度的内容，这是造成频繁修宪的原因之一。

20 世纪 60 年代至 70 年代的宪法变迁，在中国百年宪法史上，也许并不引人注目，其宪法制度尤其是宪法学说，在某些人眼里也许只是一片空白。的确，放眼宪法发展的新的背景，中国 20 世纪 60 年代至 70 年代的宪法发展及宪法学说，的确有令人痛

---

① 实际上从《共同纲领》到 1982 年历次宪法修正案，每一次立宪或者修宪的建议和具体内容都是由中共中央提出并在其直接领导下进行的。如：1949 年 1 月 6 日至 8 日中共中央政治局举行会议，决定在党的七届二中全会上"通过准备提交政治协商会议的《共同纲领》的草案"，而在这之前，中共中央早有准备，从 1948 年 10 月李维汉负责起草的《中国人民民主革命纲领草案》开始，先后提出了《共同纲领》最初的几个草案。

心、令人扼腕叹息的地方，但也不乏给世人以深省和启示之处。宪法绝不是某一个国家的专利，宪治也绝不是某一个民族的资源，宪法学说更不是某一个年代的特产。宪法是人类智慧的结晶，宪治是社会前行的必然。中国百年宪法史已经表明并将继续表明：有什么样的社会历史条件，就有什么样的宪法制度，也就有什么样的宪法思想和宪法学说。宪法之路，没有停顿；宪法学说，没有空白①：不管它以什么样的形式表现出来。任何时期的宪法发展及其宪法学说，在这个民族的宪法史和宪法学说史上，都必然有它特定的地位和独到的思想与文化价值。②

微信扫码，加入【本书话题交流群】
与同读本书的读者，讨论本书相关话题，交流阅读心得

---

① "至于1975年宪法和1978年宪法，虽然反映了极左的路线和思潮因而很不完善，但从本质上讲，这两部宪法还没有失去社会主义的属性。"参见许崇德：《中华人民共和国宪法史》，福建人民出版社，2003年版，第876页。

② 韩大元主编：《中国宪法学说史研究》（上），中国人民大学出版社，2012年版，第482页。

第四章　曲折中的发展：
1978 年宪法的全面修改[①]

一、破旧迎新：变革中的中国社会与 1978 年全面修宪

（一）历史性胜利与拨乱反正

1975 年全面修宪一年后，中国的政治生活发生了重大的变化。1976 年 1 月至 9 月，党和国家主要领导人周恩来、朱德、毛泽东相继去世，悲壮的"四五运动"爆发，唐山发生了震惊世界的大地震。与此同时，1975 年邓小平在主持工作期间曲折地表达了"文化大革命"给教育、科技、工业、军队建设造成损害的观点，并将经济建设提到比阶级斗争重要的地位，这种否定"文化大革命"的倾向使中国人民看到了希望。

1976 年 1 月周恩来逝世后，"四人帮"未能如愿，毛泽东选中了华国锋接任总理职位。9 月毛泽东逝世后，"四人帮"便迫不及待地要篡夺党和国家最高领导权。他们一方面攻击邓小平等

---

① 在本稿中，我们坚持 1954 年宪法是新中国的唯一一部正式宪法，1975 年、1978 年、1982 年都是全面修宪而非重新制宪的观点。因此，下文中涉及各部宪法的称谓时，我们一般选择规范地将其称为"1954 年宪法""1975 年（全面）修宪""1978 年（全面）修宪"等。但考虑到今人的语言习惯，亦为叙事便利计，我们也会使用"1954 年宪法""1975 年宪法""1978 年宪法""1982 年宪法"这样的称谓。

老一辈无产阶级革命家，另一方面加紧反对华国锋。10月6日，华国锋在叶剑英、李先念等老同志的支持下，执行党和人民的意志，采取断然措施，将"四人帮"隔离审查，并控制政治局面。这是一个历史性胜利，10月7日，中共中央政治局作出关于华国锋任中共中央主席、中央军委主席的决议。10月18日，中共中央向各级组织发出《关于王洪文、张春桥、江青、姚文元反党集团事件的通知》，从而事实上结束了"文化大革命"，国家政治生活、社会秩序和人民的生活秩序开始恢复正常，各项工作开始步入正轨，国家建设开始进入一个新的发展时期。

粉碎"四人帮"以后，党和政府开始着手拨乱反正。从1976年10月到1978年3月，一年多的拨乱反正初见成效。

1. 政治上清查帮派体系，平反冤假错案

整顿党和国家的组织，在全国自上而下开展清查"四人帮"帮派体系的工作。通过清查，调整和加强了党和国家的各级领导班子，清除了领导岗位上的"三种人"①，基本上制止了派性斗争，全国开始出现安定团结的局面。

开始平反冤假错案。"文化大革命"中以及"文化大革命"前的历次政治运动制造了一大批冤假错案。粉碎"四人帮"以后，平反冤假错案的工作被提上了议事日程。从1977年7月党的十届三中全会接受陈云的意见，正式作出关于恢复邓小平职务的决议，到1977年10月7日《人民日报》《把"四人帮"颠倒了的干部路线是非纠正过来》一文的发表，再到1978年1月19日《人民日报》发表评论员文章《切实清理审干积案 落实党的干部政策》，逐步使平反冤假错案工作得到肯定，纠正冤假错案工作有了实质性进展，调动了广大干部群众的积极性。

---

① 中共十二届二中全会通过的《中共中央关于整党的决定》中规定，"三种人"是指造反起家的人、帮派思想严重的人、打砸抢分子。

2. 经济上工农业生产开始复苏，生活水平得到提高

1978 年农业生产获得大丰收，粮食突破 6000 亿斤，超过历史最高水平；1977 年工业总产值比 1976 年增长 14.3%，1978 年又比 1977 年增长 13.5%；1977 年财政收入比 1976 年增长 12.6%，1978 年又比 1977 年增长 28.2%；人民生活水平有所提高，1977 年全国 60% 的职工 10 多年来第一次不同程度地增加了工资，1978 年全国城乡居民消费水平比 1977 年提高 5.1%。① 国民经济得到比较快的恢复。

3. 教科文领域大力纠"左"，恢复了高考制度

邓小平复出后，在分管的科教工作方面倾注了相当大的精力。邓小平号召"一定要在党内造成一种空气：尊重知识，尊重人才"，"要反对不尊重知识分子的错误思想"。② 在邓小平主持下，扭转了多年来对知识分子实行的"左"的政策，坚决否定了"两个估计"，实事求是地肯定了"文化大革命"前 17 年科教战线的成绩。1977 年底至 1978 年初，恢复了高校入学考试制度，全国高等院校从此通过统一考试招收新生，教育、科学、文化工作也开始走向正常。

政治、经济、文化各个领域的恢复性工作，为 1978 年全面修宪准备了一定的有利条件。

（二）政治上徘徊与经济上冒进

从粉碎"四人帮"的历史性胜利到党的十一届三中全会的历史性转折，这两年多是社会主义中国从极左走向改革的交替时

---

① 郭德宏主编：《中国共产党的历程》（第三卷），河南人民出版社，2001 年版，第 119 页。

② 《邓小平文选（1975—1982）》，人民出版社，1983 年版，第 38 页。

期，从政治到经济都呈现出过渡的特征。

当时，摆在党中央面前的重大问题是，在党的指导思想上，是继续坚持以"阶级斗争为纲"，还是以经济建设为中心，解放生产力，发展生产力？是坚持"两个凡是"，还是坚持"实事求是"？问题十分尖锐，争论十分激烈。华国锋是毛泽东提名担任党中央第一副主席和国务院总理的，他果断的领导一举粉碎了"四人帮"，功不可没。但在这以后的两年中，他在一系列重大问题上犯了"左"倾的错误。

1. 推行和坚持"两个凡是"

早在1976年10月26日，华国锋就对宣传部门要求：一定要注意，凡是毛泽东批准过的、讲过的，都不能批评。在如何对待毛泽东及毛泽东思想的问题上，采取教条主义态度，把毛泽东说过的话、决定的事都当作不可移易的真理，只能够照抄照办，不许可半点置疑。"两个凡是"① 的危害，就是神化毛泽东，就是坚持毛泽东晚年的"左"倾错误，坚持"文化大革命"的理论和实践，在指导思想上为拨乱反正设置禁区，造成两年徘徊。

2. 拖延和阻挠平反冤假错案

当时，有不少轰动全国的有代表性的大冤案急需平反昭雪，而华国锋却毫无积极性。他认为，如果刘少奇、陶铸、彭真、薄一波、杨尚昆、彭德怀、黄克诚、习仲勋、洪学智等这些案子都翻过来，那"文化大革命"还有什么成果？而且这些案子都是毛泽东定的，平反这些案子，不就是否定毛泽东吗？因此，华国锋对恢复老干部的工作，尤其是对邓小平出来工作和为"天安门事件"平反极力加以阻挠。

---

① 《人民日报》1977年2月7日社论《学好文件抓住纲》："凡是毛主席作出的决策，我们都坚决拥护；凡是毛主席的指示，我们都始终不渝地遵循。"

3. 助长和加剧经济发展的不平衡

1977年和1978年，华国锋在经济建设方面采用"政治挂帅＋群众运动＋'大跃进'"的思路，提出了不切实际、急于求成的冒进口号，如本世纪末许多省的工业要赶上和超过欧洲发达国家；农业要实现机械化、电气化；各项主要指标要接近、赶上、超过世界先进水平。搞高指标、高速度，如到本世纪末原油产量要达到25亿吨，要新建续建10个大钢铁基地、10个大油气田、30个大电站、6条铁路新干线等等。由于冒进，到1978年底，中国物资、财政、信贷和外汇支付都发生了大的不平衡，加剧了国民经济比例严重失调。

（三）党的十一大与"左"的指导思想

为了确定党的工作方针，选举新的中央委员会，1977年8月12日至18日，党的第十一次全国代表大会提前一年在北京召开。

这次大会的成功之处在于，明确宣布了"文化大革命"的结束；将国民经济建设提到了重要的地位；强调要坚持和健全民主集中制；恢复和发扬党的优良传统；许多在"文化大革命"中遭受打击迫害的同志被选入中央委员会，获得了重新工作的权利。但是从会议的整体基调和作用来看，这次会议未能完成拨乱反正的历史使命。主要表现为：继续坚持"无产阶级专政下继续革命"的理论；坚持"文化大革命"完全必要，非常及时；坚持反右，反对反"左"；坚持脱离实际的经济建设"洋跃进"计划；坚持"不但要民主，尤其要集中"。党的十一大虽然比"文化大革命"期间召开的九大、十大有所进步，但它没有能够完成从指导思想和理论体系上拨乱反正的任务，人们仍无法从"左"倾的思想禁锢中解放出来，僵化的思想成为历史发展的障碍。

1978 年全面修宪正是在上述特定历史条件下发生的，它必然带有新旧交替的过渡特征，必然带有徘徊中前进的矛盾特色，必然带有"文化大革命"的深深痕迹。

（四）全面修宪的过程

1. 修宪建议的提出

党的十一大提出了党和国家在新时期的总任务，即在本世纪内把我国建设成为四个现代化的伟大社会主义强国。为了完成新时期的总任务，党内外强烈要求从政治上、组织上清除"四人帮"的影响，改进和完善我国的国家制度和社会制度。1975 年宪法作为"文化大革命"的产物，当然首先排在清除之列。1977 年，中共中央开始考虑召开五届全国人大并修改 1975 年宪法的问题。

1977 年 10 月 23 日，四届全国人大常委会第四次会议召开，华国锋在会上代表中共中央正式向会议提出召开五届全国人大和修改宪法的建议。中共中央在修宪建议中，着重说明了修改宪法的必要性。建议说：去年，我们党和国家经历了非常事件，取得了粉碎"四人帮"的伟大胜利，使我国进入了社会主义革命和社会主义建设新的历史发展时期。为进一步清除"四人帮"在国家政权中的流毒和影响，从政治上和组织上巩固和发展无产阶级"文化大革命"，特别是粉碎"四人帮"斗争的胜利成果，为了贯彻执行党的十一大路线，实现抓纲治国的战略决策，进一步巩固和加强无产阶级专政，迎接社会主义经济建设和文化建设高潮，中共中央认为，有必要提前召开五届全国人大修改宪法。①四届全国人大常委会第四次会议讨论了中共中央的建议，并作出了关于在第二年春天召开第五届全国人民代表大会的决定。第五

---

① 第四届全国人大常委会第四次会议文件。

届全国人民代表大会第一次会议的议程是：①讨论通过政府工作报告；②修改中华人民共和国宪法和通过关于修改宪法的报告；③选举和任命国家领导人、工作人员。

2. 修宪草案的提出

在中共中央向人大提出修宪建议以前，已经自行决定成立了宪法修改委员会。1978 年宪法修改委员会的组成人员，就是中共中央政治局的组成人员，共 26 人，由中共中央主席、政治局常委华国锋任主任，中共中央副主席、政治局常委叶剑英、邓小平、李先念、汪东兴任副主任，全体政治局委员和候补委员均为成员。这个修宪委员会名单完全是由中共中央政治局独自决定的。宪法修改委员会宣布成立以后，中共中央政治局又指定了一个具体修改起草的班子。宪法修改草案在中共中央向全国人大提出修宪建议以前已经完成，而且对宪法修改草案的讨论就是政治局会议的讨论。

3. 修宪草案的讨论通过

宪法修改草案起草完成后，经政治局讨论通过。1977 年 10 月 15 日，中共中央向全党发出通知，要求各省、自治区、直辖市和人民解放军采取适当的形式，征求党内外群众对修改宪法的意见，于 11 月份汇总报告中央。11 月 2 日，中共中央向全国各省、市、自治区党委，中央和国家机关，各部、委的党委和党组，军委各总部、各军兵种党委发出特急电，就关于征求党内外群众对修改宪法的意见提出补充通知：①征求意见的对象要包括工人、农民、解放军战士、各方面的知识分子、各级党政军干部以及民主党派、爱国人士、少数民族、归国侨胞。通知强调：征求意见的对象要有适当比例的非党群众和党外人士；要有老、有中、有青、有妇女。②修改宪法的意见，须于 11 月 20 日以前报中央。③中央准备在 11 月下旬召开一个修改宪法的座谈会，请上海、黑龙江、山西、新疆、江苏、湖南、广东、四川等 8 个省、市、自治区和兰州、武汉两个军区各派 15 人参加，由省、市、自治区党委书记、军区政委或副政委带队，地方要有省、地、县、公社、大队和工厂、学校的党政干部参加；军队要有大军区、军、师、团、连的干部参加；黑龙江要有大庆的负责人，山西要有大寨大队和昔阳县的负责人，新疆要有自治区、自治州、自治县的少数民族干部，黑龙江、广东、湖南、四川也要有少数民族干部。

1977 年 11 月上旬，在北京市玉泉山召开各方面代表人物参加的座谈会，听取对修改宪法的意见。会议由吴德主持，并有修宪工作班子部分成员吴冷西、胡绳、龚育之、李鑫等六七个人在场直接听取意见。① 还将各省、市、自治区，各大军区，中央各部门汇报上来的修改意见加以集中和讨论。

1977 年 12 月，中央又一次征求了 8 个省、市、自治区，两大军区，32 个中央部门对宪法修改初稿的意见。1978 年 2 月，中央把宪法修改草案发到各省、市、自治区，各大军区、省军区，组织了党内外有关方面代表人物座谈。②

1978 年 2 月 18 日至 23 日，党的十一届二中全会召开。会议为五届全国人大的召开作政治上、思想上和组织上的准备，讨论和通过了宪法修改草案，并决定提请五届全国人大一次会议审议。1978 年 2 月 26 日至 3 月 5 日，第五届全国人民代表大会第一次会议在北京召开。会上，叶剑英作《关于修改宪法的报告》（以下简称《修宪报告》）。叶剑英在报告中阐述了三大问题，即"关于新时期的总任务""关于宪法条文的修改""关于宪法的实施"。

（1）第一个问题，关于新时期的总任务，讲了三个方面：

---

① 许崇德：《中华人民共和国宪法史》，福建人民出版社，2003 年版，第 403 页。

② 文正邦等：《共和国宪政历程》，河南人民出版社，1994 年版，第 128－129 页。

①修宪指导思想："新宪法应该高举毛主席的伟大旗帜，完整地准确地体现马克思列宁主义关于无产阶级专政的学说，完整地准确地体现毛主席关于无产阶级专政下继续革命的学说，充分地反映中国共产党的十一大路线和华主席为首的党中央抓纲治国的战略决策，总结同'四人帮'斗争的经验，消除'四人帮'流毒和影响，巩固和发展无产阶级文化大革命的胜利成果。这是这次修改宪法的指导思想，也是广大群众对新宪法的根本要求。"②国家的总任务："坚持无产阶级专政下的继续革命，开展阶级斗争、生产斗争和科学实验三大革命运动，在本世纪内把我国建设成为农业、工业、国防和科学技术现代化的伟大的社会主义强国。"③关于统一战线：我们必须团结一切可以团结的力量，包括中国各民族的最广泛的人民大团结，没有这样的人民大团结，要实现新时期的总任务，是不可能的。我们一定要坚持无产阶级国际主义，团结国际上一切可以团结的力量，结成最广泛的统一战线，为人类的进步和解放事业而奋斗。

（2）第二个问题，关于宪法条文的修改，有五个方面：①必须充分发扬社会主义民主：在总纲增加了"国家坚持社会主义的民主原则，保障人民参加管理，管理各项经济事业和文化事业，监督国家机关和工作人员"。在健全选举制、加强全国人大和地方人大的职能、基层民主管理以及公民的民主权利方面增加了新的具体的规定，肯定了"四大"的大民主和民主集中制。②"对有关国家机关和工作人员的条款，做了较大的修改，提出了必不可少的严格要求，这些要求当中，最根本的一条就是联系群众。"规定国家机关各级领导人员的组成必须实行老、中、青三结合的原则。"我国的地方政权基本上实行省、县、公社三级的体制。省、自治区下面的地区，除自治州以外，不作一级政权，不设人民代表大会和革命委员会，而设行政公署，作为省、自治区革命委员会的派出机构。行政公署设行政专员和副专员。县以下如果设区的话，也不是一级政权，而是县革命委员会的派出机构。这样规定的目的，是为了减少层次，提高效能。"③强化国家机器和加强对敌专政：在关于武装力量的条文中增加一款，强调军队的革命化、现代化建设和民兵建设，"实行野战军、地方军和民兵三结合的武装力量体制"，在公民义务中规定了服兵役和参加民兵组织，恢复设置检察院，具体列举了专政对象并解释什么是"新生的资产阶级分子"以及打击和教育改造并举的方针。④经济方面要巩固公有制和按劳分配，坚持计划经济和高速发展生产力。⑤大力发展教育科技和社会主义文化，实行"双百"方针。

（3）第三个问题，关于宪法的实施，报告指出："宪法通过以后，从宪法的原则精神到具体条文规定，都要保证全部实施。不论什么人，违反宪法都是不能允许的。""我们还要依据新宪法，修改和制定各种法律、法令和各方面的工作条例、规章制度。"全国人大的重要职权之一是"监督宪法和法律的实施"，地方各级人大也要在本行政区域内"保证宪法、法律、法令的遵守和执行"。"各级国家机关一定要组织好宪法学习。国家机关的每一个工作人员，不论职位高低，都是人民的勤务员，都要成为带头实行宪法、遵守宪法的模范。"

大会对宪法修改草案进行了认真讨论，一些代表还提出了修改意见。会议根据这些意见，最后在内容上和文字上作了几处修改。①1978年3月5日，参加五届全国人大一次会议的全体代表一致通过了对宪法的全面修改草案。

（4）修宪过程的特点。

1978年修宪同1975年修宪一样，由中共中央提出具体的修

---

① 文正邦等：《共和国宪政历程》，河南人民出版社，1994年版，第129页。

改意见，拟订出修改内容，在党的中央全会上①直接拿出宪法修改草案，形成关于修改宪法的报告，然后直接提交全国人大审议通过。只是1978年的修宪过程比1975年的更神秘。此次修改宪法的委员会由中共中央政治局全体成员组成，具体的修改情况由中共中央政治局直接掌握。

当然，由中共中央直接主持修宪的上述特点，是当时历史条件决定的，是强调党的一元化领导，党政不分、以党代政的必然产物。长期以来，我们强调党的一元化领导，造成了党政不分、以党代政，党的组织实际行使了许多本应由国家权力机关行使的权力，履行了许多本应由国家权力机关履行的管理国家的职能。

1975年宪法对自身的修改问题规定得不明确、不具体。1975年宪法在规定全国人大的职权中仅仅规定了4个字"修改宪法"，至于哪些机关、组织、人员有权提出修改宪法的动议、修改宪法的建议以及修改宪法的具体程序和通过条件等一系列问题均没有作出规定。因而，在当时权力高度集中于党中央的情况下，宪法修改程序的启动及具体组织宪法修改的工作，就只能由作为事实上的政治权力中心的中共中央来完成了。

从1975年修宪到1978年修宪，形成了由中共中央行使修宪建议权的宪法惯例，这在客观上体现了中国共产党的执政党地位和领导核心地位。1978年修宪是由中共中央一手包办的，不仅提出修宪的原因和内容，而且直接提出具体的修宪条款、具体的宪法修改草案，在实践中可能产生一些弊端。首先，中国共产党作为执政党并不行使国家权力机关的职权，由于其政党的性质与功能，并不擅长修宪立宪的一系列技术性问题，如怎样表述宪法规范和掌握宪法规范对社会关系进行调整的分寸，怎样保持修改后

----

① 1975年修宪是在党的十届二中全会上，1978年修宪是在党的十一届二中全会上。

的宪法规范与整个宪法的原则、精神的和谐一致，等等。反而容
易使党的政治领导陷入对具体事务的干预和对具体问题的解决。
其次，势必导致宪法所规定的全国人大的修宪权被理解为中共中
央所提修宪草案的批准权，使全国人大有可能丧失修宪的动议
权、起草权及审议权。再次，势必导致全国人大最高权力机关性
质和地位的弱化，不能真正发挥最高权力机关的作用，并且不能
成为全国各族人民当家作主的权力机关。

二、拨乱反正：1978 年全面修宪的意义

1978 年宪法和 1975 年宪法一样，由五部分组成，即序言与 4
章，共 60 条，约 7000 字，主要内容如下：

（一）"革命"退场与国家发展总纲领的再拟定

1954 年，毛泽东在审阅宪法草案报告时就明言，1954 年宪
法是一部"社会主义类型的宪法，但还不是社会主义的宪法"，
而 1975 年的全面修宪虽然存在严重不足，但毕竟开启了新中国
宪法的"社会主义时代"。1978 年的全面修宪延续了宪法的社会
主义基调，因此在与国家基本政治制度、经济制度、社会制度和
文化制度最为相关的宪法《序言》和《总纲》部分，1978 年宪
法大量沿用了 1975 年宪法的相关条文。即便如此，1978 年修宪
时仍为极左路线的纠正、"文化大革命"历史错误的清理和国家
发展轨道的纠偏作出了重要贡献。这些贡献主要体现为：

1. 清理革命与运动的语言陈迹

1978 年宪法在其序言中宣布，第一次"无产阶级文化大革
命"已"胜利结束"，"我国社会主义革命和社会主义建设进入
了新的发展时期"，正如有论者指出的，这实际上在法律层面终

结了"文化大革命"的进程，为社会主义法制的回归与重建提供了广泛的宪法空间。① 与之相配合，在此次修宪中，尽管"无产阶级专政下的继续革命"仍被作为新时期的总任务之一继续存在，但大量与社会革命和社会运动相关的语词已在宪法文本中逐渐退场：

1975 年宪法的表述	1978 年宪法的删改
社会主义社会是一个相当长的历史阶段。在这个历史阶段中，始终存在着阶级、阶级矛盾和阶级斗争，存在着社会主义同资本主义两条道路的斗争，存在着资本主义复辟的危险性，存在着帝国主义、社会帝国主义进行颠覆和侵略的威胁。这些矛盾，只能靠无产阶级专政下继续革命的理论和实践来解决。 　　我们必须坚持中国共产党在整个社会主义历史阶段的基本路线和政策，坚持无产阶级专政下的继续革命，使我们伟大的祖国永远沿着马克思主义、列宁主义、毛泽东思想指引的道路前进。（序言第三、第四段）	这两段话被全部删除。 　　对当前所处的历史时期的定位改为："第一次无产阶级'文化大革命'的胜利结束，使我国社会主义革命和社会主义建设进入了新的发展时期。"

① 杨蓉、江国华：《历史的拐点——写在"七八宪法"颁布实施 30 周年》，《长沙理工大学学报》（社会科学版）2009 年第 1 期。

（续表）

1975 年宪法的表述	1978 年宪法的删改
我们……独立自主，自力更生，艰苦奋斗，勤俭建国，鼓足干劲，力争上游，多快好省地建设社会主义，备战、备荒、为人民。（序言第五段）	将"备战、备荒、为人民"删除。 将"独立自主，自力更生，艰苦奋斗，勤俭建国"纳入总纲，确立为国家发展国民经济的方针（第十一条第二款）；将"鼓足干劲，力争上游，多快好省地建设社会主义"纳入总纲，确立为国家建设社会主义的总路线（第十一条第一款）。
中华人民共和国的一切权力属于人民。人民行使权力的机关，是以工农兵代表为主体的各级人民代表大会。（第三条）	将"以工农兵代表为主体的"删除。
国家允许非农业的个体劳动者在城镇街道组织、农村人民公社的生产队统一安排下，从事在法律许可范围内的，不剥削他人的个体劳动。同时，要引导他们逐步走上社会主义集体化的道路。（第五条第二款）	将"农村人民公社的生产队"删除，改为"（或者）农村的基层组织"。
农村人民公社是政社合一的组织。……（第七条第一款）	将"是政社合一的组织"删除，只强调农村人民公社是"社会主义劳动群众集体所有制经济"。

（续表）

1975 年宪法的表述	1978 年宪法的删改
国家实行抓革命，促生产，促工作，促战备的方针，以农业为基础，以工业为主导，充分发挥中央和地方两个积极性，促进社会主义经济有计划、按比例地发展，在社会生产不断提高的基础上，逐步改进人民的物质生活和文化生活，巩固国家的独立和安全。（第十条）	将"抓革命，促生产，促工作，促战备的方针"删除，并将国家在发展国民经济中的方针改为"独立自主、自力更生、艰苦奋斗、勤俭建国"。
无产阶级必须在上层建筑其中包括各个文化领域对资产阶级实行全面的专政。文化教育、文学艺术、体育卫生、科学研究都必须为无产阶级政治服务，为工农兵服务，与生产劳动相结合。（第十二条）	将"无产阶级必须在上层建筑其中包括各个文化领域对资产阶级实行全面的专政"删除，仅强调"国家坚持马克思主义、列宁主义、毛泽东思想在各个思想文化领域的领导地位"。 将"为无产阶级政治服务""与生产劳动相结合"删除。
国家机关和工作人员，必须认真学习马克思主义、列宁主义、毛泽东思想，坚持无产阶级政治挂帅，反对官僚主义，密切联系群众，全心全意为人民服务。各级干部都必须参加集体生产劳动。（第十一条）	将"坚持无产阶级政治挂帅"删除。

（续表）

1975 年宪法的表述	1978 年宪法的删改
大鸣、大放、大辩论、大字报，是人民群众创造的社会主义革命的新形式。国家保障人民群众运用这种形式，造成一个又有集中又有民主，又有纪律又有自由，又有统一意志又有个人心情舒畅、生动活泼的政治局面，以利于巩固中国共产党对国家的领导，巩固无产阶级专政。（第十三条）	本条被全部删除。但"大鸣、大放、大辩论、大字报"仍作为公民的基本权利被保存了下来。
中国人民解放军和民兵是中国共产党领导的工农子弟兵，是各族人民的武装力量。……中国人民解放军永远是一支战斗队，同时又是工作队，又是生产队。（第十五条第一、第三款）	将"和民兵"删除。将"中国人民解放军永远是一支战斗队，同时又是工作队，又是生产队"这一整句话删除。

2. 国家建设与社会发展总目标的重新确立

早在 1956 年时，随着国家工业体系的初步建立，对农业、手工业和资本主义工商业的社会主义改造的基本完成，执政党曾在其第八次全国代表大会第一次会议上指出，国内的主要矛盾已从工人阶级和资产阶级之间的矛盾，转化为人民对于建立先进的工业国的要求同落后的农业国的现实之间的矛盾，并由此提出，党和国家下一阶段的工作的根本任务应当是集中力量发展社会生产力。1964 年，时任国务院总理的周恩来也曾在第三届全国人民代表大会上提出，国家在本世纪内实现四个现代化，使我国国民经济走在世界前列的奋斗目标。然而，探索社会主义建设的道路是曲折的，尤其是"文化大革命"的十年内乱，使得经济建设长期停滞，国家财政陷入困难，民生疲顿已不只是一个严重的经济问题，而且成为一个严重的社会问题和政治问题。有识之士已经看到，必须把"文化大革命"耽误的时间抢回来，将大力发展生产力作为"最大的政治"。① 1978 年的全面修宪在这个背景下应运而生，用叶剑英在《修宪报告》中的话说，这次修宪是把执政党第十一次全国代表大会规定的全国人民在新时期的总任务"用法律的形式肯定下来"，并根据这一总任务，对如何巩固社会主义经济基础、高速度地发展社会生产力作了明确的规定：

（1）将国家现阶段总体情况定位为"初步繁荣昌盛的社会主义国家"，并将建设"四化"强国确立为国家在社会主义革命和建设新时期的总任务。表现为 1978 年宪法序言第四段：

"……在本世纪内把我国建设成为农业、工业、国防和科学技术现代化的伟大的社会主义强国。"

（2）将"鼓足干劲，力争上游，多快好省地建设社会主义"确立为国家建设社会主义的总路线。《修宪报告》指出，高速度地发展国民经济，不断提高社会生产力，本就是社会主义制度的优越性所在，此前我国经济建设的发展已初步地表现了社会主义制度的这种优越性，但因遭受到极左思潮引发的社会动荡而中断。为扭转局面，我们应尽一切努力使我国的生产力真正来一个高速度的大发展。这一决断在 1978 年宪法上表现为第十一条第一款：

"国家坚持鼓足干劲、力争上游、多快好省地建设社会主义的总路线，有计划、按比例、高速度地发展国民经济，不断提高社会生产力，以巩固国家的独立和安全，逐步改善人民的物质生活和文化生活。"

（3）将"独立自主，自力更生，艰苦奋斗，勤俭建国"等

---

① 萧冬连：《国步艰难——中国社会主义路径的五次选择》，社会科学文献出版社，2013 年版，第 182–183 页。

三条确立为国家发展国民经济的方针。表现为 1978 年宪法第十一条第二款：

"国家在发展国民经济中，坚持独立自主、自力更生、艰苦奋斗、勤俭建国的方针，以农业为基础、工业为主导的方针，在中央统一领导下充分发挥中央和地方两个积极性的方针。"

（4）将"百家争鸣、百花齐放"确立为国家促进社会主义文化繁荣的方针。《修宪报告》指出，在思想文化领域必须正确区别和处理敌我矛盾与人民内部矛盾，对后者只能采取说理的讨论的方法。决不容许采取专政的方法。"在内部，压制自由，压制人民对党和政府的错误缺点的批评，压制学术界的自由讨论，是犯罪的行为。"这一理念表现为 1978 年宪法第十四条第二款：

"国家实行'百花齐放、百家争鸣'的方针，以促进艺术发展和科学进步，促进社会主义文化繁荣。"

（5）将发展科学事业、教育事业作为国家任务。《修宪报告》中谈到，实现新时期的总任务，不但需要有一个经济建设的高潮，而且需要有一个文化建设的高潮。此次宪法修改对此予以充分注意，为反映科学技术与教育事业在实现新时期总任务中的重要地位，1978 年宪法在第十二、第十三条中规定：

"国家大力发展科学事业，加强科学研究，开展技术革新和技术革命，在国民经济一切部门中尽量采用先进技术。……"

"国家大力发展教育事业，提高全国人民的文化科学水平。……"

（6）将环境保护作为国家任务。表现为 1978 年宪法第十一条第三款：

"国家保护环境和自然资源，防治污染和其他公害。"

3. 重申国家的根本制度与根本政治原则

（1）重申人民主权原则。叶剑英在《修宪报告》中首先强调，在我国社会主义制度下，人民是国家的主人。我们的社会主义民主，是确实保障人民当家作主的民主。此次宪法修改为此增写了第十七条，即：

"国家坚持社会主义的民主原则，保障人民参加管理国家，管理各项经济事业和文化事业，监督国家机关和工作人员。"

同时，此次修宪还在选举制度、人民代表大会职能等方面都增加了一些具体规定，以利于发扬民主。

（2）重申群众路线。《修宪报告》指出，此次修宪对有关国家机关和工作人员的条款作了较大的修改，提出了必不可少的严格要求。这些要求当中最根本的一条，就是联系群众。这在 1978 年宪法中表现为：

"国家机关必须经常保持同人民群众的密切联系，**依靠人民群众，倾听群众意见，关心群众疾苦……**"（第十五条第一款）（黑体字为 1978 年宪法相较 1975 年宪法作出修改的部分，下同）

"国家机关工作人员必须……全心全意地为人民服务……积极参加集体生产劳动，**接受群众监督……**"（第十六条）

（3）重申社会主义经济制度的基础。《修宪报告》中说，生产资料所有制的社会主义改造在我国早已基本完成，包括全民所有制和劳动群众集体所有制两种形式的社会主义公有制，早已全面地建立起来。这个伟大胜利已经记载在宪法中，但保卫社会主义公有制的斗争还将长期继续下去。因此，1978 年宪法特别对国家主要经济形式的公有制属性予以明确表述，表现为 1978 年宪法第六条第一款、第七条第一款：

"国营经济**即社会主义全民所有制经济**，是国民经济中的领导力量。"

"农村人民公社经济**是社会主义劳动群众集体所有制经济……**"

（4）重申劳动至上、按劳分配原则。"劳动"在我国宪法上不仅是一种基本权利，它更规定了社会主义的内在政治结构：劳动人民与剥削阶级的二元划分是我国宪法确立国家性质的逻辑起点与现实基础，"劳动者"身份因此成为国家政治生活中"主人翁"地位的一种象征。① 《修宪报告》重申，在个人生活资料的分配上，只有正确地执行按劳分配的原则，才有利于巩固社会主义公有制，有利于促进生产力的发展。1978年宪法对这一理念的落实体现在：

"国家实行'不劳动者不得食'、'各尽所能、按劳分配'的社会主义原则。**劳动是一切有劳动能力的公民的光荣职责。国家提倡社会主义劳动竞赛，在无产阶级政治挂帅的前提下，实行精神鼓励和物质鼓励相结合而以精神鼓励为主的方针，鼓励公民在劳动中的社会主义积极性和创造性。**"（第十条）

"国家保护公民的**合法**收入、储蓄、房屋和其他生活资料的所有权。"（第九条）

（5）重申巩固与发展统一战线。《修宪报告》将"革命统一战线"界定为两个层面：一个是"各民族的最广泛的人民大团结"，一个是中国社会各阶层中除工农联盟以外可以被视为"人民"的社会各进步阶级。就前者而言，1954年宪法中曾创造性地规定了"民族区域自治"这一在统一的多民族国家内实现族群关系"一体多元"的宪制形式，有别于苏联的加盟共和国模式。但在1975年修宪中，对该制度的规定被移除。后者作为执政党在革命与战争中取得最终胜利的"三件法宝"之一，在1975年宪法中也未得到具体申说。此次修宪，在序言与正文中增写了以下内容：

"我们要巩固和发展工人阶级领导的，以工农联盟为基础的，

---

① 王旭：《劳动、政治承认与国家伦理——对我国〈宪法〉劳动权规范的一种阐释》，《中国法学》2010年第3期。

团结广大知识分子和其他劳动群众，团结爱国民主党派、爱国人士、台湾同胞、港澳同胞和国外侨胞的**革命统一战线。要加强**全国各民族的大团结。……"（序言第六段）

"……各民族一律平等。**各民族间要团结友爱，互相帮助，互相学习。禁止对任何民族的歧视和压迫，禁止破坏各民族团结的行为，**反对大民族主义和地方民族主义。……**各少数民族聚居的地方实行区域自治。**各民族自治地方都是中华人民共和国不可分离的部分。"（第四条第二、第四款）

（6）重申祖国统一诉求。1949 年以后，中国领土范围内长期存在两个政权并峙的局面，"法统"因此割裂。由国民党执政的台湾地区于 1947 年颁布"动员戡乱时期临时条款"，作为其宪制性规定的附属条款，规定了国家处于分裂战乱期间的政权组织形式，实际上是对祖国统一的变相吁求。而在大陆地区，虽然在 1954 年制宪时有代表曾提出，为明确台湾属于祖国的一部分，宪法应该有关于疆域的规定，但最终宪法草案认为"台湾是中国的神圣领土，是从来不发生疑问的，宪法可以不为此而增加新的条文"①。这种思路尽管体现了一个古老文明的历史连续性，但也因此削弱了促成国家统一的根本法基础。而 1978 年宪法则在其序言的第七段中增写道：

"台湾是中国的神圣领土。我们一定要解放台湾，完成统一祖国的大业。"

宪法对祖国统一的申说，为执政党推动两岸和平统一提供了规范性基础。1979 年 1 月 1 日，由以邓小平为核心的执政党中央起草、经全国人大常委会审议通过的《告台湾同胞书》刊发在该日的《人民日报》及全国各地党报头版头条上，该文件提出了结

---

① 王旭：《"五四宪法"的中国道路及其历史影响》，《浙江学刊》2014 年第 6 期。

束两岸军事对峙、开放"两岸三通"、扩大两岸交流等方针。同日，时任国防部部长徐向前宣布，解放军停止对大小金门等岛屿的炮击，两岸自 1958 年以来在形式上的武装对抗就此终止。

（7）重申和平共处五项原则。新中国成立后，继承了"己所不欲，勿施于人"这一中华文明悠远流传的交往理念，提出了和平共处五项原则这一求同存异的外交主张，并经由 1955 年的万隆会议向世界各国和盘托出。这五项原则打破了 17 世纪以来由西方一手促成的"文明"与"野蛮"、"启蒙"与"蒙昧"、"民主"与"专制"的世界划分，将世界各国一视同仁，而又不尽求其走同一条发展道路，不把自己的价值观强加于人，不以自己的强大国力压迫别人，而是以"和而不同"的精神团结一切可以团结的国家，共筑世界和平。和平共处五项原则因此获得了世界上绝大多数国家的高度认同，在二战后几十年国际风云变幻的考验中，显示出强大的生命力。在经过 1975 年修宪后的宪法序言中，和平共处五项原则被置于"坚持无产阶级国际主义"的原则之后，此次修宪则将和平共处五项原则前提，作为中国宪法序言描绘世界图景的基调，并与中国在这一时期以稳定和发展为基调的国家观相互构造。①

（二）国家机构的重设与权力配置的科学化

在 1975 年全面修宪时，因国家正处在"文化大革命"的极左政治浪潮中，国家的政治生活很不正常，导致宪法中对国家机构的设置遭到了严重破坏，多有党政不分、以党代政的情形。此次修宪，较全面地恢复了 1954 年宪法规定的国家机关的组织、职权。

---

① 翟志勇：《宪法序言中的国家观与世界主义》，翟志勇：《宪法何以中国》，香港城市大学出版社，2017 年版，第 47－48 页。

1. 国家最高权力机关

作为与社会主义的人民共和这一国体相适应的政体形式，全国人民代表大会是国家一切权力集中的顶点和权力授予的起点。1954 年制宪时，宪法曾列举了全国人民代表大会的 13 项具体职权。① 在 1975 年的全面修宪中，这些职权被大大缩减，仅保留了修宪与立法权，批准国民经济计划和国家预算、决算，据执政党中央委员会提议行使的任免权等三项具体职权。此次全面修宪部分地对这种权力配置的不完善、不适当的情况予以矫正，这首先体现在此次修宪重新明确了全国人民代表大会作为国家最高权力机关的地位。此前在 1975 年的全面修宪中，党政不分、机构混用、职能堆叠，其表现之一便是将全国人大在宪法中表述为"全国人民代表大会是在中国共产党领导下的最高国家权力机关"。实际上，以毛泽东同志为核心的新中国第一代领导集体早在新中国成立之初就曾明确提出，中国共产党对国家政权的主要领导方式是政治领导，亦即政治原则、重大决策的领导和向国家政权机关推荐重要干部。② 因此，在 1954 年制宪时，党和国家的领导人最终决定不将执政党写入宪法正文中，因为宪法序言中对中国共产党的领导的描述已是提纲挈领、总揽全局。1975 年宪法的上述修改，实际上已背离了 1954 年宪法的制宪原意。因此在 1978 年修宪时，出于拨乱反正的考虑，宪法重新恢复了 1954 年宪法的"全国人民代表大会是最高国家权力机关"的规定。

此次修宪对全国人大的权力更动主要有：

---

① 此处未计入"全国人民代表大会认为应当由它行使的其他职权"这一兜底条款，下同。

② 韩大元：《宪法学基础理论》，中国政法大学出版社，2008 年版，第 340 页。

	1975 年宪法的规定	1978 年宪法的补益	1978 年宪法的传承
监督权	无	监督宪法和法律的实施。	1978 年宪法恢复了 1954 年宪法的设定，并将"监督宪法的实施"进一步扩增为"监督宪法和法律的实施"。
选举权	无	选举最高人民法院院长和最高人民检察院检察长。	1978 年宪法恢复了 1954 年宪法的设定。
批准权	批准国民经济计划、国家的预算和决算。	审查和批准国民经济计划、国家的预算和决算。	1978 年宪法恢复了 1954 年宪法的设定。
	无	批准省、自治区和直辖市的划分。	1978 年宪法恢复了 1954 年宪法的设定。
和战权	无	决定战争和和平的问题。	1978 年宪法恢复了 1954 年宪法的设定。
专门委员会设置权	无	全国人民代表大会和全国人民代表大会常务委员会可以根据需要设立若干专门委员会。	1978 年宪法恢复了 1954 年宪法的设定，但在文字表述上尚有不周，后为 1982 年宪法所修正。

*表格中以楷体表示的文字，系 1978 年宪法相较 1975 年宪法有所修正的部分，下同。

2. 国家最高权力机关的常设机关

与最高国家权力机关一样，作为它常设机关的全国人大常委会的宪法权力，在 1975 年的全面修宪中也遭到了严重破坏。1978 年宪法对全国人大常委会的职权安排中，除大量恢复 1954 年宪法较为合理的设计之外，还有两项重大创新：第一，1978 年宪法规定全国人大常委会有解释宪法的权力，这是宪法第一次以明文规定释宪机关，并为 1982 年宪法所继承；第二，以专门的条文规定全国人大常委会委员长的职权，也是 1978 年宪法与 1954 年宪法、1975 年宪法的显著不同之处。此次修宪对全国人大常委会的权力更动主要有：

	1975 年宪法的规定	1978 年宪法的补益	1978 年宪法的传承
主持选举权	无	主持全国人民代表大会代表的选举。	1978 年宪法恢复了 1954 年宪法的设定。
释法权	解释法律。	解释宪法和法律。	1978 年宪法恢复了 1954 年宪法的设定，并增加了全国人大常委会对宪法的解释权。这是我国宪法中第一次以明文规定释宪机关，并为 1982 年宪法所继承。
监督权	无	监督国务院、最高人民法院和最高人民检察院的工作。	1978 年宪法恢复了 1954 年宪法的设定。
裁撤权	无	改变或者撤销省、自治区、直辖市国家权力机关的不适当的决议。	1978 年宪法恢复了 1954 年宪法的设定。
任免权	无	在全国人民代表大会闭会期间，根据国务院总理的提议，决定任免国务院的个别组成人员。	1978 年宪法恢复了 1954 年宪法的设定，但在文字表述上稍有不周，后为 1982 年宪法所修正。
		任免最高人民法院副院长和最高人民检察院副检察长。	

（续表）

	1975 年宪法的规定	1978 年宪法的补益	1978 年宪法的传承
特赦权	无	决定特赦。	1978 年宪法恢复了 1954 年宪法的设定。
授勋权	无	规定和决定授予国家的荣誉称号。	1978 年宪法恢复了 1954 年宪法的设定，但在文字表述上稍有不周，后为 1982 年宪法所修正。
宣战权	无	在全国人民代表大会闭会期间，如果遇到国家遭受武装侵犯的情况，决定宣布战争状态。	1978 年宪法恢复了 1954 年宪法的设定，但在文字表述上稍有不周，后为 1982 年宪法所修正。
专门委员会设置权	无	全国人民代表大会和全国人民代表大会常务委员会可以根据需要设立若干专门委员会。	1978 年宪法恢复了 1954 年宪法的设定，但在文字表述上尚有不周，后为 1982 年宪法所修正。

3. 最高国家权力机关代表的产生与职权

中国宪法将代表机关明确定位为"人民行使国家权力的机关"。对以人民主权为基本原则的现代宪法而言，如何通过代表制落实人民主权、体现国家主权归属，如何让人民通过其选举的代表行使权力来参与国家政治生活，是关乎宪法稳定存续的重大问题。1978 年宪法在这个问题上有较大创造，具体体现为：

	1975 年宪法的规定	1978 年宪法的补益	1978 年宪法的传承
全国人大代表的选举	全国人民代表大会由省、自治区、直辖市和人民解放军选出的代表组成。	全国人民代表大会由省、自治区、直辖市人民代表大会和人民解放军选出的代表组成。代表应经过民主协商，由无记名投票选举产生。	规定全国人大由地方人大和军队选出的代表组成，是从 1978 年宪法开始的，并为 1982 年宪法所继承。在宪法中规定全国人大代表的产生方式，也是从 1978 年宪法开始的。
全国人大代表的任期	全国人民代表大会每届任期五年。在特殊情况下，任期可以延长。	全国人民代表大会每届任期五年。如果遇到特殊情况，可以延长本届全国人民代表大会的任期，或者提前召开下届全国人民代表大会。	1975 年修宪改全国人大每届任期四年为五年，这一修改为 1978 年宪法、1982 年宪法所继承。
全国人大代表的质询权	无	全国人民代表大会代表有权向国务院、最高人民法院、最高人民检察院和国务院各部、各委员会提出质询。受质询的机关必须负责答复。	1978 年宪法恢复了 1954 年宪法的设定，并在文字表述上更为周延。

（续表）

	1975 年宪法的规定	1978 年宪法的补益	1978 年宪法的传承
对全国人大代表的监督	无	全国人民代表大会代表受原选举单位的监督。原选举单位有权依照法律的规定随时撤换自己选出的代表。	1978 年宪法恢复了 1954 年宪法的设定，并在文字表述上更为周延。

4. 国家元首

1954 年，刘少奇同志在代表宪法起草委员会向第一届全国人民代表大会第一次全体会议作《关于中华人民共和国宪法草案的报告》时就曾指出："我们的国家元首职权由全国人民代表大会所选出的全国人民代表大会常务委员会和中华人民共和国主席结合起来行使。我们的国家元首是集体的国家元首。"① 随后，由于国家政治生活的紊乱，国家主席在很长一段时期内未能发挥宪法所赋予的职权，这种悬置到了 1975 年时又演变为对宪法中国家主席职位的裁撤，本由它行使的那部分"国家元首职权"也因此湮灭。到 1978 年修宪时，虽然国家政局逐步得到稳定，但国家主席制度仍未在宪法中予以恢复。即便如此，1978 年宪法在这方面相较于 1975 年宪法仍有所改进，这主要得益于 1978 年宪法首次在我国宪法中对全国人大常委会委员长的职权予以明文规定：

---

① 刘少奇：《关于中华人民共和国宪法草案的报告》（1954 年 9 月 15 日），《刘少奇选集》（下卷），人民出版社，1981 年版，第 157 页。

	1954 年宪法	1975 年宪法	1978 年宪法
授勋权	中华人民共和国主席根据全国人民代表大会的决定和全国人民代表大会常务委员会的决定，公布法律……授予国家的勋章和荣誉称号。	无	全国人民代表大会常务委员会委员长……根据全国人民代表大会或者全国人民代表大会常务委员会的决定，公布法律和法令……授予国家的荣誉称号……
外事权	中华人民共和国主席对外代表中华人民共和国，接受外国使节；根据全国人民代表大会常务委员会的决定，派遣和召回驻外全权代表，批准同外国缔结的条约。	无	全国人民代表大会常务委员会委员长……接受外国使节；根据全国人民代表大会或者全国人民代表大会常务委员会的决定……派遣和召回驻外全权代表，批准同外国缔结的条约。

5. 最高国家行政机关

1954 年宪法曾逐项列举了最高国家行政机关的 16 项具体职权，这些职权在 1975 年修宪时被删减为 1 条规范、4 项权力，此次修宪重新拟定和列举了国务院的 9 项职权，更为确切、周详的权力列表为国务院的实际工作开展提供了宪法支持。另外，1978 年宪法还重新明确了国务院在国家中央权力体系内的位置，即国务院"是最高国家权力机关的执行机关，是最高国家行政机关"（第三十条第一款），并首次以宪法条文确定了国务院的领导体制是"总理主持国务院工作"（第三十一条第二款），这也体现了最高国家行政机关对民主集中制的落实。此外，在 1975 年宪法中，执政党中央委员会替代国家主席，行使对最高国家行政机关长官的提名权，由于 1978 年宪法未恢复国家主席职位，这一设置得到延续。有所不同的是，1975 年宪法中执政党中央委员会除提名最高国家行政机关长官外，还享有对最高国家行政机关组成人员的提名权。1978 年宪法解除了这一以党代政的职权，将对国务院组成人员的提名权恢复由 1954 年宪法中设计的国务院总理执掌。

此次修宪对国务院的权力更动主要有：

	1975 年宪法的规定	1978 年宪法的补益	1978 年宪法的传承
审查权	根据宪法、法律和法令，规定行政措施，发布决议和命令。	根据宪法、法律和法令，规定行政措施，发布决议和命令，并且审查这些决议和命令的实施情况。	1978 年宪法恢复了 1954 年宪法的设定。
提案权	无	向全国人民代表大会或者全国人民代表大会常务委员会提出议案。	1978 年宪法恢复了 1954 年宪法的设定。
统领权	无	统一领导全国地方各级国家行政机关的工作。	1978 年宪法恢复了 1954 年宪法的设定。
护卫权	无	保护国家利益，维护社会秩序，保障公民权利。	1978 年宪法恢复了 1954 年宪法的设定。但后在 1982 年宪法中予以删除。
批准权	无	批准自治州、县、自治县、市的划分。	1978 年宪法恢复了 1954 年宪法的设定。

（续表）

	1975 年宪法的规定	1978 年宪法的补益	1978 年宪法的传承
任免权	无	依照法律的规定任免行政人员。	1978 年 宪 法 恢 复 了 1954 年宪法的设定。
总理提名权	全国人民代表大会……根据中国共产党中央委员会的提议任免国务院总理和国务院的组成人员。	全国人民代表大会……根据国务院总理的提议，决定国务院其他组成人员的人选。	1978 年 宪 法 恢 复 了 1954 年宪法的设定。

6. 1978 年修宪在国家机构方面的其他改进

第一，重设行政区划。关于国家的行政区域应如何划分，1954 年宪法中曾有条款予以规定（第五十三条），该条文在 1975 年修宪中被删除，此次修宪则恢复了这一设计，在宪法第三十三条中规定了国家、省和自治区、县和自治县、直辖市和较大的市以及自治州的行政区划。该条款相较于 1954 年宪法中的对应条款，唯一不同在于将原来的"乡、民族乡"改为"人民公社"，以适应当时的实际情况。

第二，取消地方国家机构的"议行合一"体制。所谓"议行合一"，就是由单个机构既承担立法权，又行使行政权。在革命战争时期，"议行合一"曾长期被作为中国共产党所领导的各级政权的组织原则，新中国成立后，曾在《共同纲领》时期短暂采用这一原则来配置国家的中央权力，但随之便在 1954 年制宪时予以改正，此后中国国家机构的设计中，无论名、实，都已实现议、行分离。"文化大革命"中，由于极左思潮泛滥，革命委员会取代地方各级政权，1975 年修宪受此影响，将革命委员会既列为地方各级人民代表大会的常设机关，又作为地方各级人民政府，"议行合一"的权力架构借此回潮。1978年宪法虽然一开始并没有取消革命委员会，但在第三十七条中将该机构明确规定为"地方各级人民政府"，亦即"地方各级人民代表大会的执行机关""地方各级国家行政机关"，实质上取缔了此前错误的地方政权组织形式。

第三，恢复民族自治机关的自治权。1975年修宪时，对民族自治机关除规定"可以依照法律规定的权限行使自治权"外，并未对它的自治权为何作进一步规定。1978年修宪则明确列举了民族自治机关可以行使的两项自治权：一是"自治机关可以依照当地民族的政治、经济和文化的特点，制定自治条例和单行条例，报请全国人民代表大会常务委员会批准"（第三十九条第二款）；二是"民族自治地方的自治机关在执行职务的时候，使用当地民族通用的一种或者几种语言文字"（第三十九条第三款）。与此次修宪所作的大部分变更一样，这两项自治权的增加同样也是对1954年宪法中相关条款的恢复。

第四，复设人民检察院。关于取消和恢复检察机关的设置，经历了如下过程：在1970年2月12日的宪法修改小组会上，康生首先提出不再设置检察机关的意见，张春桥、李作鹏表示同意。2月15日，康生在宪法修改小组会上提出检察机关的职权由公安机关行使。他说现在的"立法、司法、行政是分立的，但实际情况是统一的，这是最大的矛盾"。解决办法就是要"立法、司法合一"，由"公安机关行使检察院的职权"。3月16日，宪法修改小组就修改宪法的指导思想和一些原则性问题，向中共中央政治局写了请示报告，在报告中正式提出不设检察机关的意见，毛泽东原则上同意这个报告。于是从1970年的宪法修改草案到 1975 年宪法的正式通过，有关检察院的规定就没有变动过。① 1978 年，宪法的修订曾在全国范围内广泛征集意见，全国有 19 个省、自治区、直辖市和人民解放军八大军区，35 个中央直属机关、国家机关及军事机关提出了"重新建立人民检察院"的建议。在中央修改宪法小组召集的各地区、各部门领导人和民主党派负责人、社会知名人士的座谈会上，各方面也纷纷反映人民群众要求重新设立人民检察院的意见。② 1978 年全面修宪在通过时采纳了正确的建议，在第四十三条规定设立人民检察院。叶剑英在修宪报告中指出："国家的各级检察机关按照宪法和法律规定的范围，对于国家机关、国家机关工作人员和公民是否遵守宪法和法律，行使检察权"，"我们必须彻底清算'四人帮'破坏公检法的罪行，总结经验教训，加强社会主义法制。严禁打砸抢。拘人捕人，必须按照法律，严格执行审批制度。审理案件，必须重证据，重调查研究，严禁逼供信"。公检法机关要互相配合，互相制约。这是对"文化大革命"无法无天惨痛教训的总结。

（三）公民基本权利的恢复和发展

1954 年宪法对公民基本权利和义务的规定是 19 条，经 1975 年全面修宪后仅余 4 条，1978 年宪法增加到 16 条，1978 年宪法的条文虽较 1954 年宪法为少，但在宪法总的条文中所占的比重并不小，占到 26.67%。1978 年宪法对公民基本权利和义务的规定，整体上是对 1975 年宪法的扩充，但也改变了 1975 年宪法先规定义务再规定权利，将公民的各类权利相互混杂的本末倒置、

---

①　李士英主编：《当代中国的检察制度》，中国社会科学出版社，1988 年版，第 163 页。

②　孙琬钟主编：《中华人民共和国法律大事典》，中国政法大学出版社，1993 年版，第 283－284 页。

无视公民基本权利的做法，恢复了1954年宪法中对公民权利的许多具体规定，并为1982年全面修宪关于公民基本权利规定的完善提供了探讨的前提。

此次全面修宪的进步性，首先体现为宪法中对实现公民权利的国家义务条款的全面重设。为公民提供物质上、经济上的帮扶与保障，使公民得享有尊严的生活，是社会主义国家的应有职责，也是现代宪法对国家义务的基本要求。1954年宪法中曾较为全面地规定了国家应承担的积极义务，这些条文在1975年的全面修宪中多被删除，致使国家在促成公民基本权利的实现中作用不足。在1978年的全面修宪中，则将这些条文予以恢复。被恢复和发展的条文主要有：

	1975 年宪法的规定	1978 年宪法的补益	1978 年宪法的传承
劳动权	公民有劳动的权利。	公民有劳动的权利。国家根据统筹兼顾的原则安排劳动就业，在发展生产的基础上逐步提高劳动报酬，改善劳动条件，加强劳动保护，扩大集体福利，以保证公民享受这种权利。	1978 年宪法恢复了1954 年宪法的设定，并对国家应如何作为予以更清晰、详尽的列举。
劳动休息权	劳动者有休息的权利。	劳动者有休息的权利。国家规定劳动时间和休假制度，逐步扩充劳动者休息和休养的物质条件，以保证劳动者享受这种权利。	1978 年宪法恢复了1954 年宪法的设定，并增写"以保证劳动者享受这种权利"等文字，使宪法在规范表述上更加完善。

（续表）

	1975 年宪法的规定	1978 年宪法的补益	1978 年宪法的传承
社会保障权	劳动者在年老、生病或者丧失劳动能力的时候，有获得物质帮助的权利。	劳动者在年老、生病或者丧失劳动能力的时候，有获得物质帮助的权利。国家逐步发展社会保险、社会救济、公费医疗和合作医疗等事业，以保证劳动者享受这种权利。	1978 年宪法恢复了 1954 年宪法的设定，增写"以保证劳动者享受这种权利"等文字，使宪法在规范表述上更加完善。
受教育权	公民有受教育的权利。	公民有受教育的权利。国家逐步增加各种类型的学校和其他文化教育设施，普及教育，以保证公民享受这种权利。	1978 年宪法恢复了 1954 年宪法的设定，对国家应如何作为予以更清晰、详尽的列举，并使该规范的表述更为周延。

此次全面修宪的进步性，也体现在它对公民自由权的扩展上：

	1975 年宪法的规定	1978 年宪法的补益	1978 年宪法的传承
创作权	无	公民有进行科学研究、文学艺术创作和其他文化活动的自由。国家对于从事科学、教育、文学、艺术、新闻、出版、卫生、体育等文化事业的公民的创造性工作，给以鼓励和帮助。	1954 年宪法将创作权界定为国家积极作为的领域（"中华人民共和国保障公民进行科学研究……的自由"）。1978 年宪法则首先承认创作权是公民享有的基本自由，再更清晰、详尽地列举了国家的相应义务。这种更为科学的表述方式也为 1982 年宪法所继承。

（续表）

	1975 年宪法的规定	1978 年宪法的补益	1978 年宪法的传承
婚姻自主权	无	男女婚姻自主。婚姻、家庭、母亲和儿童受国家的保护。	1954 年宪法和 1975 年宪法都只规定了国家对公民婚姻的保护义务。1978 年宪法则首先强调了，婚姻作为一种最基本、最普遍的社会组织形式，它的缔结应基于意志自由。这一条款在 1982 年宪法中被进一步发展为公民的婚姻自由权。

此次修宪的进步性，还体现为它对特殊群体的关照：

	1975 年宪法的规定	1978 年宪法的补益	1978 年宪法的传承
妇女	妇女在各方面享有同男子平等的权利。	妇女在政治的、经济的、文化的、社会的和家庭的生活各方面享有同男子平等的权利。男女同工同酬。	1978 年宪法恢复了 1954 年宪法的设定，而将"男女同工同酬"予以明文规定则是从 1978 年宪法开始的，并为 1982 年宪法所继承。
青少年	无	国家特别关怀青少年的健康成长。	1978 年宪法恢复了 1954 年宪法的设定，并使该规范的表述更为周延。
军人	无	国家关怀和保障革命残废军人、革命烈士家属的生活。	我国对军人群体的权益予以特别保护是从 1978 年宪法开始的，并为 1982 年宪法所继承。

（续表）

	1975 年宪法的规定	1978 年宪法的补益	1978 年宪法的传承
少数民族	各民族都有使用自己的语言文字的自由。	各民族都有使用和发展自己的语言文字的自由，都有保持或者改革自己的风俗习惯的自由。	1978 年宪法恢复了 1954 年宪法的设定。
华侨	国家保护国外华侨的正当权利和利益。	国家保护华侨和侨眷的正当的权利和利益。	我国对侨眷的权益予以特别保护是从 1978 年宪法开始的，并为 1982 年宪法所继承。
被告人	无	人民法院审判案件，除法律规定的特别情况外，一律公开进行。被告人有权获得辩护。	1978 年宪法恢复了 1954 年宪法的设定。

当然，无论宪法文本列举了哪些基本权利，其落实都要以公民在权利遭受侵害时能够获得救济为前提。1954 年宪法中曾规定，公民有在遭到公权力侵害蒙受损失后取得赔偿的权利，但对侵权行为的施加者仅界定为"国家机关工作人员"这一个体，这实际上未能完全体现宪法作为国家与公民之间关系的调整者这一根本属性。此次修宪恢复了在 1975 年宪法中曾被删除的这一公民申诉权，并将其更科学地表述为"公民在权利受到侵害的时候，有权向各级国家机关提出申诉"，这便明晰了公民基本权利的拘束对象是公权力本身，而非作为它的承载者和实施者的个人，使公民"为权利而斗争"更加有的放矢。此次修宪相比1954 年宪法中的对应条款，还增写了"对这种控告和申诉，任

何人不得压制和打击报复"等字句,为公民依宪维权背书。

在伸张公民自由、恢复国家义务的同时,此次全面修宪也对公民应当承担的义务予以完善,主要体现在两个方面:第一,公共财产是社会主义经济制度的物质基础,1978年宪法为此规定了公民的保卫义务。此前在1954年宪法的公民基本权利和义务部分就曾有"公有财产神圣不可侵犯"的表述,这一表述为1975年宪法所继承,但后者将该表述移入宪法总纲,并删除了对应的公民义务;1978年宪法则在保留总纲相关表述的同时,也重申了公民对公共财产的保护义务,并从劳动纪律、公共秩序、社会公德、国家机密等四个层面对公民在社会生活中的公共义务予以更为周延的规范。第二,随着医疗卫生条件的进步和人民生活条件的改善,我国人口数量骤增,给尚处在经济起步阶段的国家带来很大压力,1978年宪法为此作出了"国家提倡和推行计划生育"的规定。这一规定对执政党一系列政策的出台也具有指导作用。1980年9月,中共中央发布《中共中央关于控制我国人口增长问题致全体共产党员共青团员的公开信》,再次发出了实行计划生育、使人口增速与国家经济和社会发展相适应的号召。两年后,在1982年的全面修宪中,计划生育被放入宪法总纲,正式成为我国的一项基本国策,并被正式列为一项公民义务。

除上述补益外,此次修宪还对公民基本权利和义务部分的若干表述予以完善。如随着检察机关在国家机构中的全面复设,过去公安机关可自行批捕公民的情况得到了纠正,公安机关必须经由法院决定或检察院的批准,才可以对公民实行逮捕。

总之,1978年宪法基本上恢复了1954年宪法的主要内容,总结了新中国成立以来的成就和经验,规定了国家的总任务和政治、经济、文化领域的一些基本制度和原则。在法律形式方面也较1975年宪法为完善,尤其是对公民宪法权利的规定,体现了拨乱反正的要求，具有一定的历史进步性，并使中国的法制建设有了宪法基础和良好开端，开创了 1979 年立法工作的新局面。但过渡性特点也使 1978 年的修宪带有明显的历史局限性。

三、亟待来日：1978 年全面修宪的历史局限

1978 年全面修宪是在党的十一届三中全会召开之前的政治徘徊期启动的，当时虽然正值深揭猛批"四人帮"的高潮，但是"两个凡是"仍居主导地位，整个思想体系和观念仍然是"文化大革命"时的。这就不可能全面总结新中国成立以来社会主义革命和社会主义建设的经验教训，彻底清除"抓纲治国"等极左思想对宪法的影响。因而 1978 年宪法虽然否定了"四人帮"，却没有否定"文化大革命"，这就使 1978 年宪法带有明显的历史局限性，带有很深的"文化大革命"痕迹。

（一）指导思想上，仍充分肯定"文化大革命"

首先，1978 年宪法在其序言中仍将阶级斗争作为基本路线，把"无产阶级专政下的继续革命"作为新时期总任务的内容之一，错误地认为只有坚持两个阶级、两条道路的斗争，才能巩固社会主义制度，实现四个现代化。此次全面修宪正式通过的第二天，《人民日报》《解放军报》和《红旗》杂志联合发表社论《愚公移山 改造中国 欢呼五届人大第一次会议胜利闭幕》，明确指出："为了完成总任务，必须始终紧紧抓住阶级斗争这个纲。"①

---

① 《愚公移山 改造中国 欢呼五届人大第一次会议胜利闭幕》，《人民日报》1978 年 3 月 6 日，第 3 版。

其次，在宪法中公开宣布"第一次无产阶级文化大革命的胜利结束，使我国社会主义革命和社会主义建设进入了新的发展时期"。一方面，这无疑有利于经济建设与拨乱反正的开展；但另一方面，这是否意味着在中国还会有第二次、第三次以至多次"文化大革命"呢？显然这是继续坚持和贯彻毛泽东说过的"文化大革命"今后还要进行多次的指示。

再次，宪法规定的"专政"对象，既包括惩办对象：卖国贼、反革命分子、新生资产阶级分子、坏分子；又包括剥夺政治权利对象：没有改造好的地、富和反动资本家。在对他们专政时，怎么界定呢？如果没有明确的条件、资格的规范，很有可能在实际操作时出现扩大化的倾向。

（二）国家机构存在种种不完善之处

第一，过分地强调个人的作用和党的一元化领导。例如，"毛主席"一词在1978年宪法的序言和总纲中曾多次出现，这种高度个人化、政治化的词汇对宪法表述的严谨性与规范性有很大破坏。又如，1978年宪法照搬1975年宪法的规定，国务院总理人选仍直接由中共中央向全国人大提名（第二十条），人民解放军仍被称为中国共产党领导下的工农子弟兵，武装力量也仍由中共中央主席统率等（第十九条）。"党的领导、马列主义、毛泽东思想当然是要坚持，问题是如何坚持。马列主义、毛泽东思想是在政治思想上进行指导，不能依靠法律强制执行。党的领导是政治领导，是通过正确的路线、方针、政策来实现的，如果党的领导靠强迫命令来实现，那么结果会适得其反，因此，不应在宪法的具体条文中作硬性规定。"[1] 同时，1978年宪法对党政关系的

---

[1] 张友渔：《宪政论丛》（下），群众出版社，1986年版，第327-328页。

规定也不合适。执政党是国家政权的中坚力量和核心，但党不能代替政权。

　　第二，国家元首职权行使"叠床架屋"、运行紊乱。如前所述，因 1978 年宪法仍未恢复设置国家主席，因此原由国家主席行使的国家元首的部分职能，就分散到了国家权力中枢的各个系统当中。虽然全国人大常委会委员长依据 1978 年宪法承担了这些职能中的一部分，但仍有若干在 1954 年宪法中由国家主席行使的职权，在 1978 年宪法中被放置到了执政党的组织系统里。例如，国家武装力量的统率权被交由执政党中央委员会主席执掌；又如，对国务院总理的提名权由执政党中央委员会行使。这些规定实际上仍是 1975 年宪法的延续。而曾属于国家主席职权的命令发布权，如发布特赦令、戒严令、动员令，宣布战争状态等，在 1978 年宪法中仍未得到恢复，缺乏规范层面的承担机构。正如许崇德教授所说，这一时期，中国的国家元首"无所不在，又无所存在"，是很不适宜的元首制度。①

　　第三，对全国人大及其常委会的权力仍未恢复到 1954 年宪法时期较为科学、合理的配置上。1954 年宪法曾明文规定，由全国人大独占国家立法权，并详列了全国人大的 13 项具体职权，而其规定的全国人大常委会职权更是有 18 项之多。此次修宪虽然相较于 1975 年时有较大进步，但最高国家权力机关及其常设机关仍有部分权力未得到恢复和明文规定。例如，因国家主席制度取消，与其相关的全国人大的选举与人事决定权随之湮灭；又如，1978 年宪法未规定全国人大常委会有"撤销国务院同宪法、法律和法令相抵触的决议和命令"的职权，其对"两高"的任免权也仅限于对两高的最高长官，这导致全国人大常委会与一府两

---

　　①　许崇德：《中华人民共和国宪法史》（下卷），福建人民出版社，2005 年版，第 331 页。

院之间的权责结构有失明晰；再如，全国人大常委会曾拥有的规定专门衔级、决定全国或部分地区戒严、决定全国总动员等职权亦未得到恢复，使得这些权力的行使缺乏合宪性依据。最后，此次修宪对全国人大的会议制度照抄 1975 年宪法的规定："全国人民代表大会会议每年举行一次。在必要的时候，可以提前或者延期。"远不如 1954 年宪法明确、周密。1954 年宪法规定："全国人民代表大会会议每年举行一次，由全国人民代表大会常务委员会召集。如果全国人民代表大会常务委员会认为必要或者有五分之一的代表提议，可以临时召集全国人民代表大会会议。"1978年宪法没有明确规定究竟谁认为有必要，是什么情况才算必要，可以提前或延期的根据以及提前或延期到什么时候召开人民代表大会？这些都不清楚。人民代表大会哪怕出现常年不开的状况，也无法在宪法层面予以追责。

第四，1978 年宪法没有明确规定对全国人大代表的人身保护和在全国人大各种会议上的发言和表决不受法律追究的权利。

第五，保留了"文化大革命"造反夺权创造的政权形式——革命委员会。当然，1978 年宪法至少明文规定了革命委员会的性质、地位和职权（第三十七条），无论该机构的实质为何，宪法这一设置毕竟为这个在当时的政治生活中实际存在并发挥着作用的权力机构提供了根本大法层面的规范性约束，这仍是有其积极意义的。[1]

第六，对司法机关和检察机关的横向、纵向权责厘定不清。首先，从横向权力配置上来说，无论司法机关还是检察机关都较同级的人大与政府为弱，其权力行使又曾长期受"党管政法"理念的影响，因此在 1954 年宪法中特别规定，人民法院独

---

[1] 许崇德：《中华人民共和国宪法史》（下卷），福建人民出版社，2005 年版，第 334 页。

立进行审判，人民检察院独立行使职权。1975 年宪法取消了这一规定，而 1978 年宪法也并未予以恢复，加之四十一条规定的所谓重大案件"要发动群众讨论和提出处理意见"的条款让人民法院与人民检察院在承担职责时经常遭受很大压力，却无法以宪法为其后援。其次，对检察机关的复设是 1978 年全面修宪的重大作为，但从该机构的纵向权力配置来看，1978 年宪法仍有可商榷改进之处。1978 年宪法规定，"最高人民检察院监督地方各级人民检察院和专门人民检察院的检察工作，上级人民检察院监督下级人民检察院的检察工作"，这与 1954 年宪法明确规定上下级检察院为领导与被领导的关系不同，实际上是借鉴了法院系统的纵向分权模式。但法院以审判独立为基本原则，而检察院作为有强力机关色彩的机构，更强调由上至下的集中统一领导，将其上下级关系规定为"监督"并不适当。

（三）经济制度许多条款基本照搬 1975 年宪法

1978 年宪法在社会主义生产资料所有制形式、分配原则、建设社会主义总路线和全面的计划经济体制等方面的规定，对 1975 年宪法沿用甚多，很多地方只是稍作变化。

例如，对农村基层组织的规定，1978 年宪法虽然取消了 1975 年宪法中对人民公社"政社合一"的表述，但依然把人民公社作为社会主义劳动群众集体所有制经济的主要表现形式，把它与国营经济一起看作是社会主义所有制的两种基础形态。1978 年宪法第七条规定人民公社实行"三级所有，而以生产队为基本核算单位"，并未对 1975 年宪法所反映的社会主义农村经济建设的盲动现状予以真正革新。而所谓"生产大队在条件成熟的时候，可以向大队为基本核算单位过渡"的规定，更反映了宪法的一些起草者们仍然抱有越大越好、越公越好的"一大二公"陈旧观念。①

又如，1978 年宪法与 1975 年宪法一样，仍没有赋予私营经济以合理的宪法地位，甚至劳动者个体经济在此次修宪中也仍受到很严格的条件限制。1978 年宪法第五条第二款规定，"国家允许非农业的个体劳动者在城镇或者农村的基层组织统一安排和管理下，从事法律许可范围内的，不剥削他人的个体劳动。同时，引导他们逐步走上社会主义集体化的道路"；第七条第二款规定，"在保证人民公社集体经济占绝对优势的条件下，人民公社社员可以经营少量的自留地和家庭副业，在牧区还可以有少量的自留畜"。这些规定与 1975 年宪法的对应条款虽在语词表述上稍有不同，但实质上并无二致。②

诸如此类的修改还有，1975 年宪法第六条规定："国家可以依照法律规定的条件，对城乡土地和其他生产资料实行征购、征用或者收归国有。"1978 年宪法去掉了"城乡"和"其他生产资料"，但对土地的征收征用权仍予以保留。1975 年宪法第九条规定："国家保护公民的劳动收入、储蓄、房屋和各种生活资料的所有权。"1978 年宪法只是将"劳动"改为"合法"，"各种"改为"其他"，等等。概而言之，1978 年的修宪在经济建设方面虽然明确了建设"四个现代化"是粉碎"四人帮"以后的总任务，但由于对中国所处的社会历史发展阶段认识不清，没有认识到中国正处于社会主义初级阶段的起始阶段，仍持"文化大革命"的极左观念，脱离实际，超越阶段。因此对个体经济作过多限制，没有保护私有财产继承权的规定，所有制形式和分配形式搞所谓

---

① 许崇德：《中华人民共和国宪法史》（下卷），福建人民出版社，2005 年版，第 326 页。

② 许崇德：《中华人民共和国宪法史》（下卷），福建人民出版社，2005 年版，第 326 页。

纯而又纯①，主张全面计划，等等。这些都是此次修宪存在的缺陷。

（四）重要的公民基本权利并没有得到恢复

首先，修宪后的公民基本权利体系仍不完备。虽然在此次修宪中有大量的公民基本权利得到了恢复，但仍有部分权利还流于宪法的保护之外。例如，平等观被认为是法的基本属性，也是权利主体参与社会生活的前提与条件。② 但 1978 年宪法却并没有恢复被 1975 年宪法所删除的"公民在法律上一律平等"。作为社会主义理论基础的阶级学说本就内含倡导平等、反对差等之义，在宪法上"吊销"公民的法律平等身份，实际上破坏了社会主义宪法的基本精神。又如，1954 年宪法曾明确规定了公民住宅自由不受侵犯，通信秘密受法律保护（第九十条），从这两款中可以引申解释出迁徙自由、隐私权等现代宪政的重要价值，而 1978 年宪法则沿袭 1975 年宪法的设定，仅在公民的政治权利列举中提及其享有"通信"自由（第四十五条），这极大地限缩了宪法权利的保护范围与防御力度。再如，1978 年宪法虽然规定了公民面对公权力侵害有控告权和申诉权（第五十五条），但并没有延续 1954 年宪法中遭到侵害的公民可获得赔偿的规定，而只有得到赔偿，才能真实地恢复被侵害的权利。此外，1954 年宪法曾规定的公民依法享有私有财产继承权，少数民族公民依法享有用本民族

---

① 1956 年社会主义三大改造完成后，否认生产资料私人所有权，否认非公有制经济的法律地位。经过"文化大革命"，我国的私营经济几近绝迹，个体经济所剩无几，1978 年全国城镇私营工商业从业人员仅 18 万人，个体劳动者 15 万人。

② 韩大元：《宪法学基础理论》，中国政法大学出版社，2008 年版，第 250 页。

语言、文字进行诉讼等权利，在此次修宪中也未得到恢复。

其次，此次修宪在一定程度上造成了公民权利的滥用。这主要体现在它对所谓"四大自由"——"大鸣、大放、大辩论、大字报"的规定上。这四种"自由"实质是无视法律与秩序的群众运动的典型表现形式。随着"文化大革命"的爆发，这些用来发动政治斗争的手段得到了错误的肯定和发扬，成了"革命派"造反夺权、向"走资产阶级道路的当权派"发动进攻的武器。1976年以后，"文化大革命"的政治风波逐渐平息，但其历史遗迹并未从宪法中消除，表现之一就是"四大"虽然从宪法总纲中移除，却又改头换面，与言论自由等权利并驾齐驱于公民的基本权利条款中。

再次，此次修宪后的权利条款还存在规范表意的重复。这一点尤其体现在 1978 年宪法对公民信仰自由的表述中。1978 年宪法的规定是："公民有信仰宗教的自由和不信仰宗教、宣传无神论的自由。"许崇德先生就曾指出，"公民有宗教信仰自由"的表述中，本身就包含了信仰宗教和不信仰宗教两重意思在内。对"有"之自由的肯定自然也对应了对"否"之自由的确认，二者皆是意志自由的表现形式。而 1978 年宪法则对 1975 年宪法的表述依样"临摹"，不仅表现了宪法中仍残留着政治上的"左"倾遗迹，其在文字上也属败笔。①

除了权利条款的上述缺失与不足外，1978 年宪法对公民基本义务的规定也尚有可完善之处。如征税是现代国家汲取财政、维持运行的基本途径，但 1978 年宪法并未恢复对公民有依法纳税义务的规定。

---

① 许崇德：《中华人民共和国宪法史》（下卷），福建人民出版社，2005 年版，第 337 页。

（五）修宪程序仍存在一定缺陷

首先，1978 年宪法的修改很仓促，没有充分发扬民主，没有反复地研究，更没有系统的宪法理论研究作基础，就较快地修订出一部宪法，整个起草、讨论、通过都较轻率。

其次，1978 年宪法对关系到宪法稳定性和权威性的宪法修改程序只字未提。

再次，语言表达不够严谨、具体和明确，缺乏应有的法律规范性。这突出地表现在宪法条文中不适当地使用领袖语录和政治口号，这也是"文化大革命"遗风的表现，不利于树立宪法至上、加强法制的社会意识。

总而言之，1978 年全面修宪的发生有其特定的历史背景：打倒"四人帮"以后，1975 年宪法与当时的形势很不适应，但党和国家的指导思想还未能彻底拨乱反正，这种急需修宪而条件又不成熟的历史情境赋予了 1978 年宪法以明显的过渡性色彩，使它既部分地恢复了 1954 年宪法关于国家任务、国家机构和公民基本权利的规定，又在一定程度上带有 1975 年宪法的精神气质与激进运动的制度残留。但无论怎样，1978 年宪法仍然记载并肯定了从 1949 年 10 月新中国成立以来所取得的伟大成就，开始恢复被"文化大革命"十年内乱所颠倒的历史；它也为恢复和加强社会主义民主和社会主义法制规定了一些具体措施，对"文化大革命"践踏民主的教训作了初步总结；它还明确规定了大力发展科学教育文化事业的基本方针政策，为国家建设走入一个大发展、大繁荣奠定了技术和文化基础。对社会主义的追求也为 1978 年宪法所延续，并确立了建设社会主义强国的奋斗目标。在这个意义上说，它无疑为接下来的 1982 年全面修宪奠定了必要的规范基础。

四、继往开来：1978 年宪法的运行与影响

（一）真理标准讨论和历史性伟大转折

1978 年的修宪具有明显的过渡性，它力图恢复 1954 年宪法，却又带有"文化大革命"理论与实践的深刻痕迹。与此同时，在 1978 年宪法修订前后，中国的真理标准大讨论以及 1978 年底召开的党的十一届三中全会对中国的方方面面，产生了不可抗拒的影响。因此，谈 1978 年宪法的运行和影响，不能不谈真理标准讨论和党的十一届三中全会。

1978 年 5 月 11 日，经胡耀邦审定，《光明日报》第一版以特约评论员名义发表了《实践是检验真理的唯一标准》一文，当天新华社转发了这篇文章。次日，《人民日报》《解放军报》同时予以转载。这篇文章从理论上根本否定了"两个凡是"，引发关于真理标准问题的全国性大讨论，推动了一场拨乱反正的思想解放运动，彻底摆脱了"两个凡是"的严重束缚，重新确立和发展了党的实事求是的思想路线，极大地解放了人们的思想，为从指导思想上拨乱反正，为党的十一届三中全会实现历史转折、中国迈向改革开放新时期作了思想准备。

1978 年 12 月 18 日，党的十一届三中全会召开。这次全会坚决批判"两个凡是"的错误方针，充分肯定了必须完整地、准确地掌握毛泽东思想的科学体系；果断地停止使用"以阶级斗争为纲"和"无产阶级专政下继续革命"的口号，作出把党和国家的工作重点转移到社会主义现代化建设上来和实行改革开放的战略决策；确定了正确的经济建设的指导方针和农业政策；着重提出了健全社会主义民主和加强社会主义法制的任务。这次全会高度评价了关于真理标准问题的讨论，确定了解放思想、开动脑筋、

实事求是、团结一致向前看的指导方针，实事求是地解决了一批重大历史事件和重要领导人的是非功过问题，对过去一些不符合客观实际的理论观点、形势估计和方针政策作了改变和调整，提出了一系列有利于增强党的团结和调动一切积极因素的方针政策。党的十一届三中全会终于结束了粉碎"四人帮"以后两年政治上徘徊不前、经济上急躁冒进、思想上保守僵化的局面，开始了党的历史上具有深远意义的伟大转折，谱写了党和国家历史的新篇章，开辟了走向改革开放的新时代。

（二）宣传学习1978年宪法

叶剑英在《修宪报告》中指出："宪法通过以后，从宪法的原则精神到具体条文规定，都要保证全部实施。不论什么人，违犯宪法都是不能容许的。对于破坏社会主义法制、危害国家和人民的利益、侵犯人民权利的行为，必须严肃处理，情节严重的要依法制裁。""社会主义法制对于违法犯法的人是压力和束缚，对于破坏社会主义革命和建设的敌人是无情的铁腕，对于广大人民群众则是自觉遵守的行为准则。""我们又要按照法律，保护人民的权利。我们要使一切拥护社会主义的人感到，宪法规定的人身自由、民主权利、合法的经济利益，都能得到切实保障。"叶剑英的上述讲话表明，1978年宪法对于促进和加强社会主义法制建设是一个重要的开端。

1978年5月3日，《人民日报》发表社论《学习新宪法　宣传新宪法　遵守新宪法》。社论指出，必须进一步加强社会主义法制，树立社会主义法制观念，干部带头守法，群众自觉守法，领导机关和司法部门严格依法办事。5月初，《人民日报》编辑部还邀请首都政法界人士举行"积极开展宪法宣传，加强社会主义法制"小型座谈会。全国上下围绕学习宣传新宪法，提高对社会主义法制的认识，促进社会主义法制建设，开展了广泛的学习和讨论，引起了广泛的关注。7 月 13 日，《人民日报》发表特约评论员文章《民主和法制》。文章指出："当前我们十分需要这样的社会主义的《刑法》和《民法》，以便司法部门量刑有准，执法有据。同时，我们也十分需要一部社会主义的《诉讼法》，使人民有冤能申，有理能辩，有权根据法律的规定，进行诉讼，以保卫自己的合法权利。"1978 年 7 月 25 日，《人民日报》刊文《宪法中有"皮肉教育"这一条吗?》；11 月 3 日，《人民日报》刊文《认真执行宪法　坚决退回私房》；11 月 30 日，《人民日报》刊文《是县委大还是宪法大?》……这些报道，生动具体地表明宪法与法制逐步引起民众的关注。

邓小平在 1978 年 12 月 13 日中共中央工作会议闭幕会上作了《解放思想，实事求是，团结一致向前看》的重要讲话。在讲话中，谈到社会主义法制问题时，他指出："为了保障人民民主，必须加强法制。必须使民主制度化、法律化，使这种制度和法律不因领导人的改变而改变，不因领导人的看法和注意力的改变而改变。现在的问题是法律很不完备，很多法律还没有制定出来。往往把领导人说的话当做'法'，不赞成领导人说的话就叫做'违法'，领导人的话改变了，'法'也就跟着改变。"① 所以，"现在我们要认真建立社会主义的民主制度和社会主义法制。只有这样，才能解决问题。"②

紧接着，党的十一届三中全会提出要加强社会主义民主和法制，"宪法规定的公民权利，必须坚决保障，任何人不得侵犯。为了保障人民民主，必须加强社会主义法制，使民主制度化、法律化，使这种制度和法律具有稳定性、连续性和极大的权威，做到有法可依，有法必依，执法必严，违法必究。从现在起，应当

---

① 《邓小平文选》（第二卷），人民出版社，1994 年版，第 146 页。
② 《邓小平文选》（第二卷），人民出版社，1994 年版，第 348 页。

把立法工作摆到全国人民代表大会及其常务委员会的重要议程上来。检察机关和司法机关要保持应有的独立性；要忠实于法律和制度，忠实于人民利益，忠实于事实真相；要保证人民在自己的法律面前，人人平等，不允许任何人有超越法律之上的特权"①。

从 1978 年宪法通过，党的十一届三中全会召开，到 1982 年宪法的产生，党和国家领导层对法制建设的认识是非常深刻的，认识到法制建设是国家的根本任务和现代化建设的重要目标；认识到宪法和法律是人们行为的最高准则，党必须在宪法和法律的范围内活动；认识到民主必须制度化、法律化，法律制度高于领导人，制度比领导人更可靠、更稳定。这些深刻的思想指导推动了中国的社会主义法制建设。

（三）带动立法工作

正是党的十一届三中全会，使 1978 年宪法成为中国法制建设的核心和基础，开始了 1979 年的立法新局面。

在 1957 年至 1976 年长达 20 年的时间里，作为中国唯一享有国家立法权的全国人大，除了通过《1956 年到 1967 年全国农业发展纲要》和 1975 年宪法外，没有制定一个法律。享有法律制定权的全国人大常委会自行通过的条例、办法也仅 10 个。② 至于地方立法，由于 1954 年宪法所作的改变，除民族自治地方外，

①　《中国共产党第十一届中央委员会第三次全体会议公报》，《人民日报》1978 年 12 月 24 日，第 1 版。

②　这些条例和办法是：1957—1958 年通过的《人民警察条例》《治安管理处罚条例》《国境卫生检疫条例》《县级以上人民委员会任免国家机关工作人员条例》《国家经济建设公债条例》《户口登记条例》《地方经济建设公债条例》《农业税条例》《国家建设征用土地办法》；1963 年通过的修正的《中国人民解放军军官服役条例》。

其他地方均无立法权。在这一阶段，只有国务院及其所属部委发布了为数不多的规范性文件。① 当然"文化大革命"期间，作为司法依据的主要是政策性文件和一些领导人的讲话。叶剑英在《修宪报告》中指出："我们还要依据新宪法，修改和制定各种法律、法令和各方面的工作条例、规章制度。"

党的十一届三中全会决议也明确提出，要从现在起，把立法工作摆到全国人民代表大会及其常委会的重要议程上来。据此，1979 年 2 月，五届全国人大常委会第六次会议决定成立一个由80 人组成的庞大的法制委员会，作为全国人大常委会负责立法的专门工作机构。当时法制委员会主任是彭真，副主任是胡乔木、谭政、王首道、史良、安子文、杨秀峰、高克林、武新宇、陶希晋、沙千里。法制委员会从 1979 年 3 月正式工作，仅四个月就向全国人大常委会提交了 7 个法律草案。

1979 年 7 月 1 日，在五届全国人大二次会议上，通过了宪法修正案和《刑法》《刑事诉讼法》以及经过修订的《全国人民代表大会和地方各级人民代表大会选举法》《地方各级人民代表大会和地方各级人民政府组织法》《人民法院组织法》《人民检察院组织法》《中外合资经营企业法》等 7 个重要法律。从此，每年都有一批法律和法规出台，中国法律体系的发展在总体上呈现出直线上升的趋势。

（四）健全司法体制

1. 各级人民法院整顿恢复

到 1980 年 8 月，全国各地已建立各级人民法院 3100 多个，一些基层人民法院向边远地区和工矿区、农牧场派出人民法庭，

---

① 周旺生：《中国立法五十年（上）——1949—1999 年中国立法检视》，《法制与社会发展》2005 年第 5 期。

全国建立起 1.8 万个法庭。至此，各级法院基本恢复建立起来。①
如沈阳市、县（区）两级人民法院遵照宪法和人民法院组织法规
定，从 1978 年 5 月开始，实行公开审判、辩护、陪审、合议等审
判制度。到 1978 年 12 月 3 日，已公开审判 848 起刑事、民事案
件，旁听席场场满座，扩大了社会主义法制的影响，维护了法律
尊严。②

2. 重建检察机关

搞好检察工作是加强社会主义法制的重要一环。根据 1978
年宪法规定，国家重新建立检察机关。1979 年 6 月 1 日，最高人
民检察院正式办公。至 1978 年 9 月底，全国 29 个省、市、自治
区都已任命了检察长（副检察长）或指定了负责人；各省、市、
自治区所属的地区分院、市检察院，有 60% 任命了检察长（副检
察长）；全国县（市）一级，有 40% 任命了检察长或副检察长。③

3. 重建司法行政机构，制定并颁布律师制度、公证制度、调解制度等

1979 年 9 月 13 日，五届全国人大常委会第十一次会议根据
国务院提议，决定重建司法部，任命魏文伯为司法部部长。④ 到
1980 年底，全国应建司法行政机关 2941 个，已建 1917 个，占应
建总数的 62%，全国大部分县以上行政单位建立起司法行政
机构。

---

① 周振想、邵景春主编：《新中国法制建设 40 年要览（1949 −
1988）》，群众出版社，1990 年版，第 495 页。

② 《实行公开审判制度　维护法律尊严》，《人民日报》1978 年 12
月 4 日，第 2 版。

③ 《各级人民检察院正在迅速建立》，《人民日报》1978 年 11 月 28
日，第 1 版。

④ 当代中国丛书编辑委员会编：《当代中国的司法行政工作》，当代
中国出版社，1995 年版，第 57 页。

1979 年下半年开始了律师制度的重建工作。1980 年 8 月，全国人大常委会制定《律师暂行条例》。到 1981 年底，律师工作机构、法律顾问处发展到 1400 多个，有专职、兼职律师 6800 多名，有 11 个省成立了律师协会。①

1980 年 2 月，司法部发出《关于逐步恢复国内公证业务的通知》，公证机构迅速建立。到 1980 年底，全国建立公证处 253 个，暂未设立公证处的市、县，由人民法院兼办。1982 年 4 月，国务院发布《中华人民共和国公证暂行条例》，使公证工作规范化。②

1978 年全国开始恢复调解制度，1980 年重新颁布《人民调解委员会暂行组织通则》。到 1980 年底，全国建立人民调解委员会 68 万多个，有兼职调解工作人员 460 多万人，并召开了第一次全国调解工作会议。③

1980 年 1 月，中共中央恢复成立中央政法委员会。中央政法委由中共中央领导，主要由全国人大、最高人民法院、最高人民检察院、公安部、司法部、民政部、国家安全部等部门的负责同志组成，主要职责是统一政法工作的指导方针，确定政法工作的主要任务，协调各立法、司法部门的工作，统一研究处理全国政法工作中的重大问题。它是负责向中央提出有关政法方面建议的政法领导机构。④

---

① 周振想、邵景春主编：《新中国法制建设 40 年要览（1949 – 1988）》，群众出版社，1990 年版，第 152 页。

② 孙琬钟主编：《中华人民共和国法律大事典》，中国政法大学出版社，1993 年版，第 598 – 599 页。

③ 韩延龙主编：《中华人民共和国法制通史》（下），中共中央党校出版社，1998 年版，第 810 页。

④ 孙琬钟主编：《中华人民共和国法律大事典》，中国政法大学出版社，1993 年版，第 719 – 720 页。

（五）恢复宪法学研究

1. 启动了宪法学研究的复兴

从 1978 年开始，法学家对法学理论、宪法学理论进行了探讨，开展了几次大的讨论，这就是 1978 年底开始的"法律面前，人人平等"的讨论、1979 年初开始的"民主与法制""法的继承性"的讨论和 1979 年底开始的"人治与法治"的大讨论。宪法学界也积极地投入了讨论，并围绕 1978 年宪法的学习宣传，1979 年和 1980 年两次修宪，尤其是 1980 年 8 月五届全国人大三次会议决定的全面修宪，进行了大量的理论探讨。据不完全统计，从 1979 年下半年到 1982 年底，全国报刊公开发表宪法学论文、译文共 293 篇，内容涉及宪法学各个方面。同时，国内公开出版中外宪法学著作 32 部。宪法学家在理论探讨中提出的许多有实用价值的意见，在 1982 年的全面修宪中被采纳。如宪法的指导思想、宪法序言的法律效力、《公民的基本权利和义务》一章在宪法结构中的位置等问题，就采纳了宪法学讨论中多数人的观点。

2. 重建法学教育、法学研究机构和开辟法学研究阵地

法学教育方面，到 1980 年，恢复了西南、北京、华东、西北 4 所政法学院，全国 14 所大学恢复或新建了法律系或法律专业，招生人数达 2828 人。

法学研究刊物方面，到 1980 年，《国外法学》《法学译丛》《法学研究》《民主与法制》《法学》《西南政法学院学报》等法学学术刊物创刊。中国第一张专门的法学方面的报纸《中国法制报》（现改称《法制日报》）创刊。

法学学术研究团体成立。1982 年 7 月，中国法学会成立。在这前后，北京、上海一批地方法学会成立。

五、别求新声：对 1978 年宪法的局部修改

1978 年宪法的过渡性，还表现在它在以后的两年里就作出两次修改。随着党的十一届三中全会召开，国家进入新的历史发展时期，1978 年宪法的局限性逐渐凸现出来，甚至成为国家前进道路上的障碍。1978 年宪法中的某些规定明显地不能适应社会现实发展的需要，某些错误的东西逐渐为人们所认识，修改宪法势在必行。

（一）1979 年对宪法的修改

1979 年 6 月 26 日，根据中共中央的建议，全国人大常委会向五届全国人大二次会议提出修改宪法若干规定的议案。7 月 1 日，五届全国人大二次会议通过《关于修正〈中华人民共和国宪法〉若干规定的决议》。这次修改主要是为了加强国家机构的建设，其内容涉及 1978 年宪法的第三十四、第三十五、第三十六、第三十七、第三十八、第四十二、第四十三条共 7 个条文及第二章第三节的标题，包括四个方面：第一，在县和县以上的地方各级人民代表大会设立常务委员会；第二，将地方各级革命委员会改为地方各级人民政府；第三，将县和县一级的人民代表大会代表改为由选民直接选举；第四，将人民检察院上下级关系由原来的监督关系改为领导关系。

关于改"革命委员会"为"人民政府"，当时有一种观点是，在取消革命委员会后，重新采用 1954 年宪法中的"人民委员会"称谓，这也符合 1978 年宪法拨乱反正、恢复和发展新中国第一部正式宪法的思路。曾参与这次修宪的全国人大常委会原副委员长王汉斌访谈说，胡绳对此曾表示，还是改为人民政府

好，因为新中国成立初期我们就叫"人民政府"，人民群众喜欢这么称呼。时任全国人大法制委员会主任彭真也认为宜改为人民政府，并向中央作了报告，提出"取消革命委员会，成立人民政府，不再恢复人民委员会"。中央政治局讨论同意了这个意见。①

关于在县和县以上的地方各级人民代表大会设立常务委员会，当时提出过三种修宪办法。王汉斌回忆说，当时提出的修宪意见：一是按照邓小平等党和国家领导人的意见，仅修改、补充县级以上地方人大设立常委会这一条，其他条文暂不作更动，因为当时已考虑到要对 1978 年宪法作全面修改；二是对 1978 年宪法与新修订的地方组织法等法律不一致的地方都进行修改；三是由全国人大作出决议，暂时不对 1978 年宪法条文进行修改。当时，最初考虑采纳第三个办法，因为涉及修改的地方比较多，采用第三个办法比较简便易行。但在五届全国人大二次会议进行讨论时有代表指出，所谓"本决议与宪法相抵触之处依本决议执行"的表述是违反宪法的，因为宪法的法律效力高于一切法律和决议，不应再有高于宪法效力的决议。大会主席团认为这一意见是正确的，并决定将用决议修改宪法的形式改为修改宪法部分条文的形式。②

对此次修宪的必要性，中共中央向全国人大常委会作了四点说明：

（1）随着我国工作着重点的转移，地方各级特别是县级以上地方政权机关担负着社会主义现代化建设的繁重任务，有必要将权力机关同行政机关分开，在县和县级以上的地方各级人大设常

---

① 《王汉斌访谈录——亲历新时期社会主义民主法制建设》，中国民主法制出版社，2012 年版，第 20 页。

② 《王汉斌访谈录——亲历新时期社会主义民主法制建设》，中国民主法制出版社，2012 年版，第 20 – 21 页。

务委员会。在人大闭会期间，常务委员会行使本县人大常设机关的职权。这必将有利于扩大人民民主，加强社会主义法制，健全人民代表大会制度，保障和促进社会主义现代化事业的顺利进行。

（2）"文化大革命"中成立的革命委员会是临时权力机构，已不适应中国社会主义现代化建设新时期的需要。将地方各级革命委员会改为地方各级人民政府，不仅有利于加强民主和法制，发展安定团结的政治局面，保障和促进现代化建设，而且能鲜明地体现出我国人民政府与人民群众之间的密切联系，这也是广大干部和人民群众的共同意愿。

（3）1953 年公布的全国人大及地方人大选举法规定，县以上各级人大代表都实行间接选举，分别由下一级的人大选举。1954 年宪法确定了这种间接选举，现改为对县级人大代表实行直接选举。这是考虑到 20 多年来，中国的实际情况有了很大变化，人民的政治、文化水平已大为提高。为了扩大人民民主，逐步完善我国的选举制度，将实行由选民直接选举的政权单位扩大到县一级，已经成为必要和可能的了。因此，将县一级人大代表的选举由间接选举改为由选民直接选举。

（4）为保持检察机关应有的独立性，有利于执行检察任务，将各级人民检察院现在的监督关系改为由最高人民检察院领导地方各级人民检察院和专门人民检察院工作。上级人民检察院领导下级人民检察院的工作，是必要的。①

这些修改，对于加强地方政权建设，进一步扩大基层直接民主的范围，保证检察院对全国实行统一的法律监督，发展社会主义民主，健全社会主义法制十分必要。

---

① 《人大常委会向五届人大二次会议提出　修改宪法若干规定的议案》，《人民日报》1979 年 6 月 27 日，第 1 版。

（二）1980 年对宪法的修改

1980 年 9 月 10 日，五届全国人大三次会议通过了修改宪法第四十五条的决议。这一修宪建议是根据邓小平的提议，由中共中央提出，经全国人大常委会同意，向五届全国人大三次会议提出的。决议指出，为了充分发扬社会主义民主，健全社会主义法制，维护安定团结的政治局面，保障社会主义现代化建设的顺利进行，决定取消宪法第四十五条中公民"有运用'大鸣、大放、大辩论、大字报'的权利"的规定。

取消"四大"是对"文化大革命"教训的初步总结，是对"文化大革命"的一种否定。回顾历史，"四大"作为一个整体是在 1957 年的反右斗争中逐渐形成的。1957 年 4 月，中共中央开展党内整风运动，要求广大党外群众"鸣""放"（即"百花齐放、百家争鸣"的简化用语），帮助整风。在"鸣""放"的形式中包括大字报和大辩论。1957 年 10 月 9 日，在党的八届三中全会上，毛泽东以完整的形式总结了"四大"，他说："今年这一年，群众创造了一种革命形式，群众斗争的形式，就是大鸣、大放、大辩论、大字报。"[1] "许多问题的解决，光靠法律不行。法律是死的条文，是谁也不怕的，大字报一贴，群众一批评，会上一斗争，比什么法律都有效。"因此，"抓住了这个形式，今后的事情好办得多了。大是大非也好，小是小非也好，革命的问题也好，建设的问题也好，都可以用这个鸣放辩论的形式去解决，而且会解决得比较快"。[2] "用我们这个大鸣、大放、大辩论、大字报的办法，可以避免匈牙利那样的事件，也可以避免现在波兰

---

[1]　毛泽东：《做革命的促进派》。

[2]　毛泽东：《做革命的促进派》。

发生的那样的事件。"① 以毛泽东的威望，对"四大"的肯定和高度评价，使"四大"自此成为公民的事实上的权利。到了"文化大革命"时期，大字报铺天盖地，成为动乱的工具。党的文件②明确规定"四大"的合法性，1975 年全面修宪又将"四大"用根本法形式巩固下来，1978 年宪法又进一步将"四大"具体化为公民的基本权利。从"四大"产生以来的作用来看，作为一个整体的"四大"就是搞运动，就是整人，就是允许一部分人滥用言论自由的权利。只要有一张大字报说你是特务，你就不能申辩。大辩论就是只允许批判你，不许你答辩。③ 因此，"四大"对民主与法制具有极大的破坏力，是一种原始的、不负责任的、毫无顾忌的"绝对民主"，它不受制度和法律的约束，很容易被别有用心的人加以利用，用以蛊惑人心，制造混乱，蒙骗群众，挑起事端，煽动人们的不满和狂热情绪，从而破坏民主生活和社会秩序，造成社会动乱。

从法律的视角来看，"四大"作为一个整体是政治运动的产物，而不是宪法的必要内容。"四大"之所以载入 1975 年宪法和 1978 年宪法，是对"文化大革命"的肯定。同时"四大"概念本身也不是法律语言，作为宪法权利，很不确切，与宪法规定的其他公民权利在内容上含混重复。

当然，宪法取消作为整体的"四大"，并不等于在实际上完全禁止使用"四大"中的某一个方法。因为宪法不规定的事情并不一定是完全禁止的事情。反过来说，即使是不禁止的事情也不

---

① 毛泽东：《做革命的促进派》。

② 1966 年 8 月 8 日《中国共产党中央委员会关于无产阶级文化大革命的决定》，1966 年 12 月《中共中央关于抓革命、促生产的十条规定》《关于农村无产阶级文化大革命的指示》。

③ 《张友渔文选》（下），法律出版社，1997 年版，第 67、42 页。

一定要规定在宪法上。宪法取消"四大"表明我国不提倡、更不保障"四大"，但对"四大"不一定要事先一律禁止，可以事后根据"四大"的内容分别对待。凡是违法犯罪的一律依法惩戒。①

　　因此，1979 年 7 月 1 日，五届全国人大二次会议通过的《刑法》，在第一百四十五条规定："以暴力或者其他方法，包括用'大字报''小字报'，公然侮辱他人或者捏造事实诽谤他人，情节严重的，处三年以上有期徒刑、拘役或者剥夺政治权利。"这一规定虽然对 1978 年宪法确认的"四大"权利未加以根本否定，但给"四大"权利的行使作了法律限制，在一定程度上削弱了"四大"的影响。1980 年 1 月 6 日，邓小平在《目前的形势和任务》的讲话中对"四大"作了彻底的否定。他说："我们坚持发展民主和法制，这是我们党的坚定不移的方针。但是实现民主和法制，同实现四个现代化一样，不能用大跃进的做法，不能用'大鸣大放'的做法。就是说，一定要有步骤，有领导。否则，只能助长动乱，只能妨碍四个现代化，也只能妨碍民主和法制。'四大'即大鸣、大放、大字报、大辩论，这是载在宪法上的。现在把历史的经验总结一下，不能不承认，这个'四大'的做法，作为一个整体来看，从来没有产生积极的作用。"尽管中央已经开始考虑要对 1978 年宪法进行全面修改，但还是于 1980 年 2 月在党的十一届五中全会上决定向全国人民代表大会建议，把"四大"从宪法中取消，提前修改了这一条。这也反映了当时我国要在宪法中清理"文化大革命"错误的现实紧迫性。

（三）采用宪法修正案的形式

　　纵观 1979 年和 1980 年的这两次修宪，不仅重新开始了对宪

---

　　①　《张友渔文选》（下），法律出版社，1997 年版，第 43 页。

法理论的研究，冲破了宪法学的理论禁区，而且采用了合理的修宪形式，即在新中国的制宪、修宪史上第一次以直接修改部分宪法条文的形式修改宪法。

用修正案的形式修改宪法，最早始于美国。美国国会曾对宪法修改究竟采取编入式还是附加式（宪法修正案式）有过激烈的争论，最后认为，尽管编入式的修改具有简洁明确的特点，能够保证宪法内容的统一和完整，而附加式的修改则必须通过与相关条文进行比较才能决定其含义，为释宪带来一定的麻烦，但考虑到美国宪法的制宪者们曾在宪法的原始文本上署名为证，将新增条文编入原始文本无疑与制宪代表的原意构成冲突。再者，此次修宪主要是将权利法案增补进宪法条文中，由于美国宪法的原始文本中并不含有对公民权利的表述，因此修正案的形式反而更有助于保持宪法的文意延续。此外，国会代表们这时也已意识到，宪法修正案不但可以简化宪法修改的工作，它还具有保持宪法连续性的优势，可以通过文本的层累展示该国宪政的发展历程，而这种层累的叠加也使修正案与原始文件并存于宪法典之中，形式上可能存在的规范冲突与逻辑体系的不协调反倒为宪法解释提供了更大的空间。①

1979 年在讨论修宪时，对采取什么方式修宪进行了探讨。开始，具体负责修宪的乌兰夫、姬鹏飞、彭真、胡绳等同志研究认为，可采用全国人大决议案形式，即就修宪内容由全国人大通过一个决议的形式对宪法进行补充，而不对宪法条文进行修改。根据这一意见，起草了一个决议草案。草案在涉及决议与宪法的关系时是这样规定的："本决议与中华人民共和国宪法有抵触的规定，依照本决议执行。"决议草案报经中央政治局同意。后来，

---

① 韩大元、屠振宇：《宪法条文援引技术研究——围绕宪法修正案的援引问题展开》，《政法论坛》2005 年第 4 期。

当修宪决议草案提交五届全国人大二次会议讨论时，代表同意草案的内容，但有些代表建议把上述内容直接修改进宪法条文，而不必另行作个决议，这便于执行。同时，会外有宪法学家对原决议草案中的关于"本决议与宪法相抵触的规定，依本决议执行"的规定提出意见，指出这样规定有可能违宪。宪法的法律效力高于一切法律和决议，而不是相反。专家的意见经有关途径也反映到了大会主席团。最后，主席团对代表、专家的意见进行了研究，认为这些意见有道理，决定将决议补充宪法的形式改为直接修改宪法条文的形式，将修宪内容直接改入了宪法。

中国 1975 年与 1978 年两次修宪都是以废止旧宪法、颁布新宪法、全面修改宪法作为修宪形式，而 1979 年和 1980 年修宪却采用了类似宪法修正案的形式对 1978 年宪法作部分的和个别条文的修改。这既符合当时及时修宪的需要，又引进了新的修宪形式，对后来的修宪起到重要的启示作用。时任全国人大常委会委员长彭真就曾指出，采取修正案这种源自美国的修宪方式，要优于法国、苏联和中国过去的宪法修改办法。他还强调，今后的宪法修改都只对必须进行修改的条文作修正，能用宪法解释的就作宪法解释，整个宪法不作修改，这样有利于宪法的稳定，有利于国家的稳定。① 然而，由于 1978 年宪法的过渡性特点，几次修补，仍未能有效地保证宪法规范与社会生活之间的适应性，对宪法进行新一轮的全面修改已呼之欲出。

---

① 刘政：《现行宪法修改方式的确定和完善》，转引自韩大元、屠振宇：《宪法条文援引技术研究——围绕宪法修正案的援引问题展开》，《政法论坛》2005 年第 4 期。

第五章　改革开放与 1982 年宪法

一、中国社会发展进程与宪法价值的恢复

1978 年宪法颁布以后，特别是自中国共产党于 1978 年底召开十一届三中全会以后，中国社会在政治、经济、文化等方面发生了巨大的变化。

（一）党和国家的工作重点发生了转移

从五届全国人大一次会议以来，特别是中国共产党十一届三中全会以来，伴随着邓小平在中国共产党内的地位的确立，由他所代表的符合中国客观实际的正确的马克思主义路线也随即确立起来。其中一个突出的标志是，全党、全国人民工作的重点由搞阶级斗争开始转移到社会主义现代化建设的轨道上来。

在极左思想指导下，认为中国社会的主要矛盾是无产阶级与资产阶级之间殊死的斗争，在整个社会主义社会的历史阶段，始终存在着阶级、阶级矛盾和阶级斗争，存在着社会主义同资本主义两条道路的斗争，存在着资本主义复辟的危险性，存在着帝国主义、社会帝国主义进行颠覆和侵略的威胁。因此，阶级斗争必须"年年讲、月月讲、天天讲"，甚至要"时时讲、刻刻讲"；无产阶级必须在上层建筑领域对资产阶级实行全面专政；必须坚持"无产阶级专政下继续革命"的理论。

党的十一届三中全会以后，纠正了长期存在的极左路线，对中国社会的主要矛盾进行了重新认识和判断，认为中国社会的主要矛盾不是阶级斗争，而是人民群众日益增长的物质生活和文化生活需求与生产力水平之间的矛盾。因此，必须大力提高生产力水平来满足人民群众的这种需求。在这种认识和判断下，党的十一届三中全会作出将党和国家的工作重点转移到社会主义现代化建设上来的重大战略决策。

从此，中国开始进入一个新的历史时期。由于党和国家工作重点的转移，又引发在思想路线、政治、经济、文化、军事等各方面的极为深刻的变化，出现了许多新情况、新特点和新问题。这种变化的主要表现是：①在思想路线方面，冲破了长期存在的教条主义和个人崇拜的严重束缚，重新确立了马克思主义的实事求是的思想路线；恢复了毛泽东思想的本来面目，在新的历史条件下坚持和发展了毛泽东思想。②在政治方面，结束了长期的社会动乱，党和国家各级组织的领导权已经基本上掌握在忠于党和人民的干部手中，实现了新中国成立以来最好的安定团结、生动活泼的政治局面。③在经济方面，果断地把党和国家的工作重点转移到了经济建设上来，坚决消除经济工作中长期存在的"左"倾错误，认真贯彻执行调整、改革、整顿、提高的正确方针。④在其他方面，如教育、科学、文化工作已经呈现初步繁荣景象，党同知识分子的关系有了很大的改善，工人、农民和知识分子这三支基本的社会力量相互之间的团结状况良好。

（二）党中央对国内阶级状况进行科学分析

1956 年，生产资料私有制的社会主义改造完成以后，国内的阶级状况发生了变化，对此，1956 年召开的党的八大作出了正确判断。但是，在 1957 年以后，特别是"文化大革命"开始以后，由于受极左思想的影响，搞阶级斗争扩大化，提出"以阶级斗争为纲"的口号，并以此为指导思想，制定了所谓党在社会主义阶段的基本路线。这条"以阶级斗争为纲"的基本路线载入了1975 年宪法和 1978 年宪法。党的十一届三中全会以来，中国共产党正确判断国内的阶级状况，指出在生产资料私有制的社会主义改造完成以后，国内的主要矛盾并不是阶级斗争。当前，我国已经消灭了剥削制度，作为阶级的地主阶级、富农阶级已经消灭，作为阶级的资本家阶级也已经不再存在。经过较长时间的斗争和教育，他们中间有劳动能力的绝大多数人已经改造成为自食其力的劳动者。因而，今后再不需要也再不应该进行大规模的急风暴雨式的群众阶级斗争，要特别防止把阶级斗争扩大化或者人为地制造阶级斗争的错误重演。基于这种判断，党中央果断地停止使用"以阶级斗争为纲"这一不适用于社会主义现阶段的口号。

关于知识分子的性质问题，1956 年 1 月，党中央专门召开了具有历史意义的知识分子问题会议。周恩来在《关于知识分子问题的报告》中，强调说明旧时代的知识分子，经过一系列自我改造的步骤，他们中间的绝大多数已经成为国家工作人员，已经为社会主义服务，已经是工人阶级的一部分。但是，从 1957 年以后，受"左"倾思想的影响，反右派斗争被严重扩大化，一批知识分子被错划为"右派分子"；"文化大革命"中，林彪、"四人帮"利用"知识分子劳动化"和所谓"反对知识私有""知识越多越反动"等口号，认为知识分子是"臭老九"，把一切有知识的人说成是资产阶级的知识分子，进而把资产阶级知识分子同资产阶级等同起来。1977 年 5 月 24 日，邓小平发表《尊重知识，尊重人才》的讲话，指出："一定要在党内造成一种空气：尊重知识，尊重人才，要反对不尊重知识分子的错误思想。""发展科学技术，不抓教育不行。靠空讲不能实现现代化，必须有知识，有人才。"随后，党和国家恢复了 1956 年对知识分子的判断，即知识分子是工人阶级的一部分。

（三）国家生活民主化的要求

1979年以后，在发扬社会主义民主、加强社会主义法制的大背景下，国家加快了民主和法制建设的步伐。例如，1979年五届全国人大二次会议对1953年的选举法进行了重大修改，包括将直接选举的范围由原来的乡一级扩大到县一级、改等额选举为差额选举、改举手表决为无记名投票等。这次会议还通过了对地方各级人大和人民政府组织法的修改，增加了县级以上人大常委会的设置，将革命委员会改为人民政府等。在法制建设方面，1979年制定了《刑法》《刑事诉讼法》《中外合资经营企业法》《环境保护法（试行）》《人民法院组织法》《人民检察院组织法》《森林法（试行）》《逮捕拘留条例》；1980年制定了《学位条例》《律师暂行条例》《国籍法》《婚姻法》《中外合资经营企业所得税法》《个人所得税法》；1981年制定了《经济合同法》《外国企业所得税法》《惩治军人违反职责罪暂行条例》；1982年制定了《民事诉讼法（试行）》《海洋环境保护法》《商标法》《文物保护法》《食品卫生法（试行）》《全国人大组织法》《国务院组织法》等。在这数年间，全国人大和全国人大常委会还通过了关于国家生活中许多重大问题的决定或决议。伴随着社会的发展，必然提出各种民主化的要求，这些要求都需要通过宪法以法律的形式加以确认。

（四）启动国家领导体制和国民经济体制的改革

随着社会的发展，原有的国家领导体制的弊端逐渐暴露出来。邓小平于1980年在中共中央政治局扩大会议上发表《党和国家领导制度的改革》的重要讲话。讲话认为，从党和国家的领导制度、干部制度方面来讲，主要的弊端就是官僚主义现象、权力过于集中的现象、家长制现象、干部领导职务终身制现象和形形色色的特权现象。邓小平在讲话中还历数了这几种现象的表现。由于现行体制导致的人浮于事、机构臃肿、效率低下、互相扯皮等，已经无法适应新形势的要求，需要进行重大改革。

1982 年 3 月，五届全国人大常委会第二十二次会议根据国务院的建议，作出《关于国务院机构改革问题的决议》；5 月，五届全国人大常委会第二十三次会议通过《关于国务院部委机构改革实施方案的决议》；8 月，五届全国人大常委会第二十四次会议通过《关于批准国务院直属机构改革实施方案的决议》，对国务院的领导体制和各部、委、直属机构的设置等作出了重大的改革。

同时，伴随着党和国家工作重点的转移，进行了经济体制改革。经济体制改革首先在农村取得了突破性成果，农民实行以家庭联产承包为主要形式的责任制；随后，城市的经济体制改革也开始进入探索阶段，如扩大企业自主权、企业内部进行承包经营、加强企业的民主管理、允许个体经济的存在和适当发展等。

（五）在指导思想上已完成了拨乱反正的任务

中国从 20 世纪 50 年代后期起就出现了"左"倾的错误。在十年内乱期间，教条主义和个人崇拜发展到了极其严重的地步，造成了对社会的极大危害。由于"左"倾错误为时较长，影响深广，因此指导思想的端正是经过了艰巨斗争的。由于"左"倾思想是打着毛泽东思想的旗号的，因此，在思想领域进行拨乱反正，首先必须正确认识毛泽东思想。1977 年，邓小平在中国共产党十届三中全会上发表讲话，指出应当"完整准确地理解毛泽东思想"。他说："我们可以看到，毛泽东同志在一个时间，就一个条件，对某一个问题所讲的话是正确的，在另外一个时间，另外一个条件，对同样的问题讲的话也是正确的；但是在不同的时间、条件对同样的问题讲的话，有时分寸不同，着重点不同，甚至一些提法也不同。所以我们不能够只从个别词句来理解毛泽东思想，而必须从毛泽东思想的整个体系去获得正确的理解。"随后，以中共中央的名义提出应当完整地、准确地理解和运用毛泽东思想的科学体系。1978年5月开始，在全国范围内展开的关于实践是检验真理的唯一标准的讨论，促进了人们的思想解放。同年12月召开的党的十一届三中全会，是中国共产党历史上的又一次伟大的历史转折点。它真正开始了全面的、坚决的依靠群众和深思熟虑的拨乱反正。这次会议从根本上冲破了长期"左"倾错误的束缚，端正了指导思想，重新确立了马克思主义的思想路线、政治路线和组织路线。全会对我国工作着重点的转移、国内阶级状况的分析、经济文化建设的方针和任务等重大问题都作出了马克思主义的新的论断。1979年，邓小平重申坚持四项基本原则，及时地批评和制止了资产阶级自由化倾向。1981年，党的十一届六中全会通过《关于建国以来党的若干历史问题的决议》，标志着党胜利地完成了指导思想上的拨乱反正。该决议实事求是地评价了毛泽东在中国革命中的历史地位，对重大的思想理论是非和历史事件作出了正确的结论，统一了全党和全国人民的思想。1982年9月召开的党的十二大，进一步巩固了上述成果。

（六）社会主义建设取得新成就

自从党的十一届三中全会果断地作出全党、全国工作的着重点转移到社会主义现代化建设上来的决策之后，中国的经济建设开始出现新的情况。1979年4月召开的中央工作会议，提出对整个国民经济实行"调整、改革、整顿、提高"的八字方针，坚决清除经济工作中长期存在的"左"倾错误。通过1980年中共中央《关于进一步加强和完善农业生产责任制的几个问题》的通知和1981年转发《关于积极发展农村多种经营的报告》的通知等文件的发布，恢复和扩大了农村社队的自主权，恢复了农民的自留地、家庭副业、集体副业和集市贸易，逐步推行各种形式联产计酬的生产责任制，并解决了农村多种经营的方针问题，使农业的面貌迅速发生了显著的变化。随着农业状况的改善，对工业的内部结构也进行了调整，特别是调整了重工业的服务方向，解决了轻重工业的比例失调问题，中国的轻工业得到了快速发展；还调整了积累与消费的比例关系，从而使国民经济的内部比例和人民生活同时都有了改善。此外，在坚持独立自主、自力更生的基础上，中国积极地开展对外经济合作和技术交流。

（七）社会主义民主进一步发扬，社会主义法制进一步加强

在十年内乱期间，社会主义民主和法制遭到了严重破坏。粉碎"四人帮"后，经过大量的工作，社会主义民主和法制得到了恢复和发展。1978 年 12 月召开的党的十一届三中全会明确指出："必须有充分的民主，才能做到正确的集中。"又指出："为了保障人民民主，必须加强社会主义法制，使民主制度化、法律化。"根据民主集中制的原则，健全和发展了人民代表大会制度和选举制度，加强了各级国家机关的建设，并在基层发展了直选的民主形式；在经济组织中实行劳动群众对企业事务的民主管理，使社会主义民主逐步扩展到政治生活、经济生活、文化生活和社会生活的各个方面。与此同时，加强了最高国家权力机关的立法工作，使法律尽可能地具有稳定性、连续性和极大的权威性，做到有法可依、有法必依，保证公民在法律面前人人平等，不允许任何人有超越法律之上的特权。社会主义民主的发展和社会主义法制的加强，客观上提出了制定一部新宪法的要求，同时也为宪法的修改提供了法制条件。

总之，随着党和国家把社会主义经济建设作为全党和全国人民的工作重点，解放思想，大胆创新，摒弃"以阶级斗争为纲"

的政治路线，全国面貌为之一新。这种变化和发展，一方面，使得1978年宪法的内容已经难以与社会实际相适应；另一方面，制定新宪法，反映新情况、新问题、新发展已提上议事日程，中国迫切需要有一部新宪法与变化发展了的社会实际相适应，以便进一步促进社会的稳定和发展。

二、修宪过程

宪法是全体人民共同意志、共同利益的反映和体现，同时又是国家的根本法，具有最高的法律效力。要做到这一点，在宪法修改过程中，如何吸收全体人民参与其中，并听取广大人民对宪法的意见和建议，是非常重要的。我国在1954年宪法的制定过程中，采用了领导与群众相结合、理论与实际相结合的方法，实践证明是行之有效的。1982年宪法在修改过程中，坚持了1954年宪法制定过程中的这些好的经验和做法。

（一）宪法修改委员会的成立

1978年宪法第二十二条在关于全国人大的职权中规定，全国人大有权"修改宪法"。但这部宪法没有明确规定哪些国家机关或者政党组织可以向全国人大提出修改宪法的建议，全国人大又组织什么机构具体进行宪法修改的工作。

1. 中国共产党建议修改宪法

第五届全国人民代表大会第三次会议于1980年8月30日至9月10日在北京召开。在会议开幕的当天即8月30日，中国共产党中央委员会向会议主席团提出《关于修改宪法和成立宪法修改委员会的建议》。建议中说，1978年第五届全国人民代表大会第一次会议通过的《中华人民共和国宪法》，由于当时历史条件的限制和从那时以来情况的巨大变化，许多地方已经很不适应当前政治经济生活和人民对建设现代化国家的需要。为了完善无产阶级专政的国家制度，发扬社会主义民主，健全社会主义法制，巩固和健全国家的根本制度，切实保障各族人民的权利，巩固和发展安定团结、生动活泼的政治局面，充分调动一切积极因素，发挥社会主义制度的优越性，加速四个现代化建设事业的发展，需要对宪法作比较系统的修改。因此，建议指出，中国共产党中央委员会建议全国人民代表大会成立宪法修改委员会，主持宪法的修改工作，并于 1981 年上半年公布修改宪法草案，交付全民讨论，以求本届全国人民代表大会第四次会议能够通过，第六届全国人民代表大会能够按照修改后的宪法产生并工作。中共中央的建议中还附有《中华人民共和国宪法修改委员会名单（草案）》。

在 1978 年宪法没有对宪法修改的建议主体作出明确规定的情况下，作为执政党的中国共产党应该说是有资格向全国人民代表大会提出修改宪法的建议的。

2. 成立宪法修改委员会

第五届全国人民代表大会第三次会议将中国共产党中央委员会《关于修改宪法和成立宪法修改委员会的建议》，作为一项重要议案列入这次会议的议事日程，与会代表就此进行了充分讨论。在这次会议的最后一天即 9 月 10 日，在全体会议上通过《关于修改宪法和成立宪法修改委员会的决议》。该决议阐明：中华人民共和国第五届全国人民代表大会第三次会议同意中国共产党中央委员会关于修改宪法和成立宪法修改委员会的建议，同意中国共产党中央委员会提出的中华人民共和国宪法修改委员会名单，决定由宪法修改委员会主持修改 1978 年第五届全国人民代表大会第五次会议制定的《中华人民共和国宪法》，提出中华人民共和国宪法修改草案，由全国人民代表大会常务委员会公布，交付全国各族人民讨论，再由宪法修改委员会根据讨论意见修改后，提交本届全国人民代表大会第四次会议审议。

由于 1978 年宪法关于宪法修改程序的规定极为简单，因此可以认为，这一决议是对 1978 年宪法中关于宪法修改程序的解释，并使 1978 年宪法所规定的宪法修改程序具体化，更具有可操作性。

决议还同时通过了中共中央提出的 106 人的宪法修改委员会名单。宪法修改委员会的主任委员为叶剑英，副主任委员为宋庆龄（女）、彭真，委员有丁光训等。

（二）宪法修改委员会第一阶段的起草工作

宪法修改委员会成立后即开始进行紧张的宪法修改草案的起草工作。宪法修改委员会的起草工作主要分为两个阶段：第一阶段为宪法修改委员会成立至全国人大常委会通过宪法修改草案并将宪法修改草案交付全民讨论，时间为 1980 年 9 月 15 日至 1982 年 4 月 26 日；第二阶段为宪法修改草案全民讨论结束至宪法修改委员会审议和批准宪法修改草案的修正稿，时间为 1982 年 8 月 31 日至 1982 年 11 月 23 日。

1. 宪法修改委员会第一次会议

宪法修改委员会于 1980 年 9 月 15 日下午在北京举行第一次全体会议，宣布正式成立。宪法修改委员会主任委员叶剑英主持会议，并在会上作讲话。

叶剑英在会上首先阐述了修改宪法的意义。他指出，根据中共中央的建议，五届全国人大三次会议决定系统地修改现行宪法，成立宪法修改委员会，主持宪法的修改工作。这是我们国家政治生活中的一件大事，它标志着我国社会主义民主和社会主义法制建设正在大踏步地前进。

接下来，叶剑英对修改 1978 年宪法的必要性发表了看法。

他认为，我国现行宪法，基本上是本届全国人大一次会议修改通过的。本届全国人大二次会议、三次会议都对宪法个别条文作了修改。而本届全国人大一次会议修改宪法的工作，是在粉碎"四人帮"以后不久进行的。由于当时历史条件的限制，来不及全面地总结新中国成立 30 年来社会主义革命和社会主义建设中的经验教训，也来不及彻底清理和清除十年内乱中某些"左"倾错误思想对宪法条文的影响，以至现行宪法中还有一些反映已经过时的政治理论观点和不符合现实客观情况的条文规定。更重要的是，自本届全国人大一次会议以来，我们国家的政治生活、经济生活和文化生活都发生了巨大的变化，特别是党和国家工作着重点的转移；中共中央对国内阶级状况所作的新的科学分析；国家民主化的重大进展和进一步民主化的要求；国家领导体制和国民经济体制正在进行和将要进行的重大改革；民族区域自治权的明确规定，等等，都没有也不可能在现行宪法中得到反映。而且，作为国家根本大法，现行宪法的许多条文规定也不够完备、严谨、具体和明确。总之，现行宪法已经不能很好地适应我国社会主义现代化建设的客观需要，立即着手对它进行全面的修改，是完全必要的。

叶剑英还对宪法修改的目标提出了要求。他说，这次修改宪法，应当在总结新中国成立以来我国社会主义革命和社会主义建设经验的基础上进行。经过修改的宪法，应当反映并且有利于我国社会主义的政治制度、经济制度和文化制度的改革和完善。在新的宪法和法律的保障下，全国各族人民应当能够更加充分地行使管理国家、管理经济、管理文化和其他社会事务的权利。法制的民主原则、平等原则、司法独立原则应当得到更加充分的体现。我国人民代表大会制度，包括全国人民代表大会和地方各级人民代表大会的权力和工作，它们的常务委员会的权力和工作，应当怎样进一步健全和加强，也应当在修改后的宪法中作出适当的规定。总之，我们要努力做到，经过修改的宪法，能够充分体现我国社会发展新时期全国各族人民的利益和愿望。

叶剑英对宪法修改的具体方法也提出了明确的要求。他强调说，这次修改宪法，一定要坚持领导与群众相结合的正确方法，采取多种形式发动人民群众积极参加这项工作，在明年上半年公布修改宪法草案，交付全民讨论。我们这次修改宪法要认真总结新中国成立以来制定和修改宪法的历史经验。一定要从我国的实际情况出发，以我们自己的经验为基础，同时也要参考当代外国宪法，尤其是一些社会主义国家宪法，参考其中好的先进的东西。一个是"领导与群众相结合"，一个是"本国经验与国际经验相结合"，这是毛泽东同志领导制定 1954 年我国第一部宪法时总结的两条立宪经验。我们应该充分重视这两条经验。

为了更好地开展宪法修改工作，宪法修改委员会第一次全体会议决定设立宪法修改委员会秘书处，并通过了秘书长和副秘书长名单。胡乔木为秘书长，吴冷西、胡绳、甘祠森、张友渔、叶笃义、邢亦民、王汉斌为副秘书长。

2. 宪法修改草案讨论稿（初稿）

从 1980 年 9 月至 1981 年 6 月，宪法修改委员会秘书处主要进行了两个方面的工作：一是请党中央的各部门、国务院的各部门、最高人民法院、最高人民检察院、各民主党派、各人民团体和各省、自治区、直辖市，对修改 1978 年宪法提出意见。从 1980 年 10 月至 1981 年 2 月，上述各部门、各单位和各地方认真地召开了有不同人员参加的座谈会，有的省、省辖市也召开了修改宪法座谈会，广泛地听取群众、干部和各方面代表对修改宪法的意见，秘书处收到了大量的书面意见。二是秘书处在北京先后召开了 10 多次修改宪法座谈会，直接听取各方面代表和专家学者的意见。参加座谈会的有中央各部门、各民主党派和各人民团体的代表，有北京和一些省、自治区、直辖市的理论工作者和法学、经济学、政治学、哲学、社会学等方面的学者，以及熟悉各方面工作的专家。①

宪法修改委员会秘书处根据中央 78 个部门和地方 29 个省、自治区、直辖市报送的意见和座谈会的意见，研究了新中国的三部宪法及其他有关文件，也研究了旧中国的宪法，研究了世界各国的现行宪法和某些国家过去的宪法，在此基础上，先后 5 次拟出宪法修改草案讨论稿（初稿）。

3. 全国人大推迟审议宪法修改草案

按照 1980 年 9 月第五届全国人民代表大会第三次会议《关于修改宪法和成立宪法修改委员会的决议》预定的宪法修改的程序和日程安排，由宪法修改委员会提出宪法修改草案，经全民讨论后，提交第五届全国人民代表大会第四次会议审议。

第五届全国人民代表大会第四次会议于 1981 年 11 月 30 日至 12 月 13 日在北京举行。而此时，宪法修改委员会还无法提出一个比较完善的宪法修改草案。就此，宪法修改委员会副主任委员彭真代表宪法修改委员会向第五届全国人民代表大会第四次会议作《关于建议推迟修改宪法完成期限的说明》。彭真在说明中指出：一年多来，宪法修改委员会秘书处做了大量的准备工作。由于宪法修改工作关系重大，牵涉各方面一系列复杂的问题，需要进行大量的调查研究，广泛征求各地区、各方面的意见。同时，目前国家正在进行体制改革，有些重大问题正在实践和研究解决过程中。原来对这些情况考虑不足，规定期限过于紧迫，没有能按期完成。为了慎重地进行宪法修改工作，尽可能把宪法修改得完善些，需要把宪法修改完成期限适当推迟。我们建议，在宪法

---

① 《十亿人民直接参加国家管理的一种重要形式　彭真谈全民讨论宪法修改草案》，《人民日报》1982 年 5 月 21 日，第 3 版；肖蔚云：《我国现行宪法的诞生》，北京大学出版社，1986 年版，第 3 页。

修改委员会秘书处提出宪法修改草案初稿的基础上，经宪法修改委员会审议修改后，仍按原决定的步骤，由全国人民代表大会常务委员会公布，交付全国各族人民讨论，再由宪法修改委员会根据讨论意见修改后，提交1982年第五届全国人民代表大会第五次会议审议，并建议第五届全国人民代表大会第四次会议同意这个安排，作出相应的决议。

第五届全国人大第四次会议经过讨论，于1981年12月13日即会议的最后一天，在全体会议上通过《关于推迟审议宪法修改草案的决议》，同意宪法修改委员会关于宪法修改的日程安排。

该决议决定，将中华人民共和国宪法修改草案的审议工作推迟到第五届全国人民代表大会第五次会议进行。

4. 宪法修改草案（讨论稿）

从1981年7月到1982年2月，在彭真的主持下，宪法修改委员会秘书处进行了大量工作。在原宪法修改草案讨论稿（初稿）的基础上，于1982年2月提出《中华人民共和国宪法修改草案（讨论稿）》。这个讨论稿经中共中央书记处详细讨论并作出修改，然后又经中央政治局原则批准。秘书处再次将这一讨论稿送请中央各部门和军事领导机关以及各省、自治区、直辖市提出意见，还请专家、学者包括语言学家提出意见。这是第二次在全国范围内征求和听取意见。[①]

1982年2月27日下午，宪法修改委员会在人民大会堂召开第二次全体会议，讨论审议宪法修改委员会秘书处拟订的《中华人民共和国宪法修改草案（讨论稿）》。宪法修改委员会副主任委员彭真主持会议。他说，宪法修改委员会秘书处自1980年9月17日成立以来，做了大量的工作，广泛地征求了各地区、各

[①]　《十亿人民直接参加国家管理的一种重要形式　彭真谈全民讨论宪法修改草案》，《人民日报》1982年5月21日，第3版。

部门和各方面的意见，拟出《中华人民共和国宪法修改草案（讨论稿）》，请委员们就宪法修改草案讨论稿进行充分讨论和审议。宪法修改委员会秘书处秘书长胡乔木代表秘书处向会议作《关于宪法修改草案（讨论稿）的说明》。委员们在讨论和审议过程中，对该讨论稿提出了许多修改意见。与此同时，全国人大常委会委员、全国政协委员、中央各部门和各省、自治区、直辖市，对该讨论稿也提出了很多修改意见。这次会议认为，这个讨论稿的基础是可以的，秘书处应以该讨论稿为基础，根据各方面的意见，作进一步的修改。

5. 宪法修改草案（修改稿）

宪法修改委员会秘书处仔细地研究了各方面提出的意见，对宪法修改草案讨论稿进行了大量的从内容到文字的多方面的修改，形成了宪法修改草案修改稿，修改稿又经中共中央书记处原则批准。①

6. 宪法修改草案

1982 年 4 月 12 日，宪法修改委员会举行第三次全体会议。会议听取了胡乔木代表秘书处对宪法修改草案修改稿的说明后，进行了持续 7 天的热烈讨论，对宪法修改草案修改稿进行了审议。这次审议非常仔细认真，不但逐章逐条，而且逐句逐字进行推敲、斟酌，形成了《中华人民共和国宪法修改草案》。该宪法修改草案分《序言》《总纲》《公民的基本权利和义务》《国家机构》《国旗、国徽、首都》，共 5 个部分，除《序言》外，共有条文 140 条。会议于 4 月 21 日通过了给全国人大常委会《关于提请公布〈中华人民共和国宪法修改草案〉交付全国各族人民讨论的建议》。

---

① 肖蔚云：《我国现行宪法的诞生》，北京大学出版社，1986 年版，第 6 页。

7. 全国人大常委会通过宪法修改草案

五届全国人大常委会第二十三次会议于 1982 年 4 月 22 日至 5 月 14 日举行。在这次会议的第一天，宪法修改委员会副主任委员彭真受主任委员叶剑英的委托，代表宪法修改委员会在会议上作《关于中华人民共和国宪法修改草案的说明》。彭真首先指出，这个宪法修改草案是宪法修改委员会根据五届全国人大三次会议关于修改宪法和成立宪法修改委员会的决议，经过一年半的工作，广泛征求各地方、各部门、各方面的意见，经过认真的详细的讨论拟定的。彭真还从以下八个方面对宪法修改草案进行了说明：①宪法修改草案的总的指导思想即四项基本原则；②我国的国家性质即人民民主专政；③社会主义制度是我国的根本制度；④社会主义社会的发展是以高度发达的生产力为物质基础的；⑤在建设高度物质文明的同时，建设高度的精神文明，是一项长期的任务；⑥提高全体人民的文化、科学、技术水平，对于建设社会主义的物质文明和精神文明，是不可或缺的条件；⑦关于公民的基本权利；⑧国家机构实行民主集中制。

彭真最后指出，宪法修改草案已于 4 月 21 日经宪法修改委员会第三次全体会议通过，请全国人大常委会公布，交付全国各族人民讨论。宪法修改委员会将根据全民讨论的意见再作修改，提请第五届全国人大第五次会议审议。

全国人大常委会对宪法修改草案经过两天的分组讨论，在 4 月 26 日的全体会议上一致通过了该草案。

（三）宪法修改草案的全民讨论

中共中央关于修改宪法和成立宪法修改委员会的建议，以及五届全国人大三次会议《关于修改宪法和成立宪法修改委员会的决议》中均明确规定，先由宪法修改委员会向全国人大常委会提出宪法修改草案，再由全国人大常委会公布，交付全国各族人民讨论，然后再根据全民讨论中提出的修改意见，由宪法修改委员会对宪法修改草案作最后的修改。

1. 宪法修改草案的公布

五届全国人大常委会第二十三次会议于 1982 年 4 月 26 日通过《关于公布〈中华人民共和国宪法修改草案〉的决议》。该决议对全民讨论提出了明确的要求，并对意见上报的方式作了安排。该决议指出：

（1）第五届全国人民代表大会常务委员会第二十三次会议同意中华人民共和国宪法修改委员会的建议，决定公布《中华人民共和国宪法修改草案》，交付全国各族人民讨论。

（2）全国各级国家机关、军队、政党组织、人民团体以及学校、企业事业组织和街道、农村社队等基层单位，在 1982 年 5 月至 1982 年 8 月期间，安排必要时间，组织讨论《中华人民共和国宪法修改草案》，提出修改意见，并逐级上报。

（3）全国各族人民讨论《中华人民共和国宪法修改草案》中提出的修改意见，由各省、自治区、直辖市人民代表大会常务委员会以及人民解放军总政治部、中央国家机关各部门、各政党组织、各人民团体分别于 1982 年 8 月底以前报送宪法修改委员会，由宪法修改委员会根据所提意见对《中华人民共和国宪法修改草案》作进一步修改后，提请第五届全国人民代表大会第五次会议审议。

2. 全民讨论的动员

宪法修改草案公布以后，为在全国范围内掀起全民讨论的热潮，《人民日报》、《红旗》杂志等在全国最具影响力的，也是最具权威性的报刊，专门就此配发了社论。《人民日报》1982 年 4 月 29 日发表了题为《全民动员讨论宪法草案》的社论。社论说，宪法修改草案的公布并交付全民讨论，是我国人民政治生活中的一件大事。全国各族人民要立即行动起来，积极投入全民讨论宪法修改草案的工作。社论在谈到全民讨论的意义时说，动员全国各族人民开展宪法修改草案的讨论，也是对全体人民进行社会主义民主和法制教育的一次极好的机会。讨论宪法修改草案就是人民行使管理国家事务、经济和文化事业、社会事业的权利的一种途径和方式。通过讨论，全体人民会更加懂得，我国的宪法和法律是工人阶级领导全体人民，通过自己的权力机关——全国人民代表大会制定的，它们是广大人民的意志和利益的集中体现。可以说，这次全民讨论宪法草案，既是人民行使当家作主的权利，又是人民学习社会主义民主和法制的一次很好的实践。

《人民日报》社论还要求，各级党委和全党同志要高度重视宪法修改草案的讨论，切实加强领导，带头参加讨论。党委要同各有关方面密切配合，动员组织各宣传舆论部门，对宪法修改草案的基本精神和基本内容，它的指导思想以及关于公民的基本权利和义务、国家政治经济制度的重要规定等作通俗易懂的讲解介绍，使草案内容家喻户晓、人人明白。讨论要充分发扬民主，使各族各界群众都能畅所欲言。

《红旗》杂志 1982 年第 9 期发表了题为《国家政治生活中的一件大事》的社论。社论说，这次宪法修改草案的全民讨论工作具有十分重要的意义。首先，全民讨论是为了把新的宪法制定得更为完备；其次，对宪法修改草案的全民讨论，是一次全国范围的关于国家根本大法的学习和自我教育；最后，全民讨论本身还是全体人民正确行使民主权利、开展民主生活的一次学习和训练。总之，做好宪法修改草案的讨论工作，对我们国家具有长远的重要的意义。我们应当高度重视这一工作，在党的领导下，积极参与到全民讨论中去，共同把我们国家的根本大法修改、制定好。

1982 年 5 月，全国人大常委会副委员长、宪法修改委员会副主任委员彭真专门就全民讨论宪法修改草案问题接受了记者的采访。彭真指出，在全民讨论中首先应该认真了解修改草案的内容，要注意充分发扬民主，让大家畅所欲言。没有"文化大革命"的经验教训，修改草案许多条文是写不出来的。这个宪法修改草案的最大特点是从中国的实际情况出发；从头到尾贯穿了一个根本原则：为最大多数人民的最大利益服务。既然要全体人民遵守宪法，就非得切实发扬社会主义民主、把修改草案交付全民讨论不可。彭真特别强调，全民讨论的过程，就是全体人民反复商议的过程，也就是党和群众反复商议的过程。这决不是走走形式、走走过场。全民讨论也是统一全国人民意见的很好的形式。所以，组织全民讨论宪法修改草案是一件很大的事情。经过讨论和修改，宪法肯定会比现在更完备。

1982年7月16日，彭真还以全国人大常委会副委员长、宪法修改委员会副主任委员的身份发表谈话，号召台湾同胞、港澳同胞、海外侨胞深入讨论宪法修改草案。谈话指出，人民利益高于一切，一切权力属于人民，台湾同胞、港澳同胞、海外侨胞都是中华民族大家庭的成员，都是国家的主人。我们十分珍视台湾同胞、港澳同胞、海外侨胞的意见。我们殷切希望大家行使自己的神圣权利，采取多种形式，通过各种渠道，同祖国大陆各族人民一起深入讨论宪法修改草案，共商国是。

中共中央宣传部为配合这次全民讨论专门编发了《中华人民共和国宪法修改草案》的宣传提纲。提纲共分六大部分：①国家政治生活中的大事；②关于《序言》部分；③关于《总纲》部分；④关于《公民的基本权利和义务》部分；⑤关于《国家机构》部分；⑥维护宪法的尊严，保障宪法的实施。宣传提纲强调，这个草案，在经过全民讨论和进一步修改，经过全国人民代表大会正式通过以后，将成为新的历史时期我国人民的一部根本大法，成为全国各族人民、一切国家机关和人民武装力量、各政党和各人民团体、各企业事业组织的活动准则，成为我国实现社会主义民主的制度化和进行社会主义法制建设的基础。因此，这次宪法修改是我们国家政治生活中的一件大事。全国各族人民要在党的领导下，积极参加草案的全民讨论，共同把我们国家的根本大法修改、制定好。

此外，全国人大常委会办公厅研究室编写了《宪法修改草案与现行宪法的若干对比》①，北京大学法律系肖蔚云撰写了《宪法草案与前几部宪法的比较研究》②，等等。这些资料为全民讨论提供了参考。

3．全民讨论的基本情况

对宪法修改草案的全民讨论，从 1982 年 4 月底到 8 月底，共进行了整整四个月的时间。这次宪法修改草案的全民讨论是有组织的、持续进行的。全国各级国家机关、军队、政党组织、人民团体以及学校、企业事业组织和街道、农村社队等基层单位，都安排了充分的时间，组织了认真的讨论。全国人民普遍地参加了讨论，积极地提出各种比较重要的意见。有的省参加讨论的人数占成年人的 90%，有的占 80%。③ 全国有几亿人参加了讨论。这次全民讨论的时间比 1954 年宪法的全民讨论还多一个多月。参加讲座的规模之大、人数之多、影响之广，都是前所未有的。正如宪法修改委员会副主任委员彭真在第五届全国人大第五次会议上，代表宪法修改委员会所作的《关于中华人民共和国宪法修改草案的报告》中所指出的那样：这次全民讨论"足以表明全国工

---

① 《宪法修改草案与现行宪法的若干对比》，《中国青年》1982 年第 6 期。

② 《宪法草案与前几部宪法的比较研究》，《北京大学学报》（哲学社会科学版）1982 年第 4 期。

③ 肖蔚云：《我国现行宪法的诞生》，北京大学出版社，1986 年版，第 7 页。

人、农民、知识分子和其他各界人士管理国家事务的政治热情的高涨"。

在全民讨论中，人民表现出极大的主动性。如在贵州这个相对比较偏僻的省份，就组织了有 4.26 万多人（包括专家、学者和社会各界人士）参加的 2286 次专门的修宪讨论会。在全国侨联召开的讨论宪法修改草案会上，北京热带医学研究所所长、82 岁的钟惠澜先生，在临去西德讲学之际，背着大背包，挂着拐杖来到会场，把对宪法的修改意见留下。在五届全国人大五次会议的讨论过程中，人民群众还用各种形式表达自己的意见。在大会期间，每天都收到来自全国各地的大量的来信、来电，仅第一周，总计达 4300 封，继续提出对修改宪法的补充意见。如内蒙古呼和浩特市制锁公司的王银祥、吉林省石油化工设计院副总工程师何润华给大会发电、来信，对宪法修改草案提出具体修改意见。①

各地在讨论中普遍认为，这部宪法修改草案既符合中国的现实情况，也考虑了比较长远的发展前景，是全国人民根本利益的集中反映。这一草案经全国人大审议通过后，必将成为中国立法史上一部较为完善的根本大法，指引全国各族人民为把我国建设成为社会主义的现代化强国而奋斗。各地群众在审议宪法草案有关政治制度和经济制度的重要规定时认为，这一草案在全面总结新中国成立 30 多年正反两方面经验的基础上，把四项基本原则作为立国之本写进《序言》里，贯穿到全部条文中，并且明确规定今后中国人民的根本任务是集中力量进行社会主义现代化建设。这就给人们以明确的方向，对于保证中国今后沿着社会主义道路前进有着十分重要的意义。有群众指出，宪法修改草案中关

---

① 文正邦等：《共和国宪政历程》，河南人民出版社，1994 年版，第 189－190 页。

于国家领导人职务任期、精简机构、扩大社会主义民主、尊重人民民主权利、加强人民代表大会制度以及国务院实行总理负责制等规定，既符合马克思主义国家学说的基本原理，又适合中国的国情，充分反映了各族人民的共同愿望和根本利益。广大群众还认为，修改草案中关于恢复设置国家主席和设立中央军事委员会领导全国武装力量的规定，标志着我国国家制度的进一步完善。许多群众还说，宪法修改草案规定公民的权利与义务不可分离，这对于防止"文化大革命"中出现的无政府主义或是只要权利、不履行义务等现象的重演，将有积极的作用。① 同时，各地在全民讨论中也对宪法修改草案提出了许多修改意见。

29 个省、自治区、直辖市和中央机关、人民解放军总政治部，把讨论情况和修改意见报送到宪法修改委员会秘书处。海外华侨和港澳同胞也纷纷报来了他们对宪法修改草案的意见。全民讨论期间，宪法修改委员会秘书处还收到 2000 多封对宪法修改草案提出意见和建议的人民来信。

4. 学者积极参与全民讨论

在这次全民讨论过程中，法学研究者特别是宪法学研究者和政治学研究者发挥了积极的作用。这些专家和学者的作用主要表现在三个方面：

一是北京及全国各地的法学界均组织有关学者和专家，就宪法修改草案举行了多次专题性或者综合性的理论研讨会。例如，宪法修改草案公布后，中国法学会筹委会和北京市法学会联合集会，邀请首都法学界的同志举行了座谈会。出席座谈会的有著名法学家钱端升、张友渔、叶笃义、王斐然、韩幽桐、贾潜以及中国法学会筹委会的负责同志王一夫、梁文英、甘重斗。中国法学

---

① 《全民讨论宪法修改草案工作结束》，《人民日报》1982 年 9 月 6 日，第 1 版。

会筹委会杨秀峰同志主持座谈会。座谈会一致认为，这部宪法修改草案比 1975 年宪法和 1978 年宪法好，比 1954 年宪法有了很大的发展，是新中国成立以后已有的三部宪法的继续，是一部比较完善、比较成熟的宪法修改草案。座谈会上，大家畅所欲言，各抒己见，围绕草案的内容和特点进行了热烈的讨论。大家在畅谈认识的基础上，还对草案提出了一些修改、补充意见。座谈会结束时，杨秀峰要求，全民讨论刚开始，我们的讨论也是刚开始，希望这次活动结束后，法学界应该更进一步开展学习和讨论，为全民讨论作出贡献。参加首都法学界宪法修改草案座谈会的还有北京市法学会常务理事及理事，最高人民法院、公安部、中国社会科学院法学研究所、《中国法制报》、北京大学法律系（现改称法学院）、中国人民大学法律系（现改称法学院）、北京政法学院（现改称中国政法大学）等单位的负责同志，以及法学理论、宪法学教学研究人员等 40 余人。

二是举办各种宪法修改草案的讲座、报告会。受各地各级党委、人大常委会、人民政府、人民法院、人民检察院、政协、各民主党派、各人民团体、企业事业组织、学校、人民解放军等的邀请，法学界特别是宪法学研究者向不同范围的群众作了有关宪法修改草案的讲座和报告。中国人民大学法律系的许崇德教授，曾作为宪法修改委员会秘书处的人员参加了宪法修改草案的起草工作。他在 1983 年 2 月由浙江人民出版社出版的《新宪法讲话》一书的《作者小记》中说："回顾 1982 年初夏，宪法修改草案交付全民讨论，我抽空在北京、天津、上海、洛阳、郑州等地讲学，6 月初到达杭州，先后应邀为浙江省人大常委会、省直机关、省市高中级人民法院、杭州大学、省公安学校作了宪法草案的辅导报告。"并感慨地说："凡我所到之处，群众与干部学习讨论宪法草案的热情，感人肺腑。"依当时的情形推论，邀请许崇德教授作报告的单位还有不少，但许崇德教授因为要参加宪法修改委员会秘书处的工作，同时，需要撰写有关宪法修改方面的文章及论著，另外，从杭州"返京之后，得了脑供血不足之症，时而眩晕"，故而不可能一一应允。其他几位参加宪法修改委员会秘书处工作的法学家在全国各地作报告、办讲座的情形应当与许崇德教授相仿。虽然没有直接参加宪法修改委员会秘书处工作，但对法学有很深造诣的其他法学研究者，特别是宪法学研究者在全国各地所作的有关宪法修改草案的报告及举办的讲座的场次，当为数不少。

三是撰写文章。在全民讨论过程中，专家和学者所撰写的文章主要有两类：

第一类，对宪法修改草案的指导思想、基本原则、基本精神及主要内容进行阐述，为全民学习、讨论宪法修改草案提供参考。其中，尤以作为宪法修改委员会委员的张友渔教授的文章最为典型。

张友渔教授是中国著名的法学家，时任中国社会科学院副院长兼法学研究所所长。见诸报端的有其发表在《法学研究》杂志1982 年第 3 期的《关于修改宪法的几个问题》，就修改宪法的基本指导思想问题、坚持四项基本原则问题、中国人民政治协商会议的地位和作用问题、加强人民民主问题、扩大人大常委会权力问题、恢复国家主席设置问题、国务院职权问题、设立中央军事委员会问题及地方政权和民族区域自治制度问题发表了自己的看法。还有，1982 年 5 月 17 日发表在《人民日报》上的《新宪法草案的基本精神》（张友渔、许崇德合写），以及在中国社会科学院法学研究所召开的宪法修改草案座谈会上的讲话《从实际出发，认真讨论》。① 此外，以"宪法修改草案有哪些特点"为题

---

① 张友渔等：《宪法论文集》（续编），群众出版社，1982 年版，第1 页。

接受《北京日报》记者的专访①，以"关于宪法修改草案的几个问题"为题接受《中国法制报》记者的专访②。

其他法学家特别是其中的宪法学家，也发表了大量的文章。《人民日报》《光明日报》《中国法制报》和《红旗》杂志以及专门的法学报刊，辟专版刊登有关宣传宪法修改草案的文章。其中最具影响的是张友渔教授等著的两本论文集，即由群众出版社于 1982 年出版的《宪法论文集》及续编。每本论文集均收集了 30 余篇有关宪法修改草案的报告、论文。这些报告、论文由对宪法学比较有研究的专家和学者撰写，因而具有相当高的学术水准和政策水平。

第二类，对宪法修改草案的内容提出意见和建议。这类文章在所有有关宪法修改草案的文章中，占据了相当的分量，表明了法学家们积极参与宪法修改草案全民讨论的热情。例如，《民主与法制》杂志于 1982 年第 3 期发表了许崇德的文章《修改宪法十议》，就宪法修改的指导思想、宪法的体系结构、国家的基本制度、最高国家权力机关、国家行政机关、法院和检察机关、人民代表及国家机关工作人员、公民的基本权利、宪法的监督和实施等问题发表了自己的看法。《民主与法制》杂志于 1981 年第 4 期发表了潘念之的文章《有关修改宪法的几点意见》，就宪法序言、总纲、公民的基本权利和基本义务、国家机构及宪法的最高法律地位、宪法的解释权、宪法的修改程序问题发表了自己的看法。《民主与法制》杂志为月刊，宪法修改草案是 1982 年 4 月 26 日公布的，因此，曹思源、许崇德和潘念之的文章是在宪法修改

---

① 《宪法修改草案有哪些特点？著名法学家张友渔教授答本报记者问》，《北京日报》1982 年 4 月 30 日，第 2 版。

② 《张友通对本报记者谈关于宪法修改草案的几个问题》，《中国法制报》1982 年 5 月 14 日，第 1 版。

草案讨论稿形成过程中发表的，对宪法修改草案讨论稿的形成起到一定的积极作用。《西南政法学院学报》于 1981 年第 3 期发表了姚登魁、郑全咸的文章《我国宪法结构修改刍议》，文章认为，公民的基本权利和义务，在现行宪法中，放在国家机构之后，列为第三章，这种结构布局与我国的国体和政体的精神是不够符合的。这一观点后来被宪法修改草案吸收。该文章还设计了一个宪法结构体系。上述的张友渔教授等著的两本论文集中的许多文章，都对宪法修改草案中的规定提出了自己的看法。

（四）宪法修改委员会第二阶段的起草工作

宪法修改委员会秘书处从 1982 年 8 月底到 10 月底用了三个月的时间，将全民讨论过程中各方面提出的修改意见，汇集成册，并认真地分析了全民讨论中反映的意见，再次对宪法修改草案进行反复讨论和修改，形成了宪法修改草案修改稿。修改稿与交付全民讨论的草案相比较，从内容到文字都作了一些修改。

1982 年 11 月 4 日至 9 日，宪法修改委员会举行了第四次全体会议。在 5 天的时间里，宪法修改委员会委员逐章逐节逐条地对宪法修改草案修改稿进行细致的讨论，提出了一些修改意见。

宪法修改委员会秘书处根据宪法修改委员会第四次全体会议上各位委员提出的意见，对宪法修改草案进行反复修正，形成了修正稿。1982 年 11 月 23 日，宪法修改委员会举行了第五次全体会议，对秘书处提交的修改稿进行最后的审议。会议批准了修改稿，并决定提请第五届全国人大第五次会议讨论通过。

（五）1982 年宪法的诞生

第五届全国人民代表大会第五次会议于 1982 年 11 月 26 日至 12 月 10 日在北京召开。

在 11 月 25 日上午举行的主席团会议上，考虑到宪法修改委员会向代表大会提出宪法修改草案后即完成了它的使命，主席团会议决定：在五届全国人大五次会议期间，在主席团领导下成立一个宪法工作小组，根据代表们在讨论中提出的意见，对宪法修改草案进行必要的修改，并向主席团提出工作报告。主席团会议决定由胡绳担任宪法工作小组的组长。

在五届全国人大五次会议举行的第一天即 11 月 26 日，宪法修改委员会副主任委员彭真受主任委员叶剑英的委托，代表宪法修改委员会，向会议作《关于中华人民共和国宪法修改草案的报告》。报告首先回顾了宪法修改草案起草的过程，对宪法修改的指导思想进行了阐述。接着，彭真就宪法修改草案的基本内容，联系全民讨论中提出的意见和问题，分六个部分作了说明：①关于我国的人民民主专政制度；②关于我国的社会主义经济制度；③关于社会主义精神文明；④关于国家机构；⑤关于国家的统一战线和民族的团结；⑥关于独立自主的对外政策。彭真最后说，宪法修改草案经过这次大会审议和正式通过后，就要作为具有最大权威性和最高法律效力的国家根本大法付诸实施了。它将成为我国新的历史时期治国安邦的总章程。彭真的报告激起了全场热烈的掌声。参加五届全国人大五次会议的全国人大代表，在听取彭真关于宪法修改草案的报告后，对宪法修改草案的内容进行了数日的分片讨论。1982 年 12 月 4 日，五届全国人大五次会议就宪法修改草案进行了表决。五届全国人大代表有 3421 名，出席这天大会的代表为 3040 人，达到法定人数。由于 1978 年宪法中对宪法修改的通过程序没有规定，大会首先通过了本次会议通过宪法的办法。办法规定，通过宪法采用无记名投票表决的方式，以全体代表的三分之二以上的多数通过。1954 年宪法第二十九条第一款规定："宪法的修改由全国人民代表大会以全体代表的三分之二的多数通过。"办法的这一规定与 1954 年宪法的规定完全相同，显然是参考了 1954 年宪法的规定，而这一规定也与世界各国通过宪法修改的通行做法相一致。12月4日的大会，首先宣读了《中华人民共和国宪法修改草案》全文。宪法修改草案除《序言》外共分4章、138条。大会接着通过了以陈志彬、杜棣华为总监票人的62名监票人名单；计票工作人员核对了出席大会的代表人数；监票人验了票箱。下午5时开始投票。表决票为粉红色，上面用汉、蒙古、藏、维吾尔、哈萨克、朝鲜6种文字印着"中华人民共和国宪法表决票"字样。代表们在大会堂内的30个票箱分别投下庄严的一票。大会还专门为年迈体弱的代表设立了一个流动票箱。叶剑英、谭震林等代表在流动票箱投了票。投票完毕后监票人开箱清点票数。据总监票人报告，清点结果，发票3040张，投票3040张，投票与发票的数目相符，本次投票有效。

下午5时45分，大会执行主席习仲勋宣布：根据总监票人报告，有效票3040张，其中同意票3037张，反对票没有，弃权票3张。现在宣布：《中华人民共和国宪法》已由本次会议通过。这时，灯火辉煌的人民大会堂里响起了雷鸣般的掌声。

在五届全国人大五次会议通过新宪法的当日，本次会议主席团随即发表公告："《中华人民共和国宪法》已由中华人民共和国第五届全国人民代表大会第五次会议于一九八二年十二月四日通过，现予公布施行。"

《人民日报》为这部宪法的颁布和实施发表了三个社论。

新宪法通过的次日，《人民日报》发表了题为《新时期治国安邦的总章程》的社论。社论说，在经历了"无法无天"的十年内乱以后，在完成了拨乱反正的历史任务，全国人民齐心协力开创社会主义现代化建设新局面的时候，这部宪法的通过和实施，对于整个国家的长治久安，对于各族人民的安居乐业，对于实现工业、农业、国防和科学技术的现代化，把我国建设成为高度文明、高度民主的社会主义国家，是不可缺少的法律保证。社论还说，我国是一个 10 亿人口的大国，要把国家治理好、建设好，没有法是不行的，没有宪法更是不行的。因此，新宪法一经颁布，就要严肃认真地付诸实施，依法行事。而保证宪法实施，既要解决国家机关、各政党和各社会团体与宪法的关系问题，特别是中国共产党与宪法的关系问题，也要解决个人和宪法的关系问题，特别是各级党政领导干部和宪法的关系问题。保证宪法实施，还必须大张旗鼓地宣传宪法，组织干部和群众广泛深入地学习宪法，使新宪法家喻户晓、人人皆知。

1982 年 12 月 24 日，《人民日报》发表了题为《人人学习宪法　人人掌握宪法》的社论。社论指出，经历十年内乱的中国各族人民，饱尝"无法无天"之苦。现在，我们已经制定了一部好宪法。人人掌握宪法，运用宪法赋予的当家作主的权利，就能掌握自己的命运，掌握国家的命运。

1983 年 1 月 24 日，《人民日报》发表了题为《党员要做遵守宪法的模范》的社论。社论针对一些党员思想中存在的"党比宪法大"的错误认识，要求"所有的共产党员都要自觉地成为维护宪法尊严、保证宪法实施的模范。宪法规定做的，就坚决做；宪法禁止的，就坚决不做。对于违反和破坏宪法的人和事，要进行坚决的斗争。共产党员是不是严肃对待宪法，认真执行宪法、维护宪法，决不是小事情。这不但是有没有法制观念的问题，而且是党性强不强的问题。人民要求以法治国，我们党决心实行法治。党章明确规定遵守国家的法律是共产党员的义务。所以，我们执行宪法，也就是遵守党章，也就是同党中央在政治上保持一致"。

《红旗》杂志于 1982 年第 24 期发表了题为《维护宪法的尊严，保证宪法的实施》的社论。社论指出，要切实保证新宪法的贯彻实施，必须抓好"知、守、护"三个字。知，就是要有计划、有步骤地进行系统的大量的宣传教育工作，使群众知法。

守，就是人人都要遵守宪法，这是每个公民的神圣义务，我们党和国家的干部特别是党员干部不论职位高低，决不能把自己看成是特殊公民，可以超越于宪法和法律之外。护，就是要维护宪法的尊严，敢于同一切违法犯罪行为进行斗争。

作为法制方面的权威专业媒体的《中国法制报》，也于新宪法通过的次日发表了题为《十亿人民都要掌握宪法》的社论。社论认为，政法战线作为我国人民民主专政的国家政权的一个重要组成部分，肩负着宣传和执行宪法的重任。政法战线上的每个同志都要带头学习、宣传和遵守宪法。我们严格依法办事，本身就是对宪法的一种最实际的、最有效的宣传。在这个问题上，党和国家、人民群众对我们有更高的要求、更大的希望，我们不要辜负这种要求和希望。

新宪法通过以后，全国范围内掀起了一场学习新宪法的热潮。《人民日报》《光明日报》《中国法制报》及法学专业刊物上，开辟专版，由专家和学者撰文阐述新宪法的基本内容、基本精神。以《人民日报》为例，在发表一批有关宪法的文章的同时，从1982年12月中旬开始，挤出完整的版面，连续刊登《〈中华人民共和国宪法〉讲话》，系统地宣讲新宪法。这个讲话前后共有40多讲，由中国人民大学的部分教师撰稿，基本上按照新宪法的顺序，有重点地、通俗简明地进行讲解。1983年3月，为了保持全部讲话的连贯性，并便利于保存和翻阅起见，人民日报出版社特把它们汇编成册，以供广大读者学习新宪法的时候作为参考之用。1983—1984年，各地出版社出版的有关学习新宪法的论文集、讲话、释义等，达上百种之多。其中影响比较大的有：由张友渔、王叔文、肖蔚云、许崇德合著，由法律出版社出版的《中华人民共和国宪法讲话》，该讲话共16讲，原来是中央人民广播电台举办的一个专题广播的用稿；由人民日报出版社出版的主要由中国人民大学法律系教师撰写的《〈中华人民共和国宪法〉讲话》；由许崇德撰写，浙江人民出版社出版的《新宪法讲话》；由吴杰、廉希圣、魏定仁编著，法律出版社出版的《中华人民共和国宪法释义》；由中国法学会编写，法律出版社出版的《宪法论文选》；由董成美编著，上海人民出版社出版的《中国宪法概论》，等等。

三、1982 年宪法的指导思想和基本特点

1982 年宪法是新中国成立以后的第四部宪法。这部宪法继承和发展了 1954 年宪法的基本原则，克服了 1975 年宪法和 1978 年宪法的缺陷，总结了 30 多年来中国社会主义发展的丰富经验，集中了全国各族人民的意志，既考虑到当时的现实情况，又照顾到将来的发展前景，是一部有中国特色的、适应新的历史时期社会主义现代化建设需要的、长期稳定的宪法，也是新中国成立以来最完善的一部宪法。

（一）1982 年宪法的指导思想

不同的指导思想产生不同的宪法，在国家政治生活中也会造成不同的后果和影响。1954 年宪法较好地体现了社会主义与民主原则，规定了一条适合中国特点的社会主义道路，保证了在一个几亿人口的大国中顺利实现生产资料私有制的社会主义改造，促进了工农业和整个国民经济的发展，奠定了我国今天进行现代化建设的物质基础。在"文化大革命"中颁布的 1975 年宪法，抛弃了 1954 年宪法的一些基本原则，体现了所谓"无产阶级专政下继续革命"的指导思想。1978 年宪法虽然是在粉碎"四人帮"以后制定的，但由于当时的历史条件的限制，它没有能够完全抛弃 1975 年宪法中的错误理论、政策和口号。在指导思想中虽然

加进了一些诸如实现四个现代化的内容，但基本点仍然靠"无产阶级专政下继续革命"的理论。

1982 年宪法在序言中明确规定："中国各族人民将继续在中国共产党领导下，在马克思列宁主义、毛泽东思想指引下，坚持人民民主专政，坚持社会主义道路"。正如彭真同志在《关于中华人民共和国宪法修改草案的报告》中所指出的："宪法修改草案的总的指导思想是四项基本原则，这就是坚持社会主义道路，坚持人民民主专政，坚持中国共产党的领导，坚持马克思列宁主义、毛泽东思想。这四项基本原则是全国各族人民团结前进的共同的政治基础，也是社会主义现代化建设顺利进行的根本保证。"

1. 1982 年宪法为什么要以四项基本原则为指导思想

20 世纪的中国发生了翻天覆地的伟大历史变革，其中有四件最重大的历史事件。第一件，孙中山先生领导的辛亥革命，废除了封建帝制，创立了中华民国。从此以后，谁要再想做皇帝就不那么容易了。但是，这次革命的成果被反动势力篡夺了，没有完成推翻帝国主义和封建主义压迫和剥削的历史任务，中国仍然没有摆脱半殖民地、半封建的状态。第二件，中国人民在以毛泽东为领袖的中国共产党领导下，推翻了帝国主义、封建主义、官僚资本主义的统治，建立了中华人民共和国。100 多年以来，许多先进的中国人，为了争取国家独立和富强，曾经提出过各种救国方案，结果都失败了。中国共产党成立以后，在长期的革命斗争中形成了马列主义的普遍原理和中国革命的具体实际相结合的毛泽东思想，才指引革命取得了胜利。从此，结束了旧中国四分五裂、任人宰割的局面，中国人民掌握了国家的权力，成为国家的主人。第三件，在中国这样一个大国里，我们用三年时间恢复了遭受长期战争破坏的国民经济，继续完成了民主革命的任务。1956 年顺利地基本完成了生产资料私有制的社会主义改造，消灭了几千年的剥削制度，建立起社会主义制度。第四件，经济建设取得了重大的成就。中国的经济发展水平同发达国家相比，虽然比较落后，新中国成立 30 多年来也有失误和曲折，但是经济发展速度无论与过去比，还是与外国比，都是比较快的。我国已基本形成了独立的、比较完整的而不是依赖外国的，社会主义的而不是资本主义的工业体系和国民经济体系。农业有了较大的发展，基本上解决了吃饭穿衣问题。在工农业生产发展的基础上，人民的物质生活和文化生活有了较大的改善。我们建设社会主义强国已经有了较为坚实的物质基础。

从这些伟大的历史变革中，中国人民得出的最基本的结论是：没有中国共产党就没有新中国，只有社会主义才能救中国。坚持四项基本原则反映了不以人们意志为转移的历史发展规律。这是经过长期实践检验的真理，是中国亿万人民在长期斗争中作出的决定性选择。宪法以四项基本原则为总的指导思想，这就为我国各项制度的完善规定了总原则，为我国今后的发展指明了正确的方向。

2. 四项基本原则在 1982 年宪法中的体现

四项基本原则在 1982 年宪法中的体现，主要表现在以下三个方面：

第一，宪法序言中集中、完整地规定了四项基本原则。序言首先回顾了 100 多年来中国革命的历史，并较为详细地描述了 20 世纪中国发生的最重大的历史事件。在此基础上，序言得出结论："中国新民主主义革命的胜利和社会主义事业的成就，都是中国共产党领导中国各族人民，在马克思列宁主义、毛泽东思想的指引下，坚持真理，修正错误，战胜许多艰难险阻而取得的。"[①] 并明确规定："中国各族人民将继续在中国共产党的领导下，在马克思列宁主义、毛泽东思想指引下，坚持人民民主专

---

① 1999 年通过的宪法修正案第十二条去掉此句中的"都"字。

政，坚持社会主义道路……"

第二，宪法总纲第一条第一款规定："中华人民共和国是工人阶级领导的、以工农联盟为基础的人民民主专政的社会主义国家。"第二款规定："社会主义制度是中华人民共和国的根本制度。禁止任何组织或者个人破坏社会主义制度。"

该条明确规定我国的国家性质是人民民主专政。在这一专政的国家里，工人阶级是领导阶级，农民阶级是工人阶级的同盟者。宪法序言还规定："社会主义的建设事业必须依靠工人、农民和知识分子，团结一切可以团结的力量。在长期的革命和建设过程中，已经结成由中国共产党领导的，有各民主党派和各人民团体参加的，包括全体社会主义劳动者、拥护社会主义的爱国者和拥护祖国统一的爱国者的广泛的爱国统一战线，这个统一战线将继续巩固和发展。"因此，人民民主专政不仅具有坚强的领导者，还有广泛的阶级基础。

第三，整部宪法中每一章每一节每一条的规定都体现了四项基本原则的精神，四项基本原则有如一条红线贯穿于整部宪法之中。其中，最主要的表现是：①宪法序言将国家的根本任务规定为：集中力量进行社会主义现代化建设，逐步实现工业、农业、国防和科学技术的现代化，把我国建设成为高度文明、高度民主（1993年宪法修正案修改为"富强、民主、文明"）的社会主义国家。②宪法第二条规定："中华人民共和国的一切权力属于人民。人民行使国家权力的机关是全国人民代表大会和地方各级人民代表大会。"宪法第三章关于国家机构的规定，更明确具体地规定了人民代表大会制度。这些规定，确立了中国社会主义的基本政治制度是实行民主集中制的人民代表大会制度。③宪法第六条规定："中华人民共和国的社会主义经济制度的基础是生产资料的社会主义公有制，即全民所有制和劳动群众集体所有制。"宪法在总纲部分用大量的条文非常具体地规定了中国的社会主义经济制度和经济政策。④宪法从第十九条到第二十四条具体规定了社会主义精神文明，即文化建设和思想建设的具体内容。这些规定是世界各国宪法中对精神文明的规定最为具体的。⑤宪法在第一章《总纲》及第二章《公民的基本权利和义务》中，对社会主义民主制度的基本内容作了具体的规定。⑥宪法第一章《总纲》及其他各章对社会主义法制的基本内容作了具体的规定。⑦宪法在第二章关于《公民的基本权利和义务》中，既保障公民的基本权利和自由，又要求履行义务。⑧宪法在关于民族关系的规定上，既强调国家的统一，又保护以少数民族聚居区为基础建立的民族自治地方的自治权；既反对大民族主义，又反对地方民族主义。

坚持四项基本原则的核心，是坚持中国共产党的领导和社会主义制度。宪法是党领导人民制定的，宪法的规定既体现了人民的意志，又体现了党的意志，是党的意志和人民意志的统一。因此，严格实施宪法，维护宪法的权威和尊严，特别是党员带头遵守宪法，实际上就是坚持党的领导的体现。社会主义制度的具体内容在宪法中已经作了明确规定，坚持和实行这些具体制度，就是坚持社会主义制度。1975 年宪法和 1978 年宪法（尤其是前者）的具体条款中，虽然写进了不少关于"党的领导"和"社会主义"的词句，但是由于这两部宪法以错误的指导思想为出发点，贯穿了"无产阶级专政下继续革命"的错误理论，实质上损害了党的领导和社会主义制度，而并不是加强了党的领导和社会主义制度。例如，1978 年宪法第二条规定："中国共产党是全中国人民的领导核心。工人阶级经过自己的先锋队中国共产党实现对国家的领导。中华人民共和国的指导思想是马克思主义、列宁主义、毛泽东思想。"第五十六条规定："公民必须拥护中国共产党的领导，拥护社会主义制度……"现行宪法对四项基本原则采取了不同于 1975 年宪法和 1978 年宪法的规定方法，一方面是考虑到坚持四项基本原则是中国各族人民的历史性选择，而不是公民的一种义务；另一方面根据我国社会所处的特定历史阶段，将社会主义制度作客观而具体化的规定，更能够全面地坚持党的领导和社会主义。

（二）1982 年宪法的基本特点

1982 年宪法是在四项基本原则的指导下制定的，同时又是在新的历史条件下制定的，因此其与前三部宪法比较起来，具有自己的一些特点。

1. 领导与群众相结合

这是毛泽东在总结 1954 年宪法立宪经验时概括的第一条经验。1954 年宪法之所以能够比较符合中国的实际情况，反映当时中国社会的客观实际，一个重要的原因就是在制定宪法的过程中，做到领导与群众相结合。在 1980 年全国人大决定修改宪法和成立宪法修改委员会的决定中，对于宪法修改程序，就明确规定要将宪法修改草案交付全民讨论。1982 年宪法修改草案形成过程中，宪法修改委员会主任委员叶剑英及宪法修改委员会副主任委员彭真也反复要求，秘书处在起草宪法修改草案时，要注意吸收各方面群众的意见。如前所述，1982 年宪法修改草案在起草之前，就既注意吸收各政党、各国家机关、人民解放军的意见，也注意吸收各人民团体、各群众组织、企业事业组织、学校等方面的意见；既注意吸收中央国家机关的意见，也注意吸收地方国家机关的意见；既注意吸收各方面群众的意见，也注意吸收专家学者的意见。在初稿形成以后，均召开不同范围、不同人员参加的讨论会，听取意见。特别是从 1982 年 4 月至 8 月长达四个月的时间里，就宪法修改草案在全国范围内进行了大规模的全民讨论。这次全民讨论，既是听取全国各族人民对宪法修改草案从形式、结构到内容进一步完善的意见的机会，也是由不同阶层的人民反映自己利益和意志的重要形式。实践证明，这次全民讨论取得了非常好的效果。1982年宪法之所以从形式、结构到内容，都堪称新中国成立以来最好的一部宪法，与在宪法修改过程中能够在不同阶段始终做到开放性地吸收群众意见是分不开的。以正式通过的1982年宪法与由全国人大常委会交付全民讨论的宪法修改草案相比较，除了在总条文数上由140条减少为138条外，还有在内容和文字表述上作了一些调整。这些调整主要是在全民讨论过程中，各方面提出了意见，而由宪法修改委员会予以吸收的结果。例如，宪法草案序言在谈到人民民主专政时，使用了"人民民主专政即无产阶级专政"的提法。"即"在汉语里的意思为"也就是"。既然"人民民主专政"也就是"无产阶级专政"，那就没有必要在我国提出"人民民主专政"这一概念和相应的理论。实际上，人民民主专政与无产阶级专政既有相同的一面，也存在具有中国特点的一面。因此，两者并不是完全相同的。在全民讨论中，有些人提出这一问题。在正式的宪法中，将其改为"人民民主专政实质上即无产阶级专政"，这就完整准确地表明了两者之间的关系。又如，关于知识分子的地位问题，宪法草案基于将知识分子当作工人阶级的一部分的认识和判断，没有专门对知识分子的地位进行规定。在全民讨论中，有人提出，在建设社会主义的事业中，工人、农民、知识分子是三支基本的社会力量。宪法修改委员会根据这一意见，在序言中概括地加写了："社会主义的建设事业必须依靠工人、农民和知识分子，团结一切可以团结的力量。"再如，在全民讨论中，有人提出，宪法草案大大扩大了全国人大常委会的职权，但同时应考虑如何保证全国人大作为最高国家权力机关的地位问题。根据这一意见，增加了两项规定：一是在全国人大闭会期间，全国人大常委会对全国人大制定的法律进行部分补充和修改，但"不得同该法律的基本原则相抵触"；二是全国人大有权"改变或者撤销全国人民代表大会常务委员会不适当的决定"。

2. 从实际出发，实事求是

在宪法修改委员会第一次会议上，宪法修改委员会主任委员叶剑英强调指出，宪法修改"一定要从我国的实际情况出发"。在宪法修改草案起草过程中，宪法修改委员会副主任委员彭真就曾多次对秘书处提出要求，一定要从中国的实际情况出发。在宪法修改草案公布以后，记者问彭真："这个宪法修改草案的最大特点是什么呢?"彭真答道："那就是从中国的实际情况出发。中国 960 万平方公里加海域，十亿人口，各地政治、经济、文化、风俗习惯等各方面的情况很不平衡。要从这个实际出发，吸收我国历史的和外国的经验教训，吸收符合我国当前实际情况、适合我国当前需要的有益的东西。"

坚持实事求是原则，从中国的实际情况出发这一特点，体现在宪法的每一项规定之中。例如，宪法序言和总纲关于人民民主专政的规定。1975 年宪法和 1978 年宪法对我国的国家性质均规定为"无产阶级专政"，1982 年宪法改为"人民民主专政"，并规定："人民民主专政实质上即无产阶级专政。"人民民主专政是无产阶级专政在中国具体情况下的一种形式，反映了在中国具体国情下政权的广泛的阶级基础和"人民"范围的广泛性，同时，也更有利于人们认识在这种政权下"民主"与"专政"的正确关系。宪法第五条第四款关于社会主义法制的集中规定①，在世界各国宪法中是独具特色的，也可以说是独一无二的。这显然是考虑到中国是一个实行两千多年封建专制统治、有长期"人治"传统的国家，实行法治的任务极为艰巨，而首先必须在宪法上对

---

① 1999 年的宪法修正案又增加了一款，即第五条第一款："中华人民共和国实行依法治国，建设社会主义法治国家。"因此，宪法第五条关于社会主义法制的规定共五款。

社会主义法制作出非常明确的规定。宪法第三十一条关于"国家在必要时得设立特别行政区。在特别行政区内实行的制度按照具体情况由全国人民代表大会以法律规定"的规定，显然也是从我国台湾、香港、澳门的特殊情况出发作出的规定。宪法第四十九条第二款关于"夫妻双方有实行计划生育的义务"的规定，也是从我国人口的实际状况出发的。宪法在国家机构部分关于国务院及地方各级行政机关均实行首长个人负责制的规定，既是从行政机关的工作特点，也是从提高我国行政机关的工作效率和责任制出发的。

3. 总结新中国成立以来正反两个方面的历史经验

在 1982 年之前，中华人民共和国共有 4 部宪法性文件，即1949 年的《共同纲领》、1954 年宪法、1975 年宪法和 1978 年宪法。这 4 部宪法性文件中，前两部比较客观地反映了中国的实际情况，而后两部则受极左思想的影响，作出了诸多不符合中国实际情况的规定。特别是在"文化大革命"中，无法无天，宪法和法律在中国根本不起任何作用，致使社会秩序出现严重混乱，公民的权利和自由得不到保障，国家机关无法正常运行。1982 年宪法吸取了正反两方面的经验教训，特别是"文化大革命"的反面教训。

1982 年宪法序言规定，今后国家的根本任务是集中力量进行社会主义现代化建设，逐步实现工业、农业、国防和科学技术的现代化，把我国建设成为高度文明、高度民主的社会主义强国。而 1978 年宪法序言规定："全国人民在新时期的总任务是：坚持无产阶级专政下的继续革命，开展阶级斗争、生产斗争和科学实验三大革命运动，在本世纪内把我国建设成为农业、工业、国防和科学技术现代化的伟大的社会主义强国。"1982 年宪法关于国家根本任务的规定，删除了"左"的内容。鉴于宪法和法律在中国社会实际生活中的地位，1982 年宪法序言最后一段明确规定：

"本宪法以法律的形式确认了中国各族人民奋斗的成果，规定了国家的根本制度和根本任务，是国家的根本法，具有最高的法律效力。全国各族人民、一切国家机关和武装力量、各政党和各社会团体、各企业事业组织，都必须以宪法为根本的活动准则，并且负有维护宪法尊严、保证宪法实施的职责。"同时，宪法第五条对宪法和法律的地位作了明确的规定。1978年宪法所规定的公民的政治权利中有"大鸣、大放、大辩论、大字报"即所谓的"四大"，1980年五届全国人大三次会议予以废除，1982年宪法对1980年全国人大的做法予以确认。1982年宪法吸取"文化大革命"中公民的人格尊严得不到尊重和保障的教训，在公民的基本权利中专门增加一条即第三十八条："中华人民共和国公民的人格尊严不受侵犯。禁止用任何方法对公民进行侮辱、诽谤和诬告陷害。"

4. 注意吸收外国有益的经验

在注重本国经验的基础上，同时注意吸收外国宪法中的有益经验，也是1954年宪法的一条好的立宪经验。1982年宪法修改过程中，宪法修改委员会也采纳了这一立宪经验。

宪法是否要有序言？在起草过程中，存在两种不同意见。秘书处起草了两个草案，即有序言的草案和没有序言的草案。后来一方面考虑到没有序言，一些内容在条文中不太好写，另一方面考虑到世界上绝大多数国家的宪法都有序言。因而，最后的宪法中采纳了有序言的结构。

在宪法序言或者条文中明确规定宪法的地位，这是各国宪法通行的做法。资本主义国家如此，社会主义国家也如此。同时，也考虑到我国特定条件下作出这种规定是非常必要的。因此，在宪法序言的最后一段明确地规定了宪法的根本法地位及所具有的最高法律效力。在宪法第五条还规定了宪法所具有的最高法律效力的具体表现。

1975 年宪法、1978 年宪法均在第三章《公民的基本权利和义务》部分的最后一条规定："中华人民共和国对于任何由于拥护正义事业、参加革命运动、进行科学工作而受到迫害的外国人，给以居留的权利。"1982 年宪法修改草案第三十一条规定："中华人民共和国对于因为争取人类进步、维护和平事业、进行科学工作而受到迫害的外国人，给以居留的权利。"考虑到国际上通行的做法和规定，1982 年宪法第三十二条第二款规定："中华人民共和国对于因为政治原因要求避难的外国人，可以给予受庇护的权利。"这一规定与原来的规定相比较，有以下不同：一是在宪法上的位置不同。原来放在《公民的基本权利和义务》部分，现在放在《总纲》部分。二是原因不同。原来是因为"由于拥护正义事业、参加革命运动、进行科学工作"或者是"争取人类进步、维护和平事业"，现在为"政治原因"。三是权利的内容不同。原来是"居留权"，现在为"受庇护权"。

在前几部宪法性文件制定时，传统的社会主义理论认为，资本主义宪法在规定公民权利和自由的同时，又在宪法或者法律中限制公民的权利和自由，而社会主义宪法与它们的不同点在于，宪法规定的公民权利和自由不受限制。基于这种认识，我国的宪法中对公民权利和自由没有任何限制。实际上，根据马克思主义观点，任何权利和自由都是有限制的，包括内在的自身的限制和外在的社会性的限制，世界上不存在绝对的权利和自由。1982 年宪法第五十一条规定："中华人民共和国公民在行使自由和权利的时候，不得损害国家的、社会的、集体的利益和其他公民的合法的自由和权利。"

5. 既强调相对稳定性，又注重改革发展

宪法是国家的根本法，应当具有稳定性。新中国成立以来，包括 1982 年宪法在内，在短短的 30 多年间，即已经有了 5 部宪法性文件。宪法变动的频率在世界上应当说是比较快的。频繁对

宪法进行修改，必然损害宪法的崇高尊严和权威。因此，1982 年宪法在起草过程中，即考虑这部宪法要有一定的稳定性。

宪法稳定性的基础在于其内容符合客观实际。如前所述，1982 年宪法在起草时，注意从中国的实际出发，实事求是。1982 年宪法在内容与客观实际的关系上，注意了以下三个方面：①对社会主义中国的根本制度和基本制度在宪法中作出规定。包括社会主义的基本政治制度、经济制度、文化制度、司法制度等，这些制度都在长期的社会主义实践中，被证明是行之有效的。例如，宪法中规定了人民民主专政制度、人民代表大会制度、社会主义经济制度、社会主义精神文明等。②对公民的基本权利和义务在宪法中作出规定。这些基本权利和义务是在社会主义条件下所必须的，同时也是国家能够及应该予以保障的。1982 年宪法所规定的公民的基本权利和义务与前几部宪法相比较，不仅在内容上有所丰富，而且在种类上大大拓展了。③对改革开放的已有成果予以确认。1978 年底党的十一届三中全会召开以后，我国即已开始进行经济体制改革和政治体制改革，并进行对外开放，至 1992 年时，改革开放已取得了诸多成果。例如，在政治体制上，人民代表大会制度有了很大发展，包括全国人大和地方各级人大，在组织上、运作程序上、活动方式上、与其他国家机关的关系上等，都比以前有了很大的完善和发展，这些改革成果，都为 1982 年宪法所确认。这些内容既是比较稳定的成熟的社会关系，又代表了社会发展趋势和改革的方向。因此，这些内容在相当长一段时间内能够保持与社会实际相适应，这也就保证了宪法的稳定性。

这部宪法除确认改革开放的成果外，也预见到中国社会正处于重大改革和转型时期，在规定上体现了改革的思想和精神。例如，宪法序言中规定：要"不断完善社会主义的各项制度，发展社会主义民主，健全社会主义法制……"又如，宪法第二十七条规定："一切国家机关实行精简的原则，实行工作责任制，实行工作人员的培训和考核制度，不断提高工作质量和工作效率，反对官僚主义。"宪法更多的规定是暗含着改革开放的基本精神。①

作为行为规范的宪法必然要伴随着社会的变化与发展而修改、发展，不可能是一成不变的。宪法演变发展的方式是多种多样的。1982 年宪法与前几部宪法比较，在宪法规范适应社会实际的方式的规定上更加具体明确，更具有操作性。例如，关于宪法修改的程序，1982 年宪法第六十四条规定："宪法的修改，由全国人民代表大会常务委员会或者五分之一以上的全国人民代表大会代表提议，并由全国人民代表大会以全体代表的三分之二以上的多数通过。"该条对提议修改宪法的主体、宪法修改权主体及通过宪法修改的法定人数作了明确的规定。此外，1982 年宪法还规定，全国人大和全国人大常委会监督宪法实施；全国人大常委会有权解释宪法。因此，全国人大及全国人大常委会即可以通过修改宪法、解释宪法及在监督宪法实施过程中，使宪法规范与社会实际相适应，或者阐明宪法的基本精神。1982 年以后，我国在政治、经济、文化等方面取得了巨大的社会进步和发展，社会实际发生了翻天覆地的变化。一方面，1982 年宪法在修改时，已经预见到了这些变化和发展；另一方面，全国人大及全国人大常委会通过上述方式主要是宪法修改程序，使宪法规范与社会实际之间保持一致性。②

6. 原则性和灵活性相结合的原则

1982 年宪法对作为我国基本指导思想的四项基本原则、我国

---

① 1993 年宪法修正案第三条增加规定："坚持改革开放"。

② 全国人大分别于 1988 年、1993 年和 1999 年三次以宪法修正案的方式，对宪法不适应社会实际的内容进行修改或者在改革开放的新形势下增加必要的内容，共通过了 17 条宪法修正案。

的根本政治制度即人民代表大会制度、作为我国经济制度基础的
社会主义公有制即全民所有制和劳动群众集体所有制、社会主义
精神文明、公民的基本权利和义务等原则性问题，作了非常明确
的规定，这是丝毫动摇不得的。

　　但是，宪法也考虑到一些特殊情况，对这些特殊情况作了一
些特殊规定，体现了灵活性的一面。例如，宪法第三十一条规
定："国家在必要时得设立特别行政区。在特别行政区内实行的
制度按照具体情况由全国人民代表大会以法律规定。"应该说，
这是 1982 年宪法最具有灵活性的规定。台湾、香港、澳门由于
历史原因而长期与祖国分离，为了实现祖国统一，需要在这些地
区实行特殊的制度。而为了使这种特殊的制度在宪法上有所根
据，具有合法基础，就需要对相应的问题在宪法上作出规定。因
此，宪法第三十一条相对于宪法的其他条款而言，是一个特别条
款。从法理上说，宪法在整个中华人民共和国范围内都是有效
的，既然宪法以四项基本原则为基本的指导思想，那么在整个中
华人民共和国范围内都应当实行社会主义制度。但是，全国人大
根据宪法第三十一条的规定，有权决定在什么地区需要建立特别
行政区，以及在特别行政区实行什么制度。事实上，全国人大根
据宪法的这一规定分别于 1990 年和 1993 年制定了《香港特别行
政区基本法》和《澳门特别行政区基本法》。根据这两个基本法
的规定，香港在 1997 年 7 月 1 日以后、澳门在 1999 年 12 月 20
日以后，分别建立了特别行政区，在特别行政区保留原有资本主
义制度和生活方式不变。宪法的灵活性还表现在其他一些方面。
如全国人大及全国人大常委会有国家立法权，而地方一定层级以
上的人大和人大常委会在不与宪法、法律、行政法规相抵触的前
提下，有权制定地方性法规；中国是一个统一的多民族国家，在
少数民族聚居的地区实行民族区域自治制度，民族自治地方享有
宪法和民族区域自治法规定的自治权，其中包括根据本民族的政

治、经济、文化特点制定自治条例和单行条例的权力；在坚持社会主义公有制是社会主义经济制度基础的前提下，鼓励个体经济的发展①，等等。

四、1982 年宪法的发展

宪法既具有法律的属性，又具有较强的政治性。

宪法的政治性在法的各种表现形式中是比较突出的。1954 年宪法在形式上较少运用政治词语和政治术语，而实际上，由于这部宪法比较客观地反映了当时中国的具体国情，对于人民政权的巩固、国家的发展，起到了积极的促进作用。1975 年宪法和1978 年宪法中，或者使用大量的政治术语和政治词语组合成宪法条文，或者直接引用毛泽东的语录作为宪法条文，似乎只有如此，宪法的政治性才表现得充分。实际上，恰巧相反，这两部宪法在政治上并没有发挥预期的作用。1982 年宪法继承了 1954 年宪法的特点，吸取了 1975 年宪法和 1978 年宪法的教训，较少使用政治词语，而实际上这部宪法的政治性是最强的。

1982 年宪法是在发扬社会主义民主，加强社会主义法制的背景下制定的。因此，这部宪法的法的特性表现得最为明显和充分。可以说，是在几部宪法中最为突出的。在这方面，其与前几部宪法相比较，主要有以下发展：

---

① 1988 年的宪法修正案增加了关于"私营经济"法律地位的规定；1999 年的宪法修正案更规定："个体经济、私营经济等非公有制经济是社会主义市场经济的重要组成部分。"

（一）宪法结构的发展

1982 年宪法在结构上与前几部宪法相比较，有以下三个方面的发展变化：

1. **将《公民的基本权利和义务》置于《国家机构》之前**

1954 年宪法、1975 年宪法、1978 年宪法的结构均为：《序言》《第一章 总纲》《第二章 国家机构》《第三章 公民的基本权利和义务》《第四章 国旗、国徽、首都》。1982 年宪法将《公民的基本权利和义务》一章置于《国家机构》一章之前，变为：《序言》《第一章 总纲》《第二章 公民的基本权利和义务》《第三章 国家机构》《第四章 国旗、国徽、首都》。在宪法结构上作此改变的基本考虑有两点：一是公民在国家中的地位。宪法所要调整的关系主要是国家与公民之间的关系，公民在不同的情形下在国家中有着不同的地位，而表明公民在国家中的地位的主要依据是公民的基本权利和义务。公民在行使选举权、被选举权等政治参与方面的权利时，促成国家政治意志的形成；公民在行使作为单个个人的权利时，是一种权利主体的地位，而国家处于义务主体的地位；公民在履行义务时，是作为义务主体的地位，而国家是作为权利主体的地位。因此，公民在国家中主要处于一种积极的、能动的地位。国家在法律上的主要外在物化表现是国家机构。国家机构及其工作人员所行使的权力来源于人民的委托和授予，而人民是公民中的主体部分。将《公民的基本权利和义务》一章置于《国家机构》之前，表明在我国更加重视公民的基本权利和自由。在我国特定的历史背景下，这种改变具有更为重要的现实意义和深远的历史意义。二是世界上大多数国家的宪法结构都是《公民的基本权利和义务》在前，而《国家机构》在后，特别是第二次世界大战以后制定的宪法更是如此。

2. 恢复国家主席的设置

1954 年宪法在《国家机构》部分设置了《第二节　中华人民共和国主席》，共有 8 个条文。该节规定，国家主席根据全国人大及全国人大常委会的决定，行使职权；对外代表中华人民共和国；统率全国武装力量，担任国防委员会主席；在必要时召开最高国务会议，并担任最高国务会议主席。1975 年宪法和 1978 年宪法取消了国家主席的设置。原来由国家主席行使的职权改由中共中央主席、全国人大常委会委员长行使。1982 年宪法恢复设置了国家主席。

1982 年宪法设置国家主席的基本考虑有三点：一是国家主席制度对于中国人民来说，已经是一种比较熟悉的制度；二是国家主席制度在人民代表大会制度体制内是一种比较好的制度安排；三是不设国家主席，应由国家主席行使的一些职权不好安排，1975 年宪法和 1978 年宪法的安排，或者造成党政不分，或者造成与行使者的身份不符。

1982 年宪法关于国家主席的规定，相对于 1954 年宪法来说，既是恢复，又是在新形势下的一种发展。与 1954 年宪法的相同点是，国家主席必须根据全国人大及全国人大常委会的决定行使职权，对外代表中华人民共和国；不同点在于，1982 年宪法中的国家主席已不再统率全国武装力量、担任国防委员会主席，以及在必要时召开最高国务会议，并担任最高国务会议主席。总体而言，1982 年宪法所规定的国家主席是一个虚职，而 1954 年宪法规定的国家主席是一个实职。

3. 增设中央军事委员会

1982 年宪法在《国家机构》中设置了《第四节　中央军事委员会》，共两个条文，即第九十三、第九十四条。宪法第九十三条规定："中央军事委员会领导全国武装力量。"1954 年宪法、1975 年宪法和 1978 年宪法则都没有这一机构的设置。1954 年宪法规定由国家主席统率武装力量，1975 年宪法和 1978 年宪法规定由中共中央主席统率武装力量。如前所述，1982 年宪法所设置的国家主席已不再统率武装力量，而由中共中央主席统率武装力量又会造成党政不分。因此，就有必要设置一个专门统率武装力量的国家机关，中央军事委员会也就应运而生。

（二）宪法规范的发展

1954 年宪法是在我国正常发展时期制定的，因此，这部宪法的规范性较强。而如前所述，1975 年宪法和 1978 年宪法是在"文化大革命"与"左"倾的错误还没有肃清的非常时期制定的，其中引用了大量的政治术语和政治词语或者毛泽东的语录，其规范性比较差。1982 年宪法是在加强社会主义法制的要求和背景下制定的，因此其规范性与前几部宪法相比较，特别是与 1975 年宪法、1978 年宪法相比较，应当说有大大加强。其主要的表现是：

1. 条文数量大大增加

1954 年宪法为 106 条，1975 年宪法为 30 条，1978 年宪法为 60 条。从这几部宪法的实际作用看，1954 年宪法最好，1978 宪法次之，1975 年宪法最差。可见，在我国，宪法的条文数与宪法的实际作用两者之间暗合。当然，并不能从极端的角度说，宪法的条款数越多、宪法越长，宪法的作用就越大、实际效果就越好。宪法是国家的根本法，需要对国家的性质、国家的根本制度及由此所决定的政治、经济、文化诸方面的基本制度，作宏观的总括性的规定，以便能够为普通法律的制定提供依据和基础。宪法要完成这一使命，条款数太少，是不可能做到的。一定的条款数是宪法完成这一使命的基础和前提。同时，宪法条款数的多寡，取决于多种因素。1789 年美国宪法共 7 个条文，加上以后通过的 27 条宪法修正案，美国宪法一共也就 34 条。但美国是一个联邦制国家，除联邦宪法外，组成联邦的各州还有自己的宪法。另外，美国宪法的每一条实际上是一章的内容。中国有自己的国情，中国是单一制国家，同时根据中国的法律习惯和传统，每一条文规定一个相对独立的内容，而不是像美国宪法那样规定一章的内容。

1982 年宪法共 138 条，比 1954 年宪法增加 32 条，比 1975 年宪法增加 108 条，比 1978 年宪法增加 78 条。1982 年宪法的这一条款数是比较恰当的：一是将需要由宪法规定的内容作了详略得当的规定；二是我国是单一制国家，同时又是一个多民族的国家，这就需要对单一制下中央与地方的关系、中央及地方国家机关等作较为明确的规定，还需要对各民族之间的关系及相应的制度作出规定；三是我国宪法的每一条文的内容不能过于集中，规定某一方面的内容，需要分解成若干条文，便于理解和执行。

2. 条文结构合理

宪法的每一条文规定一个相对独立的问题，就此问题而言，宪法应当作比较全面的规定。1982 年宪法的条文即是按照这一思路来设定的。

宪法第三十六条是关于宗教信仰自由的规定。这一条文共四款。第一款是关于宗教信仰自由的总体规定："中华人民共和国公民有宗教信仰自由。"以下各款是国家关于宗教信仰自由的具体政策。第二款是关于宗教信仰自由特性的规定，即宗教信仰自由是公民个人的私事："任何国家机关、社会团体和个人不得强制公民信仰宗教或者不信仰宗教，不得歧视信仰宗教的公民和不信仰宗教的公民。"第三款是关于宗教活动界限的规定："国家保护正常的宗教活动。任何人不得利用宗教进行破坏社会秩序、损害公民身体健康、妨碍国家教育制度的活动。"第四款是关于宗教组织与国外宗教机构的关系的规定："宗教团体和宗教事务不受外国势力的支配。"即我国实行宗教自治的原则。

3. 条文表述严谨

宪法是法的一种表现形式，具有法的一般特性，必须在法的范畴内发挥作为国家根本法的作用。因此，宪法条文的表述也应当像普通法律规范那样严谨。与前三部宪法相比较，1982 年宪法是做得最好的。

例如，1954 年宪法第二十四条规定，全国人大任期届满的两个月以前，全国人大常委会必须完成下届全国人大代表的选举。如果遇到不能进行选举的非常情况，全国人大可以延长任期到下届全国人大举行第一次会议为止。1975 年宪法第十六条规定，全国人大每届任期五年，在特殊情况下，任期可以延长。全国人大会议每年举行一次，在必要的时候，可以提前或者延期。1978 年宪法第二十一条规定，全国人大每届任期五年，如果遇到特殊情况，可以延长本届全国人大的任期，或者提前召开下届全国人大。全国人大会议每年举行一次，在必要的时候，可以提前或者延期。这三部宪法关于这一问题的规定的共同缺陷是：①没有规定由什么主体提议延期；②没有规定由什么主体决定延期；③延期是因出现了不可抗力的特殊情况，而对于特殊情况消除后的多长时间内必须举行下次会议也没有作出规定；④后两部宪法甚至规定，全国人大会议可以提前召开，既然导致全国人大不能按期举行会议的原因是出现了不可抗力的特殊情况，这些情况是人们在事前所不可能预料的，因此提前召开之说是不能成立的。1966 年 7 月 7 日三届全国人大常委会第三十三次会议就是根据 1954 年宪法第二十四条的规定，作出了关于第三届全国人大第二次会议改期召开的决定。这一改期，后来则不了了之，一直到 1975 年 1 月才举行了四届全国人大一次会议。1982 年宪法第六十条吸取了历史经验，对此作了比较完备的规定：全国人大任期届满的两个月以前，全国人大常委会必须完成下届全国人大代表的选举。如果遇到不能进行选举的非常情况，由全国人大常委会以全体组成人员的 2/3 以上的多数通过，可以推迟本届全国人大的任期。在非常情况结束后一年内，必须完成下届全国人大代表的选举。

又如，关于宗教信仰自由的规定，1975 年宪法和 1978 年宪法都规定，公民有信仰宗教的自由和不信仰宗教、宣传无神论的自由。实际上，宗教信仰自由的内涵中已经包括了信仰宗教和不信仰宗教两方面的自由。因此，没有必要再写明：公民有不信仰宗教、宣传无神论的自由。同时，宪法在《公民的基本权利和义务》的标题下所作出的规定的基本出发点是，保障公民进行某种行为的自由，而不是不进行这种行为的自由。1982 年宪法改变了前两部宪法的规定方法，更符合宪法规定权利和自由的内涵及宗教信仰自由的内涵。

再如，1978 年宪法第四十五条规定了公民的政治自由："公民有言论、通信、出版、集会、结社、游行、示威、罢工的自由，有运用'大鸣、大放、大辩论、大字报'的权利。"首先，"大鸣、大放、大辩论、大字报"并不是严谨的法律用语，法律上无法给出一个准确的定义。其次，通信自由并不属于政治权利的范畴，而属于人身自由的范畴，当某个公民被法院依法剥夺政治权利时，其作为人应当具有通信的自由，只是通信的内容即通信秘密应当受到一定程度的限制。基于这种考虑，1982 年宪法所规定的公民的政治自由为言论、出版、集会、结社、游行、示威。

前述的 1982 年宪法关于宪法修改程序、外国人的受庇护权等的规定与前三部宪法相比较，在条文的表述上都更为严谨。

4. 用语更法律化

宪法是法的一种表现形式，在文字用语上就应当"法言法语"。如前所述，1975 年宪法和 1978 年宪法因使用大量的政治术语和政治词汇或者直接使用毛泽东的语录，其法律规范性大大降低。1982 年宪法重视和强调用语的法律化，使其具有法的规范性，在内容上更为明确具体。如宪法条文中使用"禁止……""国家保障……""国家维护……""……不得……""……必须……""国家保护……""国家依照法律规定……""由法律规定……""在法律规定的范围内……""……不受侵犯""中华人民共和国公民有……权利（或者义务）""……应当……"，等等。这些用语的最大特点是明确性，允许做什么，禁止做什么，权利是什么，义务是什么，清清楚楚，一目了然。1982 年宪法中没有采用 1975 年宪法和 1978 年宪法中的那些比喻性的用语，如规定中国人民解放军是"生产队""工农子弟兵""柱石""宣传队"，要防御社会帝国主义、帝国主义及其"走狗"的颠覆和侵略，等等。

此外，1982 年宪法较多地使用肯定式的句子，如"社会主义制度是中华人民共和国的根本制度""中华人民共和国的一切权力属于人民""中华人民共和国的国家机构实行民主集中制的原则""凡具有中华人民共和国国籍的人都是中华人民共和国公民"，等等。

（三）宪法内容的发展

宪法内容的发展是 1982 年宪法体现毛泽东所说的"搞宪法就是搞科学"的主要表现。总体上说，1982 年宪法所规定的内容更为丰富，符合中国的具体情况，与时代相适应，有了较大的发展。

1. 关于宪法的序言

1982 年宪法序言由 13 个自然段构成，其主要内容是：①回顾了 20 世纪以来中国发生的翻天覆地变革中的四件大事；②规定了四项基本原则和今后国家的根本任务；③规定了国家的一些基本方针、政策，如台湾回归祖国问题、爱国统一战线问题、民族关系问题、对外关系问题等；④确认了宪法的法律地位。

　　与1978年宪法序言相比较，1982年宪法序言不仅在文字的数量上有所增加，而且在内容上有很大变化。其主要变化是：①剔除了1978年宪法中"左"的内容，以及一些错误的口号、观点和表述方式；②把四项基本原则完整地写入宪法序言；③准确地把国家今后的根本任务写入宪法序言；④将中国人民政治协商会议的法律地位和作用写入宪法序言；⑤将宪法的根本法地位写入宪法序言。

　　2. 关于总纲

　　1982年宪法总纲共32条，比1978年宪法总纲多13条。1982年宪法总纲的主要内容是：①国家的性质和根本制度；②人民代表大会制度；③民族关系和民族区域自治制度；④社会主义法制；⑤经济制度和经济政策；⑥社会主义精神文明；⑦计划生育；⑧环境保护；⑨国家机关的活动宗旨；⑩惩治犯罪；⑪国防；⑫行政区划；⑬特别行政区制度；⑭保护外国人合法权益。

　　与1978年宪法总纲比较，1982年宪法的变化主要是：①将"无产阶级专政"改为"人民民主专政"；②增加了有关"民主集中制原则"的具体内容；③增加了社会主义法制的内容；④在经济制度和经济政策部分，根据改革开放的新情况、新要求作了较大的改变，如增加了集体所有制经济表现形式、个体经济、土地所有权、外国企业和其他外国经济组织等问题的规定；⑤增加了有关社会主义精神文明的规定；⑥增加了行政区划和关于特别行政区的规定；⑦将外国人的受庇护权由《公民的基本权利和义务》部分移至《总纲》部分。同时，1982年宪法总纲剔除了1978年宪法中有关"语录"或者"口号"式的规定。

　　3. 关于公民的基本权利和义务

　　1982年宪法关于公民基本权利和义务的规定共24条，比1978年宪法增加了8条。如前所述，这部分内容原来在国家机构之后，1982年宪法将其放到国家机构之前。同时，在内容上比原来也有所增加。其主要内容是：①确定中华人民共和国公民的标准；②平等权；③政治权利和自由；④宗教信仰自由；⑤人身自由；⑥社会经济权利；⑦文化教育权利；⑧特殊主体的权利保护；⑨公民的基本义务。

1982 年宪法所规定的公民基本权利和自由，与 1978 年宪法相比较，不但在种类上有所增加，而且在内容上更为丰富：①增加了"公民在法律面前一律平等"的规定，将 1954 年宪法的"法律上"改为"法律面前"；②增加了权利和义务的一致性的规定；③对公民行使选举权、被选举权的条件作了更具体的规定；④更准确地规定了公民的政治自由；⑤对宗教信仰自由作了更具体、更准确的规定；⑥对人身自由作了更具体的规定；⑦增加了"公民的人格尊严不受侵犯"的规定；⑧增加了关于"公民的通信自由和通信秘密受法律保护"的规定；⑨对公民的劳动权作了具体的规定，并规定劳动也是公民的一项基本义务；⑩增加了退休人员生活受保障权的规定；⑪增加了公民获得国家赔偿权利的规定；⑫增加了公民行使权利和自由的限制性规定。

1982 年宪法关于公民基本义务的规定的主要变化是：①增加了公民有劳动的义务的规定；②增加了公民有受教育的义务的规定；③增加了公民有遵守宪法和法律的义务的规定；④增加了公民有维护祖国的安全、荣誉和利益义务的规定；⑤增加了公民有依法纳税义务的规定；⑥删除了公民必须拥护中国共产党领导、拥护社会主义制度义务的规定。

4. 关于国家机构

1982 年宪法关于国家机构的规定共 79 条，比 1978 年宪法增加了 55 条，是整部宪法中条文增加最多的部分。从节的数量比较，1982 年宪法比 1978 年宪法增加了两节，即《第二节　国家主席》和《第四节　中央军事委员会》。从总体上说，1982 年宪法的内容更为具体。

《第一节　全国人大》部分的主要发展是：①关于全国人大任期和会期的规定更具体；②关于全国人大的职权更细致；③扩大了全国人大常委会的职权，包括立法权和监督宪法实施的权力，这是 1982 年宪法关于国家机构部分的最突出的发展和变化；④在全国人大下设立常设的专门委员会，协助全国人大及其常委会行使职权；⑤增加了关于全国人大代表受法律保护的规定，如人身自由受特别保障权、各种会议上的言论免责权等。

《第二节　国家主席》的规定相对于 1978 年宪法是新增加的部分。与 1954 年宪法关于国家主席的规定相比较，其主要变化是：①担任国家主席的资格条件中关于年龄的规定增加了 10 岁，即由 35 周岁改为 45 周岁；②删除了国家主席的实质性的权力，如统率武装力量的权力、召开最高国务会议的权力；③增加了国家主席、副主席都缺位时的代理规定。

《第三节　国务院》部分的主要发展是：①增加规定国务院的领导体制为总理负责制；②在国务院的职权中，增加规定有权根据宪法和法律的规定制定行政法规；③增加规定国务院各部、各委员会实行部长、主任负责制，各部、委有权根据法律、行政法规制定规章；④国务院增设审计机关。

《第四节　中央军事委员会》的规定是新增加的内容。本节共两个条文，主要规定了中央军委的性质、地位、组成、领导体制。

《第五节　地方各级人大和政府》部分，除行政机关的名称原称谓具有浓厚"文化大革命"色彩的"革命委员会"，1978 年宪法改为"人民政府"，以及 1982 年宪法关于它们的组织和职权的规定更具体外，其主要发展是：①县级以上地方各级人大设常委会；②增加规定省、自治区、直辖市人大及其常委会在不与宪法、法律、行政法规相抵触的前提下有权制定地方性法规；③增加规定县级以上地方各级人民政府实行首长个人负责制；④增加规定县级以上各级人民政府设立审计机关；⑤增加规定居民委员会和村民委员会的性质及主要任务。

《第六节　民族自治地方的自治机关》部分的主要发展是：①作为民族区域自治制度的重要组成部分，1982 年宪法增加关于民族自治机关组织的规定，如民族自治地方的人大常委会中应当有实行区域自治的民族的公民担任主任或者副主任，自治区主席、自治州州长、自治县县长由实行区域自治的民族的公民担任；②除原有的民族自治地方的人大有权制定自治条例和单行条例外，增加规定了其他多项自治权。

《第七节　人民法院和人民检察院》部分的主要发展是：①增加规定了人民法院的司法审判原则；②增加规定了人民法院上下级之间的关系为审判监督关系；③增加规定了人民检察院的检察工作原则；④增加规定了上下级人民检察院之间的关系为领导关系；⑤增加规定了公、检、法三机关之间在办理刑事案件时的分工负责、互相配合、互相制约的关系。

此外，1982 年宪法为了防止国家领导人事实上的终身制，避免因此而导致国家政策的中断，借鉴其他国家宪法的规定，明确规定了一定范围的领导人连续任职不得超过两届。

五、宪法运行机制与功能

1982 年宪法是在中国共产党和国家重视法制，从而大力加强社会主义法制，发扬社会主义民主，以及社会成员的权利意识、民主意识、主体意识、公民意识大大增强的背景下制定并实施的。因此，这部宪法有着良好的实施的社会基础和社会环境。同时，如前所述，这部宪法在内容上比较客观地反映了中国的社会实际，也具备了实施的正当性基础；这部宪法的规范性大大强于前三部宪法，也使这部宪法具备了实施的规范基础。从总体上说，这部宪法自颁布以后的实施状况是良好的。

（一）依据宪法设立相应的国家机关

1982 年宪法自 1982 年 12 月 4 日五届全国人大五次会议主席团公布之日起生效。从理论上说，该宪法所规定的国家机关应当随即设立并开始运作。但是，中央一级的某些国家机关在宪法通过的当时并没有建立起来，如国家主席、中央军事委员会，这就需要解决宪法规定的国家机关与现实中的国家机关的职权的关系问题，或者说涉及 1982 年宪法与 1978 年宪法效力的衔接问题。为了解决这一问题，在 1982 年宪法通过的同一天，五届全国人大五次会议通过了《关于本届全国人民代表大会常务委员会职权的决议》。决议规定：在第六届全国人大第一次会议根据本次会议通过的《中华人民共和国宪法》选出中华人民共和国主席、副主席和下届全国人大常委会以前，本届全国人大常委会和全国人大常委会委员长、副委员长继续分别按照 1978 年五届全国人大第一次会议通过的《中华人民共和国宪法》第二十五条和第二十六条的规定行使职权。1978 年宪法第二十五条规定的是全国人大常委会的职权，第二十六条规定的是全国人大常委会委员长的职权。全国人大的这一决议实质上是要解决在国家主席产生以前，按照 1982 年宪法应由国家主席行使的职权的行使主体问题。按照 1978 年宪法第十九条的规定，中华人民共和国武装力量由中共中央主席统率；而按照 1982 年宪法的规定，由中华人民共和国中央军事委员会领导全国武装力量。决议没有涉及在中央军事委员会成立以前武装力量统率权的归属问题。可以推论，在中华人民共和国中央军事委员会成立以前，武装力量统率权实际上是由中国共产党中央军事委员会来行使的。

六届全国人大一次会议于 1983 年 6 月 6 日至 21 日召开。在这次会议上，按照 1982 年宪法选举产生新的国家机构，其中包括新设立的国家主席和中央军事委员会。会议选举李先念为国家主席、乌兰夫为国家副主席；邓小平为中央军事委员会主席、叶剑英等为副主席。已有的国家机关按照宪法规定进一步健全并完善，如全国人大在这次会议上成立了 8 个协助全国人大和全国人大常委会工作的专门委员会。至此，1982 年宪法所规定的中央国家机构已经完全建立起来，具备了按照 1982 年宪法进行运作的组织基础。

地方国家机构在 1982 年宪法通过以前已经比较健全。这是因为，1979 年 7 月 1 日五届全国人大二次会议通过了《关于修正〈中华人民共和国宪法〉若干规定的决议》，根据这一决议和实践的需要，全国人大于同日通过了新的《中华人民共和国地方各级人民代表大会和地方各级人民政府组织法》。该地方组织法对地方各级人大、人大常委会及地方各级人民政府的组织、职权等作了具体的规定。同日，全国人大还通过了《中华人民共和国人民法院组织法》和《中华人民共和国人民检察院组织法》。根据 1979 年 7 月 1 日由全国人大新修改的选举法，1980 年和 1981 年在全国范围内进行了县级以下的直接选举和县级以上的间接选举。通过选举产生了新的地方各级人大、人大常委会、人民政府、人民法院和人民检察院。五届全国人大五次会议还根据 1982 年宪法，于 1982 年 12 月 10 日对地方组织法进行修改。这样，在 1982 年宪法通过的当时，地方国家机构已经比较完整，可以直接根据新宪法和地方组织法、人民法院组织法、人民检察院组织法规定的各自的职权进行工作。

（二）国家机关依据宪法而运作

1982 年宪法对中央及地方各国家机关的职权作了规定。这些国家机关严格按照宪法规定的程序行使自己的职权，使这部宪法在我国政治生活、经济生活、文化生活、社会生活等各方面，发挥了前三部宪法所不可比拟的积极作用。

在组织上，中央及地方各国家机关按照宪法进行组织和活动。如按照宪法规定，全国人大每届任期五年，地方各级人大每届任期或者五年或者三年。1982 年宪法实施以来，全国人大和地方各级人大按照宪法的规定进行改选并召开会议。以全国人大为例，1982 年宪法通过以来，1983 年举行了六届全国人大一次会议，1988 年举行了七届全国人大一次会议，1993 年举行了八届全国人大一次会议，1998 年举行了九届全国人大一次会议。按照宪法规定，全国人大及地方各级人大每年至少举行一次会议。自1982 年宪法通过以来，各级人大均能够按照这一规定举行会议。按照宪法规定，全国人大常委会和地方县级以上人大常委会至少每两个月举行一次会议，各级人大常委会也都能够按照宪法的规定举行会议。全国人大及地方各级人大还组织产生其他国家机关，包括行政机关、审判机关和检察机关。

在中国，长期以来国家权力机关的地位不高，被戏称为"橡皮图章"。1982 年宪法通过以后，这种情况发生了很大改观，全国人大和地方各级人大开始真正作为国家权力机关发挥作用，行使权力。以全国人大及其常委会为例，按法定程序任免了中央各国家机关的主要领导人，组织产生了其他国家机关；对国家生活中的重大问题进行决策，如国家预算和决算问题、国民经济发展计划和社会发展计划、批准重庆市为直辖市；决定香港和澳门成立特别行政区，并通过了《香港特别行政区基本法》和《澳门特别行政区基本法》，由基本法规定了两个特别行政区保留原有的资本主义制度和生活方式；于 1988 年、1993 年、1999 年通过修改宪法，使原有的宪法规范与社会实际保持一致；通过解释法律，使法律能够及时适用于社会实际生活；对国务院、中央军事委员会、最高人民法院、最高人民检察院工作进行监督，听取工作报告并进行审议；全国人大常委会还组织监督组，就已经制定的法律的执行情况进行执法监督检查等。地方各级人大及其常委会也按照宪法的规定行使了属于自己的职权，并根据本地区的特点，创造了一些积极有益的做法，如干部述职和评议制度等，对干部的工作进行监督。

此外，各级行政机关和司法机关根据宪法的规定，行使了各自的职权。

（三）依据宪法制定规范性法律文件

1982年宪法与前三部的最大不同点在于，这部宪法更注重加强社会主义法制。除规定宪法是国家根本法，具有最高的法律效力外，还确立了一个新的立法体制：全国人大制定和修改刑事的、民事的、国家机构的和其他的基本法律；全国人大常委会制定和修改除全国人大制定的基本法律以外的其他法律，并在全国人大闭会期间，修改由全国人大制定的基本法律；国务院根据宪法和法律制定行政法规；省、自治区、直辖市人大和人大常委会，省、自治区人民政府所在地的市人大和人大常委会，国务院批准的较大的市人大和人大常委会在不与宪法、法律、行政法规相抵触的前提下，制定地方性法规；国务院各部门，省、自治区、直辖市人民政府，省、自治区人民政府所在地的市人民政府，国务院批准的较大的市人民政府根据法律、行政法规或者地方性法规，制定规章；自治区、自治州、自治县人大依据本民族的特点制定自治条例和单行条例。

根据1982年宪法所确立的上述立法体制，我国的立法工作有了巨大的进展。以全国人大和全国人大常委会为例，经过1982年宪法通过以来的各届全国人大各次会议的努力，已经初步建立了与社会主义市场经济相适应的法律体系。

第一，在国家机构立法方面，制定了《全国人民代表大会组织法》《地方各级人大和地方各级人民政府组织法》《国务院组织法》《人民法院组织法》《人民检察院组织法》《选举法》《全国人大议事规则》《全国人民代表大会常务委员会议事规则》《人民代表法》《民族区域自治法》《国旗法》《国徽法》《香港特别行政区基本法》《澳门特别行政区基本法》以及《村民委员会组织法》《居民委员会组织法》等。

第二，在民商事立法方面，制定了《民法通则》《合同法》《商标法》《保险法》《公司法》《票据法》《证券法》《海商法》等。

第三，在经济立法方面，制定了《全民所有制工业企业法》《集体所有制企业法》《私营企业法》《企业破产法》《中外合资经营企业法》《外资企业法》《中外合作经营企业法》《台湾同胞投资保护法》《反不正当竞争法》《广告法》《个人所得税法》《中外合资经营企业所得税法》《外商投资企业和外国企业所得税法》《对外贸易法》《预算法》《注册会计师法》《审计法》《仲裁法》《合伙企业法》《产品质量法》《价格法》《税收征收管理法》《中国人民银行法》《商业银行法》《土地管理法》等。

第四，在刑事立法方面，1997 年对 1979 年刑法作了重大修改。

第五，在行政管理立法方面，制定了《森林法》《草原法》《渔业法》《矿产资源法》《水法》《水土保持法》《环境保护法》《野生动物保护法》《海洋环境保护法》《大气污染防治法》《水污染防治法》《固体废物污染环境防治法》《教育法》《义务教育法》《高等教育法》《教师法》《药品管理法》《食品卫生法》《传染病防治法》《体育法》《兵役法》《军事设施保护法》《国防法》《治安管理处罚条例》《中国公民出境入境管理法》《外国人入境出境管理法》《关于劳动教养的补充规定》《海关法》《档案法》《保密法》《铁路法》《航空法》《电力法》《国籍法》《律师法》《统计法》《会计法》《邮政法》《进出口商品检验法》《进出境动植物检疫法》《计量法》《标准化法》《技术监督法》《城市房地产管理法》《矿山安全法》《未成年人保护法》《妇女权益保障法》《母婴保健法》《残疾人保障法》《收养法》《海上交通安全法》《文物保护法》《烟草专卖法》《国家赔偿法》《行政处罚法》《行政复议法》等。

第六，在司法程序立法方面，制定了《刑事诉讼法》《民事诉讼法》《行政诉讼法》等。

第七，在公民基本权利和义务立法方面，制定了《集会游行示威法》《选举法》《专利法》《继承法》《著作权法》《劳动法》《消费者权益保护法》等。

此外，根据上述法律，国务院及其他有权制定规范性文件的国家机关制定了大量的行政法规、地方性法规、行政规章及自治条例和单行条例。

（四）改革开放孕育着宪法的新发展

现行宪法是在1982年颁布的，而1992年正处于中国改革开放的初期阶段，无论是经济体制改革，还是政治体制改革，以及对外开放，都刚刚起步。从总体上说，我国正在从计划经济体制向社会主义市场经济体制转变过程的初始阶段。与此相适应，我国社会在政治、经济、文化等各方面，正在进行社会转型。例如，关于发扬社会主义民主、加强社会主义法制，在1982年的当时，我国社会一方面正在对"文化大革命"中的极左的做法进行反思和拨乱反正，另一方面已经开始认识到发扬社会主义民主、加强社会主义法制的重要性，而对于如何发扬民主、加强法制，以及在制度创新的基础上如何进一步落实，还处在探索阶段。因此，这部宪法的一些规定，既是与我国社会当时的发展阶段相适应的，也是与我国社会当时对诸多事物、现象的认识水平相适应的，其中，以宪法关于经济制度、经济政策的规定最为明显、典型。换言之，1982 年宪法无论是在内容规定上，还是在宪法规范上，无不存在着社会发展当时的印记。

中国社会在 1982 年以后，在政治、经济、文化等方面发生了翻天覆地的历史性变化。有人用"社会转型"来表述这种变化的幅度和力度，这是非常恰当的。社会实际的这种巨大变化，必然导致宪法规范的变迁，或者说为宪法规范的发展提供了社会基础。如前所述，这部宪法一方面反映了我国社会当时的现实状况，另一方面也反映了改革开放的精神，它并没有排斥宪法规范的发展，而是预见到了宪法规范将随着社会实际的变化而发展的趋势。

六、社会变革与宪法的不断完善

（一）1988 年宪法修正案

我国经济体制改革确定什么样的目标模式，是关系整个社会主义现代化建设全局的一个重大问题。这个问题的核心，是正确认识和处理计划与市场的关系。传统的观念认为，市场经济是资本主义特有的东西，计划经济才是社会主义经济的基本特征。党的十一届三中全会以来，随着改革的不断深入，逐渐改变了传统的观念，形成了新的认识，对改革和发展起到了重要作用。1982 年宪法在总结新中国成立 30 多年社会主义建设经验和教训的基础上对计划经济模式作了基本肯定，但为适应社会主义经济体制改革的需要，1982 年宪法又突出了市场手段的重要性。宪法第十五条规定："国家在社会主义公有制基础上实行计划经济。国家通过经济计划的综合平衡和市场调节的辅助作用，保证国民经济按比例地协调发展。"

随着经济体制改革的进一步深入，市场机制的作用日益受到重视。党的十二大提出计划经济为主，市场调节为辅；党的十二届三中全会指出商品经济是社会经济发展不可逾越的阶段，我国社会主义经济是公有制基础上的有计划商品经济；党的十三大提出社会主义有计划商品经济的体制应该是计划与市场内在统一的体制。根据党的十三大精神，适应经济体制改革的需要，1988 年宪法修正案及时总结宪法实施中的经验，对促进市场经济发育的私营经济的补充作用予以充分肯定。

1987 年开始出现房地产热和开发区热。为了使土地买卖合法，1988 年 2 月，中共中央正式提出修改宪法的建议。因为 1982 年宪法在规定经济制度时有一个严重的缺陷，那就是宪法的第六条，该条规定："中华人民共和国的社会主义经济制度的基础是生产资料的社会主义公有制，即全民所有制和劳动群众集体所有制。社会主义公有制消灭人剥削人的制度，实行各尽所能，按劳分配的原则。"这条规定明确地指出只有全民所有制和劳动群众集体所有制才是合法的，宪法只承认公有制经济合法。

1988 年 3 月 31 日，在第七届全国人大第一次会议上审议了宪法修正案草案，12 天后予以通过。1988 年 4 月 12 日，第七届全国人民代表大会第一次会议通过了修正案两条，其中，修正案第一条规定："国家允许私营经济在法律规定的范围内存在和发展。私营经济是社会主义公有制经济的补充。国家保护私营经济合法的权利和利益，对私营经济实行引导、监督和管理。"该规定明确了私营经济的宪法地位，为推动社会主义市场经济体制的建立奠定了坚实的法律依据。修正案第二条规定，宪法第十条第四款"任何组织或者个人不得侵占、买卖、出租或者以其他形式非法转让土地"，修改为"任何组织或者个人不得侵占、买卖或者以其他形式非法转让土地。土地的使用权可以依照法律的规定转让"。据此，宪法第一次在法律上承认了土地使用权的商品化。

随后，1990 年 5 月 19 日，由国务院颁布和实施的《中华人民共和国城镇国有土地使用权出让和转让暂行条例》，则成为土地使用权上市交易的具体规则。

（二）1993 年宪法修正案

1992 年初，邓小平同志在视察南方谈话中指出：计划经济不等于社会主义，资本主义也有计划；市场经济不等于资本主义，社会主义也有市场。计划和市场都是经济手段。计划多一点还是市场多一点，不是社会主义与资本主义的本质区别。这个精辟论断，从根本上解除了把计划经济和市场经济看作属于社会基本制度范畴的思想束缚，使我们在计划与市场关系问题上的认识有了新的重大突破。党的十四大明确提出建立社会主义市场经济的理论，并指出，社会主义市场经济体制是同社会主义基本制度结合在一起的。建立、完善社会主义市场经济体制，是一个长期发展的过程，是一项艰巨复杂的社会系统工程。既要做持久的努力，又要有紧迫感；既要坚定方向，又要从实际出发，区别不同情况，积极推进。

为保证和促进社会主义市场经济体制的建立，现行宪法根据经济体制改革中取得的最新经验和认识，及时地肯定了社会主义市场经济体制的法律地位。在总结 11 年来宪法实施经验的基础上，1993 年 3 月 28 日，第八届全国人民代表大会第一次会议通过了宪法修正案，将宪法第十五条"国家在社会主义公有制基础上实行计划经济"，修改为"国家实行社会主义市场经济"。以此为基础，宪法修正案还涉及社会主义市场经济体制建立、完善和保障措施的若干规定。

宪法修正案的上述规定意义重大。它不仅仅是宪法条文的简单修改和变动，更是宪法实施要求的真实反映。现行宪法是我国的根本大法，它规定了国家的根本制度和根本任务，具有最高法律效力。我国的经济体制改革也是在遵守宪法关于国家经济制度和经济活动原则的法律规定的基础上进行的。因此，我国的经济体制改革是一种依法改革活动，而不是非法的改革活动。经济体制改革的指导思想和各项具体的经济体制改革措施都是按照宪法和法律的有关规定进行的。现行宪法修正案之所以将"国家在社会主义公有制基础上实行计划经济"修改为"国家实行社会主义市场经济"，直接的修宪原因是由于在宪法实施的过程中逐渐地认识到，宪法关于"国家在社会主义公有制基础上实行计划经济"的法律规定并不能完全适应社会主义经济体制改革的需要。所以，结合社会主义经济体制改革的具体实际，参照实行市场经济体制的一些法治国家的宪法规定，现行宪法及时地肯定了社会主义市场经济的法律地位。如果宪法不能及时地肯定社会主义经济体制改革的成果，对社会主义市场经济体制的法律地位不予明确，社会主义市场经济体制的建立就不可能获得合法的依据，社会主义经济体制改革的进行可能就会矛盾重重。所以说，宪法修正案的上述规定来源于宪法实施的实践，同时又较好地适应了宪法实施、维护宪法尊严的要求，为有效地实施宪法，促进社会主义市场经济体制改革的顺利进行提供了最基本的法律依据。

社会主义市场经济的一个重要特征，就是市场经济是建立在严格、规范和健全的法治基础之上的。市场经济的运行必须严格地符合市场经济所具有的客观规律，其中价值规律可以对资源通过市场调节进行有效、准确和及时的合理配置。要遵循市场经济本身所具有的客观规律，任何人为、主观、不符合市场经济要求的做法都可能阻碍市场经济体制的正常运行，人治必然会导致市场经济发展的停止。这是市场经济建立和发展的必然规律。所以，不尊重法治，忽视宪法和法律在建立社会主义市场经济体制中的法律权威，就不可能建立社会主义市场经济体制，同样也就不可能推动经济体制改革的不断深入和良性发展。

由于现行宪法及时地肯定了社会主义市场经济的法律地位，因此，根据宪法的规定进行经济体制改革和建立社会主义市场经济体制，不仅可以使市场经济体制的建立和发展获得充分的宪法依据，而且可以强化宪法本身的法律权威。在建立社会主义市场经济体制的过程中，不应该脱离宪法的有关规定来制定市场经济体制运行的法律或法规。超前立法或者是确立市场经济运行法律规范体系应该限制在宪法允许的范围内，那种"突破立法界限"以及"大胆立法"的思想不利于市场经济法律规则的产生，相反还会破坏社会主义法制统一原则，削弱宪法作为国家根本大法的权威地位。所以，认真地实施宪法，依照宪法的法律规定来深化经济体制的改革，既可以保证社会主义法治原则得到遵守，又能够有效地确立社会主义市场经济法律规则体系，促进社会主义市场经济稳步、有效地向前发展。

1993 年宪法修正案除了确立了社会主义市场经济的法律地位，还根据中国社会主义民主和法制建设的具体情况，对一些基本法律制度作了修改。如宪法修正案第三条规定，宪法序言第七自然段后两句："今后国家的根本任务是集中力量进行社会主义现代化建设。中国各族人民将继续在中国共产党领导下，在马克思列宁主义、毛泽东思想指引下，坚持人民民主专政，坚持社会主义道路，不断完善社会主义的各项制度，发展社会主义民主，健全社会主义法制，自力更生，艰苦奋斗，逐步实现工业、农业、国防和科学技术的现代化，把我国建设成为高度文明、高度民主的社会主义国家。"修改为："我国正处于社会主义初级阶段。国家的根本任务是，根据建设有中国特色社会主义的理论，集中力量进行社会主义现代化建设。中国各族人民将继续在中国共产党领导下，在马克思列宁主义、毛泽东思想指引下，坚持人民民主专政，坚持社会主义道路，坚持改革开放，不断完善社会主义的各项制度，发展社会主义民主，健全社会主义法制，自力更生，艰苦奋斗，逐步实现工业、农业、国防和科学技术的现代化，把我国建设成为富强、民主、文明的社会主义国家。"此条修正案突出强调了中国特色社会主义理论在社会主义建设新的历史时期的重要历史地位，该规定为 1999 年宪法修正案将邓小平理论写入宪法作了很好的理论铺垫。

宪法修正案第四条肯定了中国共产党领导的多党合作和政治协商制度。即在现行宪法序言第十自然段末尾增加："中国共产党领导的多党合作和政治协商制度将长期存在和发展。"

为了全面确立社会主义市场经济体制的合法性，围绕着"国家实行社会主义市场经济"的规定，1993 年宪法修正案对我国经济制度中若干内容作了适应社会主义市场经济要求的调整和变动，主要的特点是仍然坚持国有经济在国民经济中的主导地位，强化国有企业和集体企业的民主管理以及重视经济立法和宏观调控的作用。上述内容主要表现在宪法修正案第五、第七、第八、第九和第十条中。例如，宪法修正案第五条规定，宪法第七条："国营经济是社会主义全民所有制经济，是国民经济中的主导力量。国家保障国营经济的巩固和发展。"修改为："国有经济，即社会主义全民所有制经济，是国民经济中的主导力量。国家保障国有经济的巩固和发展。"宪法修正案第七条规定，宪法第十五条："国家在社会主义公有制基础上实行计划经济。国家通过经济计划的综合平衡和市场调节的辅助作用，保证国民经济按比例地协调发展。""禁止任何组织或者个人扰乱社会经济秩序，破坏国家经济计划。"修改为："国家实行社会主义市场经济。""国家加强经济立法，完善宏观调控。""国家依法禁止任何组织或者个人扰乱社会经济秩序。"宪法修正案第八条规定，宪法第十六条："国营企业在服从国家的统一领导和全面完成国家计划的前提下，在法律规定的范围内，有经营管理的自主权。""国营企业依照法律规定，通过职工代表大会和其他形式，实行民主管理。"

修改为："国有企业在法律规定的范围内有权自主经营。""国有企业依照法律规定，通过职工代表大会和其他形式，实行民主管理。"宪法修正案第九条规定，宪法第十七条："集体经济组织在接受国家计划指导和遵守有关法律的前提下，有独立进行经济活动的自主权。""集体经济组织依照法律规定实行民主管理，由它的全体劳动者选举和罢免管理人员，决定经营管理的重大问题。"修改为："集体经济组织在遵守有关法律的前提下，有独立进行经济活动的自主权。""集体经济组织实行民主管理，依照法律规定选举和罢免管理人员，决定经营管理的重大问题。"宪法修正案第十条规定，宪法第四十二条第三款："劳动是一切有劳动能力的公民的光荣职责。国营企业和城乡集体经济组织的劳动者都应当以国家主人翁的态度对待自己的劳动。国家提倡社会主义劳动竞赛，奖励劳动模范和先进工作者。国家提倡公民从事义务劳动。"修改为："劳动是一切有劳动能力的公民的光荣职责。国有企业和城乡集体经济组织的劳动者都应当以国家主人翁的态度对待自己的劳动。国家提倡社会主义劳动竞赛，奖励劳动模范和先进工作者。国家提倡公民从事义务劳动。"

1993年宪法修正案还对农村中的家庭联产承包责任制的合法性予以肯定，为广大农村的经济繁荣和稳定，为广大农民自农村经济体制改革以来获得的各种合法权益提供了宪法上的保障。这一政策表现在宪法修正案第六条中，该条宪法修正案规定，宪法第八条第一款："农村人民公社、农业生产合作社和其他生产、供销、信用、消费等各种形式的合作经济，是社会主义劳动群众集体所有制经济。参加农村集体经济组织的劳动者，有权在法律规定的范围内经营自留地、自留山、家庭副业和饲养自留畜。"修改为："农村中的家庭联产承包为主的责任制和生产、供销、信用、消费等各种形式的合作经济，是社会主义劳动群众集体所有制经济。参加农村集体经济组织的劳动者，有权在法律规定的范围内经营自留地、自留山、家庭副业和饲养自留畜。"

此外，在 1993 年宪法修改中，宪法修正案第十一条还对地方人民代表大会的任期作了符合中国目前地方人大实践的调整，该条宪法修正案规定，宪法第九十八条："省、直辖市、设区的市的人民代表大会每届任期五年。县、不设区的市、市辖区、乡、民族乡、镇的人民代表大会每届任期三年。"修改为："省、直辖市、县、市、市辖区的人民代表大会每届任期五年。乡、民族乡、镇的人民代表大会每届任期三年。"

实践证明，1988 年和 1993 年这两次修改宪法对中国改革开放和现代化建设都发挥了重要的促进和保障作用。

（三）1999 年宪法修正案

1. 1999 年宪法修正案的产生经过

1997 年 9 月，中国共产党第十五次全国代表大会在北京召开。大会的主题是：高举邓小平理论伟大旗帜，把建设中国特色社会主义事业全面推向 21 世纪。在这次举世瞩目的具有跨世纪意义的盛会上，不仅确立了邓小平理论的指导思想地位，而且明确肯定了"依法治国、建设社会主义法治国家"的治国方略，同时还对我国现阶段的所有制结构形式和分配形式有了新的认识。十五大报告指出：公有制为主体、多种所有制经济共同发展，是我国社会主义初级阶段的一项基本任务。非公有制经济是我国社会主义市场经济的重要组成部分。对个体、私营等非公有制经济要继续鼓励、引导，使之健康发展。坚持按劳分配为主体、多种分配形式并存的制度。与此同时，十五大报告还强调，坚持把农业放在经济工作的首位。为此，应当长期稳定以家庭联产承包为主的责任制，完善统分结合的双层经营体制，逐步壮大集体经济实力。显然，党的十五大对上述问题所产生的新的认识，是基于社会主义现代化建设的实践得出的经验总结，是中国共产党在领导全国人民建设社会主义市场经济的过程中所形成的符合社会主义市场经济要求的崭新认识，也是指导我国社会主义现代化建设各项事业的大政方针和行动纲领。这些认识在现行宪法中并没有得到完全的体现，所以，如何将党的十五大所确立的基本精神及时地用根本大法的形式肯定下来，使之成为我国面向 21 世纪的基本国策，这样修改宪法的主张就相应地在全国人民中反映出来。

（1）十五大之后社会各界对修宪的酝酿和建议。十五大召开之后，社会各界在认真学习十五大报告精神的基础上，结合依法治国的要求，相继产生了修改宪法的动议。焦点集中在如何将十五大报告所确立的关于我国现阶段的基本经济制度和分配形式、农村集体经济经营机制，尤其是对邓小平理论的历史地位和指导思想的新的认识用宪法的形式肯定下来，使它们成为宪法所保障的基本制度和法律原则。

1997 年中共十五大召开之后，武汉大学管理学院教授李崇淮即有了建议中共中央修改宪法的想法。80 岁高龄的李崇淮曾任民主建国会中央副主席、两届全国人大代表，他把自己的具体建议写成建议案，递交民建中央。1997 年 12 月，在民建中央主席成思危主持下，民建中央经反复研究提出 4 条修宪建议，并以民建中央的名义送交有关部门：把"邓小平理论"明确写入宪法；把十五大确定的"依法治国"的方略写进宪法；把十五大提出的"多种经济形式共同发展"的基本经济制度写入宪法；把个体私有经济是"社会主义公有制经济的补充"确定为"非公有制经济是社会主义市场经济的重要组成部分"。

在 1998 年全国政协九届一次会议上，萧灼基委员以委员名义提出第 1178 号提案，即《根据十五大精神修改宪法的建议》。该建议列述 4 条：写入邓小平理论；写入初级阶段的基本经济制度和非公有制经济是"重要组成部分"；写入按生产要素进行分配；写入保障私有财产。王曦委员提交的 3 条建议是：写入邓小平理论；写入依法治国、建设社会主义法治国家；写入非公有制经济是"重要组成部分"（提案第 1284 号）。徐创风委员提交了 4 件提案，其中有两件就是建议修宪（第 879、第 880 号）。一件是专项建议写入初级阶段的基本经济制度，一件是建议部分修改宪法第八十九条。

与此同时，宪法学界的专家学者也就修改宪法的问题展开了热烈讨论。黄慧鹏在 1998 年 6 月 9 日《深圳法制报》上发表题为《十五大报告与现行宪法的差异及修宪建议》的文章。黄慧鹏认为，1982 年宪法所体现的党的"一个中心、两个基本点"的基本路线是不能变的，但随着改革开放的深入和现实情况的变化，宪法的某些规定表现出历史的局限性，要根据实际情况的变化和十五大的精神作出修改。史坤娥在 1998 年第 2 期《山东法学》上撰写《关于宪法经济制度修改的若干建议》一文，该文比较了宪法规定与党的十五大报告中的提法的不同之处，认为宪法应当在社会主义经济制度所包含的经济体制、分配制度和经济政策等方面作出及时修改。曹叠云在 1998 年 6 月 9 日《深圳法制报》上发表了题为《时代呼唤重新修改宪法》的文章。他认为，宪法的权威来自宪法的科学性，稳定性是相对的。如果社会的发展已经冲破了宪法的规范，那就不能视而不见，让宪法拖社会发展的后腿。他还认为，根据十五大的精神，应当将邓小平理论写进宪法，将其上升到指导思想的高度。还有一些学者认为，修改宪法应当把"私有财产神圣不可侵犯原则"写进宪法[1]，但是，也有很多学者反对这种看法。[2]

---

[1] 《非公有制经济呼唤修宪》，《中国经济时报》1998 年 2 月 24 日。

[2] 黄如桐：《是否一定要把"私有财产神圣不可侵犯"写进我国宪法——对一种修改宪法意见的质疑》，《当代法学》1998 年第 4 期。

在专家和学者们纷纷撰文发表对修改宪法的看法和意见的同时，中国社会科学院法学研究所在所长刘海年的主持下成立了修改宪法研究小组，研究如何向中央有关部门提出修改宪法的建议。著名宪法学家张庆福和宪法学博士李忠于1997年12月通过《社科要报》向中央有关部门提出《关于对宪法进行适当修改的建议》，内容涉及将邓小平理论、基本经济制度和分配形式、依法治国等通过宪法修改方式写进宪法，以实现我国宪法的自我完善。

可以说，自党的十五大召开之后，到中共中央向全国人大常委会提出修改宪法的建议，对现行宪法依据党的十五大的基本精神进行必要修改一直成为社会各界关注的理论热点。

（2）中共中央就修宪征求意见。1997年召开的中国共产党第十五次全国代表大会，高举邓小平理论伟大旗帜，总结我国改革和建设的新经验，对建设中国特色社会主义事业的跨世纪发展作出全面部署。中共中央提出应当以党的十五大报告为依据，对宪法的部分内容作适当修改，并提出修改的原则，即只对需要修改的并已成熟的问题作出修改，可改可不改的问题不作修改。为此，中共中央成立了宪法修改小组，李鹏任组长，组织草拟了关于修改宪法部分内容的初步意见。经中共中央政治局常委审定并经中央政治局会议原则通过后，于1998年12月5日发给各省、自治区、直辖市党委，中央各部委，国家机关各部委党组（党委），军委总政治部，各人民团体党组和中央委员、中央候补委员征求意见。12月21日，江泽民主持中共中央召开的党外人士座谈会，就中共中央提出的修改宪法部分内容的初步意见，征求各民主党派中央、全国工商联负责人和无党派民主人士代表的意见。12月22日和24日，李鹏主持中共中央宪法修改小组召开的法律专家和经济专家座谈会，就宪法修改问题征求意见。中共中央认真研究了各方面的意见，对下发征求意见的初步意见又作了修改，经中共中央政治局常委会议和政治局会议讨论通过，形成了中共中央《关于修改中华人民共和国宪法部分内容的建议》。1999 年 1 月 22 日，中共中央向全国人大常委会提出《关于修改中华人民共和国宪法部分内容的建议》。九届全国人大常委会第七次会议讨论了中共中央的建议，依照中华人民共和国宪法第六十四条的规定，提出《关于中华人民共和国宪法修正案（草案）》，提请九届全国人大二次会议审议。

在党外人士座谈会上，征求了各民主党派中央、全国工商联负责人和无党派民主人士对修改宪法部分内容的意见。

江泽民指出，宪法是国家的根本大法，在国家生活中具有极其重要的作用。1982 年制定的我国现行宪法，规定了我们国家的根本制度和根本任务，确定了四项基本原则和改革开放的基本方针，是新时期治国安邦的总章程。宪法具有最大的权威性和最高的法律效力。全国各族人民、一切国家机关和武装力量、各政党和社会团体、各企业事业组织，都必须以宪法为根本的活动准则，并且负有维护宪法尊严、保证宪法实施的职责。宪法是法律体系的核心和基础，是依法治国的根本依据。

江泽民指出，我们讲依法治国，建设社会主义法治国家，首先是依据宪法治理国家、建设国家。改革开放以来，我国经济建设和各项事业的发展，都离不开宪法的保证和推动。我国社会主义民主法制建设取得的重大进展和成就，也无不闪耀着宪法精神的光辉。这些年来的实践表明，现行宪法，对于加强我国社会主义民主法制建设，维护国家的安定团结，保障改革开放和现代化建设的顺利进行，起了十分重要的作用，是一部符合我国国情的好宪法。

江泽民说，随着客观实际的变化，宪法本身也需要向前发展。根据我国政治、经济和社会生活等各方面发展的需要，总结改革开放和社会主义现代化建设发展的实践经验，对宪法个别同现实脱节的内容进行修改，是必要的。这种修改，将使宪法更加完备，更加符合实际，有利于维护宪法的权威，更好地发挥宪法的作用。这一点，已经为 1988 年和 1993 年的两次修宪所证明。

李鹏在听取法律界和经济界的专家、学者对修改宪法的意见时指出，宪法是国家的根本法，具有最高的法律效力。依法治国，首先是依宪治国。通过这次对宪法部分内容的修改，不仅要使广大干部、群众进一步深刻领会和认真贯彻落实十五大精神，而且要在全社会更加牢固地树立起宪法的权威，切实做到以宪法为根本的活动准则，维护宪法的尊严，保证宪法的实施。

（3）九届全国人大二次会议讨论和通过宪法修正案。1999 年 3 月 5 日，第九届全国人民代表大会第二次会议在北京举行。3 月 10 日，田纪云副委员长就宪法修正案草案作了说明。随后，人大代表对宪法修正案草案展开了充分的讨论。3 月 14 日上午，九届全国人大二次会议主席团在人民大会堂举行第三次会议。会议通过了宪法修正案草案，决定将宪法修正案草案印发各代表团审议后，提请大会表决。

九届全国人大二次会议期间，代表们对全国人大常委会提出的中华人民共和国宪法修正案草案进行了认真审议，充分肯定了这次修改宪法的必要性和重要性。主席团会议根据代表们的审议意见，提出提请大会表决的宪法修正案草案，并向代表们作出说明。经主席团常务主席会议研究，委托全国人大法律委员会起草了大会主席团《关于宪法修正案草案审议情况的说明稿》。

会议首先听取并通过了全国人大法律委员会代拟的《大会主席团关于中华人民共和国宪法修正案草案审议情况的说明》。说明中说，代表们在审议中普遍认为，根据中共中央的建议，全国人大常委会提出《中华人民共和国宪法修正案（草案）》，对宪法部分内容作适当修改，把改革开放和社会主义现代化建设的新经验在宪法中肯定下来，这是完全必要和适时的。代表们同意这次修改宪法的原则，认为只对需要修改的并已成熟的问题作出修改，可改可不改的问题不作修改，有利于维护宪法的稳定和权威。代表们普遍对宪法修正案草案表示赞成，同意交付本次大会全体会议表决通过。

会后，主席团的这个说明印发给全体代表。会议经表决，通过了《中华人民共和国宪法修正案（草案）》。这个草案印发各代表团审议，提请大会表决。

1999 年 3 月 15 日，九届全国人大二次会议闭幕大会进行最后一项议程：表决《中华人民共和国宪法修正案（草案）》。在 2858 张表决票中，有效票为 2856 张，赞成票 2811 张，反对票 21 张，弃权票 24 张。李鹏委员长随即宣布：通过《中华人民共和国宪法修正案》。

这样，现行宪法的第三次修正案正式产生了。

2. 1999 年宪法修正案的立法目的和意义

这次修宪总的指导思想是，根据党的十五大精神和实践发展，只对需要修改并已成熟的问题作出修改，可改可不改的问题不作修改。根据《中共中央关于修改宪法部分内容的建议》，由全国人大常委会提出的宪法修正案草案，虽然只有 6 条，但意义十分重大。

（1）强化宪法权威是弘扬邓小平理论的重要举措。在 1999 年宪法修改中，宪法修正案第十二条规定，宪法序言第七自然段："中国新民主主义革命的胜利和社会主义事业的成就，都是中国共产党领导中国各族人民，在马克思列宁主义、毛泽东思想的指引下，坚持真理，修正错误，战胜许多艰难险阻而取得的。我国正处于社会主义初级阶段。国家的根本任务是，根据建设有中国特色社会主义的理论，集中力量进行社会主义现代化建设。中国各族人民将继续在中国共产党领导下，在马克思列宁主义、毛泽东思想指引下，坚持人民民主专政，坚持社会主义道路，坚持改革开放，不断完善社会主义的各项制度，发展社会主义民主，健全社会主义法制，自力更生，艰苦奋斗，逐步实现工业、农业、国防和科学技术的现代化，把我国建设成为富强、民主、文明的社会主义国家。"修改为："中国新民主主义革命的胜利和社会主义事业的成就，是中国共产党领导中国各族人民，在马克思列宁主义、毛泽东思想的指引下，坚持真理，修正错误，战胜许多艰难险阻而取得的。我国将长期处于社会主义初级阶段。国家的根本任务是，沿着建设有中国特色社会主义的道路，集中力量进行社会主义现代化建设。中国各族人民将继续在中国共产党领导下，在马克思列宁主义、毛泽东思想、邓小平理论指引下，坚持人民民主专政，坚持社会主义道路，坚持改革开放，不断完善社会主义的各项制度，发展社会主义市场经济，发展社会主义民主，健全社会主义法制，自力更生，艰苦奋斗，逐步实现工业、农业、国防和科学技术的现代化，把我国建设成为富强、民主、文明的社会主义国家。"根据上述规定，邓小平理论成为与马克思列宁主义、毛泽东思想相并列的指导我们进行社会主义现代化建设的宪法原则。此项规定意义重大。

第一，邓小平理论是宪法实施的一项重要指导原则。宪法是国家的根本法，它规定了国家的根本制度和根本任务，是一切国家机关和公民的基本行为准则。现行宪法在规定我国国体、政体、国家结构形式和社会主义民主与法制建设的基本内容以及我国在新的历史时期的根本任务时，都紧紧地围绕着宪法序言所确定的四项基本原则这个根本指导思想而展开，是一部适合我国社会主义初级阶段具体国情的社会主义性质的根本大法。四项基本原则既是社会主义革命和社会主义建设事业取得辉煌成就的行动指南，也是指引我国社会主义现代化建设不断走向胜利的根本纲领。

马克思列宁主义是经过实践证明符合我国社会主义革命和社

会主义建设具体要求的正确的指导思想。它在同中国实际相结合的过程中，有两次历史性的飞跃，产生了两大理论成果。第一次飞跃的理论成果是被实践证明了的关于中国革命和建设的正确的理论原则和经验总结，它的主要创立者是毛泽东，因此，这一理论被称为毛泽东思想。第二次飞跃的理论成果是建设中国特色社会主义理论，它的主要创立者是邓小平，这一理论被称为邓小平理论。这两大理论成果都是党和人民实践经验和集体智慧的结晶。

此次修宪将邓小平理论写进宪法，并将邓小平理论作为实施宪法的一项重要指导原则来对待，可以使我国宪法关于国家根本制度和根本任务的规定更加具有时代色彩，更加符合改革开放和社会主义现代化建设的要求。

第二，邓小平理论是我国现行宪法的理论基础。作为我国实施宪法的一项重要指导原则，邓小平理论是一个完整的思想理论体系。它的基本出发点是解放思想、实事求是，有中国特色的社会主义政治、经济、文化等方面的思想、观点和主张是邓小平理论的组成部分，改革开放是邓小平理论的核心精神。邓小平理论的基本精神在我国现行宪法中得到了全面和完整的体现，是我国现行宪法的理论基础。

第三，实施宪法是坚持邓小平理论的根本保证。邓小平理论作为我国宪法的理论基础和实施宪法的一项重要原则，不仅它自身的丰富和发展会不断推动我国宪法的自我完善，邓小平理论在指导宪法实施的实践中与宪法作为根本大法的地位也是相辅相成的。一方面，强化宪法权威有助于弘扬邓小平理论的基本精神；另一方面，只有实施宪法，才能从根本上保证邓小平理论能够在实践中起到当代马克思主义的指导思想作用。

首先，邓小平理论作为实施宪法的一项重要的指导原则，本身就是宪法的组成部分。因此，宪法能否在实践中得到具体的贯彻实施，也直接关系到邓小平理论能否对改革开放的实践活动起到明确的理论指导作用。

其次，现行宪法的制定和修改充分体现了邓小平理论的基本精神，现行宪法中所确立的国家根本制度和根本任务本身就是邓小平理论的重要内容。如 1993 年宪法修正案对社会主义市场经济宪法地位的肯定，1999 年宪法修正案将"依法治国，建设社会主义法治国家"，"在法律规定范围内的个体经济、私营经济等非公有制经济，是社会主义市场经济的重要组成部分"以及"农村集体经济组织实行家庭承包经营为基础、统分结合的双层经营体制"等写进宪法，这些都充分表明了这样一个最基本的事实。也就是说，邓小平理论作为中国当代的马克思主义，它的思想、观点和主张以及理论体系不仅仅是党的政策，而且已经通过宪法的规定成为一项基本国策。它不仅具有指导思想的作用，更具有对社会主义现代化建设实践具体的指导作用。坚持以邓小平理论为指导与贯彻实施宪法是相辅相成、不可分割的，是社会主义初级阶段我国社会主义民主和法制实践活动的重要特征之一。任何孤立或者是对立坚持邓小平理论与实施宪法的关系的言行都是片面的、错误的和不合宪的，必须予以抵制。

当前，坚持以邓小平理论为指导，贯彻实施宪法的各项规定，重要的一条就是要树立宪法作为根本大法的法律权威。宪法是法律，违反了宪法就应当受到法律的制裁。宪法没有权威，"依法治国"就无法展开，"社会主义法治国家"也就会成为空中楼阁，所以依法治国的核心就是依宪治国。应当通过强化宪法的权威来坚持邓小平理论对社会主义建设事业各个方面活动的指导作用，应当通过具体的实施宪法的活动来保证邓小平理论的基本原则和精神在实践中得到具体的体现，并对改革开放的实践活动起到应有的指引、规范和推动作用。

（2）宪法是"依法治国"的基础。在 1999 年宪法修改中，宪法修正案第十三条规定，宪法第五条增加一款，作为第一款："中华人民共和国实行依法治国，建设社会主义法治国家。"此项规定将党的十五大提出的"依法治国，建设社会主义法治国家"的治国方略写入宪法，这标志着我国社会主义法制建设又迈上一个新台阶。

新中国成立以后，我国社会主义法制建设的大政方针曾经有过巨大的变化。新中国成立初期，在废除旧法制的基础上建立了社会主义的法制。但是，由于受"左"倾思潮的影响，特别是"文化大革命"，社会主义法制建设的成就丧失殆尽。党的十一届三中全会拨乱反正，确立了加强社会主义法制建设在建设社会主义事业中的历史地位，并提出了社会主义法制建设的"十六字"方针，即"有法可依、有法必依、执法必严、违法必究"。20 多年来，在社会主义法制建设"十六字"方针的指引下，中国在立法、执法、司法、法律监督和法律教育等社会主义法制建设的各个领域都取得了巨大成就。党的十四大提出了建立社会主义市场经济的宏伟蓝图，中国的社会主义法制建设也适应建立社会主义市场经济的要求而发生了巨大变化。在充分保障社会主义市场经济健康发展的基础上产生"依法治国，建设社会主义法治国家"的治国方略。

1996 年伊始，江泽民圈定了"关于依法治国、建设社会主义法制国家的理论和实践问题"作为中共中央 1996 年第一次法制讲座的题目。2 月 8 日，在中央就此专题举办的法制讲座会上，江泽民又发表《坚持实行依法治国，保证国家长治久安》的讲话。他指出："加强社会主义法制，依法治国，是邓小平同志建设有中国特色社会主义理论的重要组成部分，是我们党和政府管理国家事务的重要方针。实行和坚持依法治国，就是使国家各项工作逐步走上法制化和规范化；就是广大人民群众在党的领导下依照宪法和法律的规定，通过各种途径和形式参与管理国家，管理经济文化事业，管理社会事务；就是逐步实现社会主义民主的法制化，法律化。"① 这篇讲话所确认的依法治国和对建设社会主义法制国家的肯定，是我国社会主义法制建设新的里程碑，对我国政治制度和法律制度的发展具有重要的现实意义和深远的历史意义。

在江泽民明确提出要实行和坚持依法治国后，依法治国作为治国方略得到了制度化的肯定。在八届全国人大四次会议上审议通过的《国民经济和社会发展"九五"计划和 2010 年远景目标纲要》中，明确规定"依法治国，建设社会主义法制国家"。仅仅一年多的时间，以江泽民同志为核心的党中央对依法治国作为邓小平理论的组成部分，以及建设社会主义法治国家被明确作为邓小平理论的组成部分作了充分肯定，并且突出社会主义法治国家的重要地位，强调法治对于社会主义建设事业的重要意义。在党的十五大工作报告中，"建设社会主义法治国家"共出现 2 次，"依法治国"共出现 6 次，"依法……"共出现 16 次。这些名词术语在党的十五大报告中多次反复地出现，并不仅仅具有数量上的意义。从建设社会主义法制"十六字"方针的出台，到依法治国，建设社会主义法制国家，它代表了我们党在将依法治国、建设社会主义法治国家作为治国方略这一问题认识上的逐步成熟，也是邓小平理论关于社会主义法制问题的基本观点。实行和坚持依法治国、建设社会主义法治国家的治国方略，就是要在加强社会主义法制建设的过程中，尊重宪法和法律的权威，反对一切形式的人治，让人民群众真正地成为社会主义国家的主人。

依法治国是党领导人民治理国家的基本方略，是发展社会主义市场经济的客观需要，是社会文明进步的标志，是国家长治久

---

① 转引自刘海年、李步云、李林主编：《依法治国，建设社会主义法治国家》，社会科学文献出版社，2008 年版，前言第 2 页。

安的重要保障。依法治国把坚持党的领导、发扬人民民主和严格依法办事统一起来，从制度和法律上保证党的基本路线和基本方针的贯彻实施，保证党始终发挥总揽全局、协调各方的领导核心作用。

十五大报告指出，在我国，所谓依法治国，就是广大人民群众在党的领导下，依照宪法和法律规定，通过各种途径和形式管理国家事务，管理经济文化事业，管理社会事务，保证国家各项工作都依法进行，逐步实行社会主义民主的制度化、法律化，使这种制度和法律不因领导人的改变而改变，不因领导人看法和注意力的改变而改变。上述规定揭示了依法治国的基本内涵，是指导我们建设社会主义法治国家的根本方针。在新的历史时期，依法治国是依照宪法和法律治国，并且首先是依照宪法治国。宪法是我国的根本大法，它规定了国家的根本制度和根本任务，是一切组织和公民个人的行动指南，具有最高的法律效力和法律权威。依法治国首先要求全面准确地实施宪法。宪法是一切法律、法规的基础，不实施宪法，依法治国就丧失了法律正当性的大前提。我国现行宪法第五条规定，一切法律、行政法规和地方性法规都不得同宪法相抵触。依据违宪的法律、法规是不可能实现法治的，同样，不实施宪法也是不可能保障法律、法规符合宪法要求的。因此，依法治国的核心是依宪治国。

党的十一届三中全会提出加强我国社会主义法制建设的"十六字"方针，即"有法可依、有法必依、执法必严、违法必究"。"十六字"方针的实质内涵就是要依法治国。

随着改革开放的不断深入，我国的社会主义法制建设也得到突飞猛进的发展。从 1982 年现行宪法制定和颁布以来，我国在立法、执法、司法、守法和法律监督等领域都取得了可喜的成就。17 年来，在实施我国现行宪法的过程中，成绩是主要的，但是也存在着一些值得宪法学界认真加以研究的问题。最主要的问题就是如何确立一套行之有效的实施宪法的具体法律制度。这套制度的核心内容就是宪法监督制度的建立和完善。17 年来，我们在这一方面有不少成功的经验，主要是强化了各级人民代表大会作为国家权力机关对"一府两院"的监督作用，人民当家作主的权利得到了比较充分的保障。但是，在实施宪法的过程中，还存在着对宪法作为根本大法的权威作用不够尊重的消极因素，宪法的作用还没有充分发挥出来。一些违反宪法的行为得不到及时有效的纠正；干部和群众的宪法意识还有待进一步提高；有的甚至认为宪法可有可无，可遵守可不遵守，等等。这些消极因素都或多或少地影响了宪法实施的效果。党的十五大报告高度重视社会主义法制建设，提出了依法治国、建设社会主义法治国家的治国方略，并将其作为邓小平理论的重要组成部分予以充分肯定。根据党的十五大报告的精神，依法治国的重要内容就是依照宪法治理国家，宪法是社会主义法律体系的核心和基础。不实施宪法，就无法有效地贯彻依法治国的原则，也很难实现建设社会主义法治国家的战略目标。因此，面向 21 世纪，我国社会主义法制建设的重要任务之一，就是在保障宪法得到有效实施的基础上，健全和完善各项社会主义法律制度。

党的十五大突出强调依法治国，并不是对党的十一届三中全会以来我国社会主义法制建设经验的简单概括和总结，而是突出强调了要加强公民和全社会的宪法意识。社会主义法治国家也不是传统意义上的法治国家，而是建立在现代宪法基础之上现代化的社会主义法治国家。这样的法治实质上就是社会主义宪政，是社会主义民主建设和社会主义法制建设两个方面的统一。

此次修改宪法将党的十五大提出的"依法治国，建设社会主义法治国家"的治国方略写入宪法，这充分表明了宪法是实行依法治国的前提，宪法是"法治"的基础。我们所要进行的依法治国是在宪法下的依法治国，我们所要建设的社会主义法治国家也是以尊重宪法的权威为核心的法治国家。没有宪法，就不可能有法治；不实施宪法，也就不可能建设社会主义法治国家，所以，依法治国的核心是依宪治国。

（3）实施宪法是健全社会主义市场经济体制的重要保证。1999 年宪法修正案在 1988 年宪法修正案和 1993 年宪法修正案的基础上，对健全和完善社会主义市场经济体制的措施又作了进一步规定，其中最主要的特征就是在宪法修正案中确认了多种经济成分以及多种分配形式的合法性。其中，宪法修正案第十四条规定，宪法第六条："中华人民共和国的社会主义经济制度的基础是生产资料的社会主义公有制，即全民所有制和劳动群众集体所有制。""社会主义公有制消灭人剥削人的制度，实行各尽所能，按劳分配的原则。"修改为："中华人民共和国的社会主义经济制度的基础是生产资料的社会主义公有制，即全民所有制和劳动群众集体所有制。社会主义公有制消灭人剥削人的制度，实行各尽所能、按劳分配的原则。""国家在社会主义初级阶段，坚持公有制为主体、多种所有制经济共同发展的基本经济制度，坚持按劳分配为主体、多种分配方式并存的分配制度。"宪法修正案第十六条规定，宪法第十一条："在法律规定范围内的城乡劳动者个体经济，是社会主义公有制经济的补充。国家保护个体经济的合法的权利和利益。""国家通过行政管理，指导、帮助和监督个体经济。""国家允许私营经济在法律规定的范围内存在和发展。私营经济是社会主义公有制经济的补充。国家保护私营经济的合法的权利和利益，对私营经济实行引导、监督和管理。"修改为："在法律规定范围内的个体经济、私营经济等非公有制经济，是社会主义市场经济的重要组成部分。""国家保护个体经济、私营经济的合法的权利和利益。国家对个体经济、私营经济实行引导、监督和管理。"上述规定意义重大，进一步深化了我国经济体制改革的力度，为充分调动市场主体的积极性，保证市场体制的公平和有效运作提供了良好的法律环境。

社会主义市场经济的建立和完善，单纯地依靠经济手段是不够的。市场行为是一种理性行为，也是市场主体的民主行为。因此，没有民主制度的保障，市场主体就无法充分地参与市场活动；没有对市场活动的有效监督，就不可能从制度上防止政府对市场的过度干预和行政权介入市场活动。宪法作为民主制度和监督制度发挥有效作用的法律保证，可以有效地阻止各种阻挠市场活动进行的障碍因素，可以充分调动市场主体的活力，促进市场活动的产生、发展和完善。从另一方面来说，市场主体民主意识的提高和增强也有助于宪法中关于民主制度和监督制度的法律规范的有效实施，从而提高宪法的法律权威性。我国现行宪法规定了国家政权机关的组织形式以及各级国家机关的活动原则，各级国家机关能不能按照宪法的要求去行使职权，不仅关系宪法和法律规定能否得到有效实施的问题，而且涉及国家机关行使职权是否会侵犯宪法所赋予公民、法人享有的各项权利，这些权利是公民、法人作为市场主体进行市场行为所必须具备的。没有这些权利，公民、法人作为市场主体所从事的各项活动可能就不会受到法律的有效保护。所以，根据宪法的规定，坚持依法行政原则，就可以避免政府在市场经济体制下对市场主体所进行的市场行为的非法干预，以及对公民、法人正当民事和经济权利的侵犯。执法者和仲裁者的不公正是最大的不公正，也是实行依宪治国所不允许的。所以，为了保证市场经济体制不断地得到完善和发展，就应该给市场主体的各种合法权益以宪法的保护。个体经济和私营经济等非公有制经济经实践证明，它们是社会主义市场经济不可分割的组成部分，必须与公有制经济获得同等的法律主体地位。如果个体经济和私营经济等非公有制经济在参与社会主义市场经济运作的过程中不能获得与公有制经济一样的平等的法律地位，那么，市场经济就不可能在公平竞争的法则下进行，市场本身所具有的调节经济活动的作用就无法产生。所以，随着社会主义市场经济体制不断完善，个体经济和私营经济等非公有制经济作为社会主义市场经济的组成部分这一客观的事实就必须得到宪法的确认。如果宪法不从根本经济制度上确认个体经济和私营经济等非公有制经济在社会主义市场经济中的合法地位，那么，不仅个体经济和私营经济等非公有制经济对社会主义市场经济的健全可能产生巨大的促进作用无法得到发挥，而且由于个体经济和私营经济等非公有制经济可能受到不平等的市场待遇而最终被市场经济排斥在外，从而会在根本上动摇社会主义市场经济赖以存在的经济基础。对于在市场经济中所产生的合法的利益如果不加以同等保护，市场主体进入市场的积极性就会受到严重的挫折；对于在市场交易中所获得的合法的收益如果不作为公民的合法财产看待，就不可能促进市场主体不断地扩大参与市场竞争能力。

　　基于社会主义市场经济对市场主体的平等保护和对通过市场交易获得的正当利益的合法性承认的需要，1999 年修改宪法，明确地将个体经济和私营经济等非公有制经济视为社会主义市场经济的组成部分，同时肯定了国家在社会主义初级阶段，坚持公有制经济为基础、多种所有制经济共同发展的基本经济制度，坚持按劳分配为主体、多种分配形式并存的分配制度。这些规定的实质意义，就是通过宪法的规定来保障市场主体在参与市场活动的过程中，真正地具有平等的法律地位，并且能够获得同等的法律保护，防止缺少宪法依据的经济现象滋生。将非公有制经济作为社会主义市场经济的组成部分和承认多种分配形式并存用宪法的形式肯定下来，就可以通过实施宪法来保障市场主体的合法权益。在健全社会主义市场经济体制的过程中，无论是建立社会主义市场经济法律体系，加强社会主义民主制度建设，还是提高全民的宪法意识，都必须围绕着宪法的规定来进行。也就是说，有效地实施宪法是纲，而其他的依法活动是目，不实施宪法就不可能造就与市场经济体制相适应的社会主义法治。

（4）宪法稳定了农村集体经济经营体制。在 1999 年宪法修改中，宪法修正案第十五条对农村集体经济经营体制作了新的规定，即宪法第八条第一款："农村中的家庭联产承包为主的责任制和生产、供销、信用、消费等各种形式的合作经济，是社会主义劳动群众集体所有制经济。参加农村集体经济组织的劳动者，有权在法律规定的范围内经营自留地、自留山、家庭副业和饲养自留畜。"修改为："农村集体经济组织实行家庭承包经营为基础、统分结合的双层经营体制。农村中的生产、供销、信用、消费等各种形式的合作经济，是社会主义劳动群众集体所有制经济。参加农村集体经济组织的劳动者，有权在法律规定的范围内经营自留地、自留山、家庭副业和饲养自留畜。"上述规定对于稳定我国农村经济体制的成就，促进农村生产力的发展有着非常深远的意义。

新中国成立以后，我国农村集体经济经营体制经过了几次变化。新中国成立初期，在农村土改工作的基础上，国家鼓励农民进行生产、供销和信用合作，先后成立了农业生产互助组、初级农业合作社和高级农业合作社。1954 年宪法第八条规定："国家依照法律保护农民的土地所有权和其他生产资料所有权。""国家指导和帮助个体农民增加生产，并且鼓励他们根据自愿的原则组织生产合作、供销合作和信用合作。"

（5）宪法有效地避免了与立法实践的不一致。此次宪法修正案第十七条规定，宪法第二十八条："国家维护社会秩序，镇压叛国和其他反革命的活动，制裁危害社会治安、破坏社会主义经济和其他犯罪的活动，惩办和改造犯罪分子。"修改为："国家维护社会秩序，镇压叛国和其他危害国家安全的犯罪活动，制裁危害社会治安、破坏社会主义经济和其他犯罪的活动，惩办和改造犯罪分子。"此条修正案用"危害国家安全"代替了"反革命"，修改词语虽然很少，但是却反映了我们在立法指导思想上的一个根本观念的变化。

"反革命"一词是一个政治性的概念，之所以被写进宪法是与新中国成立初期社会主义革命和社会主义建设的具体国情以及后来的极左思想的影响有关。尤其是"文化大革命"期间，我们党的指导思想是坚持"以阶级斗争为纲"，并遵循"无产阶级专政下继续革命"的理论。所以，造成了从 1954 年宪法到 1982 年宪法，都没有完全消除"反革命"这一政治性的概念对国家政权建设和基本政治制度的影响。如 1954 年宪法第十九条规定："中华人民共和国保卫人民民主制度，镇压一切叛国的和反革命的活动，惩办一切卖国贼和反革命分子。""国家依照法律在一定时期内剥夺封建地主和官僚资本家的政治权利，同时给以生活出路，使他们在劳动中改造成为自食其力的公民。"1975 年宪法第十四条规定："国家保卫社会主义制度，镇压一切叛国的和反革命的活动，惩办一切卖国贼和反革命分子。""国家依照法律在一定时期内剥夺地主、富农、反动资本家和其他坏分子的正当权利，同时给以生活出路，使他们在劳动中改造成为自食其力的公民。"1978 年宪法第十八条规定："国家保卫社会主义制度，镇压一切叛国的和反革命的活动，惩办一切卖国贼和反革命分子，惩办新生资产阶级分子和其他坏分子。""国家依照法律剥夺没有改造好的地主、富农、反动资本家的政治权利，同时给以生活出路，使他们在劳动中改造成为守法的自食其力的公民。"1982 年宪法第二十八条规定："国家维护社会秩序，镇压叛国和其他反革命的活动，制裁危害社会治安、破坏社会主义经济和其他犯罪的活动，惩办和改造犯罪分子。"

很显然，随着我国社会主义法制建设的不断发展和逐渐完善，继续以"反革命"这一具有特殊的政治性色彩的词语来形容那些破坏国家安全的违法犯罪行为，是与依法治国的要求不相适应的。一是不利于摒弃"以阶级斗争为纲"的思想对我国社会主义法制建设可能带来的消极影响，二是也与国际惯例相背。1997年3月，八届全国人大五次会议修改《刑法》，已将"反革命罪"改为"危害国家安全罪"。当时即在国际、国内产生了良好的反应。这次修宪将第二十八条中的镇压"反革命的活动"改为镇压"危害国家安全的犯罪活动"，即解决与《刑法》及现实生活脱节的问题。纵观世界各国，基本上都有"危害国家安全"条款的设置。这一修改再次体现了我国切实保障公民基本权利和实行民主法治的精神，也使我国的刑事制度更加完善和接近国际通例。惩治"危害国家安全"的犯罪，就是坚持"以行为论罪"的原则。宪法的这一修改有效地避免了宪法规定与立法实践之间的不一致，符合依法治国，健全社会主义法律体系的目标要求。

（四）2004 年宪法修正案

2003 年 3 月 27 日，中共中央政治局常委会会议研究和部署修改宪法工作，确定了这次修改宪法总的原则；强调在整个修改宪法过程中，要切实加强党的领导，充分发扬民主，广泛听取各方面的意见，严格依法办事；成立了以吴邦国为组长的中央宪法修改小组，在中共中央政治局常委会领导下工作。4 月，中央请各省、自治区、直辖市在调查研究的基础上提出修改宪法的建议上报中央。5 月、6 月，中央宪法修改小组先后召开 6 次座谈会，听取地方、部门和部分企业负责人、专家的意见。在此基础上拟订出《中共中央关于修改宪法的建议》征求意见稿，由中央下发一定范围征求意见；并且，胡锦涛总书记于 8 月 28 日主持召开各民主党派中央、全国工商联的负责人和无党派人士座谈会，吴邦国委员长于 9 月 12 日召开部分理论工作者、法学专家和经济学专家座谈会，征求意见。在征求意见过程中，各地方、各部门、各方面提出了许多很好的意见和建议，而且意见和建议比较集中。根据各地方、各部门、各方面的意见对《中共中央关于修改宪法的建议》征求意见稿进一步修改后，形成《中共中央关于修改宪法的建议（草案）》。《中共中央关于修改宪法的建议》经中共中央政治局常委会会议和中共中央政治局会议多次讨论研究，提请党的十六届三中全会审议通过后，由党中央提请全国人大常委会依照法定程序提出宪法修正案（草案）的议案。12 月 22 日至 27 日，十届全国人大常委会第六次会议将《中共中央关于修改宪法的建议》列入议程。常委会组成人员以高度负责的精神，对《中共中央关于修改宪法的建议》进行了认真讨论，一致赞成中央确定的这次修改宪法总的原则，认为以马克思列宁主义、毛泽东思想、邓小平理论和"三个代表"重要思想为指导，贯彻党的十六大精神，根据我国改革开放和社会主义现代化建设事业发展的需要，修改宪法部分内容，十分必要，非常及时。会议根据常委会组成人员的共同意见，依照宪法第六十四条规定的修改宪法的特别程序，以《中共中央关于修改宪法的建议》为基础，形成并全票通过了全国人大常委会关于提请审议宪法修正案（草案）的议案和《中华人民共和国宪法修正案（草案）》，决定提请十届全国人大二次会议审议。①

　　2004 年 3 月 14 日，第十届全国人民代表大会第二次会议通过了《中华人民共和国宪法修正案》。这次宪法修改，是新中国宪法的第九次修改，也是现行宪法的第四次修改。主要涉及 13 项内容：

　　（1）确立"三个代表"重要思想在国家政治和社会生活中的指导地位。宪法修正案将宪法序言第七自然段中"在马克思列宁主义、毛泽东思想、邓小平理论指引下"，修改为"在马克思

---

①　见王兆国 2004 年 3 月 8 日在第十届全国人民代表大会第二次会议上所作的《关于〈中华人民共和国宪法修正案（草案）〉的说明》。

列宁主义、毛泽东思想、邓小平理论和'三个代表'重要思想指引下",并将"沿着建设有中国特色社会主义的道路"修改为"沿着中国特色社会主义道路"。

（2）增加推动物质文明、政治文明和精神文明协调发展的内容。宪法修正案在宪法序言第七自然段中"逐步实现工业、农业、国防和科学技术的现代化"之后，增加"推动物质文明、政治文明和精神文明协调发展"的内容。

（3）在统一战线的表述中增加社会主义事业的建设者。宪法序言第十自然段第一句明确规定："社会主义的建设事业必须依靠工人、农民和知识分子，团结一切可以团结的力量。"党的十六大明确提出，在社会变革中出现的新的社会阶层"都是中国特色社会主义事业的建设者"。据此，宪法修正案在宪法关于统一战线的表述中增加"社会主义事业的建设者"，将宪法序言中这一自然段第二句关于统一战线的表述修改为："在长期的革命和建设过程中，已经结成由中国共产党领导的，有各民主党派和各人民团体参加的，包括全体社会主义劳动者、社会主义事业的建设者、拥护社会主义的爱国者和拥护祖国统一的爱国者的广泛的爱国统一战线，这个统一战线将继续巩固和发展。"统一战线包括"劳动者""建设者"和两种"爱国者"。

（4）完善土地征用制度。宪法修正案将宪法第十条第三款"国家为了公共利益的需要，可以依照法律规定对土地实行征用"，修改为"国家为了公共利益的需要，可以依照法律规定对土地实行征收或者征用并给予补偿"。这样修改，主要的考虑是：征收和征用既有共同之处，又有不同之处。共同之处在于，都是为了公共利益需要，都要经过法定程序，都要依法给予补偿。不同之处在于，征收主要是所有权的改变，征用只是使用权的改变。

（5）进一步明确国家对发展非公有制经济的方针。根据党的十六大关于"必须毫不动摇地鼓励、支持和引导非公有制经济发展","依法加强监督和管理，促进非公有制经济健康发展"的精神，宪法修正案将宪法第十一条第二款"国家保护个体经济、私营经济的合法的权利和利益。国家对个体经济、私营经济实行引导、监督和管理"，修改为"国家保护个体经济、私营经济等非公有制经济的合法的权利和利益。国家鼓励、支持和引导非公有制经济的发展，并对非公有制经济依法实行监督和管理"。这样修改，全面、准确地体现了党的十六大关于对非公有制经济既鼓励、支持、引导，又依法监督、管理，以促进非公有制经济健康发展的精神。

（6）完善对私有财产保护的规定。根据党的十六大关于"完善保护私人财产的法律制度"的精神，宪法修正案将宪法第十三条"国家保护公民的合法的收入、储蓄、房屋和其他合法财产的所有权"，"国家依照法律规定保护公民的私有财产的继承权"，修改为"公民的合法的私有财产不受侵犯"，"国家依照法律规定保护公民的私有财产权和继承权"，"国家为了公共利益的需要，可以依照法律规定对公民的私有财产实行征收或者征用并给予补偿"。

（7）增加建立健全社会保障制度的规定。根据党的十六大精神，宪法修正案在宪法第十四条中增加一款，作为第四款："国家建立健全同经济发展水平相适应的社会保障制度。"

（8）增加尊重和保障人权的规定。宪法修正案在宪法第二章《公民的基本权利和义务》头一条即第三十三条中增加一款，作为第三款："国家尊重和保障人权。"在宪法中作出尊重和保障人权的宣示，体现了社会主义制度的本质要求，有利于推进我国社会主义人权事业的发展，有利于我们在国际人权事业中进行交流和合作。

（9）完善全国人民代表大会组成的规定。宪法修正案在宪法

第五十九条第一款关于全国人民代表大会组成的规定中增加"特别行政区",将这一款修改为:"全国人民代表大会由省、自治区、直辖市、特别行政区和军队选出的代表组成。各少数民族都应当有适当名额的代表。"

(10)关于紧急状态的规定。1982 年宪法对"戒严"作了规定,但没有具体规定"紧急状态"。在紧急状态下采取的非常措施,通常要对公民的权利和自由不同程度地加以限制。多数国家宪法中都有关于"紧急状态"的规定。因此,宪法修正案将宪法第六十七条规定的全国人大常委会职权第二十项"决定全国或者个别省、自治区、直辖市的戒严",修改为"决定全国或者个别省、自治区、直辖市进入紧急状态",并相应地将宪法第八十条规定的中华人民共和国主席根据全国人大常委会的决定"发布戒严令",修改为"宣布进入紧急状态";将宪法第八十九条规定的国务院职权第十六项"决定省、自治区、直辖市的范围内部分地区的戒严",修改为"依照法律规定决定省、自治区、直辖市的范围内部分地区进入紧急状态"。

(11)关于国家主席职权的规定。宪法修正案将宪法第八十一条中"中华人民共和国主席代表中华人民共和国,接受外国使节",修改为"中华人民共和国主席代表中华人民共和国,进行国事活动,接受外国使节"。

(12)修改乡镇政权任期的规定。宪法修正案把乡、镇人大的任期由三年改为五年,将宪法第九十八条"省、直辖市、县、市、市辖区的人民代表大会每届任期五年。乡、民族乡、镇的人民代表大会每届任期三年",修改为"地方各级人民代表大会每届任期五年"。这样修改,各级人大任期一致,有利于协调各级经济社会发展规划、计划和人事安排。

(13)增加对国歌的规定。宪法修正案将宪法第四章的章名"国旗、国徽、首都"修改为"国旗、国歌、国徽、首都";在这一章第一百三十六条中增加一款，作为第二款："中华人民共和国国歌是《义勇军进行曲》。"

七、新时代的宪法发展

2018 年 3 月 11 日，《中华人民共和国宪法修正案》表决通过。这是我国进入新时代以后，全国人大以修正案的方式第五次对现行宪法进行修改，共通过了修正案 21 条。

（一）2018 年宪法修改的背景和过程

如前所述，宪法只有不断适应新形势、吸纳新经验、确认新成果，不断完善宪法所规定的制度，与社会实际保持一致性，才能具有持久生命力，才能完成调整和规范社会生活的功能。1982 年宪法公布施行后，分别于 1988 年、1993 年、1999 年、2004 年进行了 4 次修改。从现行宪法颁行以来前四次宪法修改所间隔的时间看，通常为 5 年至 6 年修改一次。本次修改是自 2004 年第四次修改后时隔 14 年的修正，相对于前四次修改，本次修改是间隔时间最长的一次。

自 2004 年宪法修改以来，党和国家事业又有了许多重要发展变化。特别是党的十八大以来，以习近平同志为核心的党中央团结带领全党全国各族人民毫不动摇坚持和发展中国特色社会主义，创立了习近平新时代中国特色社会主义思想，统筹推进"五位一体"总体布局、协调推进"四个全面"战略布局，推进党的建设新的伟大工程，推动党和国家事业取得历史性成就、发生历史性变革。党的十九大对新时代坚持和发展中国特色社会主义作出重大战略部署，确定了新的奋斗目标。新时代、新方位、新思想、新使命、新目标，决定了我们又一次面临推动宪法与时俱进、完善发展的历史节点。

进入新时代，中国特色社会主义事业发展对修改宪法提出迫切要求。随着改革开放的全面深入，特别是我国社会进入了新时代，宪法的某些具体规定确实已经不适应实际情况，有必要进行及时修改，否则，必然会阻碍改革开放的继续深入和我国社会的全面发展，最终宪法也会因不适应客观实际而失去权威。只有与时俱进，不断完善，才能更好地维护宪法的稳定，更好地维护宪法的尊严和权威。

党的十九届二中全会指出，我国宪法必须随着党领导人民建设中国特色社会主义实践的发展而不断完善发展。这是我国宪法发展的一个显著特点，也是一条基本规律。既保持宪法连续性、稳定性、权威性，又推动宪法与时俱进、完善发展，是我国宪法发展的必由之路。

对宪法进行适当修改，由宪法及时确认党和人民创造的伟大成就和宝贵经验，以更好发挥宪法的规范、引领、推动、保障作用，是实践发展的必然要求，是新时代坚持和发展中国特色社会主义的必然要求。把党和人民在实践中取得的重大理论创新、实践创新、制度创新成果上升为宪法规定，有利于更好发挥宪法在新时代坚持和发展中国特色社会主义中的重大作用，有利于促进全党全国各族人民思想更加统一、行动更加有力，奋发有为地贯彻落实习近平新时代中国特色社会主义思想和党的十九大作出的战略决策和工作部署，共同开创党和国家事业发展新局面。

党中央决定对宪法进行适当修改，是经过反复考虑、综合方方面面情况作出的，既顺应党和人民事业发展要求，又遵循宪法法律发展规律，是事业需要、人心所向。我们要从政治上、大局上、战略上充分认识这次宪法修改是事关全局的重大政治活动和重大立法活动，是党中央从新时代坚持和发展中国特色社会主义全局和战略高度作出的重大决策，也是推进全面依法治国、推进国家治理体系和治理能力现代化的重大举措。在党中央集中统一领导下，在广察民情、广纳民意、广聚民智的基础上，把党的十九大确定的重大理论观点和重大方针政策特别是习近平新时代中国特色社会主义思想载入国家根本法，体现党和国家事业发展的新成就、新经验、新要求，在保持连续性、稳定性、权威性的基础上推动我国宪法又一次与时俱进，必将为新时代坚持和发展中国特色社会主义提供有力宪法保障，更好地凝聚起全党全国各族人民的意志和力量，为实现"两个一百年"奋斗目标和中华民族伟大复兴中国梦而不懈奋斗。

2017 年 10 月，党的十九大在新的历史起点上对新时代坚持和发展中国特色社会主义作出重大战略部署，提出了一系列重大政治论断，确立了习近平新时代中国特色社会主义思想在全党的指导地位，确定了新的奋斗目标，对党和国家事业发展具有重大指导和引领意义。

在党的十九大文件起草和形成过程中，在全党全国上下学习贯彻党的十九大精神过程中，许多地方、部门和单位都提出，应该对我国现行宪法作出必要的修改完善，把党和人民在实践中取得的重大理论创新、实践创新、制度创新成果通过国家根本法确认下来，使之成为全国各族人民的共同遵循，成为国家各项事业、各方面工作的活动准则。

2017 年 9 月 29 日，习近平总书记主持召开中央政治局会议，决定启动宪法修改工作，成立宪法修改小组。宪法修改小组由张德江任组长，王沪宁、栗战书任副组长。

2017 年 11 月 13 日，党中央发出征求对修改宪法部分内容意见的通知，请各地区、各部门、各方面在精心组织讨论、广泛听取意见的基础上提出宪法修改建议。

《中共中央关于修改宪法部分内容的建议》起草和完善期间，习近平总书记多次主持中央政治局常委会会议、中央政治局会议，审议草案稿，为下一阶段工作提出要求、指明方向。

2017 年 12 月 12 日，中共中央办公厅发出通知，就党中央修宪建议草案稿下发党内一定范围征求意见。各地区、各部门、各方面反馈书面报告 118 份，共提出修改意见 230 条。

2017 年 12 月 15 日，习近平总书记主持召开党外人士座谈会，当面听取各民主党派中央、全国工商联负责人和无党派人士代表的意见和建议。党外人士提交了书面发言稿 10 份。座谈会上，习近平总书记强调，宪法是人民的宪法，宪法修改要广察民情、广纳民意、广聚民智，充分体现人民的意志。

宪法修改小组举行了 13 次工作班子会议、4 次全体会议，对各方面意见和建议汇总梳理、逐一研究。

从各方面提出的数千条建议，到党中央的 21 条修宪建议，党中央慎之又慎，坚持对宪法作部分修改、不作大改，确保宪法的连续性、稳定性、权威性。

2018 年 1 月 2 日至 3 日，根据党中央安排，张德江主持召开 4 场座谈会，分别听取中央和国家机关有关部门党委（党组）负责同志、智库和专家学者，以及各省、自治区、直辖市人大常委会党组负责同志对党中央修宪建议草案稿的意见和建议。与会同志提交书面材料 52 份。

2018 年 1 月 18 日至 19 日，党的十九届二中全会期间，党中央修宪建议草案在充分吸收与会同志的意见和建议，并作进一步修改完善后获得通过。用一次中央全会专门讨论宪法修改问题，这在我们党的历史上还是第一次，充分表明以习近平同志为核心的党中央对宪法修改的高度重视，对依法治国、依宪治国的高度重视。

2018 年 1 月 26 日，中共中央向全国人大常委会提出《中国共产党中央委员会关于修改宪法部分内容的建议》。

2018 年 1 月 29 日至 30 日，十二届全国人大常委会召开第三十二次会议，中共中央政治局常委、宪法修改小组副组长栗战书受中共中央委托，就党中央修宪建议向全国人大常委会作了说明。会议讨论了党中央修宪建议，全票通过了全国人大常委会关于提请审议宪法修正案草案的议案和宪法修正案草案，决定提请十三届全国人大一次会议审议。

2018 年 2 月 24 日，中央政治局就我国宪法和推进全面依法治国举行第四次集体学习。习近平总书记强调，要坚持党的领导、人民当家作主、依法治国有机统一，加强宪法实施和监督，把国家各项事业和各项工作全面纳入依法治国、依宪治国的轨道，把实施宪法提高到新的水平。

为了加强人大在推进宪法实施中的作用，党的十九届三中全会提出将全国人大法律委员会更名为全国人大宪法和法律委员会。根据党的十九届三中全会的决定，全国人大会议把这项内容纳入了宪法修正案。

2018 年 3 月 5 日，受十二届全国人大常委会委托，十二届全国人大常委会副委员长兼秘书长王晨向大会作关于宪法修正案草案的说明。

（二）2018 年宪法修改的基本原则

党中央确定的这次宪法修改的总体要求是，高举中国特色社会主义伟大旗帜，全面贯彻党的十九大精神，坚持以马克思列宁主义、毛泽东思想、邓小平理论、"三个代表"重要思想、科学发展观、习近平新时代中国特色社会主义思想为指导，坚持党的领导、人民当家作主、依法治国有机统一，把党的十九大确定的重大理论观点和重大方针政策特别是习近平新时代中国特色社会主义思想载入国家根本法，体现党和国家事业发展的新成就、新经验、新要求，在总体保持我国宪法连续性、稳定性、权威性的基础上推动宪法与时俱进、完善发展，为新时代坚持和发展中国特色社会主义、实现"两个一百年"奋斗目标和中华民族伟大复兴的中国梦提供有力宪法保障。

为了贯彻和体现上述总体要求，这次宪法修改遵循了以下原则：

一是坚持党对宪法修改的领导。坚持党中央集中统一领导，增强政治意识、大局意识、核心意识、看齐意识，坚定中国特色社会主义道路自信、理论自信、制度自信、文化自信，坚定不移走中国特色社会主义政治发展道路和中国特色社会主义法治道路，把坚持党中央集中统一领导贯穿于宪法修改全过程，确保宪法修改的正确政治方向。

新中国成立后，我国历次宪法修改，都是由中共中央作出修改宪法的决定，并成立宪法修改小组，然后中共中央在广泛征求党内外、各界、各级意见的基础上，形成宪法修改建议草案。此次特别召开党的十九届二中全会专门讨论宪法修改建议，形成《中共中央关于修改宪法部分内容的建议（草案）》。党的十九届三中全会采纳了关于将全国人大"法律委员会"更名为"宪法和法律委员会"的建议，纳入到正式的宪法修正案草案之中。

二是严格依法按程序推进宪法修改。宪法第六十四条规定，宪法修正案的提出主体为全国人大常委会或者全国人大五分之一以上的代表。在党中央领导下，通过历次宪法修改实践，已经形成了符合宪法精神、行之有效的修宪工作程序和机制。先形成《中共中央关于修改宪法部分内容的建议（并草案）》，经党中央全会审议和通过，再由全国人大常委会依法形成《中华人民共和国宪法修正案（草案）》，并提请全国人大审议和通过。

三是充分发扬民主，广泛凝聚共识。宪法修改关系全局，影响广泛而深远，既要适应党和人民事业发展要求，又要遵循宪法法律发展规律。做好宪法修改工作，必须贯彻科学立法、民主立法、依法立法的要求，充分发扬民主，广泛凝聚共识，注重从政治上、大局上、战略上分析问题，注重从宪法发展的客观规律和内在要求上思考问题。如前所述，此次宪法修改，中共中央顺应民心决定进行修改；在广泛征求各方面意见的基础上形成修改建议；在不同范围内，广泛征求对修改建议的意见；专门召开十九届二中全会，广泛讨论对宪法修改建议的意见，最终形成中共中央正式的宪法修改的建议；十九届三中全会在听取意见的基础上，又增加了关于全国人大宪法和法律委员会的修改条款；即使对没有接受的宪法修改建议，也一一进行研究，作出答复。

四是坚持对宪法作部分修改、不作大改。实践证明，我国现行宪法是一部好宪法，其基本符合我国社会发展的需要。因此，对各方面普遍要求修改、实践证明成熟、具有广泛共识、需要在宪法上予以体现和规范、非改不可的，进行必要的、适当的修改；对不成熟、有争议、有待进一步研究的，不作修改；对可改可不改、可以通过有关法律或者宪法解释予以明确的，原则上不作修改，保持宪法的连续性、稳定性、权威性。

（三）2018 年宪法修正案的主要内容

1. 在序言部分增加科学发展观、习近平新时代中国特色社会主义思想

宪法序言第七自然段中"在马克思列宁主义、毛泽东思想、邓小平理论和'三个代表'重要思想指引下"，修改为"在马克思列宁主义、毛泽东思想、邓小平理论、'三个代表'重要思想、科学发展观、习近平新时代中国特色社会主义思想指引下"。

这一修改的主要原因是"科学发展观"和"习近平新时代中国特色社会主义思想"的重要地位。增加"科学发展观、习近平新时代中国特色社会主义思想"与"马克思列宁主义、毛泽东

思想、邓小平理论和'三个代表'重要思想"并列作为国家政治和社会生活的指导思想，固化理论成果，确立指导地位，反映了全国各族人民的共同意愿，体现了党的主张和人民意志的统一，明确了全党全国人民为实现中华民族伟大复兴而奋斗的共同思想基础，意义深远。

科学发展观是党的十六大以来，以胡锦涛同志为主要代表的中国共产党人推进马克思主义中国化的重大成果，党的十八大党章修正案已经将其确立为党的指导思想。

习近平新时代中国特色社会主义思想，是中国特色社会主义进入新时代的最新理论成果，是开启新征程的指导思想和行动指南。党的十八大以来，中国共产党坚持以马克思列宁主义、毛泽东思想、邓小平理论、"三个代表"重要思想、科学发展观为指导，坚持解放思想、实事求是、与时俱进、求真务实，坚持辩证唯物主义和历史唯物主义，紧密结合新的时代条件和实践要求，以全新的视野深化对共产党执政规律、社会主义建设规律、人类社会发展规律的认识，进行艰辛理论探索，取得重大理论创新成果，形成了习近平新时代中国特色社会主义思想。这一重大思想的核心要义，就是坚持和发展中国特色社会主义，具体体现在它从理论和实践结合上系统回答了新时代坚持和发展什么样的中国特色社会主义、怎样坚持和发展中国特色社会主义这个重大时代课题，回答了新时代坚持和发展中国特色社会主义的总目标、总任务、总体布局、战略布局和发展方向、发展方式、发展动力、战略步骤、外部条件、政治保证等基本问题，并且根据新的实践，对经济、政治、法治、科技、文化、教育、民生、民族、宗教、社会、生态文明、国家安全、国防和军队、"一国两制"和祖国统一、统一战线、外交、党的建设等各方面作出理论分析和政策指导，为更好坚持和发展中国特色社会主义提供了思想武器和行动指南。

2. 调整充实中国特色社会主义事业总体布局和第二个百年奋斗目标的内容

宪法序言第七自然段在"自力更生，艰苦奋斗"前增写"贯彻新发展理念"。"创新、协调、绿色、开放、共享"的新发展理念是党的十八大以来，以习近平同志为核心的党中央推动我国经济发展实践的理论结晶，是习近平新时代中国特色社会主义经济思想的主要内容，把"新发展理念"写入宪法，既确认这一重要理论成果，又能更好地发挥新发展理念在决胜全面小康、建设社会主义现代化强国征程中的重要指导作用。

宪法序言第七自然段"推动物质文明、政治文明和精神文明协调发展，把我国建设成为富强、民主、文明的社会主义国家"，修改为"推动物质文明、政治文明、精神文明、社会文明、生态文明协调发展，把我国建设成为富强民主文明和谐美丽的社会主义现代化强国，实现中华民族伟大复兴"，在宪法第八十九条增加"生态文明建设"相关内容。形成了经济建设、政治建设、文化建设、社会建设、生态文明建设"五位一体"的总体布局，这是党对社会主义建设规律认识的深化，是对中国特色社会主义事业总体布局的丰富和完善。

把我国建设成为富强民主文明和谐美丽的社会主义现代化强国，实现中华民族伟大复兴，是党的十九大确立的奋斗目标。作这样的修改，在表述上与党的十九大报告相一致，有利于引领全党全国人民把握规律、科学布局，在新时代不断开创党和国家事业发展新局面，齐心协力为实现"两个一百年"奋斗目标、实现中华民族伟大复兴的中国梦而不懈奋斗。

充实完善我国革命和建设发展历程的内容。宪法修正案将宪法序言第十自然段中"在长期的革命和建设过程中"，修改为"在长期的革命、建设、改革过程中"；将宪法序言第十二自然段中"中国革命和建设的成就是同世界人民的支持分不开的"，修改为"中国革命、建设、改革的成就是同世界人民的支持分不开的"。作这些修改，党和人民团结奋斗的光辉历程就更加完整。

充实完善爱国统一战线和民族关系的内容。宪法修正案将宪法序言第十自然段中"包括全体社会主义劳动者、社会主义事业的建设者、拥护社会主义的爱国者和拥护祖国统一的爱国者的广泛的爱国统一战线"，修改为"包括全体社会主义劳动者、社会主义事业的建设者、拥护社会主义的爱国者、拥护祖国统一和致力于中华民族伟大复兴的爱国者的广泛的爱国统一战线"。主要考虑是：实现中华民族伟大复兴的中国梦已经成为团结海内外中华儿女的最大公约数。实现中国梦，需要凝聚各方面的力量共同奋斗。只有把全体社会主义劳动者、社会主义事业的建设者、拥护社会主义的爱国者、拥护祖国统一和致力于中华民族伟大复兴的爱国者都团结起来、凝聚起来，实现中国梦才能获得强大、持久、广泛的力量支持。将宪法序言第十一自然段中"平等、团结、互助的社会主义民族关系已经确立，并将继续加强"，修改为"平等团结互助和谐的社会主义民族关系已经确立，并将继续加强"。与此相适应，将宪法第一章《总纲》第四条第一款中"维护和发展各民族的平等、团结、互助关系"，修改为"维护和发展各民族的平等团结互助和谐关系"。主要考虑是：巩固和发展平等团结互助和谐的社会主义民族关系，是党的十八大以来以习近平同志为核心的党中央反复强调的一个重要思想。作这样的修改，有利于铸牢中华民族共同体意识，加强各民族交往交流交融，促进各民族和睦相处、和衷共济、和谐发展。

充实和平外交政策方面的内容。宪法修正案在宪法序言第十二自然段"中国坚持独立自主的对外政策，坚持互相尊重主权和领土完整、互不侵犯、互不干涉内政、平等互利、和平共处的五项原则"后，增加"坚持和平发展道路，坚持互利共赢开放战略"；将"发展同各国的外交关系和经济、文化的交流"，修改为

"发展同各国的外交关系和经济、文化交流，推动构建人类命运共同体"。作这样的修改，有利于正确把握国际形势的深刻变化，顺应和平、发展、合作、共赢的时代潮流，统筹国内、国际两个大局，统筹发展、安全两件大事，为我国发展拓展广阔的空间、营造良好的外部环境，为维护世界和平、促进共同发展作出更大贡献。

3. 将"健全社会主义法制"修改为"健全社会主义法治"

宪法序言第七自然段中"健全社会主义法制"修改为"健全社会主义法治"。实现了党依法治国理念和方式的新飞跃，有利于推进全面依法治国，建设中国特色社会主义法治体系，加快实现国家治理体系和治理能力现代化，为党和国家事业发展提供根本性、全局性、稳定性、长期性的制度保障。这一修改的主要原因是：

第一，新时代法治建设的新挑战是实现规则之治和良法之治。法治可以分为三个层次：第一个层次是通过制宪机关的制宪活动和立法机关的立法活动，形成具有实施基础的宪法和法律体系；第二个层次是国家机关在行使职权时严格依据宪法和法律、遵照宪法和法律的规定，保证宪法和法律至上，即实现规则之治；第三个层次是法律的规定应当具有正当性和合理性，即实现良法之治。

在法治的上述三个层次中，"法制"主要指的是第一个层次，即制度建设。截至 2017 年底，我国法律已有 263 余部，行政法规近 800 部，地方性法规有 1.2 万余部，部门规章有 2700 余部，地方政府规章有 1 万部左右，还有司法解释 3000 多件（含司法解释性质文件），有法可依问题在我国基本上已经解决了。我国新时代法治建设的主要任务是完成法治的后两个层次的任务，即重点保证规则之治和良法之治的实现。实现国家治理现代化和全面推进依法治国都在于完成这两大任务，因此，必须将"法制"改为"法治"。也正因为如此，党的十八届四中全会决定把长期以来坚持的我国法制建设的基本原则，由"有法可依、有法必依、执法必严、违法必究"改为"科学立法、严格执法、公正司法、全民守法"。

第二，为了保持宪法文本表述的一致性。1999 年宪法修正案将"中华人民共和国实行依法治国，建设社会主义法治国家"载入宪法。在同一个宪法文本之中，表述同一个含义的概念应当保持统一性。

第三，为了贯彻落实党中央关于法治建设的部署。在党的十八届四中全会决定中普遍使用的是"法治"。建设中国特色社会主义法治体系，建设社会主义法治国家。这就是，在中国共产党领导下，坚持中国特色社会主义制度，贯彻中国特色社会主义法治理论。形成完备的法律规范体系、高效的法治实施体系、严密的法治监督体系、有力的法治保障体系，形成完善的党内法规体系。坚持依法治国、依法执政、依法行政共同推进，坚持法治国家、法治政府、法治社会一体建设。

党的十九大报告关于坚持全面依法治国部分使用的也是"法治"。全面依法治国是中国特色社会主义的本质要求和重要保障。必须把党的领导贯彻落实到依法治国全过程和各方面，坚定不移走中国特色社会主义法治道路，完善以宪法为核心的中国特色社会主义法律体系，建设中国特色社会主义法治体系，建设社会主义法治国家，发展中国特色社会主义法治理论，坚持依法治国、依法执政、依法行政共同推进，坚持法治国家、法治政府、法治社会一体建设，坚持依法治国和以德治国相结合，依法治国和依规治党有机统一，深化司法体制改革，提高全民族法治素养和道德素质。

4. 增加宪法宣誓制度

宪法第二十七条增加一款，作为第三款："国家工作人员就职时应当依照法律规定公开进行宪法宣誓。"

王晨副委员长在关于宪法修正案草案的说明中指出:"将宪法宣誓制度在宪法中确定下来,有利于促使国家工作人员树立宪法意识、恪守宪法原则、弘扬宪法精神、履行宪法使命,也有利于彰显宪法权威,激励和教育国家工作人员忠于宪法、遵守宪法、维护宪法,加强宪法实施。"作为宪法实施的重要形式,宪法宣誓是推进宪法从文本走向现实的一场庄严的仪式,是政治文明和法治进步的重要标志。

2015 年 7 月 1 日,第十二届全国人大常委会第十五次会议通过了《关于实行宪法宣誓制度的决定》。该决定规定了宪法宣誓的范围、要求和程序,同时也规定了宣誓誓词:"我宣誓:忠于中华人民共和国宪法,维护宪法权威,履行法定职责,忠于祖国、忠于人民,恪尽职守、廉洁奉公,接受人民监督,为建设富强民主文明和谐美丽的社会主义现代化强国努力奋斗!"

在宪法中确立宪法宣誓制度,是世界上大多数有成文宪法的国家所普遍采取的一种方式。据统计,在 193 个有成文宪法的国家中,规定相关国家公职人员必须宣誓拥护或效忠宪法的有 176 个。各国关于宪法宣誓的主体、内容、程序的规定不尽相同,一般都在有关人员开始履行职务之前或就职时举行宣誓。宪法宣誓是世界上大多数国家宪法制度的一项重要内容。

5. 在正文增加中国共产党的领导

宪法第一条第二款"社会主义制度是中华人民共和国的根本制度"后增写"中国共产党领导是中国特色社会主义最本质的特征"。全国人大常委会副委员长王晨在宪法修正案(草案)说明中指出,中国共产党是执政党,是国家的最高政治领导力量。中国共产党领导是中国特色社会主义最本质的特征,是中国特色社会主义制度的最大优势。宪法从社会主义制度的本质属性角度,对坚持和加强党的全面领导进行规定,有利于在全体人民中强化党的领导意识，有效把党的领导落实到国家工作全过程和各方面，确保党和国家事业始终沿着正确方向前进。

关于中国共产党的领导，《共同纲领》和我国历部宪法规定的基本情况是：①1949年《共同纲领》在序言中规定"以工人阶级为领导"，没有直接出现"中国共产党领导"字眼；②1954年宪法在序言中明确规定了"中国共产党领导"；③1975年宪法不仅在序言中规定了"中国共产党领导"，而且在正文第二、第十五、第十六、第十七条都规定了中国共产党领导，尤其是第二十六条在关于公民的基本权利和义务中规定"公民的基本权利和义务是，拥护中国共产党的领导"；④1978年宪法与1975年宪法的规定模式完全相同；⑤1982年宪法在序言中有5处明确规定了"中国共产党的领导"，在正文中没有直接规定中国共产党的领导。

此次宪法修改，在原有宪法序言规定中国共产党领导的基础上，正文中明确增加中国共产党的领导，进一步明确中国共产党在国家中的领导地位的宪法依据，回答了中国共产党如何实现对国家的全面领导，强化了对社会主义制度的认识，明确揭示了中国共产党的领导。

6. 增加了社会主义核心价值观

宪法第二十四条第二款中"国家提倡爱祖国、爱人民、爱劳动、爱科学、爱社会主义的公德"，修改为"国家倡导社会主义核心价值观，提倡爱祖国、爱人民、爱劳动、爱科学、爱社会主义的公德"。宪法修正案在宪法总纲部分原有的社会主义道德之前，增加规定国家倡导社会主义核心价值观。宪法修正案增加这一规定，对于捍卫、弘扬、彰显社会核心价值观，具有极其重大的意义。

7. 修改了国家主席的任期制度

宪法第七十九条第三款"中华人民共和国主席、副主席每届

任期同全国人民代表大会每届任期相同，连续任职不得超过两
届"，修改为"中华人民共和国主席、副主席每届任期同全国人
民代表大会每届任期相同"。

对国家主席、副主席任职规定上作出修改，是着眼于健全党
和国家领导体制，在宪法上作出的制度安排，有利于维护以习近
平同志为核心的党中央权威和集中统一领导，有利于加强和完善
国家领导体制。

8．扩大地方立法权主体

宪法第一百条增加一款，作为第二款："设区的市的人民代
表大会和它们的常务委员会，在不同宪法、法律、行政法规和本
省、自治区的地方性法规相抵触的前提下，可以依照法律规定制
定地方性法规，报本省、自治区人民代表大会常务委员会批准后
施行。"增加设区的市的地方立法权，有利于设区的市为加强社
会治理、促进经济社会发展，在不与上位法相冲突的前提下结合
本地实际制定地方法规，促进有效治理。

实际上，2015 年 3 月，第十二届全国人民代表大会第三次会
议对《中华人民共和国立法法》进行了修改，已经赋予了设区的
市立法权。此次宪法修改是确认 2015 年立法法的修改。立法法
第七十条第二款规定，设区的市的人民代表大会及其常务委员会
根据本市的具体情况和实际需要，在不同宪法、法律、行政法规
和本省、自治区的地方性法规相抵触的前提下，可以对城乡建设
与管理、环境保护、历史文化保护等方面的事项制定地方性法规，
法律对设区的市制定地方性法规的事项另有规定的，从其规定。
设区的市的地方性法规须报省、自治区的人民代表大会常务委员
会批准后施行。省、自治区的人民代表大会常务委员会对报请批
准的地方性法规，应当对其合法性进行审查，同宪法、法律、行
政法规和本省、自治区的地方性法规不抵触的，应当在四个月内
予以批准。全国人大关于修改《中华人民共和国立法法》的决定

中还规定，广东省东莞市和中山市、甘肃省嘉峪关市、海南省三沙市，比照适用本决定有关赋予设区的市地方立法权的规定。

宪法和立法法赋予设区的市立法权，其基本考虑是：

第一，地方发展的需要。改革开放以来，地方经济社会发生了巨大变化，许多设区的市规模相当大，属于特大城市的设区的市有87个；属于大型城市的设区的市有82个，大型、特大型城市加起来近60%。管理这样一个人口众多的区域，特别是随着城镇化建设的发展，与其相关的土地、人口、环境、城乡建设与管理、社会治理等问题日益复杂，当然需要依靠法治来管理。中国幅员辽阔，各地发展很不平衡，情况不一，法律的统一规定还需要结合各地的实际去贯彻，各地有各地的情况，各地都希望结合本地的情况进行城乡建设管理。

第二，各地环境保护的需要。国家的环境保护职责最终分解到了各个地方，而每个地方的环境保护现实情况不同，这也需要各地权力机关根据具体情况制定相应的法律规范。

第三，地方历史文化保护和传承的需要。目前，地方文化保护在地方建设中越来越重要，但又并非所有的地方历史文化都属于国家保护的范围，这也需要各地根据现实情况制定地方法规。

第四，落实宪法关于中央与地方关系的需要。我国是单一制国家，各地的情况又很不一样，在处理中央和地方国家机关的关系时，遵循在中央统一领导下，充分发挥地方主动性、积极性的原则。扩大地方立法权就是发挥地方主动性、积极性的具体表现。

为了保证国家法制的统一性，又能够让地方按照自己的具体情况进行治理，在赋予设区的市的立法权的同时，也作出了一定的限制：①必须根据本市的具体情况和实际需要；②在不同宪法、法律、行政法规和本省、自治区的地方性法规相抵触的前提下制定；③可以对城乡建设与管理、环境保护、历史文化保护等方面的事项制定地方性法规；④须报省、自治区的人民代表大会常务委员会批准后施行。

9. 在国家机构体系中增加设立监察委员会

深化国家监察体制改革是一项事关全局的重大政治体制、监督体制改革，是强化党和国家自我监督的重大决策部署。宪法修正案在宪法第三章《国家机构》第六节后增加一节，专门就监察委员会作出规定，以宪法的形式明确国家监察委员会和地方各级监察委员会的性质、地位、名称、人员组成、任期任届、监督方式、领导体制、工作机制等等，为监察委员会行使职权提供了宪法依据。这些规定，为设立监察委员会、制定监察法提供宪法依据，体现了中国特色社会主义政治发展道路和法治发展道路的一致性，为监察委员会履职尽责提供了依据和遵循，是国家治理体系的重大完善，也是国家治理能力现代化的重大进步。

第五次宪法修正案 21 条修改中有 11 条涉及监察委员会。主要规定有：①县级以上各级人民代表大会具有选举、罢免本级监察委员会主任的权利；②县级以上各级人民代表大会常务委员会根据本级监察委员会主任提请，任免本级监察委员会副主任、委员；③县级以上各级人民代表大会常务委员会组成人员不得担任监察机关职务；④县级以上各级人民代表大会常务委员会监督本级监察委员会工作；⑤国务院不再行使领导和管理监察工作的权利；⑥监察委员会主任任期与本级人大任期相同，国家监察委员会主任连续任职不超过两届。自此，"一府一委两院"格局在宪法中予以确定。

2016 年 9 月，习近平同志在中国共产党第十八届中央纪律检查委员会第六次全体会议上指出："要坚持党对党风廉政建设和反腐败工作的统一领导，扩大监察范围，整合监察力量，健全国家监察组织架构，形成全面覆盖国家机关及其公务员的国家监察体系。"10 月，中国共产党第十八届中央委员会第六次全体会议审议通过《中国共产党党内监督条例》，明确规定"各级党委应当支持和保证同级人大、政府、监察机关、司法机关等对国家机关及公职人员依法进行监督"。11 月 7 日，中共中央办公厅印发《关于在北京市、山西省、浙江省开展国家监察体制改革试点方案》。根据该方案，中央部署在三省市设立各级监察委员会，从体制机制、制度建设上先行先试、探索实践，为在全国推开积累经验。

该方案强调，国家监察体制改革是事关全局的重大政治改革，是国家监察制度的顶层设计。深化国家监察体制改革的目标，是建立党统一领导下的国家反腐败工作机构。实施组织和制度创新，整合反腐败资源力量，扩大监察范围，丰富监察手段，实现对行使公权力的公职人员监察全面覆盖，建立集中统一、权威高效的监察体系，履行反腐败职责，深入推进党风廉洁建设和反腐败斗争，构建不敢腐、不能腐、不想腐的有效机制。

为了贯彻落实党中央的部署，2016 年 12 月 25 日，十二届全国人大常委会第二十五次会议通过《关于在北京市、山西省、浙江省开展国家监察体制改革试点工作的决定》。其主要内容是：①设立监察委员会，行使监察职权。②试点地区人民政府的监察厅（局）、预防腐败局及人民检察院查处贪污贿赂、失职渎职以及预防职务犯罪等部门的相关职能整合至监察委员会。③试点地区监察委员会由本级人民代表大会产生。监察委员会主任由本级人民代表大会选举产生；监察委员会副主任、委员由监察委员会主任提请本级人民代表大会常务委员会任免。④监察委员会对本级人民代表大会及其常务委员会和上一级监察委员会负责，并接受监督。⑤试点地区监察委员会按照管理权限，对本地区所有行使公权力的公职人员依法实施监察。⑥履行监督、调查、处置职责，监督检查公职人员依法履职、秉公用权、廉洁从政以及道德操守情况，调查涉嫌贪污贿赂、滥用职权、玩忽职守、权力寻租、利益输送、徇私舞弊以及浪费国家资财等职务违法和职务犯罪行为并作出处置决定，对涉嫌职务犯罪的，移送检察机关依法提起公诉。⑦监察委员会可以采取谈话、讯问、询问、查询、冻结、调取、查封、扣押、搜查、勘验检查、鉴定、留置等措施。⑧暂时调整或者暂时停止适用《中华人民共和国行政监察法》，《中华人民共和国刑事诉讼法》第三、第十八、第一百四十八条以及第二编第二章第十一节关于检察机关对直接受理的案件进行侦查的有关规定，《中华人民共和国人民检察院组织法》第五条第二项，《中华人民共和国检察官法》第六条第三项，《中华人民共和国地方各级人民代表大会和地方各级人民政府组织法》第五十九条第五项关于县级以上的地方各级人民政府管理本行政区域内的监察工作的规定。其他法律中规定由行政监察机关行使的监察职责，一并调整由监察委员会行使。

党的十九大报告提出，深化国家监察体制改革，将试点工作在全国推开，组建国家、省、市、县监察委员会，同党的纪律检查机关合署办公，实现对所有行使公权力的公职人员监察全覆盖。制定国家监察法，依法赋予监察委员会职责权限和调查手段，用留置取代"两规"措施。

2017 年 10 月，中共中央办公厅印发《关于在全国各地推开国家监察体制改革试点方案》。该方案强调，党的十九大对深化国家监察体制改革作出重大决策部署。在总结北京市、山西省、浙江省改革试点工作经验基础上，在全国各地推开改革试点，是贯彻落实党的十九大精神，推动全面从严治党向纵深发展的重大战略举措，对于健全中国特色国家监察体制，强化党和国家自我监督具有重要意义。在 2017 年底 2018 年初召开的省、市、县人民代表大会上产生三级监察委员会，使改革与地方人大换届工作紧密衔接，有利于加快改革步伐，确保改革有序深入推进。

2017 年 11 月 4 日，第十二届全国人大常委会第三十次会议审议通过了《全国人民代表大会常务委员会关于在全国各地推开国家监察体制改革试点工作的决定》，国家监察体制改革由试点三省市推展至全国。

在宪法中增加《监察委员会》一节，是对国家监察体制改革成果的深刻总结，具有坚实的政治基础、理论基础、实践基础和充分的法理支撑。习近平总书记强调，要坚持改革决策和立法决策相统一、相衔接，做到重大改革于法有据，使改革和法治同步推进。深化国家监察体制改革，是强化党和国家自我监督、坚持和加强党的领导的重大决策部署，是事关全局的重大政治体制改革。以习近平同志为核心的党中央从历史文化中汲取智慧、从治国理政中总结经验，积极推进理论和实践创新，坚持加强顶层设计和"摸着石头过河"相结合，在从试点向全面推开拓展、从局部向全局发展中引领改革持续深化。截至 2018 年 2 月底，全国省、市、县三级监察委员会全部组建完成，并就监察委员会的职责定位、领导体制、工作机制、权限手段、监督保障等方面作了积极深入的探索，取得丰硕成果，积累宝贵经验。

修改宪法确认国家监察体制改革的成果，主要有以下原因：

第一，增设监察委员会属于宪法上国家机构体系和国家权力结构的变化。增设监察委员会，就中央层面而言，是在原有的中央国家机构体系中增加了一个独立的居于全国人大及其常委会之下而与国家主席、国务院、中央军事委员会、最高人民法院、最高人民检察院相平行的国家机关，相应地，改变了宪法上原有的国家机构体系、国家权力的配置及国家机关之间的相互关系，在体制层面丰富了我国的人民代表大会制度。在地方层面亦是如此。那么，必须修改宪法明确监察委员会的宪法性质、地位、职权。在原有国家权力中划分出监察权，也需要明确这一权力的性质及与其他国家权力的关系。

第二，监察委员会在性质上不同于行政监察机关，《国家监察法》并不是对《行政监察法》的修改。监察委员会是独立于行政机关，与行政机关相平行的国家机关，其职能的内涵与外延也远远大于行政监察机关。在国家层面设立的国家监察委员会，在国家机构体系中也应当是这一格局。监察委员会与行政监察机关属于完全不同性质的机关，《国家监察法》与《行政监察法》所规范的组织、职权、程序等存在根本性差异。

第三，先修改宪法，规定监察委员会在国家机构体系中的性质、地位、职权、与其他国家机关之间的关系等，再依据宪法制定《国家监察法》，设立国家及地方各级监察委员会，是国家治理现代化和依宪治国的必然要求，符合"重大改革必须于法有据"的改革思维。

10. 将"全国人大法律委员会"更名为"全国人大宪法和法律委员会"

宪法修正案第四十四条规定，宪法第七十条第一款："全国人民代表大会设立民族委员会、法律委员会、财政经济委员会、教育科学文化卫生委员会、外事委员会、华侨委员会和其他需要设立的专门委员会。"修改为："全国人民代表大会设立民族委员会、宪法和法律委员会、财政经济委员会、教育科学文化卫生委员会、外事委员会、华侨委员会和其他需要设立的专门委员会。"

党的十九大报告要求，加强宪法实施和监督，推进合宪性审查工作，维护宪法权威。习近平总书记在 2018 年中央政治局第四次学习会上提出，要完善宪法监督制度，积极稳妥推进合宪性审查工作，加强备案审查制度和能力建设。全国人大及其常委会和国家有关监督机关要担负起宪法和法律监督职责，加强对宪法和法律实施情况的监督检查，健全监督机制和程序，坚决纠正违宪违法行为。决胜全面建成小康社会、开启全面建设社会主义现代化国家新征程、实现中华民族伟大复兴的中国梦，推进国家治理体系和治理能力现代化、提高党长期执政能力，必须更加注重发挥宪法的重要作用。加强宪法实施和监督，把国家各项事业和各项工作全面纳入依法治国、依宪治国的轨道，把实施宪法提高到新的水平。

党的十八届四中全会决定按照依法治国首先是依宪治国、依法执政首先是依宪执政的逻辑，要求健全宪法实施和监督制度，完善全国人大及其常委会宪法监督制度，健全宪法解释程序机制。加强备案审查制度和能力建设，把所有规范性文件纳入备案审查范围，依法撤销和纠正违宪违法的规范性文件，禁止地方制发带有立法性质的文件。

中共中央关于《深化党和国家机构改革方案》决定，为弘扬宪法精神，增强宪法意识，维护宪法权威，加强宪法实施和监督，推进合宪性审查工作，将"全国人大法律委员会"更名为"全国人大宪法和法律委员会"。

2018 年 6 月，第十三届全国人大常委会第三次会议表决通过了《关于全国人民代表大会宪法和法律委员会职责问题的决定》，该决定规定，宪法和法律委员会在继续承担统一审议法律草案工作的基础上，增加推动宪法实施、开展宪法解释、推进合宪性审查、加强宪法监督、配合宪法宣传等工作职责。可见，其主要职责是推进合宪性审查工作。合宪性审查即依据宪法对宪法以下的法律文件是否符合宪法的审查，其是监督宪法实施的基本方式。这一机制对于确保宪法的全面有效实施是不可或缺的，是现代、成熟国家的基本标志，是国家治理现代化的重要组成部分。因此，这一举措对于推进我国的合宪性审查工作，保证我国宪法监督制度的实效性，将发挥重要的作用。

附录一　新中国宪法发展大事记

1949 年

1 月 6 日至 8 日，中共中央政治局举行会议，决定在北平解放后召开七届二中全会，并在会上"通过准备提交政治协商会议的共同纲领的草案"。

6 月 15 日，新政治协商会议筹备会在北平开幕。

6 月 30 日，毛泽东发表《论人民民主专政》。

9 月 17 日，新政协筹备会举行第二次全体会议，将"新政协"定名为"中国人民政治协商会议"，原则通过了新政协筹备会常委会提出的《中国人民政治协商会议组织法（草案)》。

9 月 27 日，中国人民政治协商会议第一届全体会议讨论并通过《中国人民政治协商会议组织法》《中华人民共和国中央人民政府组织法》。

9 月 29 日，中国人民政治协商会议第一届全体会议通过《中国人民政治协商会议共同纲领》。

9 月 30 日，中国人民政治协商会议第一届全体会议选举产生中国人民政治协商会议第一届全国委员会，选举产生中华人民共和国中央人民政府主席、副主席、委员。

10 月 1 日，中华人民共和国中央人民政府委员会就职，决议宣告中华人民共和国中央人民政府成立，接受《中国人民政治协商会议共同纲领》为中央人民政府的施政方针。

10 月 9 日，中国人民政治协商会议第一届全国委员会第一次会议在北京举行。

10 月 21 日，中央人民政府政务院正式成立。

12 月 2 日，中央人民政府委员会举行第四次会议，决定每年 10 月 1 日为国庆日。

1950 年

5 月 1 日，《中华人民共和国婚姻法》公布施行。

6 月 28 日，中央人民政府委员会第八次会议通过《中华人民共和国土地改革法》，6 月 30 日颁布施行。

9 月 20 日，公布中华人民共和国国徽图案。

1951 年

5 月 23 日，中央人民政府和西藏地方政府在北京签订《关于和平解放西藏办法的协议》，宣告西藏和平解放。

1952 年

8 月 9 日，中央人民政府颁布《中华人民共和国民族区域自治实施纲要》。

12 月 24 日，中国人民政治协商会议全国委员会常务委员会召开扩大会议，中共中央向会议提议：由政协全国委员会向中央人民政府建议，于 1953 年召开全国人民代表大会，制定宪法。

1953 年

1 月 13 日，政协全国委员会常务委员会扩大会议向中央人民政府委员会提出关于召开全国人民代表大会、制定宪法的建议。同日，中央人民政府委员会举行第二十次会议，讨论了政协全国委员会常务委员会扩大会议的提议，通过了关于召开全国人民代表大会及地方各级人民代表大会的决议。会议还通过了中华人民共和国宪法起草委员会的组成名单。

2 月 11 日，中央人民政府委员会第二十二次会议审议通过《中华人民共和国全国人民代表大会及地方各级人民代表大会选举法》。

9 月 18 日，中央人民政府委员会第二十八次会议通过关于推迟召开全国人民代表大会及地方各级人民代表大会的决议。

1954 年

1 月 7 日至 3 月 9 日，宪法起草小组工作。

3 月 23 日，宪法起草委员会第一次全体会议举行。

4 月 15 日，中央选举委员会、政务院发布《对于召开省、市、县人民代表大会的几个问题的决定》。

5 月 27 日，宪法起草委员会第二次全体会议举行。

5 月 28 日，宪法起草委员会第三次全体会议举行。

5 月 29 日，宪法起草委员会第四次全体会议举行。

5 月 31 日，宪法起草委员会第五次全体会议举行。

6 月 8 日，宪法起草委员会第六次全体会议举行。

6 月 11 日，宪法起草委员会第七次全体会议举行。

6 月 14 日，中央人民政府委员会第三十次会议审议了宪法起草委员会 6 月 11 日提出的《关于宪法起草工作经过的报告》。并做成决议，通过并公布了起草委员会起草的《中华人民共和国宪法草案》。

6 月 19 日，中央人民政府委员会第三十二次会议决定撤销大行政区一级行政机构。

9 月 8 日，宪法起草委员会第八次全体会议举行。

9 月 9 日，中央人民政府委员会第三十四次会议讨论通过了宪法草案，并决定将之提交全国人民代表大会。

9 月 12 日，宪法起草委员会第九次全体会议举行，通过《关于中华人民共和国宪法草案的报告》。

9 月 14 日，中央人民政府委员会召开临时会议，对宪法草案作了两处修改。

9 月 15 日，第一届全国人民代表大会第一次会议在怀仁堂开幕，刘少奇作《关于宪法草案的报告》。

9 月 20 日，第一届全国人民代表大会第一次会议通过《中华人民共和国宪法》。

1955 年

9 月 30 日，撤销新疆省建制，成立新疆维吾尔自治区。

1956 年

1 月 15 日，北京举行大会庆祝北京第一个实现工商业全行业公私合营。随后，除西藏等少数民族地区外，基本实现了全行业公私合营。

4 月 25 日，毛泽东在中共中央政治局扩大会议上作《论十大关系》的报告。

5月2日，毛泽东在最高国务会议上提出"百花齐放，百家争鸣"的方针。

11月16日，第一届全国人大常委会举行第五十一次会议，对国务院机构和领导成员作了调整和加强。

1957 年

1月10日，中共中央发出《关于成立中央经济工作五人小组的通知》。中共中央政治局决定，由陈云任组长的五人小组统一领导国家经济工作。

2月27日至3月1日，毛泽东召集最高国务会议第十一次（扩大）会议，发表《关于正确处理人民内部矛盾的问题》的讲话。

1958 年

3月，广西壮族自治区成立。

10月，宁夏回族自治区成立。

1959 年

4月18日至28日，第二届全国人大第一次会议在北京举行。

7月2日至8月16日，中共中央在庐山先后召开政治局扩大会议和八届八中全会，即庐山会议。

9月11日至13日，第二届全国人大常委会举行扩大的第六、第七、第八次会议，通过《关于中印边界问题的决议》。

1960 年

3 月 9 日，中共中央发出《关于城市人民公社问题的指示》，要求全国各地采取积极的态度建立城市人民公社，上半年普遍试点，下半年全面推广。

3 月 30 日至 4 月 10 日，第二届全国人大第二次会议在北京举行。

1961 年

3 月 15 日至 23 日，中共中央在广州召开工作会议，讨论通过《农村人民公社工作条例（草案）》（即"农业六十条"）。

5 月 21 日至 6 月 12 日，中共中央在北京召开工作会议，制定《农村人民公社工作条例（修正草案）》，取消了原草案中公共食堂和供给制的规定，决定对几年来受批判处分的党员干部进行甄别平反。

7 月 19 日，中共中央发出《关于自然科学工作中若干政策问题的批示》，同意《关于当前自然科学工作中若干政策问题的请示报告》和《关于自然科学研究机构当前工作的十四条意见（草案）》（即"科研十四条"）。

1962 年

3 月 27 日至 4 月 16 日，第二届全国人大第三次会议在北京举行。

12 月 18 日，中共中央、国务院发布《关于认真提倡计划生育的指示》。

12 月 26 日，《中蒙边界条约》在北京签订。

1963 年

11 月 17 日至 12 月 3 日，第二届全国人大第四次会议在北京举行。

1964 年

1 月，国务院计划生育委员会成立。

12 月 20 日至 1965 年 1 月 4 日，第三届全国人大第一次会议在北京举行。

1965 年

5 月 22 日，第三届全国人大常委会第九次会议，决定取消人民解放军军衔制度。

1966 年

5 月 16 日，中共中央政治局扩大会议在北京通过了毛泽东主持起草的指导"文化大革命"的纲领性文件《中国共产党中央委员会通知》（即"五一六通知"）。

5 月 28 日，中共中央成立中央文化革命小组（简称"中央文革"）。

7 月 7 日，全国人大常委会和全国政协常委会决定第三届全国人大第二次会议和政协第四届全国委员会第二次会议不定期延期召开。

8 月 30 日，政协全国委员会停止办公。

1967 年

1 月 12 日至 31 日，在中央文革策划下，山西、贵州、黑龙江、山东发生群众组织夺取省委、省人民委员会权力的活动，成立夺权机构革命委员会。

1 月 13 日，中共中央、国务院颁布《关于在无产阶级文化大革命中加强公安工作的若干规定》（即"公安六条"）。

2 月 5 日，成立"上海人民公社"，后改名为"上海市革命委员会"。

3 月 19 日，中央军委作出《关于集中力量执行支左、支农、支工、军管、军训任务的决定》。从此，军队开始介入地方的"文化大革命"。

1968 年

9 月 5 日，西藏、新疆两个自治区革命委员会成立。自此，全国 29 个省、市、自治区（除台湾省外）都建立了革命委员会。

10 月 13 日至 31 日，中共八届十二中全会在北京召开，作出了把刘少奇开除出党、撤销一切职务的决定。

12 月 22 日，《人民日报》发表毛泽东的指示，要求知识青年到农村去。此后，全国掀起了上山下乡的高潮。

1969 年

4 月 1 日至 24 日，中国共产党第九次全国代表大会在北京召开。

11 月 12 日，中华人民共和国主席、中共中央副主席刘少奇因遭受迫害，在河南开封含冤逝世。

1970 年

3 月 8 日，毛泽东的修宪建议里第一次明确提出不设国家主席。关于是否设立国家主席的问题展开争议。

3 月 9 日，中共中央政治局开始修宪准备工作，成立了康生、张春桥、吴法宪、李作鹏、纪登奎五人组成的宪法修改工作小组。

7 月 17 日，中共中央成立"修改中华人民共和国宪法起草委员会"。

8 月 23 日至 9 月 6 日，中共九届二中全会在庐山召开，审查了宪法草案。9 月 6 日，基本通过《中华人民共和国宪法修改草案》，建议全国人大常委会进行必要筹备工作，在适当时候召开四届全国人大，决定动员全国人民就宪法草案进行讨论、修改。

1971 年

10 月 25 日，联合国第二十六届大会表决通过了恢复中华人民共和国在联合国的一切合法权利，并立即把国民党集团的代表从联合国及其所属一切机构中驱逐出去的决议。

1972 年

8 月 21 日，中共中央、中央军委发出通知，要求参加地方"三支两军"的军队人员中的大多数人撤回。

12 月 18 日，全国政协机关成立临时领导小组，恢复日常工作。

1973 年

8 月 24 日至 28 日，中国共产党第十次全国代表大会召开。

9 月 12 日，中共中央政治局召开会议，再次提出召开第四届全国人大与修改宪法问题，决定成立由康生担任组长，张春桥为代组长的宪法修改小组。

1974 年

10 月 11 日，中共中央发出通知，决定在近期召开第四届全国人大修改宪法。

1975 年

1 月 8 日至 10 日，中共九届二中全会讨论通过《中华人民共和国宪法修改草案》《关于修改宪法的报告》等文件。

1 月 13 日至 17 日，第四届全国人大第一次会议召开。第四届全国人大通过修改后的《中华人民共和国宪法》。

3 月 17 日，第四届全国人大常委会第二次会议决定特赦释放在押的全部战犯。

1976 年

9 月 9 日，中共中央主席、中央军委主席、第四届全国政协名誉主席毛泽东逝世。中共中央、全国人大常委会、国务院、中央军委发布《告全党全军全国各族人民书》。

1977 年

7 月 16 日至 21 日，中共十届三中全会在北京举行，一致通过关于追认华国锋任中共中央主席、中央军委主席的决议；关于恢复邓小平职务的决议；关于王洪文、张春桥、江青、姚文元反党集团的决议。

1978 年

2 月 18 日至 23 日，中共十一届二中全会在北京举行，通过《中华人民共和国宪法修改草案》与《关于修改宪法的报告》，决定将之提请第五届全国人大第一次会议审议。

2 月 26 日，第五届全国人大第一次会议在北京举行。

3 月 1 日，叶剑英在第五届全国人大第一次会议上作《关于修改宪法的报告》。

3 月 5 日，第五届全国人大第一次会议通过修改后的《中华人民共和国宪法》。

12 月 13 日，邓小平同志在中央工作会议闭幕会上发表《解放思想，实事求是，团结一致向前看》的重要讲话。

12 月 22 日，中共十一届三中全会提出"有法可依、有法必依、执法必严、违法必究"。

1979 年

2 月 23 日，第五届全国人大常委会第六次会议决定设立"法制委员会"，协助全国人大常委会加强法制工作。法制委员会由 80 人组成，彭真任委员会主任。

3 月 30 日，邓小平在党的理论工作务虚会上发表讲话，提出在中国实现四个现代化必须坚持四项基本原则。邓小平关于四项基本原则以及社会主义社会的基本矛盾与主要矛盾等问题的论述，构成了 1982 年宪法的基本思想。

6 月 30 日，第五届全国人大第二次会议讨论通过《关于修正《中华人民共和国宪法》若干规定的决议草案》。

7 月 1 日，第五届全国人大第二次会议审议了全国人大常委会提出的关于修正《中华人民共和国宪法》若干规定的议案，这是对 1978 年宪法的两次修改中的第一次。

第五届全国人大第二次会议一次性通过 7 部加强民主法制建设、促进经济发展的重要法律，它们分别是：《全国人大和地方各级人民代表大会选举法》《地方各级人民代表大会和地方各级人民政府组织法》《人民法院组织法》《人民检察院组织法》《刑法》《刑事诉讼法》《中外合资经营企业法》。

9 月 13 日，第五届全国人大常委会第十一次会议原则通过《环境保护法（试行）》。

9 月，第五届全国人大常委会第十一次会议决定恢复设立司法部。

11 月 29 日，第五届全国人大常委会第十二次会议通过《关于建国以来制定的法律、法令效力问题的决议》。

第五届全国人大常委会第十二次会议批准《国务院关于劳动教养的补充规定》。

1980 年

1 月 16 日，邓小平同志在《目前的形势和任务》的讲话中指出，根据长期实践，"大鸣、大放、大辩论、大字报"作为一个整体，从来没有产生积极的作用。党中央准备提请全国人大常委会和全国人大审议，把它取消。

2月12日，第五届全国人大常委会第十三次会议通过《关于刑事诉讼法实施问题的决定》。

2月23日至29日，中国共产党第十一届中央委员会决定向全国人大建议，取消宪法第四十五条中关于公民"有运用'大鸣、大放、大辩论、大字报'的权利"的规定。

4月16日，第五届全国人大常委会第十四次会议通过《关于建议修改宪法第四十五条的议案》，取消原第四十五条中关于公民"有运用'大鸣、大放、大辩论、大字报'的权利"的规定。

8月30日，中国共产党第十一届中央委员会向第五届全国人大第三次会议主席团提出《关于修改〈中华人民共和国宪法〉的建议》。

9月10日，第五届全国人大第三次会议通过《关于修改宪法和成立宪法修改委员会的决议》。

第五届全国人大第三次会议通过《国籍法》，同日公布实施。

第五届全国人大第三次会议通过并施行《中外合资经营企业所得税法》《个人所得税法》，中外合营企业可以就纳税争议提起诉讼，这是我国自1978年以后最早的行政诉讼立法例。

9月15日，宪法修改委员会举行首次会议，宣布正式成立。

首次会议决定，设立宪法修改委员会秘书处，胡乔木为秘书长，吴冷西、胡绳、甘祠森、张友渔、叶笃义、邢亦民、王汉斌为副秘书长。

9月17日，宪法修改委员会秘书处第一次会议举行，吸收王叔文、肖蔚云、孙立、许崇德为秘书处秘书。

1981 年

3月2日，第五届全国人大常委会举行第十七次会议，听取民政部部长、全国县级直接选举工作办公室主任程子华作《关于全国县级直接选举工作情况的报告》。

6 月 10 日，第五届全国人大常委会第十九次会议通过《关于加强法律解释工作的决议》《惩治军人违反职责罪暂行条例》《关于死刑案件核准问题的决定》《关于处理逃跑或者重新犯罪的劳改犯和劳教人员的决定》。

6 月 27 日，中国共产党十一届六中全会通过《关于建国以来党的若干历史问题的决议》。

9 月 10 日，第五届全国人大常委会第二十次会议通过《关于刑事案件办案期限问题的决定》。

10 月 13 日，国务院、中央军委发布《关于军队干部退休的暂行规定》。

1982 年

2 月 27 日，中华人民共和国宪法修改委员会第二次全体会议在人民大会堂举行，主要讨论了委员会秘书处起草的《中华人民共和国宪法修改草案（讨论稿）》。

3 月 8 日，第五届全国人大常委会第二十二次会议通过《关于国务院机构改革问题的决议》。

4 月 12 日，中华人民共和国宪法修改委员会第三次全体会议在人民大会堂举行。

4 月 26 日，第五届全国人大常委会第二十三次会议一致通过《关于公布〈中华人民共和国宪法修改草案〉的决议》，决定公布宪法修改草案，交付全国各族人民讨论。

11 月 4 日，宪法修改委员会举行第四次全体会议。

11 月 19 日，第五届全国人大常委会第二十五次会议通过《关于延长本届人民公社、镇人民代表大会任期的决议》。

11 月 23 日，中华人民共和国宪法修改委员会第五次会议在人民大会堂举行。

12 月 4 日，第五届全国人大第五次会议全文宣读宪法修改草案，以无记名投票方式通过《中华人民共和国宪法》。

第五届全国人大第五次会议通过《关于中华人民共和国国歌的决议》，恢复《义勇军进行曲》为中华人民共和国国歌，撤销本届全国人大第一次会议 1978 年 3 月 5 日通过的关于中华人民共和国国歌的决定。

第五届全国人大第五次会议通过《关于本届全国人民代表大会常务委员会职权的决议》。

12 月 10 日，第五届全国人大第五次会议通过《全国人大组织法》《国务院组织法》，修改《全国人民代表大会和地方各级人民代表大会选举法》《地方各级人民代表大会和地方各级人民政府组织法》。

1983 年

9 月 2 日，第六届全国人大常委会第二次会议作出《关于严惩严重危害社会治安的犯罪分子的决定》和《关于迅速审判严重危害社会治安的犯罪分子的程序的决定》，全国开始"严打"。

第六届全国人大常委会第二次会议修改《中外合资经营企业所得税法》《人民法院组织法》《人民检察院组织法》，通过《关于国家安全机关行使公安机关的侦查、拘留、预审和执行逮捕的职权的决定》。

10 月 12 日，中共中央、国务院发布《关于实行政社分开建立乡政府的通知》。

1984 年

5 月 31 日，第六届全国人大第二次会议通过《民族区域自治法》。

7 月 14 日，深圳市中级人民法院对深圳市蛇口区环境监测站与香港凯达企业有限公司环境污染案作出判决，开启了"官告民"诉讼的探索。

10 月 20 日，中共十二届三中全会通过《中共中央关于经济体制改革的决定》。

1985 年

4 月 10 日，第六届全国人大第三次会议通过《关于授权国务院在经济体制改革和对外开放方面可以制定暂行的规定或者条例的决定》。

11 月 6 日，最高人民法院下发《关于人民法院审理经济行政案件不应进行调解的通知》。

11 月 22 日，第六届全国人大常委会第十三次会议通过《公民出境入境管理法》《外国人入境出境管理法》。

11 月，第六届全国人大常委会第十三次会议作出《关于在公民中基本普及法律常识的决议》。此后，全国人大常委会先后于 1991 年、1996 年、2001 年分别作出《关于深入开展法制宣传教育的决议》《关于继续开展法制宣传教育的决议》《关于进一步开展法制宣传教育的决议》。

1986 年

4 月 12 日，第六届全国人大第四次会议通过《民法通则》，自 1987 年 1 月 1 日起施行。

4 月 18 日至 22 日，香港特别行政区基本法起草委员会第二次全体会议通过《香港特别行政区基本法结构（草案）》《香港特别行政区基本法起草委员会工作规则》《关于设立香港特别行政区基本法起草委员会专题小组的决定》。

6 月 25 日，第六届全国人大常委会第十六次会议通过颁布《土地管理法》。

9 月 27 日至 10 月 8 日，司法部举行首次全国律师资格统一考试。

11 月 7 日，据《人民日报》报道：经国务院批准，法制建设试点工作将在广州、重庆、西安、武汉、大连、沈阳、哈尔滨 7 个经济体制改革的综合试点城市展开。

11 月 29 日至 12 月 2 日，香港特别行政区基本法起草委员会第三次全体会议在北京举行，通过了会议公报，决定于 1987 年 4 月召开第四次全体会议。

11 月，第六届全国人大常委会第十三次会议通过《关于在公民中基本普及法律常识的决议》。

12 月 2 日，第六届全国人大常委会第十八次会议通过《国境卫生检疫法》《邮政法》《企业破产法（试行）》，修订《地方各级人民代表大会和地方各级人民政府组织法》《全国人民代表大会和地方各级人民代表大会选举法》《人民法院组织法》。

第六届全国人大常委会第十八次会议决定恢复设立监察部。

12 月，行政基本法的起草工作开始，后因社会条件和立法技术均不成熟，行政立法研究组经与全国人大法制工作委员会协商后，决定先起草《行政诉讼法》。

1987 年

1 月 22 日，第六届全国人大常委会第十九次会议通过《关于加强法制教育维护安定团结的决定》。

9 月 5 日，第六届全国人大常委会第二十二次会议通过《大气污染防治法》《档案法》。

10 月 25 日，中国共产党第十三次全国代表大会提出政治体制改革。

11 月 24 日，第六届全国人大常委会第二十三次会议通过《村民委员会组织法（试行）》《全国人民代表大会常务委员会议事规则》，批准《全国人大常委会法制工作委员会关于对 1978 年底以前颁布的法律进行清理的情况和意见的报告》。

1988 年

1 月 15 日，《中华人民共和国政府和葡萄牙共和国政府关于澳门问题的联合声明》，自即日起宣告生效。

2 月 28 日，中共中央向全国人大常委会提出关于修改宪法个别条款的建议。

3 月 5 日至 12 日，第六届全国人大常委会第二十五次会议在北京召开。会议通过了根据中共中央关于修改宪法个别条款的建议提出的全国人大常委会关于《宪法》修正案的草案，并决定将草案提请第七届全国人大第一次会议审议。

3 月 14 日，最高人民法院、最高人民检察院发布公告，不再追诉去台人员在中华人民共和国成立前的犯罪行为。

4 月 12 日，中华人民共和国宪法修正案第一、第二条由第七届全国人大第一次会议通过并公布施行。

4月13日，第七届全国人大第一次会议通过《全国人民代表大会关于设立海南省的决定》《全国人民代表大会关于建立海南经济特区的决议》《全国人民代表大会于成立中华人民共和国澳门特别行政区基本法起草委员会的决定》。

6月24日，第七届全国人大常委会首次向中外记者举行新闻发布会。宣布全国人大常委会将建立旁听制度，同时建立新闻发布会和记者招待会制度。

6月25日至7月1日，第七届全国人大常委会举行第二次会议，通过了关于海南省人民代表会议代行海南省人民代表大会职权的决定。

7月21日，中共中央办公厅、国务院办公厅发出《关于解决公司政企不分问题的通知》。

7月28日，国务院发布《关于地方实行财政包干办法的决定》。

9月5日，第七届全国人大常委会第三次会议通过《保守国家秘密法》，自1989年5月1日起施行。

1989 年

3月20日至4月5日，第七届全国人大第二次会议在北京举行。会议审议通过《行政诉讼法》《全国人民代表大会议事规则》；审议国务院关于建议授权深圳市人民代表大会及其常务委员会制定深圳经济特区法规的议案。

9月7日，最高人民法院、最高人民检察院发布《关于不再追诉去台人员在中华人民共和国成立后当地人民政权建立前的犯罪行为的公告》。

10月31日，第七届全国人大常委会第十次会议通过《集会游行示威法》。

12 月 20 日至 26 日，第七届全国人大常委会第十一次会议在北京举行。会议通过《城市居民委员会组织法》《环境保护法》《城市规划法》。

12 月 30 日，中共中央发出《关于坚持和完善中国共产党领导的多党合作和政治协商制度的意见》的文件。

1990 年

2 月 18 日，国务院公布施行《法规规章备案规定》。

3 月 20 日至 4 月 4 日，第七届全国人大第三次会议在北京人民大会堂举行。会议通过了接受邓小平辞去中央军委主席职务的请求的决定。

4 月 4 日，会议通过《香港特别行政区基本法》及其三个附件和区旗、区徽图案等。通过《关于设立香港特别行政区的决定》《关于中华人民共和国香港特别行政区基本法的决定》《关于香港特别行政区第一届政府和立法会产生办法的决定》《关于批准香港特别行政区基本法起草委员会关于设立全国人大常委会香港特别行政区基本法委员会的建议的决定》。

4 月 15 日，发布《中国人民解放军立法程序暂行条例》。

6 月 21 日至 28 日，第七届全国人大常委会第十四次会议在北京举行。会议通过《国旗法》，通过全国人大常委会关于《香港特别行政区基本法》英文本的决定。

9 月 29 日，中国政府正式签署联合国《儿童权利公约》。

12 月 20 日至 28 日，第七届全国人大常委会第十七次会议在人民大会堂举行。在 28 日全体会议上，经表决通过《残疾人保障法》《缔结条约程序法》。

1991 年

2 月 25 日至 3 月 2 日，第七届全国人大常委会第十八次会议在北京举行。会议通过《国徽法》《关于加强社会治安综合治理的决定》《关于深入开展法制宣传教育的决议》。

8 月 27 日至 9 月 4 日，第七届全国人大常委会第二十一次会议在北京人民大会堂举行。会议通过《未成年人保护法》。

1992 年

1 月 18 日至 2 月 21 日，邓小平同志视察武昌、深圳、珠海、上海等地，发表著名的南方谈话。

2 月 20 日至 25 日，第七届全国人大常委会第二十四次会议在北京举行。会议通过《领海及毗连区法》。

3 月 20 日至 4 月 3 日，第七届全国人民代表大会第五次会议在北京人民大会堂举行。会议通过《关于兴建长江三峡工程的决议》《全国人民代表大会和地方各级人民代表大会代表法》《工会法》《妇女权益保障法》。

4 月 16 日，经国务院批准，公安部发布《集会游行示威法实施条例》，自即日施行。

6 月 23 日至 7 月 1 日，第七届全国人大常委会第二十六次会议在北京举行。

11 月，中共中央成立宪法修改小组，乔石任组长。

12 月 30 日，中共中央向各省、自治区、直辖市党委，中央各部委和各机关党组，军委总政治部，各人民团体发出通知，请他们对政治局会议原则通过的关于修改宪法部分内容的初步意见组织讨论，并可就此征求全国人大代表的意见。

1993 年

1 月 14 日，中共中央、国务院决定：中共中央纪律检查委员会和中华人民共和国监察部合署办公。

2 月 14 日，中共中央向第七届全国人大常委会建议修改中华人民共和国宪法的部分内容。

2 月 15 日至 22 日，第七届全国人大常委会第三十次会议在北京人民大会堂举行。会议审议通过《国家安全法》。

第七届全国人大常委会第三十次会议审议了宪法修正案草案，并向全国人大提出宪法修正案议案。

3 月 15 日至 31 日，第八届全国人大第一次会议在北京人民大会堂举行。会议表决通过《关于国务院机构改革方案的决定》；审议和通过《宪法修正案》《澳门特别行政区基本法》。会议还通过了《关于批准澳门特别行政区基本法起草委员会〈关于设立全国人民代表大会常务委员会澳门特别行政区基本法委员会的建议〉的决定》《关于澳门特别行政区第一届政府、立法会和司法机关产生办法的决定》。

3 月 23 日，在第八届全国人大第一次会议期间，2383 名代表联名提出补充修正案。

6 月 21 日，最高人民检察院发出《关于检察机关接受人民代表大会及其常务委员会监督若干问题的规定》的通知。

6 月 22 日至 7 月 2 日，第八届全国人大常委会第二次会议在北京举行，审议通过《全国人民代表大会常务委员会关于设立全国人民代表大会常务委员会香港特别行政区筹备委员会预备工作委员会的决定》。

8 月 14 日，国务院公布《国家公务员暂行条例》，自 1993 年 10 月 1 日起施行。

8 月 26 日至 9 月 2 日，第八届全国人大常委会第三次会议在北京举行。会议审议通过《全国人大常委会关于加强对法律实施情况检查监督的若干规定》。

11 月 14 日，中共十四届三中全会通过《中共中央关于建立社会主义市场经济体制若干问题的决定》。

12 月 15 日，国务院通过《国务院关于实行分税制财政管理体制的决定》，决定自 1994 年 1 月 1 日起对各省、自治区、直辖市以及计划单列市实行分税制财政管理体制。

1994 年

5 月 5 日至 12 日，第八届全国人大常委会第七次会议在北京举行。会议通过《国家赔偿法》《关于修改治安管理处罚条例的决定》。

6 月 28 日至 7 月 5 日，第八届全国人大常委会第八次会议在北京举行。会议通过《全国人民代表大会常务委员会关于批准〈中华人民共和国政府和老挝人民民主共和国政府边界制度条约〉的决定》。

1995 年

2 月 21 日至 28 日，第八届全国人大常委会第十二次会议在北京举行。会议通过全国人民代表大会常委会关于修改《全国人民代表大会和地方各级人民代表大会选举法》和《地方各级人民代表大会和地方各级人民政府组织法》的决定，通过《法官法》《检察官法》《人民警察法》，通过关于修改《税收征收管理法》的决定。

1996 年

1 月 26 日，全国人大香港特别行政区筹备委员会在北京宣告成立。

2 月 28 日至 3 月 1 日，第八届全国人大常委会第十八次会议在北京举行。会议通过《戒严法》、关于批准核安全公约的决定。

3 月 5 日至 17 日，第八届全国人大第四次会议在北京人民大会堂开幕。17 日通过公布了《行政处罚法》，自 1996 年 10 月 1 日起施行。

5 月 7 日至 15 日，第八届全国人大常委会第十九次会议在北京举行。通过了全国人大常委会《关于〈中华人民共和国国籍法〉在香港特别行政区实施的几个问题的解释》和《关于批准〈联合国海洋法公约〉的决定》；通过了全国人大常委会《关于继续开展法制宣传教育的决议》等。

8 月 23 日至 29 日，第八届全国人大常委会第二十一次会议在人民大会堂举行。

12 月 16 日，国务院对全国人大香港特别行政区筹备委员会报请国务院任命香港特别行政区第一任行政长官作出决定，并发布国务院第 207 号令，任命董建华为中华人民共和国香港特别行政区第一任行政长官，于 1997 年 7 月 1 日就职。

12 月 24 日至 30 日，全国人大常委会在北京举行第二十三次会议。会议通过《中华人民共和国香港特别行政区驻军法》。

1997 年

1 月 2 日，国务院发布《出版管理条例》，自 1997 年 2 月 1 日起施行。

2月19日至25日，第八届全国人大常委会第二十四次会议在北京举行。会议通过了关于根据《香港特别行政区基本法》第一百六十条处理香港原有法律的决定等。

3月1日至14日，第八届全国人大第五次会议在北京举行。会议通过《国防法》《关于批准设立重庆直辖市的决定》。

5月6日至9日，第八届全国人大常委会第二十五次会议在北京举行。会议通过《行政监察法》。

6月28日，国务院通过《国务院关于授权香港特别行政区政府接收原香港政府资产的决定》，并根据香港特别行政区有关法律自主地进行管理。

6月30日至7月1日，中英两国政府香港政权交接仪式在香港会议展览中心举行。中国对香港恢复行使主权，中华人民共和国香港特别行政区正式成立。

10月27日，中国政府签署《经济、社会及文化权利国际公约》。

1998 年

4月7日，香港特别行政区临时立法会举行最后一次会议，审议通过了9部法案以及议员提出的多项建议。

5月5日，澳门特别行政区筹备委员会在北京宣告成立。

5月24日，香港特别行政区举行第一届立法会选举。

5月25日，香港特别行政区第一届立法会选举产生。

11月至12月，中共中央成立宪法修改小组，李鹏任组长，组织草拟了关于修改宪法部分内容的初步意见，经中共中央政治局常委会审定并经中央政治局会议原则通过后，于1998年12月5日发给各省、自治区、直辖市党委，中央各部委、国家机关各部委党组（党委），军委总政治部，各人民团体党组和中央委员、中央候补委员征求意见。

12 月 21 日，江泽民主持中共中央召开的党外人士座谈会，就中共中央提出的修改宪法部分内容的初步意见，征求各民主党派中央、全国工商联负责人和无党派代表人士的意见。

12 月 22 日和 24 日，李鹏主持中共中央宪法修改小组召开的法律专家和经济专家座谈会，就宪法修改问题征求意见。

12 月 29 日，第九届人大常委会第六次会议通过《全国人民代表大会常务委员会关于修改〈中华人民共和国兵役法〉的决定》，自公布之日起施行；通过《全国人民代表大会常务委员会关于新疆维吾尔自治区生产建设兵团设置人民法院和人民检察院的决定》；通过《全国人民代表大会常务委员会关于设立全国人民代表大会常务委员会预算工作委员会的决定》。

1999 年

1 月 16 日，全国人大澳门特别行政区筹备委员会第五次全体会议通过《澳门特别行政区第一任行政长官人选的产生办法》《澳门特别行政区区旗、区徽使用暂行办法》。

1 月 22 日，中国共产党中央委员会提出修改宪法部分内容的建议。

1 月 30 日，第九届全国人大常委会第七次会议审议了中共中央提出的修宪建议，提出了宪法修正案草案，提请第九届全国人大第二次会议审议。

3 月 5 日至 15 日，第九届全国人大第二次会议举行。

3 月 15 日，通过《宪法修正案》，"中华人民共和国实行依法治国，建设社会主义法治国家"写入宪法。

4 月 10 日，全国人大澳门特别行政区筹备委员会第七次全体会议通过《关于设立推荐法官的独立委员会的决定》《关于澳门特别行政区公共机构的徽记、印章、旗帜问题的决定》《第一届立法会具体产生办法》。

4 月 29 日，全国人大常委会通过《行政复议法》，自 1999 年 10 月 1 日起施行。

6 月 26 日，全国人大常委会发布《全国人民代表大会常务委员会关于〈中华人民共和国香港特别行政区基本法〉第二十二条第四款和第二十四条第二款第三项的解释》。

6 月 28 日，全国人大常委会通过《澳门特别行政区驻军法》，自 1999 年 12 月 20 日起施行。

7 月 3 日，澳门特别行政区筹备委员会第九次全体会议通过《全国人民代表大会澳门特别行政区筹备委员会关于澳门特别行政区第一任行政长官在 1999 年 12 月 19 日前开展工作的决定》《全国人民代表大会澳门特别行政区筹备委员会关于澳门特别行政区有关人员就职宣誓事宜的规定》《澳门特别行政区司法机关具体产生办法》。

10 月 30 日，全国人大常委会通过《全国人大常委会关于取缔邪教组织、防范和惩治邪教活动的决定》。

12 月 18 日，国务院发布《关于授权澳门特别行政区政府接收原澳门政府资产的决定》。

12 月 20 日，澳门特别行政区成立庆祝大会在澳门举行。第九届全国人大常委会举行第十三次全体会议，李鹏委员长宣布澳门特别行政区基本法委员会成立；澳门特别行政区第一届立法会举行回归后的第一次会议，通过《回归法》。

2000 年

4 月 25 日，全国人大常委会发布《关于撤销成克杰第九届全国人民代表大会常务委员会副委员长职务的公告》。

2001 年

6 月 30 日，全国人大常委会通过《全国人民代表大会常务委员会关于修改〈中华人民共和国检察官法〉的决定》《全国人民代表大会常务委员会关于修改〈中华人民共和国法官法〉的决定》。

8 月 25 日，全国人大常委会通过《全国人民代表大会常务委员会关于我国加入世界贸易组织的决定》。

2002 年

3 月 30 日，首次国家司法考试在全国统一举行。

8 月 29 日，全国人大常委会通过《农村土地承包法》。

12 月 30 日，中共中央发出《中共中央关于做好农户承包地使用权流转工作的通知》。

2003 年

3 月 10 日，第十届全国人大第一次会议通过《关于国务院机构改革方案的决定》。

3 月 15 日，第十届全国人大代表以无记名投票方式，选举胡锦涛为中华人民共和国主席，选举江泽民为中华人民共和国中央军事委员会主席，选举吴邦国为第十届全国人大常委会委员长，选举曾庆红为中华人民共和国副主席。

3 月 27 日，中央政治局常委会会议研究和部署了修改宪法工作，确定了此次修改宪法总的原则，成立了以吴邦国为组长的中央宪法修改小组，在中央政治局常委会领导下工作。

8 月 15 日，第十届全国人大常委会第六次委员长会议通过了对法规备案审查工作程序的修改，增加了对备案法规有选择进行主动审查的程序，施行法规审查工作的被动审查和主动审查相结合。

8月27日，全国人大常委会通过《行政许可法》，自2004年7月1日起施行。

8月28日，胡锦涛主持召开各民主党派中央、全国工商联负责人和无党派人士座谈会，讨论宪法修改问题。

9月12日，吴邦国主持召开部分理论工作者、法学专家和经济学专家座谈会，讨论宪法修改问题。

10月11日，中共十六届三中全会通过《中共中央关于完善社会主义市场经济体制若干问题的决定》《中共中央关于修改宪法部分内容的建议》，并决定将后者提交全国人大常委会审议。

2004 年

3月14日，第十届全国人大第二次会议通过《宪法修正案》，"国家尊重和保障人权"写入宪法。

4月6日，全国人大常委会公告《全国人民代表大会常务委员会关于〈中华人民共和国香港特别行政区基本法〉附件一第七条和附件二第三条的解释》，对香港特别行政区行政长官的产生办法和立法会的产生办法的相关问题进行了解释；全国人大常委会通过《全国人民代表大会常务委员会关于香港特别行政区2007年行政长官和2008年立法会产生办法有关问题的决定》，决定2007年香港特别行政区第三任行政长官的选举，不实行由普选产生的办法。

5月，全国人大常委会法制工作委员会增设法规审查备案室，隶属全国人大常委会法制工作委员会，是与国家法室、行政法室、刑法室、民法室等并列的局级单位，负责法规备案，审查下位法是否违法违宪。

10 月 27 日，第十届全国人大常委会第十二次会议通过《全国人民代表大会常务委员会关于修改〈中华人民共和国全国人民代表大会和地方各级人民代表大会选举法〉的决定》《全国人民代表大会常务委员会关于县、乡两级人民代表大会代表选举时间的决定》。

2005 年

3 月 8 日，第十届全国人大第三次会议作出关于接受江泽民辞去中华人民共和国中央军事委员会主席职务的请求的决定。

3 月 14 日，第十届全国人大第三次会议通过《反分裂国家法》，自公布之日起施行。

4 月 27 日，第十届全国人大常委会第十五次会议通过《公务员法》，自 2006 年 1 月 1 日起施行；通过《全国人民代表大会常务委员会关于〈中华人民共和国香港特别行政区基本法〉第五十三条第二款的解释》。

8 月 28 日，第十届全国人大常委会第十七次会议通过《全国人民代表大会常务委员会关于修改〈中华人民共和国妇女权益保障法〉的决定》，自 2005 年 12 月 1 日起施行。

10 月 27 日，第十届全国人民代表大会常务委员会第十八次会议通过《全国人民代表大会常务委员会关于修改〈中华人民共和国个人所得税法〉的决定》，自 2006 年 1 月 1 日起施行。

12 月 16 日，第十届全国人大常委会第四十次委员长会议对 2000 年出台的《行政法规、地方性法规、自治条例和单行条例、经济特区法规备案审查工作程序》进行第二次修订，并通过《司法解释备案审查工作程序》。

12 月 29 日，第十届全国人大常委会第十九次会议通过《全国人民代表大会常务委员会关于废止〈中华人民共和国农业税条例〉的决定》。

2006 年

6 月 29 日，第十届全国人大常委会第二十二次会议修改《义务教育法》，自 2006 年 9 月 1 日起施行。

7 月 14 日，《关于内地与香港特别行政区法院相互认可和执行当事人协议管辖的民商事案件判决的安排》在香港签署。

8 月 27 日，第十届全国人大常委会第二十三次会议通过《中华人民共和国各级人民代表大会常务委员会监督法》，自 2007 年 1 月 1 日起施行。

10 月 31 日，第十届全国人大常委会第二十四次会议通过关于修改《人民法院组织法》的决定，将死刑案件的核准权收归最高人民法院统一行使。

12 月 29 日，全国人大常委会通过《未成年人保护法》。

2007 年

4 月 27 日，第十届全国人大常委会第二十七次会议通过《第十一届全国人民代表大会少数民族代表名额分配方案》《第十一届全国人民代表大会代表名额分配方案》。

6 月 29 日，第十届全国人大常委会第二十八次会议通过《劳动合同法》，自 2007 年 1 月 1 日起施行；全国人大常委会通过《全国人民代表大会常务委员会关于修改〈中华人民共和国个人所得税法〉的决定》。

10 月 21 日，中国共产党第十七次全国代表大会胜利闭幕，"尊重和保障人权"写入党章。

12 月 29 日，第十届全国人大常委会第三十一次会议通过
《全国人民代表大会常务委员会关于香港特别行政区 2012 年行政
长官和立法会产生办法及有关普选问题的决定》，会议认为 2017
年香港特别行政区第五任行政长官的选举可以实行由普选产生的
办法；在行政长官由普选产生以后，香港特别行政区立法会的选
举可以实行全部议员由普选产生的办法。

2008 年

3 月 5 日至 18 日，第十一届全国人大在北京召开。3 月 15
日，大会选举胡锦涛为中华人民共和国主席、中华人民共和国中
央军事委员会主席，选举吴邦国为第十一届全国人大常委会委员
长，选举习近平为中华人民共和国副主席。同日，大会通过《关
于国务院机构改革方案的决定》。

4 月 20 日，全国人大常委会委员长会议决定今后全国人大常
委会审议的法律草案，一般都予以公开，向社会广泛征求意见。

4 月 24 日，第十一届全国人大常委会第二次会议通过《残疾
人保障法》，自 2008 年 7 月 1 日起施行。

5 月 22 日，《深圳市近期改革纲要（征求意见稿）》发布，规
定"在区政府换届中试行区长差额选举，由同级人大差额选举出
区长、副区长，为以后条件成熟时进行市长差额选举积累经验"。

6 月 26 日，第十一届全国人大常委会第三次会议通过《全国
人民代表大会常务委员会关于批准〈残疾人权利公约〉的决定》。

7 月 31 日，全国人大法律委员会、全国人大常委会法制工作
委员会对开展法律清理工作进行了部署。

2009 年

5 月 25 日，最高人民法院公布《关于在执行附加刑剥夺政治权利期间犯新罪应如何处理的批复》。

8 月 27 日，第十一届全国人大常委会第十次会议通过《人民武装警察法》《全国人民代表大会常务委员会关于积极应对气候变化的决议》。

2010 年

3 月 14 日，第十一届全国人大第三次会议修改《选举法》。

6 月 24 日，四川省德阳市罗江县在国内率先试点基层人大代表专职化工作。

6 月 25 日，第十一届全国人大常委会第十五次会议修改《行政监察法》。

7 月 21 日，针对陕西省国土厅矿权纠纷案否定陕西两级法院判决一事，最高人民法院新闻发言人孙军工表示，对于法院的生效判决，行政部门不能干扰生效判决的正常履行。

8 月 28 日，第十一届全国人大常委会第十六次会议修改《香港特别行政区基本法附件一香港特别行政区行政长官的产生办法》《香港特别行政区基本法附件二香港特别行政区立法会的产生办法和表决程序》。

2011 年

3 月 10 日，全国人大常委会委员长吴邦国宣布中国特色社会主义法律体系已经形成。

8 月 26 日，第十一届全国人大常委会第二十二次会议通过对《中华人民共和国香港特别行政区基本法》第十三条第一款和第十九条的解释。

10 月 29 日，第十一届全国人大常委会第二十三次会议修改《兵役法》《居民身份证法》，通过《全国人大常委会关于加强反恐怖工作有关问题的决定》。新修订的《居民身份证法》规定，公民申领、换领、补领居民身份证应当登记指纹信息。

12 月 31 日，第十一届全国人大常委会第二十四次会议通过《全国人民代表大会常务委员会关于〈中华人民共和国澳门特别行政区基本法〉附件一第七条和附件二第三条的解释》。

2012 年

2 月 29 日，第十一届全国人大常委会第二十五次会议修改《清洁生产促进法》《全国人民代表大会常务委员会关于澳门特别行政区 2013 年立法会产生办法和 2014 年行政长官产生办法有关问题的决定》。

3 月 14 日，第十一届全国人大第五次会议通过了关于修改刑事诉讼法的决定。"尊重和保障人权"正式写入修订后的刑事诉讼法。

4 月 27 日，第十一届全国人大常委会第二十六次会议通过《军人保险法》《第十二届全国人民代表大会代表名额分配方案》《第十二届全国人民代表大会少数民族代表名额分配方案》《台湾省出席第十二届全国人民代表大会代表协商选举方案》。

6 月 30 日，第十一届全国人大常委会第二十七次会议修改《中国人民解放军选举全国人民代表大会和县级以上地方各级人民代表大会代表的办法》《澳门特别行政区基本法附件一澳门特别行政区行政长官的产生办法》《澳门特别行政区基本法附件二澳门特别行政区立法会的产生办法》。

9 月 10 日，中国政府发表《关于钓鱼岛及其附属岛屿领海基线的声明》，宣布中华人民共和国钓鱼岛及其附属岛屿的领海基线。

11 月 15 日，中国共产党第十八次全国代表大会在北京闭幕。

12 月 28 日，第十一届全国人大常委会第三十次会议通过《全国人民代表大会常务委员会关于加强网络信息保护的决定》。

2013 年

3 月 10 日，《国务院机构改革和职能转变方案》全文公布。

3 月 14 日，第十二届全国人大第一次会议在人民大会堂举行第四次全体会议，习近平当选中华人民共和国主席、中华人民共和国中央军事委员会主席。李源潮当选中华人民共和国副主席，张德江当选全国人民代表大会常务委员会委员长。

3 月 15 日，第十二届全国人大第一次会议在人民大会堂举行第五次全体会议。

8 月 30 日，第十二届全国人大常委会第四次会议授权国务院在中国（上海）自由贸易试验区等国务院决定的试验区内暂时停止实施有关法律规定。

11 月 15 日，中共十八届三中全会通过《中共中央关于全面深化改革若干重大问题的决定》。

12 月 28 日，第十二届全国人大常委会第六次会议通过《关于调整完善生育政策的决议》，同意启动实施一方是独生子女的夫妇可生育两个孩子的政策。

2014 年

2 月 27 日，第十二届全国人大常委会第七次会议通过《全国人民代表大会常务委员会关于设立南京大屠杀死难者国家公祭日的决定》《全国人民代表大会常务委员会关于确定中国人民抗日战争胜利纪念日的决定》。

8 月 31 日，第十二届全国人大常委会第十次会议通过《全国人民代表大会常务委员会关于香港特别行政区行政长官普选问题和 2016 年立法会产生办法的决定》。

10 月 20 日至 23 日，中共十八届四中全会在北京举行，审议通过《中共中央关于全面推进依法治国若干重大问题的决定》。

10 月 24 日，第十二届全国人大常委会第十一次会议通过《全国人民代表大会常务委员会关于〈中华人民共和国民法通则〉第九十九条第一款、〈中华人民共和国婚姻法〉第二十二条的解释》；修改《行政诉讼法》；决定 12 月 4 日为国家宪法日。

12 月 28 日，第十二届全国人大常委会第十二次会议任命了第四任澳门特别行政区基本法委员会组成人员。

2015 年

3 月 15 日，第十二届全国人大第三次会议修改《立法法》。

6 月 18 日，香港特别行政区立法会就特区政府提出的行政长官普选法案进行表决。法案未能获得香港基本法规定的全体议员三分之二多数支持而未获得通过。

11 月 7 日，中共中央总书记、国家主席习近平同台湾方面领导人马英九在新加坡会面，就进一步推进两岸关系和平发展交换意见。这是 1949 年以来两岸领导人的首次会面。

12 月 27 日，第十二届全国人大常委会第十八次会议修改《人口与计划生育法》，新修订的《人口与计划生育法》规定，国家提倡一对夫妻生育两个子女。

2016 年

2 月 26 日，第十二届全国人大常委会在人民大会堂首次举行宪法宣誓仪式，张德江委员长主持并监誓。

4 月 28 日，第十二届全国人大常委会第二十次会议通过《境外非政府组织境内活动管理法》。

9 月 14 日，第十二届全国人大常委会第二十三次会议决定成立辽宁省第十二届人民代表大会第七次会议筹备组。

2017 年

3 月 15 日，第十二届全国人大第五次会议通过《民法总则》《关于第十三届全国人民代表大会代表名额和选举问题的决定》《香港特别行政区选举第十三届全国人民代表大会代表的办法》《澳门特别行政区选举第十三届全国人民代表大会代表的办法》。

4 月 27 日，第十二届全国人大常委会第二十七次会议修改《测绘法》，通过《关于延长人民陪审员制度改革试点期限的决定》《第十三届全国人民代表大会代表名额分配方案》《第十三届全国人民代表大会少数民族代表名额分配方案》《台湾省出席第十三届全国人民代表大会代表协商选举方案》。同日，国务院办公厅转发《国务院国资委以管资本为主推进职能转变方案》。

9 月 1 日，第十二届全国人大常委会第二十九次会议通过《国歌法》。

9 月 29 日，中央政治局召开会议，决定启动宪法修改工作，成立宪法修改小组。宪法修改小组由张德江任组长，王沪宁、栗战书任副组长。

11 月 4 日，第十二届全国人大常委会第三十次会议通过《关于在全国各地推开国家监察体制改革试点工作的决定》，并决定在《香港特别行政区基本法》《澳门特别行政区基本法》附件三中增加全国性法律《国歌法》。

11 月 13 日，中共中央发出征求对修改宪法部分内容意见的通知，请各地区、各部门、各方面在精心组织讨论、广泛听取意见的基础上提出宪法修改建议。

12 月 12 日，中共中央办公厅发出通知，就党中央修宪建议草案稿下发党内一定范围征求意见。各地区、各部门、各方面反馈书面报告 118 份，共提出修改意见 230 条。

12 月 15 日，习近平主持召开党外人士座谈会，当面听取各民主党派中央、全国工商联负责人和无党派人士代表的意见和建议。党外人士提交了书面发言稿 10 份。

12 月 27 日，第十二届全国人大常委会第三十一次会议批准《内地与香港特别行政区关于在广深港高铁西九龙站设立口岸实施"一地两检"的合作安排》。

2018 年

1 月 2 日至 3 日，根据党中央安排，张德江主持召开 4 场座谈会，分别听取中央和国家机关有关部门党委（党组）负责同志、智库和专家学者、各省区市人大常委会党组负责同志对党中央修宪建议草案稿的意见和建议。与会同志提交书面材料 52 份。

1 月 19 日，中共十九届二中全会通过《中国共产党中央委员会关于修改宪法部分内容的建议》。

1 月 26 日，中共中央向全国人大常委会提出《中国共产党中央委员会关于修改宪法部分内容的建议》。

2月28日，中共十九届三中全会通过《中共中央关于深化党和国家机构改革的决定》。

3月11日，第十三届全国人大第一次会议通过《中华人民共和国宪法修正案》。

3月13日，第十三届全国人大第一次会议通过《关于设立第十三届全国人民代表大会专门委员会的决定》。

3月17日，第十三届全国人大第一次会议选举习近平为中华人民共和国主席、中华人民共和国中央军事委员会主席；选举王岐山为中华人民共和国副主席；通过关于国务院机构改革方案的决定。

3月20日，第十三届全国人大第一次会议通过《中华人民共和国监察法》。

3月21日，中共中央印发《深化党和国家机构改革方案》。

4月27日，第十三届全国人大常委会第二次会议通过《人民陪审员法》《英雄烈士保护法》《全国人民代表大会常务委员会关于国务院机构改革涉及法律规定的行政机关职责调整问题的决定》。

6月22日，第十三届全国人大常委会第三次会议通过《全国人民代表大会常务委员会关于全国人民代表大会宪法和法律委员会职责问题的决定》。

附录二

中华人民共和国宪法（1982 年）

（1982 年 12 月 4 日第五届全国人民代表大会第五次会议通过
1982 年 12 月 4 日全国人民代表大会公告公布施行）

序　言

中国是世界上历史最悠久的国家之一。中国各族人民共同创造了光辉灿烂的文化，具有光荣的革命传统。

一八四〇年以后，封建的中国逐渐变成半殖民地、半封建的国家。中国人民为国家独立、民族解放和民主自由进行了前仆后继的英勇奋斗。

二十世纪，中国发生了翻天覆地的伟大历史变革。

一九一一年孙中山先生领导的辛亥革命，废除了封建帝制，创立了中华民国。但是，中国人民反对帝国主义和封建主义的历史任务还没有完成。

一九四九年，以毛泽东主席为领袖的中国共产党领导中国各族人民，在经历了长期的艰难曲折的武装斗争和其他形式的斗争以后，终于推翻了帝国主义、封建主义和官僚资本主义的统治，取得了新民主主义革命的伟大胜利，建立了中华人民共和国。从此，中国人民掌握了国家的权力，成为国家的主人。

中华人民共和国成立以后，我国社会逐步实现了由新民主主义到社会主义的过渡。生产资料私有制的社会主义改造已经完成，人剥削人的制度已经消灭，社会主义制度已经确立。工人阶级领导的、以工农联盟为基础的人民民主专政，实质上即无产阶级专政，得到巩固和发展。中国人民和中国人民解放军战胜了帝国主义、霸权主义的侵略、破坏和武装挑衅，维护了国家的独立和安全，增强了国防。经济建设取得了重大的成就，独立的、比较完整的社会主义工业体系已经基本形成，农业生产显著提高。教育、科学、文化等事业有了很大的发展，社会主义思想教育取得了明显的成效。广大人民的生活有了较大的改善。

中国新民主主义革命的胜利和社会主义事业的成就，都是中国共产党领导中国各族人民，在马克思列宁主义、毛泽东思想的指引下，坚持真理，修正错误，战胜许多艰难险阻而取得的。今后国家的根本任务是集中力量进行社会主义现代化建设。中国各族人民将继续在中国共产党领导下，在马克思列宁主义、毛泽东思想指引下，坚持人民民主专政，坚持社会主义道路，不断完善社会主义的各项制度，发展社会主义民主，健全社会主义法制，自力更生，艰苦奋斗，逐步实现工业、农业、国防和科学技术的现代化，把我国建设成为高度文明、高度民主的社会主义国家。

在我国，剥削阶级作为阶级已经消灭，但是阶级斗争还将在一定范围内长期存在。中国人民对敌视和破坏我国社会主义制度的国内外的敌对势力和敌对分子，必须进行斗争。

台湾是中华人民共和国的神圣领土的一部分。完成统一祖国的大业是包括台湾同胞在内的全中国人民的神圣职责。

　　社会主义的建设事业必须依靠工人、农民和知识分子，团结一切可以团结的力量。在长期的革命和建设过程中，已经结成由中国共产党领导的，有各民主党派和各人民团体参加的，包括全体社会主义劳动者、拥护社会主义的爱国者和拥护祖国统一的爱国者的广泛的爱国统一战线，这个统一战线将继续巩固和发展。中国人民政治协商会议是有广泛代表性的统一战线组织，过去发挥了重要的历史作用，今后在国家政治生活、社会生活和对外友好活动中，在进行社会主义现代化建设、维护国家的统一和团结的斗争中，将进一步发挥它的重要作用。

　　中华人民共和国是全国各族人民共同缔造的统一的多民族国家。平等、团结、互助的社会主义民族关系已经确立，并将继续加强。在维护民族团结的斗争中，要反对大民族主义，主要是大汉族主义，也要反对地方民族主义。国家尽一切努力，促进全国各民族的共同繁荣。

　　中国革命和建设的成就是同世界人民的支持分不开的。中国的前途是同世界的前途紧密地联系在一起的。中国坚持独立自主的对外政策，坚持互相尊重主权和领土完整、互不侵犯、互不干涉内政、平等互利、和平共处的五项原则，发展同各国的外交关系和经济、文化的交流；坚持反对帝国主义、霸权主义、殖民主义，加强同世界各国人民的团结，支持被压迫民族和发展中国家争取和维护民族独立、发展民族经济的正义斗争，为维护世界和平和促进人类进步事业而努力。

　　本宪法以法律的形式确认了中国各族人民奋斗的成果，规定了国家的根本制度和根本任务，是国家的根本法，具有最高的法律效力。全国各族人民、一切国家机关和武装力量、各政党和各社会团体、各企业事业组织，都必须以宪法为根本的活动准则，并且负有维护宪法尊严、保证宪法实施的职责。

第一章 总纲

第一条 中华人民共和国是工人阶级领导的、以工农联盟为基础的人民民主专政的社会主义国家。

社会主义制度是中华人民共和国的根本制度。禁止任何组织或者个人破坏社会主义制度。

第二条 中华人民共和国的一切权力属于人民。

人民行使国家权力的机关是全国人民代表大会和地方各级人民代表大会。

人民依照法律规定，通过各种途径和形式，管理国家事务，管理经济和文化事业，管理社会事务。

第三条 中华人民共和国的国家机构实行民主集中制的原则。

全国人民代表大会和地方各级人民代表大会都由民主选举产生，对人民负责，受人民监督。

国家行政机关、审判机关、检察机关都由人民代表大会产生，对它负责，受它监督。

中央和地方的国家机构职权的划分，遵循在中央的统一领导下，充分发挥地方的主动性、积极性的原则。

第四条 中华人民共和国各民族一律平等。国家保障各少数民族的合法的权利和利益，维护和发展各民族的平等、团结、互助关系。禁止对任何民族的歧视和压迫，禁止破坏民族团结和制造民族分裂的行为。

国家根据各少数民族的特点和需要，帮助各少数民族地区加速经济和文化的发展。

各少数民族聚居的地方实行区域自治，设立自治机关，行使自治权。各民族自治地方都是中华人民共和国不可分离的部分。

各民族都有使用和发展自己的语言文字的自由，都有保持或者改革自己的风俗习惯的自由。

第五条　国家维护社会主义法制的统一和尊严。

一切法律、行政法规和地方性法规都不得同宪法相抵触。

一切国家机关和武装力量、各政党和各社会团体、各企业事业组织都必须遵守宪法和法律。一切违反宪法和法律的行为，必须予以追究。

任何组织或者个人都不得有超越宪法和法律的特权。

第六条　中华人民共和国的社会主义经济制度的基础是生产资料的社会主义公有制，即全民所有制和劳动群众集体所有制。

社会主义公有制消灭人剥削人的制度，实行各尽所能，按劳分配的原则。

第七条　国营经济是社会主义全民所有制经济，是国民经济中的主导力量。国家保障国营经济的巩固和发展。

第八条　农村人民公社、农业生产合作社和其他生产、供销、信用、消费等各种形式的合作经济，是社会主义劳动群众集体所有制经济。参加农村集体经济组织的劳动者，有权在法律规定的范围内经营自留地、自留山、家庭副业和饲养自留畜。

城镇中的手工业、工业、建筑业、运输业、商业、服务业等行业的各种形式的合作经济，都是社会主义劳动群众集体所有制经济。

国家保护城乡集体经济组织的合法的权利和利益，鼓励、指导和帮助集体经济的发展。

第九条　矿藏、水流、森林、山岭、草原、荒地、滩涂等自然资源，都属于国家所有，即全民所有；由法律规定属于集体所有的森林和山岭、草原、荒地、滩涂除外。

国家保障自然资源的合理利用，保护珍贵的动物和植物。禁止任何组织或者个人用任何手段侵占或者破坏自然资源。

第十条　城市的土地属于国家所有。

农村和城市郊区的土地，除由法律规定属于国家所有的以外，属于集体所有；宅基地和自留地、自留山，也属于集体所有。

国家为了公共利益的需要，可以依照法律规定对土地实行征用。

任何组织或者个人不得侵占、买卖、出租或者以其他形式非法转让土地。

一切使用土地的组织和个人必须合理地利用土地。

第十一条　在法律规定范围内的城乡劳动者个体经济，是社会主义公有制经济的补充。国家保护个体经济的合法的权利和利益。

国家通过行政管理，指导、帮助和监督个体经济。

第十二条　社会主义的公共财产神圣不可侵犯。

国家保护社会主义的公共财产。禁止任何组织或者个人用任何手段侵占或者破坏国家的和集体的财产。

第十三条　国家保护公民的合法的收入、储蓄、房屋和其他合法财产的所有权。

国家依照法律规定保护公民的私有财产的继承权。

第十四条　国家通过提高劳动者的积极性和技术水平，推广先进的科学技术，完善经济管理体制和企业经营管理制度，实行各种形式的社会主义责任制，改进劳动组织，以不断提高劳动生产率和经济效益，发展社会生产力。

国家厉行节约，反对浪费。

国家合理安排积累和消费，兼顾国家、集体和个人的利益，在发展生产的基础上，逐步改善人民的物质生活和文化生活。

第十五条　国家在社会主义公有制基础上实行计划经济。国家通过经济计划的综合平衡和市场调节的辅助作用，保证国民经济按比例地协调发展。

禁止任何组织或者个人扰乱社会经济秩序，破坏国家经济计划。

第十六条 国营企业在服从国家的统一领导和全面完成国家计划的前提下，在法律规定的范围内，有经营管理的自主权。

国营企业依照法律规定，通过职工代表大会和其他形式，实行民主管理。

第十七条 集体经济组织在接受国家计划指导和遵守有关法律的前提下，有独立进行经济活动的自主权。

集体经济组织依照法律规定实行民主管理，由它的全体劳动者选举和罢免管理人员，决定经营管理的重大问题。

第十八条 中华人民共和国允许外国的企业和其他经济组织或者个人依照中华人民共和国法律的规定在中国投资，同中国的企业或者其他经济组织进行各种形式的经济合作。

在中国境内的外国企业和其他外国经济组织以及中外合资经营的企业，都必须遵守中华人民共和国的法律。它们的合法的权利和利益受中华人民共和国法律的保护。

第十九条 国家发展社会主义的教育事业，提高全国人民的科学文化水平。

国家举办各种学校，普及初等义务教育，发展中等教育、职业教育和高等教育，并且发展学前教育。

国家发展各种教育设施，扫除文盲，对工人、农民、国家工作人员和其他劳动者进行政治、文化、科学、技术、业务的教育，鼓励自学成才。

国家鼓励集体经济组织、国家企业事业组织和其他社会力量依照法律规定举办各种教育事业。

国家推广全国通用的普通话。

第二十条 国家发展自然科学和社会科学事业，普及科学和技术知识，奖励科学研究成果和技术发明创造。

第二十一条 国家发展医疗卫生事业，发展现代医药和我国传统医药，鼓励和支持农村集体经济组织、国家企业事业组织和街道组织举办各种医疗卫生设施，开展群众性的卫生活动，保护人民健康。

国家发展体育事业，开展群众性的体育活动，增强人民体质。

第二十二条 国家发展为人民服务、为社会主义服务的文学艺术事业、新闻广播电视事业、出版发行事业、图书馆博物馆文化馆和其他文化事业，开展群众性的文化活动。

国家保护名胜古迹、珍贵文物和其他重要历史文化遗产。

第二十三条 国家培养为社会主义服务的各种专业人才，扩大知识分子的队伍，创造条件，充分发挥他们在社会主义现代化建设中的作用。

第二十四条 国家通过普及理想教育、道德教育、文化教育、纪律和法制教育，通过在城乡不同范围的群众中制定和执行各种守则、公约，加强社会主义精神文明的建设。

国家提倡爱祖国、爱人民、爱劳动、爱科学、爱社会主义的公德，在人民中进行爱国主义、集体主义和国际主义、共产主义的教育，进行辩证唯物主义和历史唯物主义的教育，反对资本主义的、封建主义的和其他的腐朽思想。

第二十五条 国家推行计划生育，使人口的增长同经济和社会发展计划相适应。

第二十六条 国家保护和改善生活环境和生态环境，防治污染和其他公害。

国家组织和鼓励植树造林，保护林木。

第二十七条 一切国家机关实行精简的原则，实行工作责任制，实行工作人员的培训和考核制度，不断提高工作质量和工作效率，反对官僚主义。

一切国家机关和国家工作人员必须依靠人民的支持，经常保持同人民的密切联系，倾听人民的意见和建议，接受人民的监督，努力为人民服务。

第二十八条　国家维护社会秩序，镇压叛国和其他反革命的活动，制裁危害社会治安、破坏社会主义经济和其他犯罪的活动，惩办和改造犯罪分子。

第二十九条　中华人民共和国的武装力量属于人民。它的任务是巩固国防，抵抗侵略，保卫祖国，保卫人民的和平劳动，参加国家建设事业，努力为人民服务。

国家加强武装力量的革命化、现代化、正规化的建设，增强国防力量。

第三十条　中华人民共和国的行政区域划分如下：

（一）全国分为省、自治区、直辖市；

（二）省、自治区分为自治州、县、自治县、市；

（三）县、自治县分为乡、民族乡、镇。

直辖市和较大的市分为区、县。自治州分为县、自治县、市。

自治区、自治州、自治县都是民族自治地方。

第三十一条　国家在必要时得设立特别行政区。在特别行政区内实行的制度按照具体情况由全国人民代表大会以法律规定。

第三十二条　中华人民共和国保护在中国境内的外国人的合法权利和利益，在中国境内的外国人必须遵守中华人民共和国的法律。

中华人民共和国对于因为政治原因要求避难的外国人，可以给予受庇护的权利。

第二章　公民的基本权利和义务

第三十三条　凡具有中华人民共和国国籍的人都是中华人民共和国公民。

中华人民共和国公民在法律面前一律平等。

任何公民享有宪法和法律规定的权利，同时必须履行宪法和法律规定的义务。

第三十四条 中华人民共和国年满十八周岁的公民，不分民族、种族、性别、职业、家庭出身、宗教信仰、教育程度、财产状况、居住期限，都有选举权和被选举权；但是依照法律被剥夺政治权利的人除外。

第三十五条 中华人民共和国公民有言论、出版、集会、结社、游行、示威的自由。

第三十六条 中华人民共和国公民有宗教信仰自由。

任何国家机关、社会团体和个人不得强制公民信仰宗教或者不信仰宗教，不得歧视信仰宗教的公民和不信仰宗教的公民。

国家保护正常的宗教活动。任何人不得利用宗教进行破坏社会秩序、损害公民身体健康、妨碍国家教育制度的活动。

宗教团体和宗教事务不受外国势力的支配。

第三十七条 中华人民共和国公民的人身自由不受侵犯。

任何公民，非经人民检察院批准或者决定或者人民法院决定，并由公安机关执行，不受逮捕。

禁止非法拘禁和以其他方法非法剥夺或者限制公民的人身自由，禁止非法搜查公民的身体。

第三十八条 中华人民共和国公民的人格尊严不受侵犯。禁止用任何方法对公民进行侮辱、诽谤和诬告陷害。

第三十九条 中华人民共和国公民的住宅不受侵犯。禁止非法搜查或者非法侵入公民的住宅。

第四十条 中华人民共和国公民的通信自由和通信秘密受法律的保护。除因国家安全或者追查刑事犯罪的需要，由公安机关或者检察机关依照法律规定的程序对通信进行检查外，任何组织或者个人不得以任何理由侵犯公民的通信自由和通信秘密。

第四十一条 中华人民共和国公民对于任何国家机关和国家工作人员，有提出批评和建议的权利；对于任何国家机关和国家工作人员的违法失职行为，有向有关国家机关提出申诉、控告或者检举的权利，但是不得捏造或者歪曲事实进行诬告陷害。

对于公民的申诉、控告或者检举，有关国家机关必须查清事实，负责处理。任何人不得压制和打击报复。

由于国家机关和国家工作人员侵犯公民权利而受到损失的人，有依照法律规定取得赔偿的权利。

第四十二条 中华人民共和国公民有劳动的权利和义务。

国家通过各种途径，创造劳动就业条件，加强劳动保护，改善劳动条件，并在发展生产的基础上，提高劳动报酬和福利待遇。

劳动是一切有劳动能力的公民的光荣职责。国营企业和城乡集体经济组织的劳动者都应当以国家主人翁的态度对待自己的劳动。国家提倡社会主义劳动竞赛，奖励劳动模范和先进工作者。国家提倡公民从事义务劳动。

国家对就业前的公民进行必要的劳动就业训练。

第四十三条 中华人民共和国劳动者有休息的权利。

国家发展劳动者休息和休养的设施，规定职工的工作时间和休假制度。

第四十四条 国家依照法律规定实行企业事业组织的职工和国家机关工作人员的退休制度。退休人员的生活受到国家和社会的保障。

第四十五条 中华人民共和国公民在年老、疾病或者丧失劳动能力的情况下，有从国家和社会获得物质帮助的权利。国家发展为公民享受这些权利所需要的社会保险、社会救济和医疗卫生事业。

国家和社会保障残废军人的生活，抚恤烈士家属，优待军人家属。

国家和社会帮助安排盲、聋、哑和其他有残疾的公民的劳动、生活和教育。

第四十六条 中华人民共和国公民有受教育的权利和义务。

国家培养青年、少年、儿童在品德、智力、体质等方面全面发展。

第四十七条 中华人民共和国公民有进行科学研究、文学艺术创作和其他文化活动的自由。国家对于从事教育、科学、技术、文学、艺术和其他文化事业的公民的有益于人民的创造性工作，给以鼓励和帮助。

第四十八条 中华人民共和国妇女在政治的、经济的、文化的、社会的和家庭的生活等各方面享有同男子平等的权利。

国家保护妇女的权利和利益，实行男女同工同酬，培养和选拔妇女干部。

第四十九条 婚姻、家庭、母亲和儿童受国家的保护。

夫妻双方有实行计划生育的义务。

父母有抚养教育未成年子女的义务，成年子女有赡养扶助父母的义务。

禁止破坏婚姻自由，禁止虐待老人、妇女和儿童。

第五十条 中华人民共和国保护华侨的正当的权利和利益，保护归侨和侨眷的合法的权利和利益。

第五十一条 中华人民共和国公民在行使自由和权利的时候，不得损害国家的、社会的、集体的利益和其他公民的合法的自由和权利。

第五十二条 中华人民共和国公民有维护国家统一和全国各民族团结的义务。

第五十三条 中华人民共和国公民必须遵守宪法和法律，保守国家秘密，爱护公共财产，遵守劳动纪律，遵守公共秩序，尊重社会公德。

第五十四条 中华人民共和国公民有维护祖国的安全、荣誉和利益的义务，不得有危害祖国的安全、荣誉和利益的行为。

第五十五条 保卫祖国、抵抗侵略是中华人民共和国每一个公民的神圣职责。

依照法律服兵役和参加民兵组织是中华人民共和国公民的光荣义务。

第五十六条 中华人民共和国公民有依照法律纳税的义务。

第三章 国家机构
第一节 全国人民代表大会

第五十七条 中华人民共和国全国人民代表大会是最高国家权力机关。它的常设机关是全国人民代表大会常务委员会。

第五十八条 全国人民代表大会和全国人民代表大会常务委员会行使国家立法权。

第五十九条 全国人民代表大会由省、自治区、直辖市和军队选出的代表组成。各少数民族都应当有适当名额的代表。

全国人民代表大会代表的选举由全国人民代表大会常务委员会主持。

全国人民代表大会代表名额和代表产生办法由法律规定。

第六十条 全国人民代表大会每届任期五年。

全国人民代表大会任期届满的两个月以前，全国人民代表大会常务委员会必须完成下届全国人民代表大会代表的选举。如果遇到不能进行选举的非常情况，由全国人民代表大会常务委员会以全体组成人员的三分之二以上的多数通过，可以推迟选举，延长本届全国人民代表大会的任期。在非常情况结束后一年内，必须完成下届全国人民代表大会代表的选举。

第六十一条 全国人民代表大会会议每年举行一次，由全国人民代表大会常务委员会召集。如果全国人民代表大会常务委员会认为必要，或者有五分之一以上的全国人民代表大会代表提议，可以临时召集全国人民代表大会会议。

全国人民代表大会举行会议的时候，选举主席团主持会议。

第六十二条 全国人民代表大会行使下列职权：

（一）修改宪法；

（二）监督宪法的实施；

（三）制定和修改刑事、民事、国家机构的和其他的基本法律；

（四）选举中华人民共和国主席、副主席；

（五）根据中华人民共和国主席的提名，决定国务院总理的人选；根据国务院总理的提名，决定国务院副总理、国务委员、各部部长、各委员会主任、审计长、秘书长的人选；

（六）选举中央军事委员会主席；根据中央军事委员会主席的提名，决定中央军事委员会其他组成人员的人选；

（七）选举最高人民法院院长；

（八）选举最高人民检察院检察长；

（九）审查和批准国民经济和社会发展计划和计划执行情况的报告；

（十）审查和批准国家的预算和预算执行情况的报告；

（十一）改变或者撤销全国人民代表大会常务委员会不适当的决定；

（十二）批准省、自治区和直辖市的建置；

（十三）决定特别行政区的设立及其制度；

（十四）决定战争和和平的问题；

（十五）应当由最高国家权力机关行使的其他职权。

第六十三条 全国人民代表大会有权罢免下列人员：

（一）中华人民共和国主席、副主席；

（二）国务院总理、副总理、国务委员、各部部长、各委员会主任、审计长、秘书长；

（三）中央军事委员会主席和中央军事委员会其他组成人员；

（四）最高人民法院院长；

（五）最高人民检察院检察长。

第六十四条　宪法的修改，由全国人民代表大会常务委员会或者五分之一以上的全国人民代表大会代表提议，并由全国人民代表大会以全体代表的三分之二以上的多数通过。

法律和其他议案由全国人民代表大会以全体代表的过半数通过。

第六十五条　全国人民代表大会常务委员会由下列人员组成：

委员长，

副委员长若干人，

秘书长，

委员若干人。

全国人民代表大会常务委员会组成人员中，应当有适当名额的少数民族代表。

全国人民代表大会选举并有权罢免全国人民代表大会常务委员会的组成人员。

全国人民代表大会常务委员会的组成人员不得担任国家行政机关、审判机关和检察机关的职务。

第六十六条　全国人民代表大会常务委员会每届任期同全国人民代表大会每届任期相同，它行使职权到下届全国人民代表大会选出新的常务委员会为止。

委员长、副委员长连续任职不得超过两届。

第六十七条　全国人民代表大会常务委员会行使下列职权：

（一）解释宪法，监督宪法的实施；

（二）制定和修改除应当由全国人民代表大会制定的法律以外的其他法律；

（三）在全国人民代表大会闭会期间，对全国人民代表大会制定的法律进行部分补充和修改，但是不得同该法律的基本原则相抵触；

（四）解释法律；

（五）在全国人民代表大会闭会期间，审查和批准国民经济和社会发展计划、国家预算在执行过程中所必须作的部分调整方案；

（六）监督国务院、中央军事委员会、最高人民法院和最高人民检察院的工作；

（七）撤销国务院制定的同宪法、法律相抵触的行政法规、决定和命令；

（八）撤销省、自治区、直辖市国家权力机关制定的同宪法、法律和行政法规相抵触的地方性法规和决议；

（九）在全国人民代表大会闭会期间，根据国务院总理的提名，决定部长、委员会主任、审计长、秘书长的人选；

（十）在全国人民代表大会闭会期间，根据中央军事委员会主席的提名，决定中央军事委员会其他组成人员的人选；

（十一）根据最高人民法院院长的提请，任免最高人民法院副院长、审判员、审判委员会委员和军事法院院长；

（十二）根据最高人民检察院检察长的提请，任免最高人民检察院副检察长、检察员、检察委员会委员和军事检察院检察长，并且批准省、自治区、直辖市的人民检察院检察长的任免；

（十三）决定驻外全权代表的任免；

（十四）决定同外国缔结的条约和重要协定的批准和废除；

（十五）规定军人和外交人员的衔级制度和其他专门衔级制度；

（十六）规定和决定授予国家的勋章和荣誉称号；

（十七）决定特赦；

（十八）在全国人民代表大会闭会期间，如果遇到国家遭受武装侵犯或者必须履行国际间共同防止侵略的条约的情况，决定战争状态的宣布；

（十九）决定全国总动员或者局部动员；

（二十）决定全国或者个别省、自治区、直辖市的戒严；

（二十一）全国人民代表大会授予的其他职权。

第六十八条 全国人民代表大会常务委员会委员长主持全国人民代表大会常务委员会的工作，召集全国人民代表大会常务委员会会议。副委员长、秘书长协助委员长工作。

委员长、副委员长、秘书长组成委员长会议，处理全国人民代表大会常务委员会的重要日常工作。

第六十九条 全国人民代表大会常务委员会对全国人民代表大会负责并报告工作。

第七十条 全国人民代表大会设立民族委员会、法律委员会、财政经济委员会、教育科学文化卫生委员会、外事委员会、华侨委员会和其他需要设立的专门委员会。在全国人民代表大会闭会期间，各专门委员会受全国人民代表大会常务委员会的领导。

各专门委员会在全国人民代表大会和全国人民代表大会常务委员会领导下，研究、审议和拟订有关议案。

第七十一条 全国人民代表大会和全国人民代表大会常务委员会认为必要的时候，可以组织关于特定问题的调查委员会，并且根据调查委员会的报告，作出相应的决议。

调查委员会进行调查的时候，一切有关的国家机关、社会团体和公民都有义务向它提供必要的材料。

第七十二条 全国人民代表大会代表和全国人民代表大会常

务委员会组成人员，有权依照法律规定的程序分别提出属于全国人民代表大会和全国人民代表大会常务委员会职权范围内的议案。

第七十三条　全国人民代表大会代表在全国人民代表大会开会期间，全国人民代表大会常务委员会组成人员在常务委员会开会期间，有权依照法律规定的程序提出对国务院或者国务院各部、各委员会的质询案。受质询的机关必须负责答复。

第七十四条　全国人民代表大会代表，非经全国人民代表大会会议主席团许可，在全国人民代表大会闭会期间非经全国人民代表大会常务委员会许可，不受逮捕或者刑事审判。

第七十五条　全国人民代表大会代表在全国人民代表大会各种会议上的发言和表决，不受法律追究。

第七十六条　全国人民代表大会代表必须模范地遵守宪法和法律，保守国家秘密，并且在自己参加的生产、工作和社会活动中，协助宪法和法律的实施。

全国人民代表大会代表应当同原选举单位和人民保持密切的联系，听取和反映人民的意见和要求，努力为人民服务。

第七十七条　全国人民代表大会代表受原选举单位的监督。原选举单位有权依照法律规定的程序罢免本单位选出的代表。

第七十八条　全国人民代表大会和全国人民代表大会常务委员会的组织和工作程序由法律规定。

第二节　中华人民共和国主席

第七十九条　中华人民共和国主席、副主席由全国人民代表大会选举。

有选举权和被选举权的年满四十五周岁的中华人民共和国公民可以被选为中华人民共和国主席、副主席。

中华人民共和国主席、副主席每届任期同全国人民代表大会每届任期相同，连续任职不得超过两届。

第八十条　中华人民共和国主席根据全国人民代表大会的决定和全国人民代表大会常务委员会的决定，公布法律，任免国务院总理、副总理、国务委员、各部部长、各委员会主任、审计长、秘书长，授予国家的勋章和荣誉称号，发布特赦令，发布戒严令，宣布战争状态，发布动员令。

第八十一条　中华人民共和国主席代表中华人民共和国，接受外国使节；根据全国人民代表大会常务委员会的决定，派遣和召回驻外全权代表，批准和废除同外国缔结的条约和重要协定。

第八十二条　中华人民共和国副主席协助主席工作。

中华人民共和国副主席受主席的委托，可以代行主席的部分职权。

第八十三条　中华人民共和国主席、副主席行使职权到下届全国人民代表大会选出的主席、副主席就职为止。

第八十四条　中华人民共和国主席缺位的时候，由副主席继任主席的职位。

中华人民共和国副主席缺位的时候，由全国人民代表大会补选。

中华人民共和国主席、副主席都缺位的时候，由全国人民代表大会补选；在补选以前，由全国人民代表大会常务委员会委员长暂时代理主席职位。

第三节　国务院

第八十五条　中华人民共和国国务院，即中央人民政府，是最高国家权力机关的执行机关，是最高国家行政机关。

第八十六条　国务院由下列人员组成：

总理，

副总理若干人，

国务委员若干人，

各部部长，

各委员会主任，

审计长，

秘书长。

国务院实行总理负责制。各部、各委员会实行部长、主任负责制。

国务院的组织由法律规定。

第八十七条 国务院每届任期同全国人民代表大会每届任期相同。

总理、副总理、国务委员连续任职不得超过两届。

第八十八条 总理领导国务院的工作。副总理、国务委员协助总理工作。

总理、副总理、国务委员、秘书长组成国务院常务会议。

总理召集和主持国务院常务会议和国务院全体会议。

第八十九条 国务院行使下列职权：

（一）根据宪法和法律，规定行政措施，制定行政法规，发布决定和命令；

（二）向全国人民代表大会或者全国人民代表大会常务委员会提出议案；

（三）规定各部和各委员会的任务和职责，统一领导各部和各委员会的工作，并且领导不属于各部和各委员会的全国性的行政工作；

（四）统一领导全国地方各级国家行政机关的工作，规定中央和省、自治区、直辖市的国家行政机关的职权的具体划分；

（五）编制和执行国民经济和社会发展计划和国家预算；

（六）领导和管理经济工作和城乡建设；

（七）领导和管理教育、科学、文化、卫生、体育和计划生育工作；

（八）领导和管理民政、公安、司法行政和监察等工作；

（九）管理对外事务，同外国缔结条约和协定；

（十）领导和管理国防建设事业；

（十一）领导和管理民族事务，保障少数民族的平等权利和民族自治地方的自治权利；

（十二）保护华侨的正当的权利和利益，保护归侨和侨眷的合法的权利和利益；

（十三）改变或者撤销各部、各委员会发布的不适当的命令、指示和规章；

（十四）改变或者撤销地方各级国家行政机关的不适当的决定和命令；

（十五）批准省、自治区、直辖市的区域划分，批准自治州、县、自治县、市的建置和区域划分；

（十六）决定省、自治区、直辖市的范围内部分地区的戒严；

（十七）审定行政机构的编制，依照法律规定任免、培训、考核和奖惩行政人员；

（十八）全国人民代表大会和全国人民代表大会常务委员会授予的其他职权。

第九十条 国务院各部部长、各委员会主任负责本部门的工作；召集和主持部务会议或者委员会会议、委务会议，讨论决定本部门工作的重大问题。

各部、各委员会根据法律和国务院的行政法规、决定、命令，在本部门的权限内，发布命令、指示和规章。

第九十一条 国务院设立审计机关，对国务院各部门和地方各级政府的财政收支，对国家的财政金融机构和企业事业组织的财务收支，进行审计监督。

审计机关在国务院总理领导下，依照法律规定独立行使审计监督权，不受其他行政机关、社会团体和个人的干涉。

第九十二条 国务院对全国人民代表大会负责并报告工作；

在全国人民代表大会闭会期间，对全国人民代表大会常务委员会负责并报告工作。

第四节 中央军事委员会

第九十三条 中华人民共和国中央军事委员会领导全国武装力量。

中央军事委员会由下列人员组成：

主席，

副主席若干人，

委员若干人。

中央军事委员会实行主席负责制。

中央军事委员会每届任期同全国人民代表大会每届任期相同。

第九十四条 中央军事委员会主席对全国人民代表大会和全国人民代表大会常务委员会负责。

第五节 地方各级人民代表大会和地方各级人民政府

第九十五条 省、直辖市、县、市、市辖区、乡、民族乡、镇设立人民代表大会和人民政府。

地方各级人民代表大会和地方各级人民政府的组织由法律规定。

自治区、自治州、自治县设立自治机关。自治机关的组织和工作根据宪法第三章第五节、第六节规定的基本原则由法律规定。

第九十六条 地方各级人民代表大会是地方国家权力机关。

县级以上的地方各级人民代表大会设立常务委员会。

第九十七条 省、直辖市、设区的市的人民代表大会代表由下一级的人民代表大会选举；县、不设区的市、市辖区、乡、民族乡、镇的人民代表大会代表由选民直接选举。

地方各级人民代表大会代表名额和代表产生办法由法律

规定。

第九十八条　省、直辖市、设区的市的人民代表大会每届任期五年。县、不设区的市、市辖区、乡、民族乡、镇的人民代表大会每届任期三年。

第九十九条　地方各级人民代表大会在本行政区域内，保证宪法、法律、行政法规的遵守和执行；依照法律规定的权限，通过和发布决议，审查和决定地方的经济建设、文化建设和公共事业建设的计划。

县级以上的地方各级人民代表大会审查和批准本行政区域内的国民经济和社会发展计划、预算以及它们的执行情况的报告；有权改变或者撤销本级人民代表大会常务委员会不适当的决定。

民族乡的人民代表大会可以依照法律规定的权限采取适合民族特点的具体措施。

第一百条　省、直辖市的人民代表大会和它们的常务委员会，在不同宪法、法律、行政法规相抵触的前提下，可以制定地方性法规，报全国人民代表大会常务委员会备案。

第一百零一条　地方各级人民代表大会分别选举并且有权罢免本级人民政府的省长和副省长、市长和副市长、县长和副县长、区长和副区长、乡长和副乡长、镇长和副镇长。

县级以上的地方各级人民代表大会选举并且有权罢免本级人民法院院长和本级人民检察院检察长。选出或者罢免人民检察院检察长，须报上级人民检察院检察长提请该级人民代表大会常务委员会批准。

第一百零二条　省、直辖市、设区的市的人民代表大会代表受原选举单位的监督；县、不设区的市、市辖区、乡、民族乡、镇的人民代表大会代表受选民的监督。

地方各级人民代表大会代表的选举单位和选民有权依照法律规定的程序罢免由他们选出的代表。

第一百零三条　县级以上的地方各级人民代表大会常务委员会由主任、副主任若干人和委员若干人组成，对本级人民代表大会负责并报告工作。

县级以上的地方各级人民代表大会选举并有权罢免本级人民代表大会常务委员会的组成人员。

县级以上的地方各级人民代表大会常务委员会的组成人员不得担任国家行政机关、审判机关和检察机关的职务。

第一百零四条　县级以上的地方各级人民代表大会常务委员会讨论、决定本行政区域内各方面工作的重大事项；监督本级人民政府、人民法院和人民检察院的工作；撤销本级人民政府的不适当的决定和命令；撤销下一级人民代表大会的不适当的决议；依照法律规定的权限决定国家机关工作人员的任免；在本级人民代表大会闭会期间，罢免和补选上一级人民代表大会的个别代表。

第一百零五条　地方各级人民政府是地方各级国家权力机关的执行机关，是地方各级国家行政机关。

地方各级人民政府实行省长、市长、县长、区长、乡长、镇长负责制。

第一百零六条　地方各级人民政府每届任期同本级人民代表大会每届任期相同。

第一百零七条　县级以上地方各级人民政府依照法律规定的权限，管理本行政区域内的经济、教育、科学、文化、卫生、体育事业、城乡建设事业和财政、民政、公安、民族事务、司法行政、监察、计划生育等行政工作，发布决定和命令，任免、培训、考核和奖惩行政工作人员。

乡、民族乡、镇的人民政府执行本级人民代表大会的决议和上级国家行政机关的决定和命令，管理本行政区域内的行政工作。

省、直辖市的人民政府决定乡、民族乡、镇的建置和区域划分。

第一百零八条 县级以上的地方各级人民政府领导所属各工作部门和下级人民政府的工作，有权改变或者撤销所属各工作部门和下级人民政府的不适当的决定。

第一百零九条 县级以上的地方各级人民政府设立审计机关。地方各级审计机关依照法律规定独立行使审计监督权，对本级人民政府和上一级审计机关负责。

第一百一十条 地方各级人民政府对本级人民代表大会负责并报告工作。县级以上的地方各级人民政府在本级人民代表大会闭会期间，对本级人民代表大会常务委员会负责并报告工作。

地方各级人民政府对上一级国家行政机关负责并报告工作。全国地方各级人民政府都是国务院统一领导下的国家行政机关，都服从国务院。

第一百一十一条 城市和农村按居民居住地区设立的居民委员会或者村民委员会是基层群众性自治组织。居民委员会、村民委员会的主任、副主任和委员由居民选举。居民委员会、村民委员会同基层政权的相互关系由法律规定。

居民委员会、村民委员会设人民调解、治安保卫、公共卫生等委员会，办理本居住地区的公共事务和公益事业，调解民间纠纷，协助维护社会治安，并且向人民政府反映群众的意见、要求和提出建议。

第六节 民族自治地方的自治机关

第一百一十二条 民族自治地方的自治机关是自治区、自治州、自治县的人民代表大会和人民政府。

第一百一十三条 自治区、自治州、自治县的人民代表大会中，除实行区域自治的民族的代表外，其他居住在本行政区域内的民族也应当有适当名额的代表。

自治区、自治州、自治县的人民代表大会常务委员会中应当有实行区域自治的民族的公民担任主任或者副主任。

第一百一十四条　自治区主席、自治州州长、自治县县长由实行区域自治的民族的公民担任。

第一百一十五条　自治区、自治州、自治县的自治机关行使宪法第三章第五节规定的地方国家机关的职权，同时依照宪法、民族区域自治法和其他法律规定的权限行使自治权，根据本地方实际情况贯彻执行国家的法律、政策。

第一百一十六条　民族自治地方的人民代表大会有权依照当地民族的政治、经济和文化的特点，制定自治条例和单行条例。自治区的自治条例和单行条例，报全国人民代表大会常务委员会批准后生效。自治州、自治县的自治条例和单行条例，报省或者自治区的人民代表大会常务委员会批准后生效，并报全国人民代表大会常务委员会备案。

第一百一十七条　民族自治地方的自治机关有管理地方财政的自治权。凡是依照国家财政体制属于民族自治地方的财政收入，都应当由民族自治地方的自治机关自主地安排使用。

第一百一十八条　民族自治地方的自治机关在国家计划的指导下，自主地安排和管理地方性的经济建设事业。

国家在民族自治地方开发资源、建设企业的时候，应当照顾民族自治地方的利益。

第一百一十九条　民族自治地方的自治机关自主地管理本地方的教育、科学、文化、卫生、体育事业，保护和整理民族的文化遗产，发展和繁荣民族文化。

第一百二十条　民族自治地方的自治机关依照国家的军事制度和当地的实际需要，经国务院批准，可以组织本地方维护社会治安的公安部队。

第一百二十一条　民族自治地方的自治机关在执行职务的时

候，依照本民族自治地方自治条例的规定，使用当地通用的一种或者几种语言文字。

第一百二十二条　国家从财政、物资、技术等方面帮助各少数民族加速发展经济建设和文化建设事业。

国家帮助民族自治地方从当地民族中大量培养各级干部、各种专业人才和技术工人。

第七节　人民法院和人民检察院

第一百二十三条　中华人民共和国人民法院是国家的审判机关。

第一百二十四条　中华人民共和国设立最高人民法院、地方各级人民法院和军事法院等专门人民法院。

最高人民法院院长每届任期同全国人民代表大会每届任期相同，连续任职不得超过两届。

人民法院的组织由法律规定。

第一百二十五条　人民法院审理案件，除法律规定的特别情况外，一律公开进行。被告人有权获得辩护。

第一百二十六条　人民法院依照法律规定独立行使审判权，不受行政机关、社会团体和个人的干涉。

第一百二十七条　最高人民法院是最高审判机关。

最高人民法院监督地方各级人民法院和专门人民法院的审判工作，上级人民法院监督下级人民法院的审判工作。

第一百二十八条　最高人民法院对全国人民代表大会和全国人民代表大会常务委员会负责。地方各级人民法院对产生它的国家权力机关负责。

第一百二十九条　中华人民共和国人民检察院是国家的法律监督机关。

第一百三十条　中华人民共和国设立最高人民检察院、地方各级人民检察院和军事检察院等专门人民检察院。

最高人民检察院检察长每届任期同全国人民代表大会每届任期相同，连续任职不得超过两届。

人民检察院的组织由法律规定。

第一百三十一条 人民检察院依照法律规定独立行使检察权，不受行政机关、社会团体和个人的干涉。

第一百三十二条 最高人民检察院是最高检察机关。

最高人民检察院领导地方各级人民检察院和专门人民检察院的工作，上级人民检察院领导下级人民检察院的工作。

第一百三十三条 最高人民检察院对全国人民代表大会和全国人民代表大会常务委员会负责。地方各级人民检察院对产生它的国家权力机关和上级人民检察院负责。

第一百三十四条 各民族公民都有用本民族语言文字进行诉讼的权利。人民法院和人民检察院对于不通晓当地通用的语言文字的诉讼参与人，应当为他们翻译。

在少数民族聚居或者多民族共同居住的地区，应当用当地通用的语言进行审理；起诉书、判决书、布告和其他文书应当根据实际需要使用当地通用的一种或者几种文字。

第一百三十五条 人民法院、人民检察院和公安机关办理刑事案件，应当分工负责，互相配合，互相制约，以保证准确有效地执行法律。

第四章　国旗、国徽、首都

第一百三十六条 中华人民共和国国旗是五星红旗。

第一百三十七条 中华人民共和国国徽，中间是五星照耀下的天安门，周围是谷穗和齿轮。

第一百三十八条 中华人民共和国首都是北京。

中华人民共和国宪法修正案（1－2）

(1988 年 4 月 12 日第七届全国人民代表大会第一次会议通过)

第一条 宪法第十一条增加规定："国家允许私营经济在法律规定的范围内存在和发展。私营经济是社会主义公有制经济的补充。国家保护私营经济的合法的权利和利益，对私营经济实行引导、监督和管理。"

第二条 宪法第十条第四款"任何组织或者个人不得侵占、买卖、出租或者以其他形式非法转让土地。"修改为："任何组织或个人不得侵占、买卖或者以其他形式非法转让土地。土地的使用权可以依照法律的规定转让。"

中华人民共和国宪法修正案（3－11）

（1993 年 3 月 29 日第八届全国人民代表大会第一次会议通过）

第三条 宪法序言第七自然段后两句："今后国家的根本任务是集中力量进行社会主义现代化建设。中国各族人民将继续在中国共产党领导下，在马克思列宁主义、毛泽东思想指引下，坚持人民民主专政，坚持社会主义道路，不断完善社会主义的各项制度，发展社会主义民主，健全社会主义法制，自力更生，艰苦奋斗，逐步实现工业、农业、国防和科学技术的现代化，把我国建设成为高度文明、高度民主的社会主义国家。"修改为："我国正处于社会主义初级阶段。国家的根本任务是，根据建设有中国特色社会主义的理论，集中力量进行社会主义现代化建设。中国各族人民将继续在中国共产党领导下，在马克思列宁主义、毛泽东思想指引下，坚持人民民主专政，坚持社会主义道路，坚持改革开放，不断完善社会主义的各项制度，发展社会主义民主，健全社会主义法制，自力更生，艰苦奋斗，逐步实现工业、农业、国防和科学技术的现代化，把我国建设成为富强、民主、文明的社会主义国家。"

第四条 宪法序言第十自然段末尾增加："中国共产党领导的多党合作和政治协商制度将长期存在和发展。"

第五条 宪法第七条："国营经济是社会主义全民所有制经济，是国民经济中的主导力量。国家保障国营经济的巩固和发展。"修改为："国有经济，即社会主义全民所有制经济，是国民经济中的主导力量。国家保障国有经济的巩固和发展。"

第六条 宪法第八条第一款:"农村人民公社、农业生产合作社和其他生产、供销、信用、消费等各种形式的合作经济,是社会主义劳动群众集体所有制经济。参加农村集体经济组织的劳动者,有权在法律规定的范围内经营自留地、自留山、家庭副业和饲养自留畜。"修改为:"农村中的家庭联产承包为主的责任制和生产、供销、信用、消费等各种形式的合作经济,是社会主义劳动群众集体所有制经济。参加农村集体经济组织的劳动者,有权在法律规定的范围内经营自留地、自留山、家庭副业和饲养自留畜。"

第七条 宪法第十五条:"国家在社会主义公有制基础上实行计划经济。国家通过经济计划的综合平衡和市场调节的辅助作用,保证国民经济按比例地协调发展。""禁止任何组织或者个人扰乱社会经济秩序,破坏国家经济计划。"修改为:"国家实行社会主义市场经济。""国家加强经济立法,完善宏观调控。""国家依法禁止任何组织或者个人扰乱社会经济秩序。"

第八条 宪法第十六条:"国营企业在服从国家的统一领导和全面完成国家计划的前提下,在法律规定的范围内,有经营管理的自主权。""国营企业依照法律规定,通过职工代表大会和其他形式,实行民主管理。"修改为:"国有企业在法律规定的范围内有权自主经营。""国有企业依照法律规定,通过职工代表大会和其他形式,实行民主管理。"

第九条 宪法第十七条:"集体经济组织在接受国家计划指导和遵守有关法律的前提下,有独立进行经济活动的自主权。""集体经济组织依照法律规定实行民主管理,由它的全体劳动者选举和罢免管理人员,决定经营管理的重大问题。"修改为:"集体经济组织在遵守有关法律的前提下,有独立进行经济活动的自主权。""集体经济组织实行民主管理,依照法律规定选举和罢免管理人员，决定经营管理的重大问题。"

第十条　宪法第四十二条第三款："劳动是一切有劳动能力的公民的光荣职责。国营企业和城乡集体经济组织的劳动者都应当以国家主人翁的态度对待自己的劳动。国家提倡社会主义劳动竞赛，奖励劳动模范和先进工作者。国家提倡公民从事义务劳动。"修改为："劳动是一切有劳动能力的公民的光荣职责。国有企业和城乡集体经济组织的劳动者都应当以国家主人翁的态度对待自己的劳动。国家提倡社会主义劳动竞赛，奖励劳动模范和先进工作者。国家提倡公民从事义务劳动。"

第十一条　宪法第九十八条："省、直辖市、设区的市的人民代表大会每届任期五年。县、不设区的市、市辖区、乡、民族乡、镇的人民代表大会每届任期三年。"修改为："省、直辖市、县、市、市辖区的人民代表大会每届任期五年。乡、民族乡、镇的人民代表大会每届任期三年。"

中华人民共和国宪法修正案（12–17）

（1999 年 3 月 15 日第九届全国人民代表大会第二次会议通过）

　　第十二条　宪法序言第七自然段："中国新民主主义革命的胜利和社会主义事业的成就，都是中国共产党领导中国各族人民，在马克思列宁主义、毛泽东思想的指引下，坚持真理，修正错误，战胜许多艰难险阻而取得的。我国正处于社会主义初级阶段。国家的根本任务是，根据建设有中国特色社会主义的理论，集中力量进行社会主义现代化建设。中国各族人民将继续在中国共产党领导下，在马克思列宁主义、毛泽东思想指引下，坚持人民民主专政，坚持社会主义道路，坚持改革开放，不断完善社会主义的各项制度，发展社会主义民主，健全社会主义法制，自力更生，艰苦奋斗，逐步实现工业、农业、国防和科学技术的现代化，把我国建设成为富强、民主、文明的社会主义国家。"修改为："中国新民主主义革命的胜利和社会主义事业的成就，是中国共产党领导中国各族人民，在马克思列宁主义、毛泽东思想的指引下，坚持真理，修正错误，战胜许多艰难险阻而取得的。我国将长期处于社会主义初级阶段。国家的根本任务是，沿着建设有中国特色社会主义的道路，集中力量进行社会主义现代化建设。中国各族人民将继续在中国共产党领导下，在马克思列宁主义、毛泽东思想、邓小平理论指引下，坚持人民民主专政，坚持社会主义道路，坚持改革开放，不断完善社会主义的各项制度，发展社会主义市场经济，发展社会主义民主，健全社会主义法制，自力更生，艰苦奋斗，逐步实现工业、农业、国防和科学技术的现代化，把我国建设成为富强、民主、文明的社会主义国家。"

第十三条 宪法第五条增加一款，作为第一款，规定："中华人民共和国实行依法治国，建设社会主义法治国家。"

第十四条 宪法第六条："中华人民共和国的社会主义经济制度的基础是生产资料的社会主义公有制，即全民所有制和劳动群众集体所有制。""社会主义公有制消灭人剥削人的制度，实行各尽所能，按劳分配的原则。"修改为："中华人民共和国的社会主义经济制度的基础是生产资料的社会主义公有制，即全民所有制和劳动群众集体所有制。社会主义公有制消灭人剥削人的制度，实行各尽所能、按劳分配的原则。""国家在社会主义初级阶段，坚持公有制为主体、多种所有制经济共同发展的基本经济制度，坚持按劳分配为主体、多种分配方式并存的分配制度。"

第十五条 宪法第八条第一款："农村中的家庭联产承包为主的责任制和生产、供销、信用、消费等各种形式的合作经济，是社会主义劳动群众集体所有制经济。参加农村集体经济组织的劳动者，有权在法律规定的范围内经营自留地、自留山、家庭副业和饲养自留畜。"修改为："农村集体经济组织实行家庭承包经营为基础、统分结合的双层经营体制。农村中的生产、供销、信用、消费等各种形式的合作经济，是社会主义劳动群众集体所有制经济。参加农村集体经济组织的劳动者，有权在法律规定的范围内经营自留地、自留山、家庭副业和饲养自留畜。"

第十六条 宪法第十一条："在法律规定范围内的城乡劳动者个体经济，是社会主义公有制经济的补充。国家保护个体经济的合法的权利和利益。""国家通过行政管理，指导、帮助和监督个体经济。""国家允许私营经济在法律规定的范围内存在和发展。私营经济是社会主义公有制经济的补充。国家保护私营经济的合法的权利和利益，对私营经济实行引导、监督和管理。"修改为："在法律规定范围内的个体经济、私营经济等非公有制经济，是社会主义市场经济的重要组成部分。""国家保护个体经济、私营经济的合法的权利和利益。国家对个体经济、私营经济实行引导、监督和管理。"

第十七条 宪法第二十八条："国家维护社会秩序，镇压叛国和其他反革命的活动，制裁危害社会治安、破坏社会主义经济和其他犯罪的活动，惩办和改造犯罪分子。"修改为："国家维护社会秩序，镇压叛国和其他危害国家安全的犯罪活动，制裁危害社会治安、破坏社会主义经济和其他犯罪的活动，惩办和改造犯罪分子。"

中华人民共和国宪法修正案（18－31）

（2004 年 3 月 14 日第十届全国人民代表大会第二次会议通过）

　　第十八条　宪法序言第七自然段中"在马克思列宁主义、毛泽东思想、邓小平理论指引下"修改为"在马克思列宁主义、毛泽东思想、邓小平理论和'三个代表'重要思想指引下"，"沿着建设有中国特色社会主义的道路"修改为"沿着中国特色社会主义道路"，"逐步实现工业、农业、国防和科学技术的现代化"之后增加"推动物质文明、政治文明和精神文明协调发展"。这一自然段相应地修改为："中国新民主主义革命的胜利和社会主义事业的成就，是中国共产党领导中国各族人民，在马克思列宁主义、毛泽东思想的指引下，坚持真理，修正错误，战胜许多艰难险阻而取得的。我国将长期处于社会主义初级阶段。国家的根本任务是，沿着中国特色社会主义道路，集中力量进行社会主义现代化建设。中国各族人民将继续在中国共产党领导下，在马克思列宁主义、毛泽东思想、邓小平理论和'三个代表'重要思想指引下，坚持人民民主专政，坚持社会主义道路，坚持改革开放，不断完善社会主义的各项制度，发展社会主义市场经济，发展社会主义民主，健全社会主义法制，自力更生，艰苦奋斗，逐步实现工业、农业、国防和科学技术的现代化，推动物质文明、政治文明和精神文明协调发展，把我国建设成为富强、民主、文明的社会主义国家。"

　　第十九条　宪法序言第十自然段第二句"在长期的革命和建

设过程中，已经结成由中国共产党领导的，有各民主党派和各人民团体参加的，包括全体社会主义劳动者、拥护社会主义的爱国者和拥护祖国统一的爱国者的广泛的爱国统一战线，这个统一战线将继续巩固和发展。"修改为："在长期的革命和建设过程中，已经结成由中国共产党领导的，有各民主党派和各人民团体参加的，包括全体社会主义劳动者、社会主义事业的建设者、拥护社会主义的爱国者和拥护祖国统一的爱国者的广泛的爱国统一战线，这个统一战线将继续巩固和发展。"

第二十条 宪法第十条第三款"国家为了公共利益的需要，可以依照法律规定对土地实行征用。"修改为："国家为了公共利益的需要，可以依照法律规定对土地实行征收或者征用并给予补偿。"

第二十一条 宪法第十一条第二款"国家保护个体经济、私营经济的合法的权利和利益。国家对个体经济、私营经济实行引导、监督和管理。"修改为："国家保护个体经济、私营经济等非公有制经济的合法的权利和利益。国家鼓励、支持和引导非公有制经济的发展，并对非公有制经济依法实行监督和管理。"

第二十二条 宪法第十三条"国家保护公民的合法的收入、储蓄、房屋和其他合法财产的所有权。""国家依照法律规定保护公民的私有财产的继承权。"修改为："公民的合法的私有财产不受侵犯。""国家依照法律规定保护公民的私有财产权和继承权。""国家为了公共利益的需要，可以依照法律规定对公民的私有财产实行征收或者征用并给予补偿。"

第二十三条 宪法第十四条增加一款，作为第四款："国家建立健全同经济发展水平相适应的社会保障制度。"

第二十四条 宪法第三十三条增加一款，作为第三款："国家尊重和保障人权。"第三款相应地改为第四款。

第二十五条 宪法第五十九条第一款"全国人民代表大会由

省、自治区、直辖市和军队选出的代表组成。各少数民族都应当有适当名额的代表。"修改为："全国人民代表大会由省、自治区、直辖市、特别行政区和军队选出的代表组成。各少数民族都应当有适当名额的代表。"

第二十六条 宪法第六十七条全国人民代表大会常务委员会职权第二十项"（二十）决定全国或者个别省、自治区、直辖市的戒严"修改为"（二十）决定全国或者个别省、自治区、直辖市进入紧急状态"。

第二十七条 宪法第八十条"中华人民共和国主席根据全国人民代表大会的决定和全国人民代表大会常务委员会的决定，公布法律，任免国务院总理、副总理、国务委员、各部部长、各委员会主任、审计长、秘书长，授予国家的勋章和荣誉称号，发布特赦令，发布戒严令，宣布战争状态，发布动员令。"修改为："中华人民共和国主席根据全国人民代表大会的决定和全国人民代表大会常务委员会的决定，公布法律，任免国务院总理、副总理、国务委员、各部部长、各委员会主任、审计长、秘书长，授予国家的勋章和荣誉称号，发布特赦令，宣布进入紧急状态，宣布战争状态，发布动员令。"

第二十八条 宪法第八十一条"中华人民共和国主席代表中华人民共和国，接受外国使节；根据全国人民代表大会常务委员会的决定，派遣和召回驻外全权代表，批准和废除同外国缔结的条约和重要协定。"修改为："中华人民共和国主席代表中华人民共和国，进行国事活动，接受外国使节；根据全国人民代表大会常务委员会的决定，派遣和召回驻外全权代表，批准和废除同外国缔结的条约和重要协定。"

第二十九条 宪法第八十九条国务院职权第十六项"（十六）决定省、自治区、直辖市的范围内部分地区的戒严"修改为"（十六）依照法律规定决定省、自治区、直辖市的范围内部分地区进入紧急状态"。

第三十条 宪法第九十八条"省、直辖市、县、市、市辖区的人民代表大会每届任期五年。乡、民族乡、镇的人民代表大会每届任期三年。"修改为:"地方各级人民代表大会每届任期五年。"

第三十一条 宪法第四章章名"国旗、国徽、首都"修改为"国旗、国歌、国徽、首都"。宪法第一百三十六条增加一款,作为第二款:"中华人民共和国国歌是《义勇军进行曲》。"

中华人民共和国宪法修正案（32－52）

（2018 年 3 月 11 日第十三届全国人民代表大会第一次会议通过）

第三十二条 宪法序言第七自然段中"在马克思列宁主义、毛泽东思想、邓小平理论和'三个代表'重要思想指引下"修改为"在马克思列宁主义、毛泽东思想、邓小平理论、'三个代表'重要思想、科学发展观、习近平新时代中国特色社会主义思想指引下"；"健全社会主义法制"修改为"健全社会主义法治"；在"自力更生，艰苦奋斗"前增写"贯彻新发展理念"；"推动物质文明、政治文明和精神文明协调发展，把我国建设成为富强、民主、文明的社会主义国家"修改为"推动物质文明、政治文明、精神文明、社会文明、生态文明协调发展，把我国建设成为富强民主文明和谐美丽的社会主义现代化强国，实现中华民族伟大复兴"。这一自然段相应修改为："中国新民主主义革命的胜利和社会主义事业的成就，是中国共产党领导中国各族人民，在马克思列宁主义、毛泽东思想的指引下，坚持真理，修正错误，战胜许多艰难险阻而取得的。我国将长期处于社会主义初级阶段。国家的根本任务是，沿着中国特色社会主义道路，集中力量进行社会主义现代化建设。中国各族人民将继续在中国共产党领导下，在马克思列宁主义、毛泽东思想、邓小平理论、'三个代表'重要思想、科学发展观、习近平新时代中国特色社会主义思想指引下，坚持人民民主专政，坚持社会主义道路，坚持改革开放，不断完善社会主义的各项制度，发展社会主义市场经济，发展社会主义民主，健全社会主义法治，贯彻新发展理念，自力更生，艰苦奋斗，逐步实现工业、农业、国防和科学技术的现代化，推动物质文明、政治文明、精神文明、社会文明、生态文明协调发展，把我国建设成为富强民主文明和谐美丽的社会主义现代化强国，实现中华民族伟大复兴。"

　　第三十三条　宪法序言第十自然段中"在长期的革命和建设过程中"修改为"在长期的革命、建设、改革过程中"；"包括全体社会主义劳动者、社会主义事业的建设者、拥护社会主义的爱国者和拥护祖国统一的爱国者的广泛的爱国统一战线"修改为"包括全体社会主义劳动者、社会主义事业的建设者、拥护社会主义的爱国者、拥护祖国统一和致力于中华民族伟大复兴的爱国者的广泛的爱国统一战线"。这一自然段相应修改为："社会主义的建设事业必须依靠工人、农民和知识分子，团结一切可以团结的力量。在长期的革命、建设、改革过程中，已经结成由中国共产党领导的，有各民主党派和各人民团体参加的，包括全体社会主义劳动者、社会主义事业的建设者、拥护社会主义的爱国者、拥护祖国统一和致力于中华民族伟大复兴的爱国者的广泛的爱国统一战线，这个统一战线将继续巩固和发展。中国人民政治协商会议是有广泛代表性的统一战线组织，过去发挥了重要的历史作用，今后在国家政治生活、社会生活和对外友好活动中，在进行社会主义现代化建设、维护国家的统一和团结的斗争中，将进一步发挥它的重要作用。中国共产党领导的多党合作和政治协商制度将长期存在和发展。"

　　第三十四条　宪法序言第十一自然段中"平等、团结、互助的社会主义民族关系已经确立，并将继续加强。"修改为："平等团结互助和谐的社会主义民族关系已经确立，并将继续加强。"

　　第三十五条　宪法序言第十二自然段中"中国革命和建设的成就是同世界人民的支持分不开的"修改为"中国革命、建设、改革的成就是同世界人民的支持分不开的"；"中国坚持独立自主的对外政策，坚持互相尊重主权和领土完整、互不侵犯、互不干涉内政、平等互利、和平共处的五项原则"后增加"坚持和平发展道路，坚持互利共赢开放战略"；"发展同各国的外交关系和经济、文化的交流"修改为"发展同各国的外交关系和经济、文化交流，推动构建人类命运共同体"。这一自然段相应修改为："中国革命、建设、改革的成就是同世界人民的支持分不开的。中国的前途是同世界的前途紧密地联系在一起的。中国坚持独立自主的对外政策，坚持互相尊重主权和领土完整、互不侵犯、互不干涉内政、平等互利、和平共处的五项原则，坚持和平发展道路，坚持互利共赢开放战略，发展同各国的外交关系和经济、文化交流，推动构建人类命运共同体；坚持反对帝国主义、霸权主义、殖民主义，加强同世界各国人民的团结，支持被压迫民族和发展中国家争取和维护民族独立、发展民族经济的正义斗争，为维护世界和平和促进人类进步事业而努力。"

第三十六条　宪法第一条第二款"社会主义制度是中华人民共和国的根本制度。"后增写一句，内容为："中国共产党领导是中国特色社会主义最本质的特征。"

第三十七条　宪法第三条第三款"国家行政机关、审判机关、检察机关都由人民代表大会产生，对它负责，受它监督。"修改为："国家行政机关、监察机关、审判机关、检察机关都由人民代表大会产生，对它负责，受它监督。"

第三十八条　宪法第四条第一款中"国家保障各少数民族的合法的权利和利益，维护和发展各民族的平等、团结、互助关系。"修改为："国家保障各少数民族的合法的权利和利益，维护和发展各民族的平等团结互助和谐关系。"

第三十九条　宪法第二十四条第二款中"国家提倡爱祖国、爱人民、爱劳动、爱科学、爱社会主义的公德"修改为"国家倡导社会主义核心价值观，提倡爱祖国、爱人民、爱劳动、爱科学、爱社会主义的公德"。这一款相应修改为："国家倡导社会主义核心价值观，提倡爱祖国、爱人民、爱劳动、爱科学、爱社会主义的公德，在人民中进行爱国主义、集体主义和国际主义、共产主义的教育，进行辩证唯物主义和历史唯物主义的教育，反对资本主义的、封建主义的和其他的腐朽思想。"

第四十条 宪法第二十七条增加一款，作为第三款："国家工作人员就职时应当依照法律规定公开进行宪法宣誓。"

第四十一条 宪法第六十二条"全国人民代表大会行使下列职权"中增加一项，作为第七项"（七）选举国家监察委员会主任"，第七项至第十五项相应改为第八项至第十六项。

第四十二条 宪法第六十三条"全国人民代表大会有权罢免下列人员"中增加一项，作为第四项"（四）国家监察委员会主任"，第四项、第五项相应改为第五项、第六项。

第四十三条 宪法第六十五条第四款"全国人民代表大会常务委员会的组成人员不得担任国家行政机关、审判机关和检察机关的职务。"修改为："全国人民代表大会常务委员会的组成人员不得担任国家行政机关、监察机关、审判机关和检察机关的职务。"

第四十四条 宪法第六十七条"全国人民代表大会常务委员会行使下列职权"中第六项"（六）监督国务院、中央军事委员会、最高人民法院和最高人民检察院的工作"修改为"（六）监督国务院、中央军事委员会、国家监察委员会、最高人民法院和最高人民检察院的工作"；增加一项，作为第十一项"（十一）根据国家监察委员会主任的提请，任免国家监察委员会副主任、委员"，第十一项至第二十一项相应改为第十二项至第二十二项。

宪法第七十条第一款中"全国人民代表大会设立民族委员会、法律委员会、财政经济委员会、教育科学文化卫生委员会、外事委员会、华侨委员会和其他需要设立的专门委员会。" 修改为："全国人民代表大会设立民族委员会、宪法和法律委员会、财政经济委员会、教育科学文化卫生委员会、外事委员会、华侨委员会和其他需要设立的专门委员会。"

　　第四十五条 宪法第七十九条第三款"中华人民共和国主席、副主席每届任期同全国人民代表大会每届任期相同，连续任职不得超过两届。" 修改为："中华人民共和国主席、副主席每届任期同全国人民代表大会每届任期相同。"

　　第四十六条 宪法第八十九条"国务院行使下列职权"中第六项"（六）领导和管理经济工作和城乡建设"修改为"（六）领导和管理经济工作和城乡建设、生态文明建设"；第八项"（八）领导和管理民政、公安、司法行政和监察等工作"修改为"（八）领导和管理民政、公安、司法行政等工作"。

　　第四十七条 宪法第一百条增加一款，作为第二款："设区的市的人民代表大会和它们的常务委员会，在不同宪法、法律、行政法规和本省、自治区的地方性法规相抵触的前提下，可以依照法律规定制定地方性法规，报本省、自治区人民代表大会常务委员会批准后施行。"

　　第四十八条 宪法第一百零一条第二款中"县级以上的地方各级人民代表大会选举并且有权罢免本级人民法院院长和本级人民检察院检察长。" 修改为："县级以上的地方各级人民代表大会选举并且有权罢免本级监察委员会主任、本级人民法院院长和本级人民检察院检察长。"

　　第四十九条 宪法第一百零三条第三款"县级以上的地方各级人民代表大会常务委员会的组成人员不得担任国家行政机关、审判机关和检察机关的职务。" 修改为："县级以上的地方各级人民代表大会常务委员会的组成人员不得担任国家行政机关、监察机关、审判机关和检察机关的职务。"

第五十条　宪法第一百零四条中"监督本级人民政府、人民法院和人民检察院的工作"修改为"监督本级人民政府、监察委员会、人民法院和人民检察院的工作"。这一条相应修改为："县级以上的地方各级人民代表大会常务委员会讨论、决定本行政区域内各方面工作的重大事项；监督本级人民政府、监察委员会、人民法院和人民检察院的工作；撤销本级人民政府的不适当的决定和命令；撤销下一级人民代表大会的不适当的决议；依照法律规定的权限决定国家机关工作人员的任免；在本级人民代表大会闭会期间，罢免和补选上一级人民代表大会的个别代表。"

第五十一条　宪法第一百零七条第一款"县级以上地方各级人民政府依照法律规定的权限，管理本行政区域内的经济、教育、科学、文化、卫生、体育事业、城乡建设事业和财政、民政、公安、民族事务、司法行政、监察、计划生育等行政工作，发布决定和命令，任免、培训、考核和奖惩行政工作人员。"修改为："县级以上地方各级人民政府依照法律规定的权限，管理本行政区域内的经济、教育、科学、文化、卫生、体育事业、城乡建设事业和财政、民政、公安、民族事务、司法行政、计划生育等行政工作，发布决定和命令，任免、培训、考核和奖惩行政工作人员。"

第五十二条　宪法第三章"国家机构"中增加一节，作为第七节"监察委员会"；增加五条，分别作为第一百二十三条至第一百二十七条。内容如下：

第七节　监察委员会

第一百二十三条　中华人民共和国各级监察委员会是国家的监察机关。

第一百二十四条　中华人民共和国设立国家监察委员会和地方各级监察委员会。

监察委员会由下列人员组成：

主任，

副主任若干人，

委员若干人。

监察委员会主任每届任期同本级人民代表大会每届任期相同。国家监察委员会主任连续任职不得超过两届。

监察委员会的组织和职权由法律规定。

第一百二十五条 中华人民共和国国家监察委员会是最高监察机关。

国家监察委员会领导地方各级监察委员会的工作，上级监察委员会领导下级监察委员会的工作。

第一百二十六条 国家监察委员会对全国人民代表大会和全国人民代表大会常务委员会负责。地方各级监察委员会对产生它的国家权力机关和上一级监察委员会负责。

第一百二十七条 监察委员会依照法律规定独立行使监察权，不受行政机关、社会团体和个人的干涉。

监察机关办理职务违法和职务犯罪案件，应当与审判机关、检察机关、执法部门互相配合，互相制约。

第七节相应改为第八节，第一百二十三条至第一百三十八条相应改为第一百二十八条至第一百四十三条。

后　记

　　1999 年，为了纪念新中国成立 50 周年，河北人民出版社组织编写了一套丛书，由我主编的《新中国宪法发展史》是其中的一本。2009 年，为庆祝新中国成立 60 周年，广东人民出版社策划了《辉煌历程——庆祝新中国成立 60 周年重点书系》，《新中国宪法发展 60 年》是其中的一本，本书较系统地介绍了新中国宪法发展 60 年的历程。又过了十年。十年来，国家政治、经济、文化与社会生活发生了深刻的变化，特别是党的十八大以来国家发展进入新时代，宪法承载着人民对未来美好生活的期待。《新中国宪法发展 70 年》记载了共和国宪法 70 年的不平凡的历程，以宪法制定、宪法修改、宪法实施为主线，揭示了从制宪到行宪的内在逻辑。70 年来，宪法在国家治理体系的现代化进程中发挥了越来越重要的作用，面向中国实践的宪法学理论也得到了完善。为了从整体上展示共和国宪法发展 70 年的历程，及时地反映宪法制度发展的新变化，本书作者们对《新中国宪法发展 60 年》一书进行了必要的修订。本次修订的主要内容是：在框架与体例上与原书保持一致，以保持连续性；根据 2009 年以来宪法制度与理论的发展补充了新内容、新资料；对原书的一些资料或表述上的不妥之处进行了修订等。我们希望每十年对本书进行修订，不断充实内容，为 2049 年出版《新中国宪法发展 100 年》奠定良好的基础。

本书的修订分工如下：

引　言　韩大元（中国人民大学法学院教授）

第一章　莫纪宏（中国社会科学院国际法学研究所教授）

第二章　韩大元

第三章　范毅（南京财经大学法学院教授）

第四章　李一达（中国人民大学法学院博士后）、范毅

第五章　胡锦光（中国人民大学法学院教授）

附录一　新中国宪法发展大事记　钱坤（中国人民大学法学院博士生）

在本书的校对、查找资料过程中，中国人民大学法学院博士生钱坤同学协助主编做了大量的工作，特此表示感谢。

韩大元

2019 年 1 月 5 日

广东人民出版社 党政精品图书

围绕中心，服务大局，做最具高度、深度和温度的主题出版物

中宣部主题出版重点出版物

《中华人民共和国通史》（七卷本）

· 全国第一部反映中华人民共和国70年光辉历程的多卷本通史性著作

· 中央党校、中央党史和文献研究院权威专家倾力打造

《账本里的中国》

一册册老账本，串起暖心回忆，讲述你我故事，体味民生变迁。

《乡村振兴的九个维度》

权威作者，贴近现实，可操作性强

《如何做一名合格的共产党员》

中央党校权威专家阐释"党性"精萃

《新时代基层党建工作丛书》

手把手为基层党务工作者提供实用宝典

本书配有能够帮助您提高阅读效率的线上服务

建议配合二维码
一起使用本书

扫码后，您可以获得以下线上服务

01 本书立享服务

★ 本书话题交流群

02 每周专享服务

★ 行业热点头条

★ 同类好书推荐

03 长期尊享权益

★ 推荐同城/省会/邻近直辖市优质线下活动